RÖSSLER · Die Torpedos der deutschen U-Boote

Eberhard Rössler

Die Torpedos der deutschen U-Boote

Entwicklung, Herstellung und
Eigenschaften der deutschen Marine-Torpedos

Koehlers Verlagsgesellschaft mbH · Herford

Bildnachweis

Die Zahlen bezeichnen die Seiten, auf denen die Bilder abgedruckt sind, gegebenenfalls mit den Zusätzen: oben (o), unten (u) und links (l). Alle hier nicht aufgeführten Bilder stammen aus der Sammlung des Verfassers.

AEG-TELEFUNKEN	Umschlagbild, 248, 249, 250
Altonaer Museum	Vorderer Vorsatz
Bildarchiv Preußischer Kulturbesitz	83 (u)
BMAG	20, 21
Deutsches Museum München	27 (u), 43 (u), 59 (o)
Drüppel	223
Erpr. 71	18, 22, 23, 26, 27 (o), 33, 34, 35, 36, 37, 40, 41, 44, 46 (u), 53, 55, 62 (u), 63, 138, 242 (l), 243
Greger	47
Herzog	46
HDW	244, 247
Hildebrand	17
Jung	65
Köhl	123
Koop	25, 73, hinterer Vorsatz
Macpherson	152
VARTA	246

CIP-Kurztitelaufnahme der Deutschen Bibliothek

Rössler, Eberhard:
Die Torpedos der deutschen U-Boote / Eberhard Rössler. – Herford: Koehler, 1984.
ISBN 3-7822-0328-3

ISBN 3 7822 0328 3; Warengruppe Nr. 21
© 1984 by Koehlers Verlagsgesellschaft mbH, Herford
Alle Rechte, insbesondere das der Übersetzung, vorbehalten
Schutzumschlaggestaltung: Ernst A. Eberhard, Bad Salzuflen, unter Verwendung eines Fotos der AEG-Telefunken
Produktion: Heinz Kameier
Gesamtherstellung: Ilmgaudruckerei, Pfaffenhofen
Printed in Germany

Inhaltsverzeichnis

	Seite
Geleitwort	7
Einleitung	9
Vorwort	11
1 Die Anfänge des deutschen Torpedowesens	13
2 Die deutsche Torpedoentwicklung bis zum Ersten Weltkrieg	31
3 Torpedoentwicklung und Torpedobau während des Ersten Weltkrieges	45
4 Der Weg zum G7a Torpedo	55
5 Die Entwicklung des Elektro-Torpedos G7e	69
6 Projekte für schnellere Torpedos: B-To, G6a und G7a6	78
7 Die »Torpedokrise« 1939/40 und ihre Auswirkungen	84
7.1 Die deutschen Marine-Torpedos bei Kriegsbeginn	84
7.2 Das Torpedoschießverfahren der deutschen U-Boote 1939	86
7.3 Die Torpedoversager und die Bemühungen um ihre Beseitigung	90
7.4 Das Verfahren vor dem Reichskriegsgericht	96
7.5 Die Neuorganisation des Torpedowesens	97
7.6 Die Verbesserung des Tiefenapparates	98
8 Neue Torpedopistolen und Zündverfahren	100
9 Die Programmsteuerungen FAT und LUT	114
10 Die Fernlenktorpedos G7f (NY und NYK)	128
11 Die akustischen Eigenlenktorpedos G7s (FALKE und ZAUNKÖNIG)	136
12 Die Eigenlenkprojekte PFAU, MÖWE, TAUBE, MÄRCHEN und ACKERMANN	154
13 Die Entwicklung aktiv-akustischer Ortungseinrichtungen für die Torpedolenkung	160
13.1 GEIER (BOJE)	160
13.2 IBIS	166
14 Der drahtgelenkte akustische Torpedo LERCHE	167
15 Entwicklungsstand der deutschen Lenktorpedos Anfang 1944	171
16 Die Verbindung von Eigenlenkung und Programmsteuerung	175
16.1 FASAN	175
16.2 KONDOR	179
17 Besondere Torpedoantriebe	181
17.1 Kreislaufmotorantrieb	181
17.2 E-Antrieb mit Primärelementbatterien	186
17.3 Schlagruderantrieb	191
17.4 Die Ingolin-Torpedos mit dem Walter-Antrieb	193
18 Besondere Torpedos für spezielle Marineaufgaben (5m- und KK-Torpedos)	221
19 Stand der deutschen Torpedoentwicklung und -produktion 1944/45	225
20 Die neuen deutschen Torpedos (NIXE, SEESCHLANGE, SEAL, SST 4 und SUT)	242
21 Perspektiven für die weitere Torpedoentwicklung	252
Literatur- und Quellenverzeichnis	259
Abkürzungsverzeichnis	263
Personenregister	266

Geleitwort

Der Einsatz deutscher U-Boote in zwei Weltkriegen hat durch eine Vielzahl von Veröffentlichungen und Büchern eine breite historische Grundlage erhalten - Taktik, Erfolg, Mißerfolg wurden behandelt, gefahrvolle Kampfsituationen wurden geschildert, Heldentum und menschliches Schicksal wurden dargestellt. Auch die Technik der U-Boote ist nicht zu kurz gekommen; sie wurde vielfach erwähnt und ist in einer Reihe von Fachbüchern dem interessierten Leser zugänglich gemacht worden. Nur über die Hauptwaffe des U-Bootes, den Torpedo, gab es bislang noch keinen zusammenfassenden Bericht. Der Torpedo wurde am Rande anderer Darstellungen als technisches Spitzenprodukt gelobt oder als versagerträchtiges Kampfmittel getadelt - eine über alle Fragen und Probleme Auskunft gebende Berichterstattung wurde vermißt.

Das hier vorliegende Torpedo-Buch ist von Eberhard Rössler verfaßt worden, der sich mit der Herausgabe mehrerer Bücher über die deutschen U-Boote, ihre Entwicklung, ihren Bau und ihre Werften einen Namen als Schriftsteller im wehrtechnischen Bereich erworben hat. Im Zusammenhang mit den dafür notwendigen Studien hat sich der Autor seit über zwanzig Jahren auch eingehend mit der Entwicklung des Torpedos beschäftigt und Unterlagen im In- und Ausland gesammelt. Dazu war er in persönlichen Gesprächen und in einer umfangreichen Korrespondenz mit Fachleuten und direkten Zeugen der behandelten Vorgänge um ergänzende und erläuternde Klarstellung bemüht. Bei der schlechten Quellenlage - der größte Teil der amtlichen Unterlagen über die deutsche Torpedoentwicklung wurde 1945 vernichtet - und dem großen zeitlichen Abstand zu den geschilderten Ereignissen dürfte es heute wohl für niemanden möglich sein, eine lückenlose und völlig ausgewogene Darstellung zu geben. Um so beachtlicher erscheint das Bemühen des Autors, die Zusammenhänge innerhalb der 100-jährigen Geschichte der deutschen Torpedoentwicklung aufzuzeigen und ihre Höhepunkte mit vielen Angaben zu dokumentieren.

Schon bei flüchtiger Betrachtung wird die Fülle der Angaben, Daten, Termine und Namen damals Beteiligter offenbar. Bedeutsame Tatbestände werden detailliert belegt, beispielsweise daß die Zahl zum Teil parallel bearbeiteter Entwicklungsvorhaben auf dem Torpedogebiet während des Zweiten Weltkrieges außerordentlich groß war und sie mit einem gewaltigen Kapazitätseinsatz betrieben wurden.

Die Frage, ob sich dieser Aufwand gelohnt hat, ist umstritten. Immerhin haben die Amerikaner in einer Auswertung erbeuteter Torpedomaterialien der deutschen Torpedoentwicklung Weltvorsprung bescheinigt.

Die Aktualität auf technischem Gebiet ist vielfach in den Jahren verloren gegangen. Vieles ist insbesondere durch die explosionshafte Entwicklung auf dem Gebiet der Elektronik und Informationsverarbeitung überholt. Dennoch sollte es auch den heutigen Ingenieuren nicht gleichgültig sein, wie gleiche oder ähnliche Probleme vor 40 Jahren oder noch früher angepackt worden sind.

Ich wünsche dem Buch guten Erfolg.

Dipl.-Ing. Werner Thomsen

ehemaliger Direktor der Erprobungsstelle der Bundeswehr für Marinewaffen

Einleitung

In der marinegeschichtlichen Literatur spielen seit jeher auch Darstellungen technischer Entwicklungsgänge eine große Rolle. Die Veröffentlichungen dieser Art haben sich jedoch nicht nur in der Bundesrepublik, sondern weltweit vor allem auf die Entwicklung des Schiffbaus konzentriert. Hierbei fanden besonders die großen Schiffe - die Flugzeugträger, Schlachtschiffe, Kreuzer und als wirksames Kampfmittel, die U-Boote - das besondere Interesse der Autoren. Sehr viel geringer war schon die Aufmerksamkeit, die man den Zerstörern, Torpedobooten und Geleitfahrzeugen wie Kanonenbooten, Fregatten und Korvetten widmete. Fast vollständig vernachlässigt wurden jedoch die Schiffe für die amphibische und Minenkriegführung und insbesondere die aus Handelsschiffen und Fischereifahrzeugen in Kriegszeiten hergerichteten Hilfskriegsschiffe. Kaum mehr Beachtung fanden lange Zeit auch die von den Kriegsschiffen eingesetzten Waffensysteme. Aber auch auf diesem insgesamt weniger erforschten Gebiet fanden die ins Auge fallenden Systeme, wie die Trägerflugzeuge und die Schiffsartillerie viel größere Beachtung als die 'unsichtbaren' Unterwasserwaffen, wie die Torpedos und die Minen.

Die Torpedos waren für den im Mittelpunkt der deutschen Seekriegsführung stehenden Tonnage-Krieg die wichtigste Waffe. Ihre Wirkung wurde jedoch während des Zweiten Weltkrieges immer wieder durch spezielle Mängel oder durch Maßnahmen der Alliierten-Seite beeinträchtigt.
Die ungenügende Erprobung der U-Boot-Torpedos führte in der ersten Phase des Krieges zu den bekannten Mängeln im Tiefenlauf und der Zündung der Torpedos, die sich während der Norwegen-Unternehmung zu einer regelrechten Torpedokrise ausweiteten, die im Ergebnis der Home-Fleet schwerste Ausfälle ersparte.
Der zeitweilige Verzicht auf die Magnetzündung führte in der Zeit der größten Erfolgschancen der U-Boote von Juni 1940 bis Mai 1941 zu einer gravierenden Verringerung der Wirkung des Torpedos, so daß die wenigen zu dieser Zeit zur Verfügung stehenden U-Boote ihre wertvollen Torpedos vielfach für Fangschüsse verwenden mußten.
Als die Zahl der verfügbaren U-Boote und damit der Torpedo-Träger endlich ab Mitte 1941 stark anstieg, hatte der Einbruch der Alliierten in die deutschen Funkschlüsselverfahren ihnen das Mittel in die Hand gegeben, um die deutschen U-Boot-Aufstellungen auszumanövrieren, so daß die U-Boote ihre an Bord befindlichen Torpedos vielfach gar nicht zum Einsatz bringen konnten.
Die günstigste Periode war die Zeit des ersten Halbjahres 1942, als die U-Boote vor der amerikanischen Ostküste große Erfolge erzielten, die allerdings immer noch durch die zu geringe Sprengwirkung der Torpedos bei Aufschlagzündung beeinträchtigt wurden. Als dann im zweiten Halbjahr 1942 sich der Schwerpunkt wieder auf die Geleitzugbekämpfung im Nordatlantik konzentrierte, wurde die Abwehr immer effektiver, so daß die Voraussetzungen für den gezielten Torpedoschuß kaum noch gegeben waren und meist aus größerer Entfernung geschossen werden mußte.

Die zur Erhöhung der Trefferchancen bei der Konvoibekämpfung entwickelten Programmläufer FAT und LUT standen erst ab 1943 zur Verfügung. Sie konnten meist nicht mehr optimal eingesetzt werden, da für ihre erfolgreiche Anwendung genaue Vorlaufwerte benötigt wurden, die wegen der wirkungsvollen Abwehr kaum noch zu ermitteln waren.

Die Wirkung des akustischen Zielsuch- und Zerstörerabwehrtorpedos 'Zaunkönig' wurde anfangs in der Wirkung erheblich überschätzt, weil vom getauchten U-Boot aus nicht zu erkennende Fehldetonierer als Treffer gewertet wurden. Beeinträchtigt wurde die Wirkung dieses Torpedos auch dadurch, daß die alliierte Intelligence bald genaue Kenntnisse über die

Eigenschaften des Torpedos erhielt und daraufhin geeignete Gegenmaßnahmen für die Geleitfahrzeuge empfehlen konnte.

Diese Probleme und Zusammenhänge sind in der bisherigen Forschung kaum beachtet worden. So ist es ein besonderes Verdienst, daß Herr Rössler, der sich durch seine zahlreichen Monographien über die deutsche U-Bootentwicklung einen Namen gemacht hat, nun ein Werk über die Entwicklung der deutschen Torpedowaffen vorlegt, das eine für die historische Forschung empfindliche Lücke schließt. Angesichts der großen Bedeutung, welche die Torpedos als Hauptwaffe der U-Boote im Ersten und Zweiten Weltkrieg besaßen, war es ein großes Manko für den Historiker, daß er sich von der Entwicklung dieser Waffe, die entscheidende Impulse von der deutschen Seite erhielt, kein zusammenhängendes Bild machen konnte.

Dem Autor ist es gelungen, durch minutiöse Auswertung der erhalten gebliebenen Akten aller mit der Entwicklung des Marinetorpedos befaßten Stellen sowie durch die Befragung noch lebender Zeugen die Entstehung der verschiedenen Torpedotypen von der militärischen Forderung über die technische Entwicklung und Erprobung bis zum Einsatz nachzuzeichnen und dabei die Ursachen für Erfolge und Mißerfolge deutlich werden zu lassen. Sicher wird das Buch für lange Zeit das Standardwerk zu diesem Thema sein.

Prof. Dr. Jürgen Rohwer

Präses des Arbeitskreises
für Wehrforschung

Vorwort

Vor 100 Jahren wurden die ersten deutschen Torpedos bei der damaligen Kaiserlichen Marine eingeführt. Es waren dies Schwartzkopff-Torpedos, die die bis dahin aus dem Ausland bezogenen Whitehead- ('Weißkopf-') Torpedos bei der deutschen Marine ablösten. Es erscheint schon etwas kurios, daß die Einführung dieser neuen Seekriegswaffe mit zwei Namen verknüpft ist, die sich nur bezüglich der Haarfarbe unterscheiden.

Ursprünglich wurden mit dem Wort Torpedo (Zitterrochen) Sprengstoff tragende Unterwasserkörper bezeichnet, die bei Berührung 'tödliche Schläge' austeilen konnten. Neben Ankertau- und Treibminen waren dies Spieren- und Schlepptorpedos, die von besonderen Torpedofahrzeugen an die gegnerischen Kriegsschiffe herangebracht werden mußten. Der große Fortschritt, den die Einführung eines mit eigener Kraft auf den Gegner zulaufenden Whitehead-Torpedos für den Seekrieg bedeutete, wurde von Fachleuten wie Laien sofort erkannt. Doch von der Konzipierung des ersten Torpedos mit Druckluftantrieb und automatischer Einstellung der Lauftiefe bis zu den ersten wirklich einsatzfähigen Unterwassergeschossen, die eine hochbrisante Sprengladung auf vorgesehener Bahn mit möglichst großer Geschwindigkeit zu dem anvisierten Schiff transportieren und dort auch sicher zünden konnten, war ein langer und mühsamer Weg. Es zeigte sich dabei, daß viel technische und wissenschaftliche Grundlagenforschung nötig war, um die dabei immer wieder neu auftretenden Probleme in den Griff zu bekommen. Da das Medium Wasser, in dem der Torpedo läuft, eine Dichte besitzt, die etwa 835 mal größer als die der Luft ist, mußte eine völlig neue Ballistik für den Abschuß, den Niedergang und den anschließenden Geradeaus- oder Kurvenlauf geschaffen werden. Für den Antrieb war die Entwicklung neuer Verfahren und Hochleistungsmaschinen erforderlich, die in den beschränkten Raumverhältnissen einer Röhre von 35 bis 53 cm Durchmesser unter Luftabschluß Leistungen bis zu 400 kW erbringen konnten.

Die Unmöglichkeit, mit einem Unterwassergeschoß die hohen Geschwindigkeiten eines Luftgeschosses zu erreichen, führte frühzeitig zu Überlegungen, wie dieser Nachteil, der lange Laufzeiten bewirkt, in denen es zu unvorhergesehenen Positionsänderungen des Gegners kommen kann, durch Fern- und Eigenlenkverfahren ausgeglichen werden könnte. Bereits während des Ersten Weltkrieges wurden von der Firma Siemens Torpedofernsteuerungsversuche mittels elektromagnetischer Wellen und Drahtlenkung durchgeführt. Gleichzeitig konstruierte der Physiker und bayrische Rittmeister der Reserve Dr. Bestelmeyer die erste Magnetzündung für die deutschen Torpedos. Damit waren ganz neue physikalische Gebiete in die Torpedoentwicklung eingeführt worden, und das Torpedowesen wurde immer mehr zu einer Domäne hochqualifizierter Ingenieure und Physiker, ihre Schöpfungen immer mehr zu hochintelligenten künstlichen Fischen mit tödlichem Auftrag.

Ihre wichtigste Aufgabe besteht heute in der Bekämpfung von raketenbestückten Atom-U-Booten. Damit sind die Torpedos - wie schon in ihrer Frühzeit - heute überwiegend eine Defensivwaffe und ein wichtiger Baustein in der gegenwärtigen Balance of Power, deren Aufrechterhaltung zur Zeit noch die wichtigste Grundlage für den Frieden zwischen den beiden Weltblöcken ist.

Im Gegensatz zu anderen waffentechnischen Entwicklungen ist über den Torpedo und seine Geschichte bisher nur wenig veröffentlicht worden. Von Anfang an war der Torpedo eng mit dem Wort 'geheim' verknüpft. So nannte Whitehead den von ihm erfundenen Tiefenapparat, der erst einen einigermaßen stabilen Tiefenlauf ermöglichte, sein 'Geheimnis' und vertraute ihn nicht einmal einem Patentamt an. Obwohl dann in zwei Weltkriegen die Torpedos zur gefürchteten Waffe der

Unterseeboote und damit 'populär' wurden, blieben ihre Konstrukteure und Erbauer im Hintergrund. Auch heute ist eine weltweite Zurückhaltung bei Angaben über Torpedos spürbar.

In einem 'Torpedolied' von H.J. Goehlich wurde Anfang 1943 dieser Zustand treffend beschrieben:

"Der TWP ist, wie bekannt,
ein höchst geheimer Gegenstand.
Geheim sind selbst die Bleistiftminen,
die für geheime Texte dienen."

Der Gedanke, den Schleier des Geheimen von der deutschen Torpedoentwicklung wenigstens bis 1945 zu lüften, kam dem Verfasser bereits bei seinen Studien zur Geschichte der deutschen U-Bootentwicklung. Eine größere Anzahl technischer Torpedo-Unterlagen, die ab 1969 in dem ungeordneten technischen Bestand des Bundesarchiv-Militärarchiv aufgefunden und gesichtet wurden, bildete die Basis für weitere Nachforschungen. Es sah anfangs allerdings nicht danach aus, als ob sich aus diesen Fragmenten eine geschlossene Darstellung der deutschen Torpedoentwicklung herstellen lassen würde. So beschränkte sich der Verfasser auf Veröffentlichungen von Teilgebieten, insbesondere verschiedenen unkonventionellen Torpedoantriebsverfahren - Ingolin- und Kreislaufmotor-Torpedos (1969), Primärelementbatterien für E-Torpedos (1981) -, allgemeinen Übersichten und tabellarischen Zusammenstellungen.

Nachdem in den letzten Jahren nun weitere Unterlagen über die deutsche Torpedoentwicklung zugänglich wurden und außerdem die ausgezeichnete Monographie über den deutschen Luftwaffentorpedo von Friedrich Lauck vorliegt, erscheint die Zeit auch reif für eine allgemeine Geschichte des deutschen Marinetorpedos.

Bei den Bemühungen um eine sachgerechte Darstellung des nicht einfachen Themas traf der Verfasser auf die freundliche Unterstützung und das Verständnis einer Reihe von Persönlichkeiten und Institutionen der Torpedoentwicklung und verwandter Gebiete.

Besonderen Dank schuldet der Verfasser in diesem Zusammenhang den Herren Dipl.-Ing. Thomsen, Prof. Rohwer, Prof. Kraemer, Prof. Gabler, Dr. Grewe, Dr. Jung, Dipl.-Ing. Lauck, Dipl.-Ing. Lawitschka, Dipl.-Ing. Ramsauer, Greger, Koop, Kühl, Lawrenz, Lindberg, Herzog, Hildebrand, Hoffmann, Meycke, dem Bundesarchiv-Militärarchiv in Freiburg, der Erprobungsstelle 71 in Eckernförde sowie den Firmen AEG-TELEFUNKEN, Krupp-Mak, Hellmuth Walter GmbH und Ingenieurkontor Lübeck. Nicht zuletzt sei auch der KOEHLERS Verlagsgesellschaft für die Bereitschaft gedankt, diesen umfangreichen Bericht in angemessener Weise zu veröffentlichen.

E. Rössler

1 Die Anfänge des deutschen Torpedowesens

1864 hatte sich der österreichische Fregattenkapitän im Ruhestand Johann Blasius Luppis an den in der Firma Stabilimento Tecnico Fiumano tätigen Maschineningenieur Robert Whitehead gewandt, um dessen Unterstützung für sein Sprengboot zu gewinnen. Diese Waffe bestand aus einem Miniaturschiff, das eine Sprengladung trug und von einem Propeller am Heck angetrieben wurde. Als Antriebsmaschine diente ein Federwerk. Mit Hilfe einer Seilzugfernsteuerung konnten zwei Seitenruder verstellt werden, wodurch der gewünschte Kurs erreicht werden sollte. Luppis hatte sich vorher mit dieser ferngesteuerten Mine, der er den Namen 'Küstenretter' gab, an die österreichische Marine gewandt, war aber von ihr abgewiesen worden, da die Treffsicherheit dieser Waffe angezweifelt wurde. Auch Whitehead erkannte nach einigen Versuchen die geringe Wirksamkeit dieser Waffe, beschloß aber, sich an der Weiterentwicklung zu beteiligen, und traf mit Luppis eine Vereinbarung, die beide Partner verpflichtete, zum Ausbau dieser Erfindung 'ihr ganzes materielles und geistiges Vermögen einzusetzen, sie möglichst zu vervollkommen, alle zu diesem Zwecke gefaßten Ideen und Erfahrungen einander mitzuteilen, gegen dritte Personen jedoch das Geheimnis nur mit Wissen und Willen des anderen Gesellschafters zu lüften'.

Die Partnerschaft sah in der Praxis so aus, daß Whitehead, nur von einem Mechaniker und seinem zwölfjährigen Sohn John unterstützt, die neue Waffe entwickelte, während Luppis dank seiner Beziehungen zur österreichischen Marine und Regierung anfangs die Verhandlungen führte. Ende 1866 teilte Luppis der Marinesektion des österreichischen Kriegsministeriums mit, daß er zusammen mit Whitehead eine neue furchtbare Waffe geschaffen habe, 'die geeignet ist, die Kriegsführung zur See in ganz neue Bahnen zu lenken'. In einer beigefügten Denkschrift wurden die wichtigsten Eigenschaften des neuen 'Minenbootes' genannt: selbsttätiger Antrieb, Unabhängigkeit von einem Lenkboot, richtungsstabiler Lauf unter der Wasseroberfläche in einer vorher einstellbaren Tiefe, ca. 600 m Reichweite. Gleichzeitig bot Whitehead seine Erfindung der österreichischen Regierung zum Kauf an. Diese war jedoch nicht bereit, vor einer Versuchsvorführung dieses Unterwassergeschosses einen Vertrag mit Whitehead abzuschließen. Auf Drängen von Luppis erklärte sich Whitehead am 3. Dezember 1866 zu einer derartigen Vorführung bereit. Sie fand am 26. Dezember 1866 vor einer staatlichen Kommission statt.

Das 'Minenboot' erhielt nun die Bezeichnung Torpedo (Zitterrochen), die damals allgemein für Unterwassersprengkörper benutzt wurde, die bei Berührung vernichtende 'Schläge' austeilen konnten. Whiteheads autonomer Torpedo hatte eine Länge von 3,4 m, einen Durchmesser (ohne Flossen) von 36 cm und ein Gewicht von 136 kg. Vorn enthielt er einen Gefechtskopf mit ca. 8 kg Schießwolle, Zündnadel und Kapsel, in der Mitte eine freiflutende Maschinenkammer mit dem Druckluftmotor und dahinter einen Luftbehälter für Preßluft von 25 atü. Der Druckluftmotor besaß zwei schwingende Zylinder, die über eine Maschinenwelle einen zweiflügeligen Propeller am Heck antrieben und bei 100 U/Min dem Torpedo eine Geschwindigkeit von ca. 6,5 kn bei einer Laufstrecke von etwa 200 m verliehen. Hinter dem Propeller befand sich ein fest einstellbares Seitenruder. Das Einhalten der stabilen Lage des Torpedos, seiner Richtung und Tiefe im Wasser war das große Problem. Die ersten beiden Forderungen sollten mit Hilfe von Vertikalflossen, die sich über den größten Teil des Torpedos erstreckten und ein fischähnliches Aussehen bewirkten, erfüllt werden. Für die Einstellung des Tiefenlaufes besaß der Torpedo vor der Maschinenkammer ein hydrostatisches Ventil, das über Zugdrähte direkt auf ein Tiefenruderpaar am Heck wirkte. Gegenüber der Spierenmine besaß dieser Torpedo den großen Vorteil einer Fernwaffe.

Die ersten Versuche mit dem Whiteheadschen Torpedo, insbesondere die Versuchsvorführung vor der staatlichen Kommission müssen recht zufriedenstellend ausgefallen sein. Jedenfalls wurde am 15. April 1867 ein Vertrag mit Whitehead abgeschlossen. Darin wurde festgelegt, daß ein größerer Torpedo gebaut und ein Kriegsschiff mit einer Torpedolanciereinrichtung ausgerüstet werden solle. Damit sollten dann umfangreiche Versuche durchgeführt werden. Auf der anderen Seite verpflichtete sich die Regierung, im Falle günstiger Versuchsergebnisse den Erfindern 200000 Gulden in zwei Raten zu zahlen. Falls bei den Versuchen die vertraglich festgelegten Leistungen nicht erbracht würden, hätten die Erfinder nur Anspruch auf die Bezahlung des zweiten Versuchstorpedos im Werte von 1500 fl. Beide Torpedos sollten nach den Versuchen in den Besitz der österreichischen Marine übergehen. In einem Nachtrag vom 20. Mai 1867 wurde darüberhinaus beschlossen, daß bei einer ausschließlichen Erwerbung des 'Torpedogeheimnisses' durch die österreichische Regierung 800000 fl an die Erfinder zu zahlen seien.

Im Sommer 1867 erhielt das Kanonenboot GEMSE im Vordersteven ein Lancierrohr aus Gußeisen von 5,7 m Länge eingebaut, mit dem dann die ersten Torpedoausstoßversuche vorgenommen wurden. Dabei ging der Versuchstorpedo in Verlust. Der darauf gebaute Ersatztorpedo war Anfang 1868 fertig. Auch der größere Torpedo war jetzt fertiggestellt. Er hatte eine Länge von 4,5 m, einen Durchmesser von 40 cm und ein Gewicht von 295 kg. Der Kessel bestand bei ihm aus einem massiven Eisenzylinder, wodurch der Druck auf 55 atü erhöht und die Geschwindigkeit über kurze Entfernungen auf 11 kn gesteigert werden konnte.

Die Versuche begannen am 7. Februar 1868. Es sollte ein Zielnetz von 60 m Länge und 2 m Tiefe in 600 m Entfernung getroffen werden. Doch von 54 Schüssen trafen nur 8 das Netz, also nur 15%. Da jedoch 50% einen ausreichend geraden Kurs eingehalten hatten, lag das Versagen im wesentlichen am unstabilen Tiefenlauf. Whitehead erbat drei Wochen Aufschub, in denen er einen verbesserten Tiefenapparat (TA) - sein Geheimnis, das er nicht einmal einem Patentamt anvertraute - konstruierte. Dieser Tiefenapparat blieb in seinen Grundzügen dann über 80 Jahre lang Vorbild für alle Geräte, die die automatische Tiefenhaltung der Torpedos bewirkten. Er bestand aus einer Druckplatte, auf die der Wasserdruck wirkte. Dadurch wurde die hinter der Platte angeordnete Tiefenfeder zusammengedrückt. Der Ausschlag wurde dann auf die Tiefenruder übertragen. Das Besondere daran war ein Dämpfungselement, ein in der Torpedolängsrichtung schwingendes Pendel, das bei einer Abweichung des Torpedos aus der Horizontalen gegen die Bewegung der Tiefenplatte wirkte und dadurch eine weitgehend pendelfreie Tiefenänderung ermöglichte.

Als die Versuche mit dem neuen Tiefenapparat wieder aufgenommen wurden, stellte sich der erwartete Erfolg ein. Dennoch verzichtete die österreichische Regierung darauf, die alleinigen Rechte an dem 'Torpedogeheimnis' zu erwerben, da sie befürchtete, daß bei den vorhandenen Mitwissern diese neue Waffe doch nicht geheimzuhalten war. So wurden lediglich die beiden Versuchstorpedos angekauft und ein Liefervertrag abgeschlossen, der aber keinen großen Umfang besaß. Es wurde aber Whitehead, der sich inzwischen von Luppis getrennt hatte, erlaubt, seine Torpedos auch an ausländische Interessenten zu verkaufen.

Der erste und für längere Zeit auch bedeutendste ausländische Interessent war England, dessen Staatsbürger ja Whitehead war. 1871 schloß er mit der britischen Regierung einen Lizenzvertrag über die Herstellung seiner Torpedos im Woolwich-Arsenal ab. Hier wurde in den folgenden Jahren der Whitehead-Torpedo wesentlich verbessert:
Hinter einem Leitwerk aus je zwei Horizontal- und Vertikalflossen (Woolwich-Schwanz) wurden zwei gegeneinander laufende Propeller angeordnet. Der Hauptzweck dieses Doppelpropellers war der Ausgleich des Krängungsmomentes, das bei Verwendung eines Propellers entsteht.

Die unhandlichen und widerstandserhöhenden Vertikalflossen auf und unter dem Torpedokörper waren nicht mehr erforderlich und fielen weg. Durch den verrin-

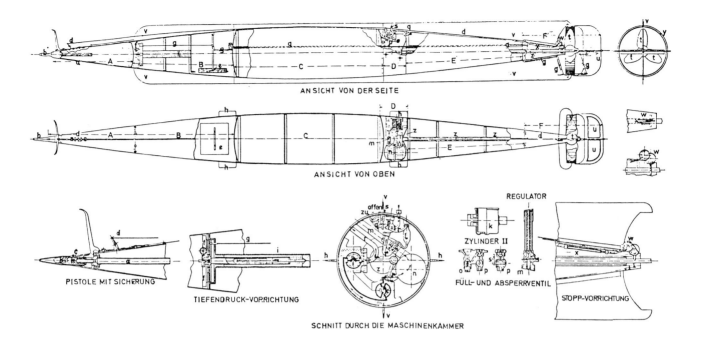

Zeichnungen von dem ersten von der deutschen Marine angekauften Whitehead-Torpedo.
Erläuterungen der Buchstaben:
A Torpedokopf: a) Schieß(baum)wolle, b) Schlagbolzen, c) Zündsatz, d) Sicherung;
B Tiefenapparat: e) Pendel, f) Druckplatte, g) Gestänge (zum Horizontalruder), h) (70 Atmosphären);
C Luftkessel (70 Atmosphären);
D Maschinenkammer: k) Zylinder, l) Schmiervorrichtung, m) Regulator, n) Windkessel, o) Füllventile, p) Absperrventil, q) Sinkventil, r) Rohrleitung vom Luftkessel zur Maschine, s) Öffnungshebel für Luft aus dem Kessel, v) Vertikalflosse;
E Tunnel;
F Schwanzstück: a) Pistole, b) Schlagbolzen, c) Zündsatz, d) Federnde Sicherheitsvorrichtung, e) Pendel, f) Druckplatte, g) Gestänge (Gelenkstange), h) Seitenflossen, k) Zylinder, l) Schmiervorrichtung, m) Regulator, n) Windkessel, o) Füllventil, p) Absperrventil, q) Sinkventil, r) Rohrleitung, s) Öffnungshebel, t) Propeller, u) Ruder, v) Vertikal- und Horizontalflossen, w) Stoppvorrichtung, x) Spannfeder, y) Schraubenring, z) Schraubenwelle.
Zeichnung: C.-H. Becker, Düsseldorf, nach einer alten Vorlage des Museums für Meereskunde, Berlin

Whitehead-Torpedo Fiume Standard (Baujahr 1872)

gerten Widerstand stieg die Torpedogeschwindigkeit auf 12 kn. 1874 wurde dann von Peter Brotherhood ein 3-Zylinder Preßluftmotor in Sternanordnung geschaffen, der die Antriebsleistung erheblich erhöhte und in den Grundzügen bis zum Zweiten Weltkrieg die am meisten verwandte Torpedoantriebsmaschine blieb.

Aber auch das Marineministerium in Berlin war an dem neuen Torpedo, der es kleinen Marinen erlaubte, ihre Unterlegenheit bei großen Kriegsschiffen auszugleichen, interessiert. In einer gemischten Kommission aus Armee- und Marineoffizieren beschäftigte man sich damals mit der Anwendung von Spieren- und Schlepptorpedos. Das waren Minen, die von besonderen Torpedofahrzeugen mit einer langen Stange am Bug oder einer seitlich ausgefahrenen Schlepptrosse an den Gegner herangebracht werden mußten. Im Juni 1869 wurde das Marinemitglied dieser Kommission, Korv.Kpt. Graf von Monts, nach Fiume zur Firma Stabilimento Tecnico Fiumano, in der Whitehead seine Torpedos baute, gesandt. Sein Bericht kann nicht sehr optimistisch geklungen haben, da kein Beschluß über die Einführung des Whiteheadschen Torpedos gefaßt wurde. Die 1871 unter der Leitung des Grafen von Monts aufgestellte Torpedo-Abteilung hatte nur die Aufgabe, Spieren- und Schlepptorpedos zu erproben.

In der ersten Hälfte 1873 kam Whitehead, der inzwischen die Firma Stabilimento Tecnico Fiumano erworben und zu einer reinen Torpedofabrik gemacht hatte, nach Wilhelmshaven, um seinen Torpedo vorzuführen und die deutsche Marine zu einer größeren Bestellung zu veranlassen, wobei er damit warb, daß England und auch Frankreich bereits diese neue Waffe eingeführt hätten. Dabei erwarb die deutsche Marine den vorgeführten Torpedo, der später im ehemaligen Museum für Meereskunde in Berlin als erster für die deutsche Marine angeschaffter Torpedo ausgestellt wurde. Es handelte sich um einen 4,50 m langen Torpedo vom Typ Fiume Standard (Baujahr 1872) mit 35 cm Durchmesser. Er trug noch die um den größten Teil des Torpedokörpers laufenden Vertikalflossen sowie vier kleine Horizontalflossen am Torpedorumpf und eine größere Horizontalflosse vor dem dreiflügeligen Propeller und den dahinterliegenden Tiefenrudern. Der Propeller lief in einem Schutzring. Angetrieben wurde der Torpedo von einem Whitehead-Zweizylinder-Preßluftmotor in V-Form. Die Geschwindigkeit betrug etwa 7 kn bei einer Laufstrecke von 600 m.

Erster für Versuchszwecke angeschaffter Torpedo der deutschen Marine

In dem neuen deutschen Kaiserreich hatte Generalleutnant von Stosch den Oberbefehl über die kleine Marine erhalten. Er war kein eigentlicher "Seemann" und führte die Marine nach den Prinzipien des preußischen Heeres. Er zeigte sich an der neuen Waffe sehr interessiert und bestellte 1873 bei Whitehead 100 Torpedos eines neuen Typs, der insbesondere eine wesentlich höhere Geschwindigkeit erreichen sollte, im Werte von 70000 Talern. Bis 1880 sollten dann weitere Torpedos ausschließlich von der Fa. Whitehead bezogen werden. Gleichzeitig wurde ein Lizenzvertrag abgeschlossen, der die Kaiserliche Marine berechtigte, diese Torpedokonstruktion auch von anderen Firmen bauen zu lassen. Einzig der Tiefenapparat müßte von Whitehead direkt bezogen werden.

Die ersten Versuche mit dem erhaltenen Whitehead-Torpedo erfolgten im Juni 1873 auf dem Kanonenboot BASILISK. Daran nahm auch Generalleutnant von Stosch teil.
Inzwischen waren auch in Deutschland Torpedoprojekte entwickelt worden. Mit einem von dem Physiker Heinrich Hertz konstruierten Torpedo wurden auf dem Rummelsburger See in Anwesenheit des Chefs der Admiralität Versuche durchgeführt. Sie hatten jedoch keinen Einfluß auf die Entwicklung des deutschen Torpedowesens.

Die 1873 bestellten Torpedos vom Typ Fiume Mk I (deutsche Bezeichnung C/74) wurden ab 1876 geliefert. Sie hatten eine Länge von 4,65 m, einen Durchmesser von 35 cm und ein Gewicht von 240 kg. Äußerlich unterschieden sie sich von dem Versuchstorpedo durch das Fehlen der Flossen am Torpedorumpf und die Verwendung eines fünfflügeligen Propellers ohne Schutzring. Innen waren die wichtigsten Verbesserungen ein 3-Zylinder Brotherhood-Motor und eine Tiefensteuermaschine, die die Kraft der Tiefenplatte mit Hilfe von Druckluft erheblich erhöhte (von 15 g auf 80 kg). Diese Torpedos erreichten bei 540 m Reichweite eine Geschwindigkeit von 17,5 kn.

Durch Anschlußaufträge wurden die Torpedotypen Fiume Mk II (deutsche Bezeichnung C/76) und Mk III (C/77) bezogen, die eine höhere Geschwindigkeit (20 bzw. 21 kn) erreichten. Sie besaßen statt des Einfachpropellers zwei Propeller, deren gegenläufige Bewegung durch ein Kegelradgetriebe bewirkt wurde, unterschieden sich aber sonst nur wenig vom C/74.

Für die Erprobung und das Einschießen der Torpedos war 1874 eine Torpedo-Versuchs- und Prüfungskommission gebildet worden, deren Mitglied und Präses der spätere Staatssekretär des Reichs-Marine-Amtes, Korv.Kpt. Heusner, war. 1876 wurde für die Bedienung der neuen Torpedos das Torpedo- und Torpederpersonal-Korps aufgestellt. Auf dem Torpedofahrzeug ZIETEN und einem Minenleger wurden erstmals Torpedoausstoßrohre eingebaut, mit denen ab 1877 Ausstoßversuche begannen.

Deutliche Torpedospur (Blasen und Ölspur) bis zum Zielschiff

Am 1. Januar 1878 wurden als Vorratslager, Erprobungs- und Reparaturstätte für Torpedos und Minen je ein Torpedodepot in Wilhelmshaven und in Friedrichsort bei Kiel eingerichtet. Dem Friedrichsorter Depot war ein Torpedo-Schießstand angegliedert. Beide Depots unterstanden der Inspektion der Marineartillerie. Etwa zur gleichen Zeit wurde die Torpedo-Versuchs- und Prüfungskommission aufgelöst. Deren Aufgabe übernahm jetzt ein Torpedo-Versuchskommando (TVK) in Kiel. Am 21. Dezember 1878 wurde die Gedeckte Korvette BLÜCHER zum Torpedo-Versuchs- und Schulschiff in Kiel bestimmt. Ihr jeweiliger Kommandant stand als Präses auch dem TVK vor.

Die nun in größerem Umfange durchgeführten Torpedoschüsse erwiesen sich aber als reines Glücksspiel. In seinen Erinnerungen führte Alfred von Tirpitz dazu aus:
"Stosch hat den Fischtorpedo etwas überhastet eingeführt und in größerer Zahl gekauft, bevor er eigentlich kriegsbrauchbar war. Seine Verwendung war noch eine 'größere Gefahr für den Schützen als für seinen Gegner'. Man war zu optimistisch gewesen, hatte, wie es bei neuen Waffen häufig der Fall ist, die Umwälzung vorweggenommen, bevor die neue Idee praktisch geworden war.
Der Whiteheadsche Torpedo war der Idee nach richtig; aber es steckte in ihm noch zu viel rohe Maschinenarbeit, er entbehrte daher der uhrwerkartigen Sicherheit ...

Als ich 1879 dem Kronprinzen die Whiteheadschen Torpedos vorführte, war es trotz vielwöchiger Vorbereitungen noch immer die reine Lotterie, ob sie bei der Vorführung einigermaßen ans Ziel kämen oder wilde Sprünge machten. Das Glück war uns hold, aber nachher erklärte ich Stosch, wir müßten nun zu eigener Präzisionsarbeit übergehen."

Kptl. Tirpitz war 1877 zur Torpedo-Versuchs- und Prüfungskommission gekommen und gehörte danach auch dem TVK an. Während der Sommermonate 1878-1880 war er dabei Kommandant des Torpedofahrzeuges ZIETEN und von 1881-1884 Kommandant des Torpedoschulschiffes BLÜCHER. Vom Januar 1885 bis zum März 1886 war er dann Dezernent für Torpedoangelegenheiten in der Admiralität. Zwölf Jahre lang hat sich Tirpitz mit großem persönlichen Einsatz um die Kriegsverwendungsfähigkeit der Torpedowaffe bemüht.

Korv.Kpt. Alfred Tirpitz (1849-1930)

Als v.Stosch die Schwierigkeiten mit den Torpedos gemeldet wurden, forderte er ab Herbst 1877 vom Leiter der Torpedo-Versuchs- und Prüfungskommission und von den einzelnen ihm unterstellten Offizieren Sonderberichte an, die er persönlich las. Darunter war auch ein Bericht von Kptl. Tirpitz, der die Lage schonungslos darstellte. Tirpitz war im Mai 1877 in Fiume gewesen, wo er die Torpedos am Ort ihrer Entstehung besichtigen konnte. Dabei hatte er auch gute persönliche Kontakte zu Robert Whitehead anknüpfen können. Im Winter 1877/78 wurde er deshalb wieder nach Fiume geschickt, um bei Whitehead zu versuchen, die bestellten aber noch nicht gelieferten Torpedos, die der deutschen Marine so viel Kummer machten, nicht abnehmen zu müssen. Er erreichte dann auch, daß nur noch die Hälfte der bestellten Torpedos übernommen zu werden brauchte. Die andere Hälfte konnte Whitehead anderweitig verkaufen.

Die von Tirpitz übernommenen Torpedos wurden im Friedrichsorter Torpedodepot durch einige Änderungen 'kriegsbrauchbar' gemacht und erhielten die hier entwickelte Pistolen- und Sprengstoffeinrichtung sowie eine neue Steuermaschine. Sie waren gegenüber den früheren Torpedos strukturell verstärkt und deshalb für Ausstoßversuche besser geeignet. Ihre Bezeichnung in der deutschen Marine war C/79.

Ende 1878 war der Torpedobestand der Kaiserlichen Marine auf insgesamt 400 Stück mit einem Wert von 400000 M angewachsen.
1879 erfolgte der erste Torpedoscharfschuß von SMS ZIETEN auf ein Ruderkanonenboot. Die Versuche mit Spierentorpedos wurden eingestellt.

Der erste Erfolg mit einem Whitehead-Torpedo wurde aus dem Russisch-türkischen Krieg von 1877/78 gemeldet. In der Nacht vom 25. zum 26. Januar 1878 war nach mehreren erfolglosen Angriffen mit Whitehead-, Spieren- und Schlepptorpedos ein letzter Angriff der beiden kleinen russischen Torpedoboote TSCHESMA und SINOPE auf die in Batum liegende türkische Flotte befohlen worden. Die TSCHESMA trug ihren Whitehead-Torpedo in einer

Torpedosammlung im ehemaligen Museum für Meereskunde in Berlin. In der Mitte C 45/91, darunter ein Whitehead-Torpedo (C/77), darüber ein Harvey-Schlepptorpedo und ein Wurftorpedo

primitiven Haltevorrichtung unter dem Kiel, während sich der zweite Torpedo auf einem Floß befand, das von SINOPE geschleppt wurde. Nach russischen Angaben trafen beide Torpedos das türkische Wachtschiff INTIKBAH aus einer Schußentfernung von ca. 70 m und versenkten es. Die türkische Marine hat diesen Erfolg aber nie bestätigt.

Nachdem der Vertrag der deutschen Marine mit Whitehead abgelaufen war und wegen der schlechten Erfahrungen mit den gelieferten Torpedos auch kein Interesse an einer Verlängerung bestand, ergab sich für die deutsche Marine nun die Frage, wo man geeignetere Torpedos herbekommen könnte. Tirpitz plädierte für eine marineeigene Fertigung, die Admiralität entschied sich aber für die Firma Berliner Maschinenbau-AG (BMAG), vormals Schwartzkopff.

Louis Schwartzkopff war 1875 wie viele andere Maschinenbau-Fabrikanten nach Fiume gekommen, um dort Whiteheads Werk zu besichtigen. Bereits ein Jahr später bot seine Firma einen eigenen Fischtorpedo an, der bis auf das Material 'Phosphorbronze' dem Whitehead Fiume Standard Torpedo einschließlich der von Robert Whitehead ängstlich gehüteten Tiefenkammer weitgehend glich. Es kamen darauf Gerüchte auf, die diesen Schwartzkopff-Torpedo in Zusammenhang mit einem mysteriösen Einbruch in das Zeichnungsbüro von Whitehead brachten. Es ist aber wahrscheinlicher, daß Schwartzkopff seinen ersten Torpedo nach einem ja bereits in mehreren Marinen vorhandenen Whitehead-Torpedo nachgebaut hat. Dieser erste Schwartzkopff-Torpedo besaß folgende Eigenschaften: Durchmesser 350 mm, Länge 4500 mm, Gewicht 273 kg, Sprengladung 14 kg, Geschwindigkeit 17 kn und Reichweite 400 m/17 kn.

Das korrosionsbeständige Bronzematerial verschaffte dem Schwartzkopff-Torpedo sofort große Aufmerksamkeit. Die Whitehead-Torpedos bestanden nämlich damals weitgehend aus Stahl und mußten deshalb, um eine Korrosion zu verhindern, nach jedem Versuchsschuß sorgfältig vom Seewasser gereinigt werden. Der Preis des angebotenen Schwartzkopff-Torpedos war höher als der des Whitehead-Torpedos und betrug pro Stück 450 £.
Zuerst wurden die Schwartzkopff-Torpedos in den vorhandenen Werkstätten der BMAG an der Chausseestraße hergestellt. Mit

Torpedosammlung im ehemaligen Museum für Meereskunde in Berlin (ursprüngliche Aufstellung). Vorn links ein C45/91, darüber 35 cm-Whitehead-Torpedos (oben der erste von der deutschen Marine angeschaffte Versuchstorpedo)

Louis Schwartzkopff (1825–1892)

der Ausweitung dieses Produktionszweiges durch ab 1879 eingehende größere ausländische Aufträge wurde dann dort eine besondere dreistöckige Torpedo-Montagewerkstatt errichtet. Für die Erprobungen und das Einschießen der Torpedos wurde 1879/80 im Kieler Hafen bei Düsterbrook ein Torpedo-Schießstand, verbunden mit einer kleinen Reparaturwerkstatt, angelegt. Besonders durch die rastlose Tätigkeit von Oberingenieur Emil Kaselowsky entwickelte sich der Torpedobau bei der BMAG zu einer ungeahnten Blüte.

Nach dem Ablauf der Liefervereinbarung mit Whitehead war also 1879 die deutsche Marine an Schwartzkopff herangetreten, um mit seiner Firma einen Vertrag abzuschließen, der die weitere Torpedobeschaffung durch die BMAG vorsah.
Bei einem ersten Versuch mit Schwartzkopff-Torpedos im Jahre 1879 zeigte sich der neue von der BMAG selbst konstruierte Bronze-Torpedo der Bronze-Kopie des Whitehead-Torpedos unterlegen. Die deut-

Ansicht der Stammfabrik der BMAG um 1888 (vom Stettiner Bahnhof aus gesehen)

sche Marine verlangte darauf einen neuen Entwurf, der bessere Eigenschaften als der C/79 besitzen sollte. Dafür mußte aber noch viel Lehrgeld gezahlt werden. Das andere Material Bronze mit seiner größeren Dichte und den vom Stahl abweichenden Festigkeitseigenschaften erforderte grundsätzliche Untersuchungen und Studien der Torpedoballistik bei dem Torpedo-Depot in Friedrichsort und der BMAG, die sich über mehrere Jahre hinzogen.

1883/84 wurden die ersten neuen Torpedos der BMAG an die deutsche Marine geliefert. Sie erhielten die Bezeichnung C/84. Sie besaßen eine Länge von 4,67 m, einen Durchmesser von 35 cm, eine Ladung von 20 kg und ein Gefechtsgewicht von 270 kg. Auf 400 m Laufstrecke erreichten sie eine Geschwindigkeit von 22,3 kn. In ihrer Form und ihrem inneren Aufbau entsprachen sie etwa dem C/79, waren jedoch aus Bronze hergestellt.

Eine bedeutende Bestellung der italienischen Regierung von Torpedomaterial veranlaßte die BMAG zur Errichtung eines Zweigwerkes in Venedig. Die Grundsteinlegung dieses speziell auf den Torpedobau ausgerichteten Werkes erfolgte am 2.Mai 1887. Am 30.Juni 1888 schied Louis Schwartzkopff aus der Firma aus. Sein Nachfolger als Generaldirektor wurde der Torpedofachmann Kaselowsky. Ende 1888 wurde die Torpedofertigung in der inzwischen fertiggestellten Torpedofabrik unter der Leitung von Oberingenieur Schack aufgenommen. Zur gleichen Zeit erfolgten im neuen Werk der BMAG in der Ackerstraße in Berlin umfangreiche Anbauten speziell für den Torpedobau.

Inzwischen war die Nachfrage nach Torpedos weltweit gestiegen. Die BMAG stellte jetzt allein in Berlin jährlich etwa 600 Torpedos her, in erster Linie für die deutsche Marine, daneben aber auch für Japan, China, Spanien und Schweden. Sogar England kaufte 50 Stück sofort und bestellte weitere 50 bei der BMAG. Im August 1888 war der 2000. Schwartzkopff-Torpedo abgeliefert worden.

Torpedo-Schießstand der BMAG im Kieler Hafen

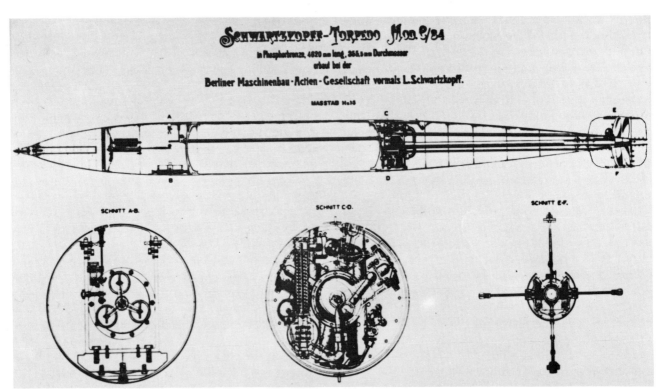

Schwartzkopff-Torpedo Mod. C/84

Obwohl bereits seit 1873 in der deutschen Marine Torpedos erprobt wurden, war die Frage der Anwendung noch weitgehend ungeklärt. England hatte zwar mit dem Bau des Thornycroft-Bootes den Weg zu einer wirkungsvollen speziellen Einsatzwaffe für die Torpedos, dem Torpedoboot, gewiesen, doch blieb die Torpedobootsfrage in Deutschland noch bis 1881 ganz außerhalb jeder ernsthaften Untersuchung. Am 8. Juli 1879 hatte v. Stosch beschlossen, an Stelle eines Baus von Torpedospezialfahrzeugen sämtliche größeren Kriegsschiffe mit einer Torpedoarmierung auszurüsten. Etwa gleichzeitig begann auch die Entwicklung der dafür erforderlichen Torpedoausstoßrohre.

Erst als nach der Rede Skobelefs in Paris erste Spannungen mit Rußland auftraten und der Schutz der deutschen Ostseehäfen besondere Bedeutung erhielt, wurde in aller Eile von der Admiralität nach dem Vorbild der Normand-Boote ein kleiner Torpedobootstyp, die SCHÜTZE-Klasse (ca. 56 t), konstruiert und in einer Stückzahl von 7 Booten bei der Weser-Werft in Bremen in Bau gegeben. Diese Boote wurden hier in den Jahren 1882/83 fertiggestellt. Daneben wurden auch für den Torpedoeinsatz ausgerüstete kleine Beiboote, sogenannte White-Boote, gebaut.

Ein Nachtmanöver im Herbst 1882 bei Fehmarn bewirkte, daß v. Stosch den Torpedobooten größere Beachtung schenkte und weitere 18 Boote für den nächsten Etat forderte. Aber erst 1883, als ein Krieg mit zwei Fronten drohte und die relativ schwachen Seestreitkräfte des Deutschen Reiches in kurzer Zeit und mit möglichst geringen Mitteln verstärkt werden mußten, kam die Torpedobootsfrage bei der Kaiserlichen Marine richtig in Fluß. V. Stoschs Nachfolger, Generalleutnant v. Caprivi, sah im Torpedoboot eine wichtige Waffe für die Küstenverteidigung bei einem möglichen Zweifrontenkrieg gegen Frankreich und Rußland. Er beauftragte deshalb Korv.Kpt. Tirpitz, das Torpedobootswesen von Grund auf zu entwickeln. Da die Technik der Torpedoboote in Deutschland noch sehr unentwickelt war, erfolgte im Winter 1883/84 eine Konkurrenzausschreibung für Torpedoboote. Wegen der Personalknappheit im Offiziersbereich sollten die Boote nur von einem Offizier geführt werden können, was ihre Größe beschränkte. Aufträge gingen an die Privatwerften Weser, Vulcan, Germaniawerft und Schichau, sowie an Yarrow und Thornycroft in England.

Wegen der politischen Spannungen war 1883 Geld für 70 Torpedoboote bewilligt worden. Hierdurch wurde zwar ein schnelles, aber für eine sichere Entwicklung von Torpedobooten ungünstiges Vorgehen erreicht, da die Massenbeschaffung nicht auf der Grundlage der erst jetzt anlaufenden grundlegenden Versuche vorgenommen werden konnte, sondern zunächst neben diesen hergehen mußte.

Für die technische Erprobung der auf Grund der Ausschreibung 1884/85 abgelieferten Torpedoboote wurde am 1.Juli 1885 eine besondere Torpedobootsversuchsdivision aufgestellt. Bei den Versuchsfahrten bis Ende 1884 hatten sich die Schichau-Boote S 1 und S 2 einzig als ausreichend seetüchtig erwiesen. Für die erste große Torpedobootsbestellung im Herbst 1884 kam deshalb nur Schichau in Frage. Korv.Kpt. Tirpitz wurde nun damit beauftragt, für diese Torpedoboote eine geeignete Taktik zu entwickeln.

Zu dieser Zeit war die Torpedowaffe allgemein bei der Flotte eingeführt. Die größeren Kriegsschiffe hatten zwei seitlich vom Steven liegende Bugrohre, zwei Überwasser-Breitseitrohre und ein Heckrohr, die Torpedoboote zwei Überwasser-Bugrohre erhalten.

Immer wieder ist recht unkritisch behauptet worden, daß in dieser Zeit von der deutschen Marine auch Unterseeboote, die idealen Einsatzfahrzeuge für die neue Unterwasserwaffe, zu Versuchszwekken gebaut worden seien.

1888 erschien in den in Pola herausgegebenen 'Mittheilungen aus dem Gebiete des Seewesens XVI' auf Seite 357 unter der Überschrift 'Deutsche unterseeische Torpedoboote' folgender Hinweis:

"Dem 'Broad Arrow' zufolge sollen gleichzeitig in Kiel und Danzig Versuche mit einer neuen Gattung submariner Boote vorgenommen worden sein.

Die 114' (34,85 m) langen Boote können Tiefen von 95' (nahezu 29 m) erreichen; der Apparat für diesen Zweck soll aus zwei horizontalen Schrauben bestehen, die von einer sechspferdekräftigen Zweicylindermaschine in Rotation versetzt werden.

Torpedorohr-Anordnung der ersten Periode (ab 1882):
Zwei seitlich vom Steven liegende Bugtorpedorohre

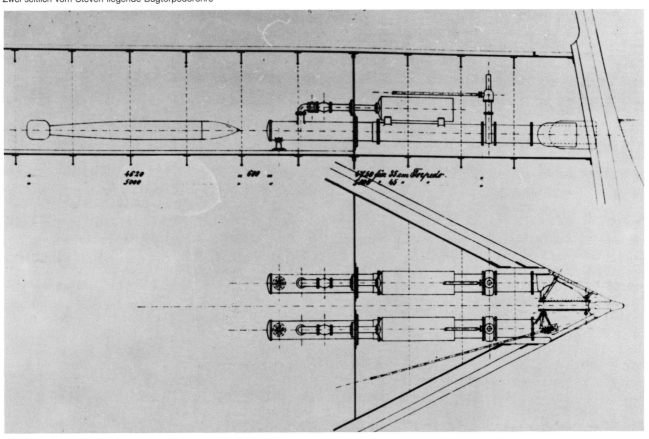

Eine Cisterne, welche 5 t Wasser fasst, soll zur Controle des Tiefganges dienen. Die Armierung der Boote soll aus drei Mc Evoy Torpedos und einer Schnellfeuerkanone bestehen, die Bemannung drei Köpfe stark sein. Die Boote sollen eine Geschwindigkeit von 12 Knoten besitzen und einen Kohlenvorrath für 200 Seemeilen aufzunehmen imstande sein.

Der vorerwähnten Quelle nach würden diese Fahrzeuge nur eine Modification der Nordenfelt-Boote sein ..."

Die Hauptquelle für die dann später bis heute immer wieder behauptete oder vermutete Existenz von zwei bei den Kaiserlichen Werften in Danzig und Kiel gebauten Nordenfelt-U-Booten mit den Bezeichnungen W 1 und W 2 bzw. U 1 und U 2 sind Angaben in dem Buch von Alan H. Burgoyne 'Submarine Navigation, past and present', Alexander Moring Ltd., London 1903. Danach sollen 1890 in Danzig und Kiel je ein Tauchboot von 34,85 m Länge, 3,65 m Breite und 200 t Deplacement gebaut worden sein, die folgende Eigenschaften besäßen: Antrieb durch eine Dampfmaschine mit Dampfspeicher für Unterwasserfahrt, ↓ 2 Std. 'full speed' und ↑ 24 Std. Einsatzdauer. 70-80 Sek. Tauchzeit. Beide Boote sollen noch im gleichen Jahr an Flottenmanövern vor Kiel und Wilhelmshaven teilgenommen haben.

Ein weiteres U-Boot soll nach der gleichen Quelle 1891 bei Howaldt in Kiel entstanden sein. Für dieses Boot, das die Bezeichnung U 5 besessen haben soll, wurden folgende Angaben gemacht: 30,85 m Länge, 3,6 m Breite, 180 t Deplacement, ↓ 9,3 kn, halbgetaucht 13,1 kn und ↑ 16,3 kn Geschwindigkeit.

Es gibt aber keinen einzigen amtlichen Beleg oder Hinweis für den Bau oder gar die Erprobung dieser U-Boote. Weder in den Baulisten von Howaldt noch der Kaiserlichen Werft in Kiel sind diese U-Boote aufgeführt. Es muß deshalb angenommen werden, daß hier eine Vermengung und Verwechslung der in den Jahren 1885 bis 1888 von Nordenfelt gebauten vier Tauchboote mit den im gleichen Zeitraum hergestellten deutschen Versuchstorpedobooten mit vergleichbaren Abmessungen und - wegen des Schornsteins der dampfbetriebenen Nordenfelt-U-Boote - ähnlicher Überwassersilhouette stattfand, die dann zu der bislang unausrottbaren Legende über die deutschen Nordenfelt-U-Boote geführt haben.

Wegen anhaltender Auseinandersetzungen zwischen den Technikern und der Admiralität über den geeignetsten Torpedobootstyp wurde am 1.November 1886 eine Zentralstelle für die Entwicklung der gesamten Torpedowaffe geschaffen. Sie erhielt die Bezeichnung Inspektion für das Torpedowesen (TI) und hatte ihren Sitz in Kiel. Erster Inspekteur der TI wurde Korv.Kpt. Tirpitz.

In der AKO (Allerhöchste Kabinets-Ordre) vom 16.März 1886 an den Chef der Admiralität war zum Zweck und zur Organisation bestimmt worden:

"Es wird eine Inspektion des Torpedowesens geschaffen, welche für die Ausbildung des dazu bestimmten Personals im Gebrauch der Torpedowaffe und der Torpedoboote, sowie für die Kriegsbrauchbarkeit und Vervollkommnung dieses Kriegsmaterials zu sorgen hat ...

Der Inspektion werden unterstellt: das Torpedoschulschiff, das Torpedo-Versuchskommando, die in Dienst befindlichen Torpedoboote, sofern sie nicht einem Geschwaderverbande zugeteilt sind, das (Friedrichsorter) Torpedodepot mit seinem Personal und das Torpederingenieur- und Mechanikerpersonal, sowie der Elektrotechniker des Torpedowesens."

Das Wilhelmshavener Torpedodepot wurde in ein reines Minendepot umgewandelt. Vom Friedrichsorter Depot wurde ein Minendepot abgezweigt. Beide Minendepots blieben der Inspektion der Marineartillerie unterstellt.

1888 unterstanden der TI die 1.Torpedoabteilung in Kiel (Korv.Kpt. Fischel), die 2.Torpedoabteilung in Wilhelmshaven (Korv.Kpt. Hofmeier), das Torpedo-Versuchskommando in Kiel, dessen Präses der Kommandant des ebenfalls zur TI gehörenden Schulschiffes BLÜCHER, Korv.Kpt. v.Ahlefeld, war, das Torpedodepot in Friedrichsort (Kptl. Harms) und die in Dienst befindlichen Torpedoboote.

Unter der Aufsicht der TI wurde nun regelmäßig im Sommer ein großes Torpedoschießen durchgeführt, bei dem peinlich genau über jeden Torpedo und jeden Schuß Buch geführt wurde. Verschossen wurden in erster Linie C/79 und C/84 Torpedos. Die älteren Torpedos blieben als Reserve im Torpedodepot. Die Schußdistanzen lagen bei etwa 300 m. Schüsse mit einer Reichweite von 470 m und mit 35° Schneidungswinkel waren nicht zulässig und führten zu Beanstandungen. Die Trefferausbeute lag bei etwa 50%.

Im Sommer 1888 wurden beispielsweise folgende Torpedoschüsse gemeldet:

Panzergeschwader	SMS KAISER	102	(1 Verlust)
	SMS BADEN	123	
	SMS BAYERN	150	(2 Verluste)
	SMS FRIEDRICH DER GROSSE	<u>199</u>	(1 Verlust)
		574	
Schulgeschwader	SMS MOLTKE	147 +62	(TVK)
	SMS GNEISENAU	52	
	SMS PRINZ ADALBERT	164	(1 Verlust)
	SMS ZIETEN	38	
	SMS STEIN	<u>34</u>	
		497	
TVK und Torpedoschulschiff SMS BLÜCHER		2802	(1 Verlust)

Torpedobootsflottillen:
1.Torpedobootsdivision	719	
2.Torpedobootsdivision	610	
SMS BLITZ	<u>62</u>	
	1391	

Insgesamt wurden also 5264 Torpedoschüsse abgegeben. Dabei gingen 6 Torpedos in Verlust.

Abschuß eines Whitehead-Torpedos mit ‚spitzem Eintritt' vom Torpedo-Schulschiff BLÜCHER

Abschuß eines Whitehead-Torpedos mit ‚flachem Eintritt' von einem Torpedoboot des S 7-Typs

Beim Torpedo-Überwasserschuß bevorzugte man anfangs die 'deutsche Methode' des spitzen Eintritts, bei der der Torpedo beim Verlassen des Rohres sich etwas nach unten neigt und dadurch mit dem Kopf zuerst in das Wasser eintritt. Bei dieser Methode wurde der Torpedo festigkeitsmäßig nicht so stark beansprucht wie beim flachen Eintritt, bei dem der Torpedo bis zum Verlassen des Rohres an der über dem Hinterende des Kessels befestigten Hängewarze mit Hilfe einer Führungsschiene solange in horizontaler Position gehalten wurde, bis das Torpedoschwanzstück fast oder ganz freigekommen war. Der spitze Eintritt erwies sich aber bei Breitseitrohren als ungünstig, da man aus ihnen Torpedos nur bis 12 kn Schiffsgeschwindigkeit abfeuern konnte.

Die Steigerung der Schiffsgeschwindigkeit und die Forderung, auch Torpedoboote mit Breitseitrohren ausrüsten zu können, führten dann zur Einführung des Schusses mit flachem Eintritt. Da sich auch die beiden Bugrohre neben dem Steven nicht bewährt hatten, kam es mit dem Bau der SIEGFRIED-Klasse (ab 1888) zu einer neuen Torpedoarmierung: Die größeren Kriegsschiffe erhielten jetzt ein im Steven angeordnetes Unterwasser-Bugrohr, zwei schwenkbare Überwasser-Breitseitrohre für flachen Eintritt und ein Heckrohr. Für die Torpedoboote waren ein Bugrohr und zwei schwenkbare Breitseitrohre für flachen Eintritt vorgesehen. Während in der ersten Entwicklungsperiode als Ausstoßmittel bei den Torpedoroh-

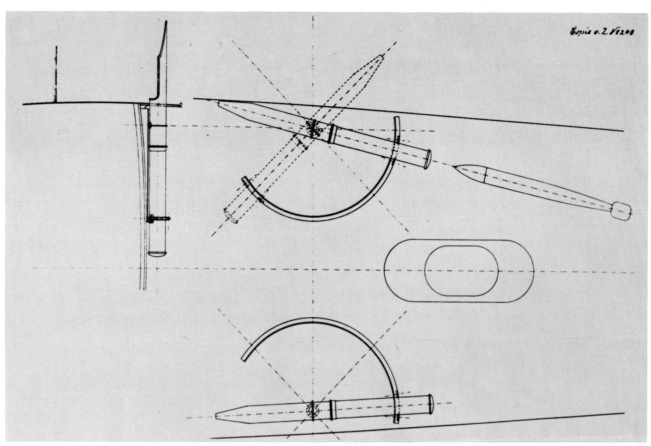

Zwei schwenkbare Breitseittorpedorohre mit flachem Eintritt (ab 1888 eingeführt)

Bugtorpedorohranordnung der zweiten Periode (ab 1888): Unterwasser-Bugtorpedorohr (im Steven eingebaut)

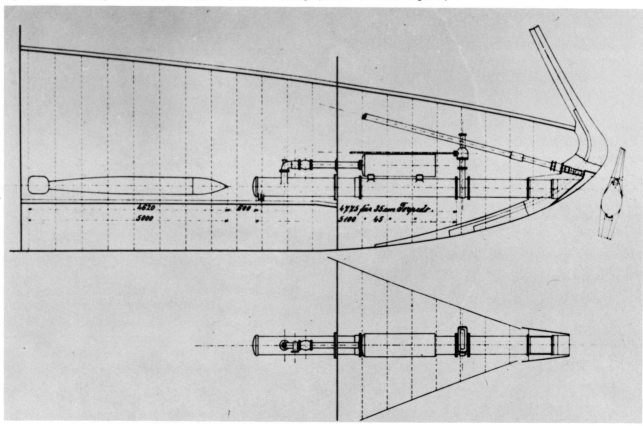

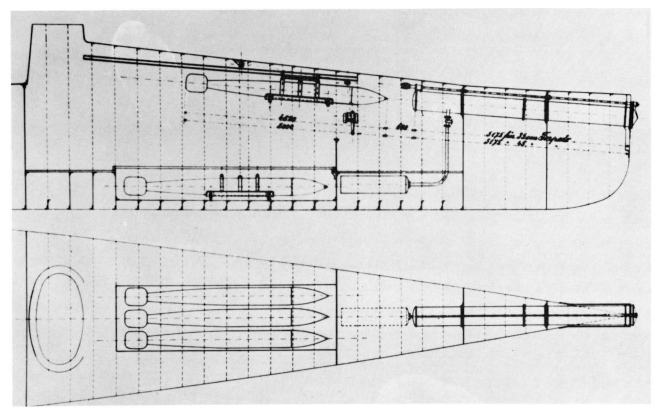

Überwasser-Bugtorpedorohr (Torpedobootsbewaffnung ab 1888)

ren nur Preßluft Verwendung fand, wurde später in immer stärkerem Maße der Pulverausstoß bevorzugt. Für Übungszwecke wurden die Torpedos mit ungefüllten Köpfen verschossen, später erhielten sie austauschbare Gefechts- und Übungsköpfe. Im Gegensatz zur Artillerie war also das im Manöver verschossene Geschoß

Oben Schwartzkopff-Torpedo C/84A, darunter ein älteres Torpedoausstoßrohr mit einem C/77 Torpedo

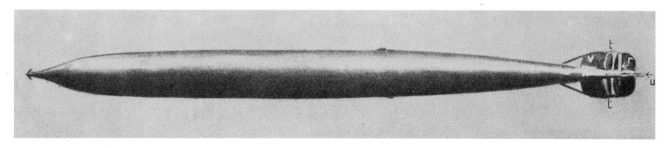

Schwartzkopff-Torpedo C/84A

wiederverwendbar, wodurch hohe Schußzahlen mit den relativ teuren Geschossen ermöglicht wurden.

1888 wurde auch eine verbesserte Ausführung des C/84 Torpedos eingeführt. Durch eine vollere Torpedoform konnten bei ihr das Gesamtgewicht um ca.30 kg und die Sprengladung auf 42,5 kg gesteigert werden. Statt der rotierenden Flachschieber der C/84-Maschine hatte die Maschine der neuen Ausführung Kolbenschieber, wodurch es möglich war, die Geschwindigkeit auf über 24 kn zu erhöhen. Dagegen bewirkte die völligere Kopf- und Hinterteilsform keine Änderung der Geschwindigkeit. Diese neue Torpedotype erhielt die Bezeichnung C/84A.

Im Mittelpunkt der Entwicklungsarbeiten bei der BMAG und im Torpedodepot stand jetzt die weitere Erhöhung der Torpedogeschwindigkeit. Dazu wurden Verbesserungen an der Maschine vorgenommen und ein neuer Propeller mit größerem Nutzeffekt eingeführt. Der Geschwindigkeitsgewinn betrug jedoch nur ca.0,5 kn. Die Erprobung dieses Torpedos mit der Bezeichnung C/84B begann 1890.

Am 12.Mai 1888 wurden vom Kaiserlichen Torpedodepot in Friedrichsort auf mündlichen Befehl der TI hin einige 'Bemerkungen zur Entwicklungsfrage der Torpedowaffe' zusammengestellt:
"Um (dem Torpedowesen) den nötigen Zusammenhalt zu geben, ist es erforderlich, daß eine Torpedo-Versuchs-Kommission gebildet wird, welche aus einem älteren Seeoffizier als Präses und Gruppenführern als Mitglieder besteht. Die Gruppen bilden, wo dies der Umfang erfordert, Subkommissionen, deren Präses dann der Gruppenführer ist.

Hauptangaben der C/84A und C/84B Torpedos			
		C/84A	C/84B
Baujahr		1888	1889
Durchmesser	mm	350	350
Länge	mm	4672,5	4672,5
Gewicht des schußbereiten Torpedos	kg	300	309
Auftrieb	kg	0,5	0,5
Gewicht der Ladung	kg	42,5	42,5
Kesselgewicht	kg	115-118	115-118
Kesselinhalt	l	120,67	121,5
Luftfüllung bei			
90 atü	kg	12,4	12,7
100 atü	kg	-	14,12
Gebrauchsdruck	at	86	96
bzw.	at	112	130
Maschine:			
Kolbendurchmesser	mm	80	80
Hub	mm	64	64
Maschinenleistung	PS	25,2	25,2
bei U/Min		1015	1015
Gewicht der Maschine mit Kurbel ohne Welle	kg	15,75	15,75
Luftverbrauch pro PS und Sek. bei 1 atü	l	9,53	.
Geschwindigkeit auf 400 m bei 23,5 at	kn	23,4	24,8
bei 30 at	kn	24,7	25,3
Regulatorspannung			
Propellerhöhe	mm	42	46,5
Propeller-Ø vorn	mm	321	320
hinten	mm	317	317

Ferner sollte das Depot für die Fortentwicklung des Torpedos p.p. miteingespannt werden. (Notwendigkeit, Torpedos im Depot zu entwickeln!) Dasselbe (sollte) also nicht nur als Fabrikationsstätte geistig vollkommen durchgearbeiteter und fertiggestellter Entwürfe zu betrachten (sein). Für die maschinelle

Entwicklung der Torpedos sind eine große Anzahl von Vorversuchen, Erprobungen usw. erforderlich, die dann in der Regel zur gänzlichen Änderung der ersten Entwicklung führen, für die die erforderlichen Hilfsmittel nur im Depot selbst vorhanden sind."

Die erste Forderung führte am 10.Oktober 1890 zu einer Aufgaben- und Organisationsfestlegung des Torpedo-Versuchskommandos durch AO (Allerhöchste Ordre) an den Staatssekretär des Reichs-Marine-Amtes:
"Der Zweck des Torpedo-Versuchskommandos ist die Förderung und Fortentwicklung der Unterwasser-Offensivwaffen. Dasselbe ressortiert vom Staatssekretär des RMA und ist der Inspektion des Torpedowesens unterstellt ..."

Auch die zweite Forderung fand Gehör: Am 1.April 1891 entstand aus dem Torpedodepot in Friedrichsort die Torpedo-Werkstatt (TW), die von nun an bis zum Ende des Ersten Weltkrieges für die Entwicklung neuer Torpedos und bis zum Kriegsbeginn auch allein für den Torpedobau für die deutsche Marine zuständig war. Ihr erster Direktor wurde der bisherige Vorstand des Torpedodepots Kptl. Theodor Harms.

Im Juli 1888 hatte v.Caprivi, der nach dem Sturz Bismarcks im März 1890 deutscher Reichskanzler wurde, die Leitung der Admiralität an Vizeadmiral Graf von Monts abgegeben. V.Caprivi war ein Verfechter eines forcierten Torpedobootbaus gewesen. Graf v.Monts hatte dagegen eine deutliche Abneigung gegen diese Waffe entwickelt und sich dabei gegen Tirpitz gestellt. Nach seiner Amtsübernahme erklärte er dann auch bei einer Besichtigung der Torpedoboosflottillen diese für nicht frontverwendungsfähig. Tirpitz bat darauf um seine Versetzung zu einem Bordkommando, die er auch erhielt. Allerdings war das Wirken des Graf v.Monts an der Spitze der Admiralität nur kurz. Im Frühjahr 1889 starb er überraschend.

Im April 1889 verfaßte Kpt.z.S. Tirpitz eine Denkschrift 'Über die Entwicklung des Torpedobootswesens', in der er den Werdegang dieser Waffe zusammenfassend schilderte und seine eigenen Bemühungen auf diesem Gebiet rechtfertigte. Er beendete diese Ausführungen mit folgenden zukunftsweisenden Sätzen:
"Wohl kann es kommen, daß die zukünftige Entwicklung der Technik so kleine Fahrzeuge wie unsere heutigen Torpedoboote als Gefechtsstreitkräfte unwichtig macht, doch ist hierbei zu bedenken, daß auch wiederum eine Reihe von Erfindungen wie Gasmaschinen, Petroleumheizung, Elektrizität usw. gerade kleineren Fahrzeugen zuerst zu Gute kommen werden.
Es könnte auch gesagt werden, der Torpedo hört auf, eine schwere Schiffswaffe zu sein, denn es entstehen Schutznetze, doppelte und dreifache Bodenkonstruktionen, und werden diese Schutzmittel noch weiter vervollkommnet werden. Aber sind diese Erscheinungen nicht gerade umgekehrt eine Folge des Torpedos, und liefern sie nicht den besten Beweis, daß man diesen mehr und mehr zu beachten gezwungen wird?
Ist es nicht viel wahrscheinlicher, daß die Torpedowaffe, nachdem einmal in ihr das wunderbare Problem einer Unterwasserschußwaffe gelöst ist, in demselben Grade wie jene Schutzmittel - wenn nicht vielleicht in höherem Grade - sich vervollkommnen wird, in Zukunft besser treffen, durch Netze schießen und auch die stärksten Baukonstruktionen zerschmettern oder wenigstens beschädigen wird?

Wie es ein Mangel an Folgerichtigkeit sein würde, wenn man irgend wie annehmen wollte, die Torpedowaffe könnte die Überwasserschußwaffen in Einfluß und Bedeutung herabdrücken, da vielmehr beide

Schwanzteil eines C/84-A-Bronzetorpedos

Waffen Schulter an Schulter gegen feindliche Schiffskonstruktionen zu fechten haben, so wird man sich je eher je besser mit der Tatsache abfinden müssen, daß menschlicher Voraussicht nach die Torpedowaffe für die nächsten absehbaren Zeiten eine mächtig tödliche Schußwaffe bleibt.

Wenn dies aber der Fall ist, so wird, wenn vielleicht auch nicht das Torpedoboot in seiner heutigen Form, so doch sicher die größere Anzahl der Schiffe bei der Flottenzusammensetzung eine Rolle spielen, die durch die Torpedowaffe bereits eingeleitete Umwälzung der Flotten sich weiter vollziehen und die Seetaktik eine Bedeutung erlangen, wie nie zuvor."

Ältere Torpedos im Dresdener Armeemuseum. Vorn links ein Harvey-Schlepptorpedo, dahinter die beiden 35 cm-Bronzetorpedos C 35/91 und C/84A, im Hintergrund eine Revolverkanone

Zwei 35 cm-Bronzetorpedos im Dresdener Armeemuseum. Vorn ein C 35/91-, dahinter ein C/84A-Torpedo, im Hintergrund alte Torpedoausstoßrohre

2 Die deutsche Torpedoentwicklung bis zum Ersten Weltkrieg

Zum Ende der achtziger Jahre hatte sich herausgestellt, daß der benutzte 35 cm-Torpedo weder mit der wachsenden Geschwindigkeit noch mit dem verstärkten Schutz der durch sie zu bekämpfenden neuen Kriegsschiffe mitkam. Die Überlegenheit der Torpedogeschwindigkeit über die Geschwindigkeit des Zielobjektes war aber ein wesentlicher Faktor für die Treffsicherheit. Ab 1888 wurden deshalb im Torpedodepot Friedrichsort bzw. in der Nachfolgeeinrichtung Torpedo-Werkstatt (TW) systematische Versuche zur Steigerung der Torpedogeschwindigkeit mit Hilfe einer höheren Kesselfüllung (100 atü), Verbesserungen an der Maschine und bei der Propellerform und Verwendung der Woolwich-Schwanzform, sowie zur Erhöhung der Gefechtsladung durch Verwendung vollerer Vorder- und Hinterteilsformen durchgeführt. Dafür waren hier erstmalig Versuchstorpedos selbst hergestellt worden. Es zeigte sich dabei, daß eine entscheidende Verbesserung nur durch eine Vergrößerung des Torpedokalibers zu erreichen war. 1890 wurden darauf Versuche mit einem 45 cm-Torpedo mit Woolwich-Schwanzform aufgenommen und im Anschluß daran die Konstruktionsbedingungen eines 32 kn Torpedos für die deutsche Marine festgelegt. Er erhielt die Bezeichnung C 45/91 und sollte in eigener Regie gebaut werden. Gleichzeitig wurde für die vorhandenen 35 cm-Armierungen eine kleinere Ausführung dieses Torpedos, der C 35/91, geschaffen. Bei etwa gleicher Ladung wie der C/84A sollte er eine Geschwindigkeit von ca. 29 kn erreichen.

Die neuen Torpedos C 45/91 und C 35/91 unterschieden sich äußerlich von den bisherigen Whitehead- und Schwartzkopff-Torpedos durch ihren Woolwich-Schwanz. Versuche hatten ergeben, daß mit ihm der C/84A auf 400 m Distanz 1,5 kn schneller sein könnte, während der C 35/91 mit dem C/84B-Schwanzstück 2,3 kn auf 400 m verloren hätte. Neben der Verringerung des Widerstandes und der dadurch bewirkten Geschwindigkeitserhöhung war ein wesentlicher Grund für den Übergang auf die Woolwich-Schwanzform die größere Festigkeit dieser Konstruktion, die erst eine Feuerhöhe von mehr als 2,50 m bei flachem Eintritt ermöglichte. Die geringere Ruderwirkung wurde durch eine Vergrößerung der Ruderflächen ausgeglichen. Ihre Gesamtflächen betrugen: C/84A 174,5 cm^2, C 35/91 215,5 cm^2, C 45/91 317,5 cm^2.

Sonst waren beim grundsätzlichen Aufbau der neuen Torpedos gegenüber dem C/84A nur wenige Änderungen vorgenommen worden. Besonderer Wert war auf größere Festigkeit gelegt worden. Als Material wurde eine hochprozentige Aluminium-Bronze benutzt. Die werkstattmäßige Präzisionsarbeit, mit der diese ersten TW-Torpedos gebaut wurden, haben ihnen eine lange Lebens- und Einsatzdauer gebracht. So konnten sie nach gewissen Aptierungen noch 25 Jahre nach ihrer Konstruktion in den Kriegsjahren 1915/16 den deutschen U-Booten für den Einsatz im Handelskrieg mitgegeben werden und dabei Erfolge erzielen.

Es wurde nun beschlossen, sämtliche neuen Kriegsschiffe der Kaiserlichen Marine nur noch mit dem 45 cm-Torpedo auszurüsten. Als erste große Schiffe erhielten sie die neuen Linienschiffe der BRANDENBURG-Klasse und die kleinen Kreuzer GEFION, HELA und GEIER.

Schwanzteil eines C 35/91-Bronzetorpedos

Hauptangaben der C 35/91 und C 45/91 Torpedos

		C 35/91	C 45/91 Br	C 45/91 S
Durchmesser	mm	355,5	450	450
Länge	mm	4751,5	5111,5	5100
Gewicht des schußbereiten Torpedos	kg	318	541	550
Gefechtsladung	kg	40,5	87,5	98
Gewicht des leeren Kessels	kg	116	182	197
Auftrieb	kg	1,0	3,0	5-6
Kesselinhalt	l	121,5	200	275
Luftfüllung	kg	14,12	23,24	32,6
Antriebsmaschine: (Dreizylinder Brotherhood-Ausführung)				
Gewicht der Maschine mit Kurbel ohne Welle	kg	21	35	35
Zylinder-Durchmesser	mm	80	96	96
Hub	mm	66	88	88
Leistung/Drehzahl	PS/U/Min	38,5/1050	60/1050	60/1050
Luftverbrauch pro PS und Sek bei 1 atü	l	6,6	6,85	6,85
Propeller-Ø vorn	mm	320	390	*
Propeller-Ø hinten	mm	312	362	*
Mittlere Geschwindigkeit auf 500 m bei 26 at Druckreglerspannung	kn	29 (400 m)	32	33,5
Mittlere Geschwindigkeit auf 800 m bei 15 at Druckreglerspannung	kn	--	26	27 (1200 m)

(Mit der Einführung des GA wurde die Schußentfernung beim C 45/91 von 400 m auf 500 m erhöht, wobei die Regulatorfederspannung von 30 at auf 26 at herabgesetzt werden mußte.)

In das Jahr 1891 fiel auch die zweite Erfolgsmeldung beim Einsatz von Whitehead-Torpedos: Am 23.April 1891 griffen im chilenischen Bürgerkrieg zwei Torpedokanonenboote mit insgesamt sechs 35 cm Torpedos aus ca.100 m Entfernung das 3500 t Panzerschiff BLANCO ENCALADA an. Ein Torpedo des 750 t Torpedobootes ALMIRANTE LYNCH traf und versenkte das große Panzerschiff. Zweierlei machte dieser Einsatz deutlich: einmal den unzuverlässigen Lauf der benutzten Torpedos, zum anderen die starke Verwundbarkeit des angegriffenen Schiffes gegen einen Unterwassertreffer. Der Torpedo trug nämlich nur eine Ladung von 25 kg Schießbaumwolle.

Den ersten Erfolg mit Schwartzkopff-Torpedos erzielte 1895 Kapitän Togo bei den Angriffen seiner japanischen Torpedoboote auf chinesische Panzerschiffe, die sich in den gut gesicherten Hafen Weiheiwei zurückgezogen hatten. Am 3.Februar drangen trotz Sturms und starker Kälte fünf japanische Torpedoboote in den Hafen ein. Dabei konnten acht Torpedos abgefeuert werden, von denen einer traf

Schwartzkopff-Torpedo von 1895 mit 45 cm ⌀

und ein chinesisches Panzerschiff außer Gefecht setzte. Bei einem erneuten Angriff am nächsten Tag kamen alle Torpedoboote mit je 2-3 Torpedos zum Schuß. Die Wirkung war verheerend. Alle drei noch einsatzfähigen Panzerschiffe wurden versenkt.

Es erscheint deshalb erstaunlich, daß dieser bisher größte Torpedoerfolg die japanische Marine nicht dazu veranlaßte, weitere Schwartzkopff-Torpedos, mit denen ja dieser Erfolg erzielt worden war, zu erwerben. Sie bestellte danach ihre Torpedos bei der Konkurrenzfirma Whitehead.

Der Torpedobau bei der BMAG kam aber nicht nur dadurch in Bedrängnis. Immer mehr Marinen ersuchten, ihre Torpedos in eigenen Werkstätten zu bauen. Die stärksten Einbußen erlitt die Firma durch das Ausbleiben weiterer Aufträge der deutschen und der italienischen Marine. So mußte nach der Ablieferung der 1887 von Italien bestellten Torpedos der Zweigbetrieb in Venedig im Januar 1901 geschlossen werden. 1902 wurde dann die

Fertigmontage von Torpedo-Hinterteilen bei der BMAG

gesamte Anlage an den italienischen Staat verkauft. Auch in Berlin waren die Torpedowerkstätten nicht mehr ausgelastet. Die BMAG verlagerte ihren Produktionsschwerpunkt auf den Lokomotivbau, für den in Wildau ein neues großes Werk errichtet wurde. Die alte Fabrik an der Chausseestraße sollte verkauft werden und wurde zu einem großen Teil abgerissen.

Während sich die großen Marinen von dem 'Torpedoschock', der in den achtziger Jahren den Bau von großen Kriegsschiffen gehemmt hatte, erholten und insbesondere die Artilleriebewaffnung bezüglich ihrer Reichweite und Wirkung sowie den Unterwasserschutz wesentlich verbessern konnten, stagnierte die Entwicklung der Torpedoleistung in dieser Zeit und machte die Torpedos zu einer Kurzstreckenwaffe, die nur unter bestimmten Voraussetzungen mit Erfolg anwendbar war, jedoch kaum in einer Seeschlacht auf offenem Meer.

Eine große Schwäche der damaligen Torpedos war überdies ihre große Seitenstreuung, da es nicht möglich war, sie auf 400 m Schußweite genauer als ± 10 m einzuschießen. Das bedeutete, daß Trefferchancen nur bestanden, wenn Gegnergeschwindigkeit und -kurs recht genau bekannt waren und der Schneidungswinkel mit wachsender Gegnergeschwindigkeit möglichst wenig von 90° abwich.

Ein wichtiger Schritt bei der Verbesserung des Torpedos war deshalb die Einführung eines geeigneten Geradlauf-Apparates. Der Österreicher Ludwig Obry, ein ehemaliger Angehöriger der K.u.K.-Marine, konstruierte 1895 sein Gyroskop, ein Kreiselgerät mit drei Freiheitsgraden. Es bestand aus einem vollkardanisch in zwei Ringen gelagerten Rad von ca. 7,5 cm Durchmesser und 800 g Masse, dessen Achse parallel zur Längsachse des Torpedos arrettiert wurde. Der äußere Ring besaß dabei die Richtung des Rades, der innere war dazu senkrecht angeordnet. Das Gyroskop hatte ein Gewicht von 3,85 kg. Durch die Kraft einer stark gespannten Aufziehfeder konnte das Rad in einer halben Sekunde auf eine

Der 5000. Schwartzkopff-Torpedo. In der Mite von links nach rechts: Schreiber, Lehnhoff und Fleischer

Drehzahl von ca. 2400 U/Min gebracht werden. Die Feder wurde von einem mit Druckluft betätigten Hebel ausgelöst. Nachdem der Kreisel seine maximale Geschwindigkeit erreicht hatte, wurde die Arretierung gelöst. Der Kreisel behielt jetzt seine Lage bei. Bei einer Kursabweichung des Torpedos wurde durch ein drehbares Ventil auf dem äußeren Ring die Zuluft zur Steuermaschine des Seitenruders so gesteuert, daß das Ruder in die entgegengesetzte Richtung ausschlug und einen Schlängelkurs des Torpedos um seine ursprüngliche Richtung bewirkte.

John Whitehead und Georg Hoyos, die die Whitehead-Fabrik in Fiume jetzt leiteten, erkannten sofort den großen Wert dieses Geradlauf-Apparates (GA) für ihre Torpedos und sicherten sich Obrys Patente dafür.
Da der Federanstoß dem Gyroskop keine große Energie (ca. 2,75 mkg) vermittelte und jede Kursänderung davon zehrte, wurden große Anstrengungen unternommen, um die Richtkraft des GA zu verbessern. Als ersten Schritt führte die Fa. Whitehaed ein Relais-Ventil zwischen dem Drehventil und der Steuermaschine ein.
Die ersten Interessenten für das Whitehead-Obry-Gyroskop kamen aus den USA. Bereits 1896 erhielt die USA-Marine für ihre Whitehead-Torpedos Whitehead-GA-Einrichtungen, die zusätzlich mit einem Winkelgetriebe ausgerüstet waren. Dadurch konnte der Kreisel vor dem Schuß auch eine andere Einstellung zur Torpedoachse erhalten, wodurch ein Winkelschuß bis ± 90° möglich sein sollte.
England besaß zu diesem Zeitpunkt bereits über 4000 Torpedos und wollte anfangs aus Kostengründen auf das Gyroskop verzichten. 1897 rüstete die britische Marine aber doch einige Woolwich-Torpedos mit ihm aus und erprobte die GA-Steuerung im Kanal und im Mittelmeer. 1898 wurde dann ihre Einführung auch von England beschlossen.

Die BMAG war von Anfang an stark an dem Obryschen Gyroskop interessiert. Da die Rechte aber an Whitehead übergegangen waren, war dieses Gerät für die BMAG nicht verwendbar. Möglicherweise war dies der Anlaß für die Hinwendung der Japaner zu Whitehead.

Direktor Kaselowsky konstruierte darauf mit einigen Mitarbeitern ein eigenes Kreiselgerät, das sogenannte Kaselowsky-Gerät, das sich vom Obry-GA im wesentlichen durch die Auslösung der Kreiselbewegung unterschied. Bei dem Kaselowsky-Gerät wurde der Kreisel durch einen kurzen Druckluftimpuls, der aus zwei Düsen auf einen Schaufelkranz am Rad wirkte, in Drehung versetzt.

1897 begann die deutsche Marine ihre ersten Versuche mit dem Obry-Whiteheadschen Gyroskop. Bereits ein Jahr später wurde beschlossen, diesen Geradlauf-Apparat beim C 45/91 einzuführen und mit dem C 35/91 GA-Versuche durchzuführen. Der Federantrieb des Obryschen GA beschränkte jedoch die Laufzeit, so daß vorerst nur eine Vergrößerung der Laufstrecke von 400 m auf 500 m möglich war. Bei den ersten Torpedos mit GA waren neben den GA-Seitenrudern noch die Vertikalstellruder für das Einschießen vorhanden. Erst 1902 wurden diese entfernt. 1898 wurden auch Erprobungen mit dem Kaselowsky-GA durchgeführt, bei denen sich

Geradlauf-Apparat-Überprüfung bei der BMAG

der Druckluft- dem Federanstoß überlegen zeigte. Die deutsche Marine entschied sich daraufhin für den Kaselowsky-GA. Mit ihm konnte die Seitenstreuung auf 2% der Laufstrecke begrenzt werden.

1896 war nach längeren Erprobungen bei den deutschen Torpedos eine Sicherheitspistole eingeführt worden, die bei einer Auslösung des Schlagbolzens vor dem Lauf nicht die Hauptladung zündete. Sie ersetzte die vorher übliche primitive Arretierung der Pistole vor dem Schuß.

Die Sprengladung des C 45/91 wurde vor der Jahrhundertwende noch als ausreichend angesehen, die damaligen Bodenkonstruktionen so zu beschädigen, daß das getroffene Schiff versenkt oder außer Gefecht gesetzt werden konnte. Dagegen wurde eine weitere Steigerung der Geschwindigkeit und der Laufstrecke angestrebt. Ab 1896 wurden Versuche unternommen, durch die Verwendung von Nickelstahl statt Bronze größere Kessel in die Torpedos einzubauen. Da vorerst der Kesseldruck nicht geändert werden sollte, konnte dadurch nur die Laufstrecke vergrößert werden. Der neue aus dem C 45/91 abgeleitete Torpedo mit dem Stahlkessel erhielt die Bezeichnung C 45/91 S und wurde um 1900 bei der Flotte als Weitschußtorpedo (1000 m) eingeführt. Sein Kopf hatte eine vollere Form und war um 26 mm kürzer. Mit ihm konnte die Ladung um ca. 10 kg vergrößert werden. Durch den Übergang auf dreiflügelige Propeller wurde überdies ein geringer Geschwindigkeitsgewinn erzielt. Eine weitere Erhöhung der Geschwindigkeit war aber ohne eine Druckerhöhung und entsprechende Änderungen an der Maschine nicht zu erreichen.

Der Brotherhood-Motor hatte sich als ideale Antriebsmaschine für den Torpedo herausgestellt. In seiner Grundstruktur hat er in der deutschen Marine bis zum Ende des Zweiten Weltkrieges die Maschinen der mit Druckluft betriebenen Torpedos bestimmt. In der ersten Ausführung besaß der Dreizylinder-Brotherhood-Motor

Lagerung fertiger Torpedo-Kessel mit Auftriebskammer bei der BMAG

Modell eines Unterwasser-Breitseitrohres (1897 eingeführt)

für die Regelung der Druckluftzufuhr einen flachen Kreisschieber, der gleichzeitig als Drucklager ausgebildet war. Wegen seiner starken Luftverluste wurde er aber bald durch Kolbenschieber ersetzt. Diese Schieber waren nur in einer Richtung zwangsgesteuert. Die Rückbewegung der kreisförmig angeordneten Schieber auf die gemeinsame Exzenterscheibe zu wurde durch die Druckluft bewirkt. Die drei Arbeitszylinder sowie die daran angebrachten Zylinder für die Schiebersteuerung waren zusammen mit dem Kurbelgehäuse in einem Stück aus Bronze gegossen.

Übersicht über die wichtigsten Angaben für zwei typische Dreizylinder Brotherhood-Maschinen:

Torpedodurchmesser	35 cm	45 cm
Leistung	35 PS	50 PS
Länge des Arbeitszylinders	83 mm	92 mm
Kolbenhub	70 mm	76 mm
Arbeitsdruck	24 at	34 at
Drehzahl	900 U/Min	900 U/Min

Der nächste wichtige Schritt war der Übergang von der Drei- zur Vierzylinder-Maschine, wodurch eine Mehrleistung von 15-20 % erzielt wurde. Bereits 1899 war in England eine Vierzylinder-Maschine mit 56 PS für einen 45 cm Torpedo gebaut worden. Die deutsche Marine ging jedoch im Sinne der Tirpitzschen Ansicht, nur wirklich ausgereifte Waffen und Apparate einzuführen, bei der Berücksichtigung von Neuerungen sehr behutsam voran. Die nächste Torpedoentwicklung der TW, der C/03 Torpedo von 1903, besaß noch einen Dreizylinder-Brotherhood-Motor. Der wesentliche Fortschritt bei diesem Torpedo war der neue Nickelstahl-Kessel, der einen Druck von 150 at gestattete, wodurch die Reichweite gegenüber dem C 45/91 wesentlich erhöht werden konnte.

Die ersten Erprobungen für diese neue Torpedokonstruktion begannen bereits um 1900. Ziel war die Schaffung eines Einheitstorpedos für kurze Laufstrecken mit hoher und lange Laufstrecken mit reduzierter Geschwindigkeit. Um 1903 war die Konstruktion abgeschlossen. Doch der C/03 wurde noch nicht bei der Flotte eingeführt.

Inzwischen war nämlich eine bedeutende Verbesserung für die Wirtschaftlichkeit des Torpedoantriebes, die sogenannte Anwärmvorrichtung (britische Bezeichnung 'heater') für die Druckluft gefunden worden. Durch die Expansion der Druckluft im Regulator während des Torpedolaufes findet eine Temperaturerniedrigung der Luft von +17°C auf -58,8°C statt, wenn die Anfangsspannung der Luft 96 atü und die Endspannung 29,5 atü beträgt (C 45/91 beim 400 m-Schuß). Eine Erwärmung der Luft müßte also eine erhebliche Volumen- und Druckerhöhung mit sich bringen.

Der Gedanke, die Energie der Druckluft durch eine Erhitzung besser ausnutzen zu können, war um die Jahrhundertwende in dem auf dem Torpedogebiet sehr kreativen Amerika entstanden. 1901 hatten hier Leavitt und Bliss vorgeschlagen, in den Luftkessel Benzol einzuspritzen und dort in einem offenen Gefäß zu verbrennen. Diese Idee wurde dann 1904 von W.G. Armstrong, Whitworth & Co in England aufgegriffen und verbessert, befriedigte jedoch nicht. Nun wurde hier ein besonderer Verbrennungsraum, der 'heater', vor der Maschine eingefügt, in dem Petroleum in der durchströmenden Druckluft verbrannt werden sollte. Das Gerät hatte ein Gewicht von ca. 10 kg und ließ sich ohne größere Schwierigkeiten in die bereits vorhandenen Torpedos einbauen.

Schwierigkeiten bereitete jedoch die hohe Temperatur, die bei der Verbrennung von Petroleum entsteht. Der K.u.K.-Linienschiffsleutnant Gesztesy schlug deshalb 1904 vor, die hohe Verbrennungstemperatur im 'heater' durch Zumischung von Wasser herabzusetzen. Torpedos mit einer derartigen Einrichtung erhielten die Bezeichnung 'Naßluft-' oder Dampf-Torpedos.

In der TW wurden etwa zur gleichen Zeit beide Methoden untersucht und entsprechende Vorrichtungen konstruiert. Für ihre Anwärmvorrichtung (AV) wählte man jedoch Spiritus als Brennstoff, der zu nicht so hohen Verbrennungstemperaturen wie Petroleum führt. Bei der für den C/03 konstruierten AV strömte nur 1/7 der Kesselluft durch einen Düseneinsatz in das Flammrohr, der Rest außen herum, wobei ein kleiner Teil noch durch zwölf schräge Bohrungen in das Innere des Flammrohres trat und dort eine Verwirbelung der Gase bewirkte. Durch die beim Starten des Torpedos eintretende Druckluft wurde einmal eine Schlagbolzenzündung der Zündpatrone in der AV ausgelöst, zum anderen der Spiritus aus dem Spiritusbehälter durch Filter und Bohrungen in den inneren Düsenteil gepreßt.

Hier wurde der Spiritus fein verteilt von der Luft mitgerissen und dann von der Flamme der Zündpatrone entzündet. Dabei wurde ein davor befindlicher Glühkörper zur Weißglut gebracht. An ihm konnte sich das nach dem Verbrennen der Zündpatrone eintreffende Spiritus-Luft-Gemisch entzünden. Nach dem Vermischen der Abgase mit der außen herumgeführten Luft betrug die Temperatur dieses Gasgemisches etwa 220°C. Mit dieser AV konnte der Wirkungsgrad des Brotherhood-Antriebes auf etwa 23% gebracht werden.

Die ersten C/03 Torpedos mit AV wurden 1905 bei der Flotte eingeführt. Die AV brachte den C 45/91S Torpedos auf 1000 m Laufstrecke einen Geschwindigkeitsgewinn von 5,5 kn, den C/03 auf 2000 m Laufstrecke einen solchen von 7 kn. (Ohne AV wurde der C/03 nur auf 1200 m eingeschossen!)

Bei der zweiten Methode wurde im Luftweg zur Maschine ein Verdampfer zwischengeschaltet. Er bestand aus einem Flamm-

Hauptangaben der C/03, C/06 und C/07 Torpedos					
		C/03	C/06	C/06 D	C/07
Durchmesser	mm	450	450	450	450
Länge	mm	5150	5650	5650	6000
Wasserverdrängung	kg	*	693	703	*
Gewicht (ohne Kopf, ungefüllt)	kg	453,8	530	*	*
Gefechtskopf	kg	176,8	154,5	154,5	*
Gefechtsladung	kg	147,5	122,6	122,6	110
Übungskopf	kg	124,5	114,0	-	ca. 92
Untertrieb beim Gefechtstorpedo	kg	*	ca. 76	ca. 111	ca. 52
Gesamtgewicht des Gefechtstorpedos	kg	*	ca. 773	ca. 810	ca. 800
Luftkessel: Inhalt	l	300	396	396	385
Druck	at	150	160	160	150
Luftfüllung	kg	51	76	76	68
Spiritusbehälter	l	*	1,2	-	1
Petroleumgefäß	l	-	-	5,4	-
Schußweite bei 12 at	m/kn	3000/26	3000/26	5900/27	2000/32
bei 24 at	m/kn	1500/31	1500/34,5	*	1500/36
(Druckangaben gelten nicht für den C/07)					

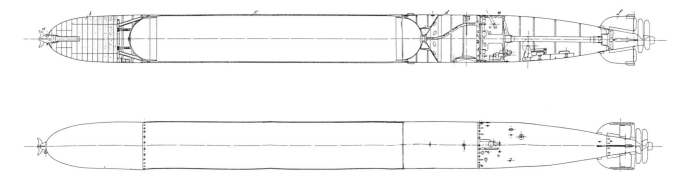

Batterie-Torpedo C/07 (ähnlich C/06)
a Pistole
b Gefechtsladung
c Kessel
d Tiefenapparatekammer
e Maschinenkammer und Tunnelstück
f Schwanzstück

rohr, in dem Petroleum verbrannt und in das gleichzeitig mit einer Wasserbrause Wasser eingesprüht wurde. Das aus dem Verdampfer austretende Dampf-Gas-Gemisch hatte eine Temperatur von etwa 275°C. Der Wirkungsgrad des Brotherhood-Antriebes mit Verdampfer stieg auf ca. 36%.

Bei den ersten deutschen Torpedos, die eine Verdampferanlage erhielten (C/03 D und C/06 D) konnte das Speisewasser dafür aus Platzgründen nicht mitgeführt werden, sondern mußte während des Torpedolaufes durch eine Seewasserpumpe aus dem Meer gefördert werden. Überdies war der Untertrieb durch die Verdampferanlage derart gestiegen, daß diese Torpedos nur als Gefechtstorpedos, die nach dem Lauf absackten, geschossen werden konnten. Der Nachteil der Seewassereinspritzung waren Salzablagerungen im Verdampfer und der Maschine, die ebenfalls einen Übungsbetrieb nicht zuließen.

Der C/06 Torpedo war 1906 konstruiert worden. Er war 50 cm länger als der C/03, besaß einen größeren Kessel und eine Vierzylinder-Brotherhood-Maschine. Die AV war von vornherein in der Konstruktion enthalten. Eine Sonderausführung für Torpedobatterien, der Batterietorpedo C/07, war noch etwas länger. Diese beiden Torpedotypen waren die letzten von der TW geschaffenen 45 cm Marinetorpedos. Der C/06 war besonders für die neuen U-Boote (ab U 3) vorgesehen.

Eine weitere Leistungssteigerung war damals mit den 45 cm Torpedos nicht mehr zu erreichen. Ihre Reichweite, die durch ihren Luftvorrat und die Wirkungsdauer des GA begrenzt war, betrug jetzt 4000 - 5000 m bei 27 kn. Der C/06 D konnte zwar noch weiter laufen, doch machte dann bei einmaligem Anstoß der GA-Kreisel nicht mehr mit.

Die großen Linienschiffe hatten inzwischen ihre Schlagkraft und Gefechtsentfernung (über 9000 m) so erhöht, daß von ihnen aus mit den bisherigen Torpedos kein sinnvoller Einsatz mehr möglich erschien. Die Torpedos wurden in erster Linie zur Bewaffnung von Spezialschiffen, die sie entweder unter Wasser oder im Schutz von Dunkelheit oder Nebel möglichst ungesehen bis in die Nähe der großen Panzerflotten heranbringen konnten.
Auch der Russisch-japanische Krieg von 1904, bei dem zwar große Mengen von Torpedos verschossen wurden, der aber dann doch durch die Schiffsartillerie entschieden wurde, zeigte dies deutlich.

Dieser Krieg verstärkte aber erst einmal die Nachfrage nach Torpedos und Torpedomaterial beträchtlich, so daß auch die BMAG mit ihren Schwartzkopff-Torpedos wieder besser ins Geschäft kam und ihre Torpedowerkstätten in Berlin erweitern mußte. Da ihr Torpedo-Schießstand im Kieler Hafen den gestiegenen Anforderungen besonders hinsichtlich der Schießlänge nicht mehr genügte, mußte 1905/06 ein neuer Schießstand der BMAG mit 12 km Schießlänge in Höruphaff auf der damals noch deutschen Insel Alsen eingerichtet werden. Hier befanden sich bereits zwei

Torpedoschießstand der BMAG auf der Insel Alsen

Schießstände der TW, und zwar in Ballebro der Schießstand Nord und ebenfalls in Höruphaff der Schießstand Süd.

Durch die Druckerhöhung und die Einführung der AV war eine erhebliche Vergrößerung der Torpedogeschwindigkeit und damit der sogenannte 'Schnellschuß' ermöglicht worden. Die Devise hieß jetzt: größere Reichweite. Die deutsche Marine beschloß deshalb 1906, in der TW für die neuen Kriegsschiffe größere Torpedos mit 50 cm Durchmesser konstruieren zu lassen, und zwar in zwei Ausführungen: zuerst den G/6 mit 6 m Länge und dann einen reinen Dampftorpedo von 7 m Länge,

Übungsschuß vom Torpedoschießstand der BMAG in Höruphaff

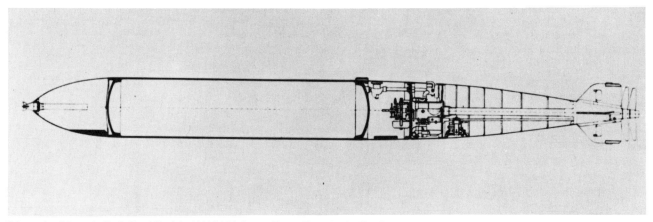

Schwartzkopff-Torpedo für Rußland (Baujahr 1904/1905). Letzter Bronze-Torpedo der BMAG

den G/7, der zum leistungsfähigen Universaltorpedo für größere Kriegsschiffe werden sollte. Mit diesem Schritt errang Deutschland einen entscheidenden Vorsprung auf dem Torpedogebiet.

Mit den G-Torpedos wurde auch ein neuer Sprengstoff mit größerer Wirkung eingeführt: die 'Schießwolle neuer Art'. Sie bestand aus einer Mischung von Trinitrotoluol (TNT) und Hexanitrodiphenylamin (Hexa). Gegenüber der bisher verwendeten 'nassen Schießwolle' (spez. Gewicht 1,2 - 1,3) hatte die neue Mischung zwar keine größere spezifische Sprengwirkung, jedoch war es durch ihr höheres spez. Gewicht (1,6) möglich, eine größere Ladungsmasse im Torpedokopf unterzubringen und den Schwerpunkt der Sprengwirkung weiter nach vorn zu verlagern. Darüber hinaus war die neue Mischung sehr stabil, wodurch die Sicherheit der Torpedos stark erhöht wurde. So

Schwartzkopff-Torpedo A/08 auf der Anreißplatte

Hauptangaben der G/6, G/6 D und G/7 Torpedos

		G/6	G/6 D	G/7
Durchmesser	mm	500	500	500
Länge	mm	6000	6000	7020
Wasserverdrängung	kg	*	*	1130
Gewichte:				
Gefechtstorpedo	kg	*	*	1365
Übungstorpedo	kg	*	*	1238
Gefechtskopf	kg	*	*	238
Gefechtsladung	kg	160	164	195
Untertrieb beim				
Gefechtstorpedo	kg	*	*	235
Luftkessel:				
Inhalt	l	540	540	635
Druck	at	160	160	170
Luftfüllung	kg	*	*	121
Wasserkammer	l	*	*	63
Brennstoff	l	Spiritus	Petroleum	9 Petrol.
Ölgefäße	l	*	*	4,2
Schußweite bei 12,5 at	m/kn	5000/27	8400/27	9300/27
bei 23 at	m/kn	2200/35	3500/35	4000/37
Leistung der Antriebs-				
maschine beim				
27 kn Weitschuß	PS	*	*	72
35 kn Nahschuß	PS	*	*	120

explodierte z.B. kein deutscher Torpedo, als das Torpedomagazin des Linienschiffes MOLTKE im Ersten Weltkrieg von einem britischen U-Boottorpedo getroffen worden war.

Auch die G-Torpedos wurden wieder mit der in vieler Hinsicht günstigen Woolwich-Schwanzform ausgestattet.

Um den Geradlauf der G-Torpedos beim Weitschuß sicherzustellen, erhielten sie sogenannte Zweikreisel (GA II). Die beiden Kreisel lösten sich in diesem GA gegenseitig ab. Nach je 700 m wurde die GA-Steuerung von einem Kreisel auf den anderen umgeschaltet. Der erste wurde dann erneut durch Druckluft angeblasen.

Torpedo G 7

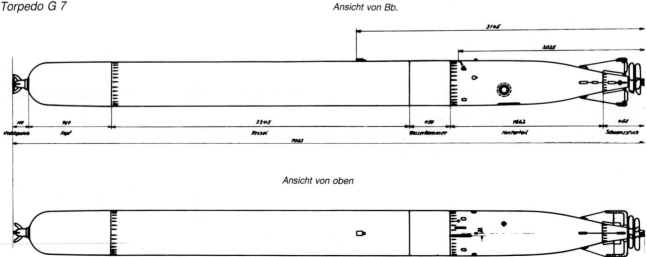

Ansicht von Bb.

Ansicht von oben

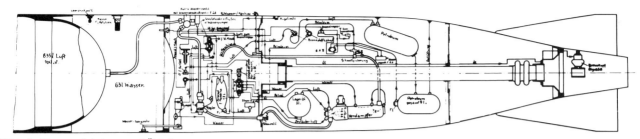

G/7 Luft-, Wasser-, Petroleum- und Öl-Leitungen

Die Kreisel liefen dabei mit einer Drehzahl von über 10000 U/Min an und besaßen eine Richtkraft von ca. 50 mkg. Die Streuung von bisher 2% der Laufstrecke sollte mit diesem neuen GA auf nunmehr 1% verbessert werden.

Alle Torpedos ab C/O6 besaßen eine Winkelschußeinrichtung, zuerst für ± 45°, später dann für ± 90°.

Als erste Großkampfschiffe wurden 1911 die Linienschiffe der OSTFRIESLAND-Klasse mit dem G/6 ausgerüstet. Die U-Boote ab U 19 und die Torpedoboote ab G 174 erhielten Torpedorohre für den G/6 eingebaut. Der G/7 folgte etwa zwei Jahre später. Während des Winters 1913/14 erhielten die gesamte KAISER-Klasse, SEYDLITZ, MOLTKE und ROSTOCK den G/7. Im Frühjahr 1914 waren dann sämtliche Großkampfschiffe vom Etat 1908 ab mit diesem Torpedo ausgerüstet. Den G/6 D bekamen zuerst (1912) die vier kleinen Kreuzer der BRESLAU-Klasse.

Die letzte große Torpedoentwicklung der TW vor dem Ersten Weltkrieg war der Schlachtschiff-Torpedo H/8 mit 60 cm Durchmesser, 8 m Länge, einer Gefechtskopfladung von 210 kg und einer Laufstrecke von 12000 m/30 kn. Angetrieben wurde er von einer 8-Zylinder Preßluft-

G/7 Torpedo im Deutschen Museum München

maschine in Sternanordnung. Auch er war als reiner Dampftorpedo entwickelt worden und sollte ab 1913 bei dem Bau der neuen Großkampfschiffe berücksichtigt werden. Torpedorohre für diesen Torpedotyp erhielten jedoch nur noch die Großlinienschiffe BAYERN und BADEN. Als erster Schlachtkreuzer sollte sie die MACKENSEN bekommen. Von den kleineren Kampfschiffen wurden nur noch die kleinen Kreuzer CÖLN (II) und DRESDEN (II) sowie das große Torpedoboot S 113 mit diesen Supertorpedos ausgerüstet. Es ist aber nicht bekannt, ob mit ihnen ein Einsatz ausgeführt worden ist.

Als GA für diese weitlaufenden Torpedos war auch ein elektrischer Anschütz-Kreisel entwickelt worden. Dafür war ein besonderer Wechselstromgenerator erforderlich, der von der Maschinenwelle angetrieben wurde. Jedoch konnte sich dieser GA bei der deutschen Torpedoentwicklung nicht durchsetzen.

Wegen der vergrößerten Schußweiten der Torpedos und des gesteigerten Schießbetriebes der TW war die Schaffung neuer Torpedoschießstände erforderlich geworden. Im Juli 1913 wurde ein neuer Torpedoschießstand in Eckernförde mit unbegrenzter Schußweite in Betrieb genommen. Ferner waren ab 1913 SMS JAGD und SMS SKORPION als schwimmende Schießstände im Einsatz.

Nach dem Abgang von Tirpitz als Inspekteur des Torpedowesens wurde diese wichtigste Verwaltungs-, Koordinierungs- und Planungsbehörde für alle mit dem Torpedo zusammenhängenden Fragen von folgenden Marineoffizieren geleitet:

1889 - 1894   Konteradmiral Baradon
1894 - 1897   Konteradmiral Bendemann
1897 - 1899   Konteradmiral von Arnim
1899 - 1901   Konteradmiral Frh. von Bodenhausen
1901 - 1903   Konteradmiral Fritze
1903 - 1909   Konteradmiral Zeye
1909 - 1912   Konteradmiral Lans
1912 - 1914   Konteradmiral Koch
1914   Konteradmiral Eckermann

Der TI unterstanden sämtliche Torpedoboote und von 1904 bis zum 15.März 1914 auch die U-Boote. Nur während der Flottenmanöver wurden die Torpedoboote zu Torpedobootsdivisionen (ab 1906 Halbflottillen) und Torpedobootsflottillen zusammengefaßt. Ab 1905 leitete der Inspekteur der TI als Verbandsbefehlshaber auch Übungen und Manöver mit Schulschiffen und Torpedobooten.
Weiter unterstanden der TI das Torpedoschulschiff mit seinen Hilfsschiffen, das Torpedo-Versuchs-Kommando mit den zugeteilten Fahrzeugen, die Torpedoabnahmekommission, die Torpedowerkstatt, das Torpedolaboratorium und die Funkentelegraphie.

In der Admiralität wurden die Torpedoangelegenheiten zunächst von Kptl./Korv. Kpt. Graf v. Schack-Wittenau-Dancklemann (von 1871 bis Herbst 1884), dann bis 1886 von Korv.Kpt. Tirpitz als Dezernenten bearbeitet. Das Dezernat ging mit der Auflösung der Admiralität am 1.April 1889 in das Technische Department (ab April 1905 Werft-Department) des Reichs-Marine-Amtes (RMA) über. Hier kam es wieder unter den direkten Einfluß von Tirpitz. Ab 1906 wurde das Torpedowesen im RMA als Sektion und ab 1912 als Abteilung B V geführt.

Alter Schießstand der TW in Eckernförde-Süd

3 Torpedoentwicklung und Torpedobau während des Ersten Weltkrieges

Bei Kriegsbeginn stand der deutschen Marine eine größere Palette sehr unterschiedlicher Torpedos zur Verfügung, neben den neuen C-, G- und H-Torpedos auch noch ältere 35 cm und 45 cm Torpedos aus den neunziger Jahren. Da die U-Boote im Handelskrieg noch relativ dicht an die anzugreifenden Objekte herankommen konnten, ohne sich zu gefährden, waren sie besonders geeignet, die älteren Torpedos mit ihren kurzen Laufstrecken aufzubrauchen. U 5 - U 17 (ohne U 16) waren in der Lage, den C 45/91 Br und C 45/91 S aus beiden Bugrohren zu schießen, während U 19 - U 41 aus einem Bugrohr den C 45/91 norm und aus dem anderen Bugrohr den C 35/91 (mit und ohne GA) schießen sollten. Für den C 35/91 war es aber erforderlich, besondere Einsatzrohre einzuziehen.

Die großen Torpedos mit den langen Laufstrecken, G/7 und H/8, blieben den Überwasserschiffen vorbehalten. Erst in den letzten beiden Kriegsjahren wurden dann auch der G/7 und eine davon abgewandelte Ausführung mit AV für große U-Boote mit geeigneten Ausstoßrohren freigegeben. Die Standard-U-Boottorpedos waren aber die 45 cm Torpedos C/03 und C/06 sowie der 50 cm Torpedo G/6 in seinen diversen Ausführungen.

Die Hauptaufgabe des Torpedowesens bei Kriegsbeginn war eine erhebliche Steigerung der Torpedoproduktion. Ihr Schwerpunkt lag bei der Torpedowerkstatt (TW). Zusätzlich wurden die BMAG (vormals Schwartzkopff) und später auch die Firma Whitehead-Fiume zum Torpedobau herangezogen.
Am 1.August 1914 waren bei der TW 486 Torpedos bestellt, von denen monatlich 28-30 Stück geliefert wurden. Dazu kamen jetzt als Mob-Bestellung weitere 456 Torpedos, davon 408 vom Typ G/7, mit denen die Überwasserschiffe ausgerüstet werden sollten. Insgesamt waren damit bei der TW 942 Torpedos (davon 765 G/7) in Auftrag.
Von der BMAG wurden die für den Export fertigen und in Bau befindlichen Torpedos (127 A/08 (45 cm Ø) und 66 M/143 (53cm Ø)) angekauft. Die monatliche Lieferung dieser Export-Torpedos betrug 12-15 Stück. Dazu erhielt die BMAG die Aufgabe, mit Lizenz der TW 40 C/06 AV und 186 G/6 AV Torpedos in ihren Berliner Werkstätten herzustellen. Sie sollten bereits 6 Monate nach ihrer Bestellung mit einer monatlichen Stückzahl von 30 geliefert werden. Doch konnte dieser Termin nicht eingehalten werden. Die ersten Lizenztorpedos waren erst im Juni 1915 fertig, was eine Verzögerung von drei Monaten bedeutete.

Da der inzwischen begonnene U-Boothandelskrieg einen erhöhten Bedarf an Torpedos mit sich brachte, wurden am 2. Dezember 1914 bei der TW 60 C/03 AV, 36 G/6 AV und 36 G/7 sowie bei der BMAG 60 C/06 AV nachbestellt, die ab August 1915 zur Ablieferung kommen sollten.
Im Dezember 1914 bauten TW 36 und BMAG 15 Torpedos. Diese Leistungen sollten bis zum August 1915 auf 60 bzw. 30 Stück erhöht werden. Dazu mußten in dieser Zeit von der TW auch noch die Anpassung der alten 35 cm und 45 cm Torpedos für die U-Bootverwendung und die dafür notwendigen Änderungen an den Ausstoßrohren vorgenommen werden. Im Frühjahr 1915 wurden die I., V., VII. und VIII. Torpedobootsflottille auf den leistungsfähigeren G/7 Torpedo umgestellt. Die bisher von ihnen benutzten G/6 D Torpedos erhielt die U-Bootwaffe.

Der starke Zustrom neuer U-Boote im Jahr 1915 führte im Mai 1915 zu einer erhöhten Torpedoplanung für 1916. Bei der TW wurden 420 G/6 AV aber auch weitere G/7 und H/8 nachbestellt, so daß von ihr 1916 insgesamt 1209 Torpedos, also monatlich ca.100, zu bauen waren. Bei der BMAG sollten 1916 insgesamt 505 Torpedos hergestellt werden, davon ab Juni 1916 monatlich 45 Stück.
Diese erhebliche Produktionsausweitung war bei der BMAG mit den vorhandenen Werkstätten nicht mehr zu bewältigen.

Übernahme eines G/6-Torpedos auf U 39 in Pola

Fertigung von Torpedo-Köpfen und -Kesseln bei der BMAG

Deshalb wurden 1916 auf dem 1906 weitgehend geräumten Gelände der Stammfabrik rechts und links der Zinnowitzer Straße neue umfangreiche Produktionseinrichtungen speziell für den Torpedobau geschaffen, die sofort in Betrieb genommen wurden.

Der am 4.Mai 1916 aufgestellte Produktionsplan für 1917 berücksichtigte ein weiteres starkes Anwachsen der Neubauaufträge für die Torpedohauptverbraucher, die U-Boote. Bei der TW waren 1917 1407 Torpedos mit einer monatlichen Ablieferungsrate von ca.110 Stück und bei der BMAG 775 Torpedos mit einer monatlichen Rate von ca.60 Stück in Auftrag. Ab Juni 1917 waren davon monatlich 205 Torpedos (TW: 130 und BMAG: 75) zu liefern.

Der uneingeschränkte U-Bootkrieg bewirkte dann nochmals eine Steigerung. In den letzten Monaten vor Kriegsende lieferte TW monatlich 350 Torpedos. Die BMAG erreichte ab Juni 1918 die vorgesehene Leistung von 200 Torpedos. Bis Januar 1919 sollte sie dann 210 Stück pro Monat liefern. Dazu kam als neue Produktionsstätte die Firma Adler, Frankfurt, die bereits Anfang 1918 G/6 AV* Torpedos herstellen sollte, und zwar mit folgenden Produktionsraten:
Januar 1918 : 10 , Februar 1918 : 35 ,
März 1918 : 75 , April 1918 : 100 ,
Mai 1918 :125 u. ab Juni 1918 : 130 .

Jedoch hatte die Firma Adler mit großen Anlaufschwierigkeiten zu kämpfen und lieferte ihre ersten Torpedos erst im August 1918, obwohl sie bereits zwei Jahre vor der Auftragsvergabe in großem Umfang mit der Anfertigung von Torpedoeinzelteilen beschäftigt war. Die geforderte Monatsleistung von 130 konnte sie bis Kriegsende nicht annähernd erreichen.

Eine weitere Torpedofabrik, die für die deutsche Marine arbeitete, war der in St. Pölten errichtete Zweigbetrieb von Whitehead-Fiume. Nach dem Kriegseintritt Italiens lag die Fiume-Fabrik zu dicht

Torpedoübernahme eines G/250 Torpedos bei einem K.u.K. U-Boot

an der Front und wurde deshalb 1915 nach St. Pölten in die Hallen einer ehemals holländischen Textilfabrik verlagert, wo nun u.a. sämtliche 45 cm Torpedos für die deutsche Marine gebaut werden sollten, und zwar monatlich 25 Stück.

1916 erhielt Whitehead von der deutschen Marine einen Auftrag über 302 45cm Torpedos des Typs G/250 (Auftragsnummer!) mit dem Liefertermin 1917. Dieser Auftrag wurde erfüllt. 1917 folgte dann ein weiterer Auftrag über 300 Torpedos, die 1918 abgeliefert werden sollten. Da aber im Frühjahr 1918 ein großer Teil des Werkes in St. Pölten abbrannte und deshalb hier die Torpedoproduktion zeitweise ausfiel, konnten von diesem zweiten Auftrag bis zum 1.Oktober 1918 erst 25 Torpedos abgeliefert werden. Weitere 25 befanden sich zu diesem Zeitpunkt kurz vor der Ablieferung. Dazu dürfte es wohl nicht mehr gekommen sein. Die restlichen 250 Torpedos dieses Auftrages sollten bis Mitte Mai 1919 geliefert werden. Ein weiterer Auftrag von abermals 300 Torpedos, der 1918 von der deutschen Marine an Whitehead vergeben worden war, sah eine Ablieferung bis März 1920 vor.

Durch den Ausfall der Torpedoproduktion in St. Pölten im Frühjahr und Sommer 1918 entstand für die Versorgung der deutschen Marine, insbesondere ihrer U-Boote, mit 45 cm Torpedos eine schwierige Lage.
Nach Kriegsende befanden sich im Bestand der deutschen Marine noch etwa 100 G/250 Torpedos, die nach der Umrüstung der noch vorhandenen 45 cm auf 50 cm Torpedorohre konserviert und eingelagert wurden.

Hauptangaben des G/250 Torpedos

Durchmesser 450 mm   Länge 5469 mm
Gesamtgewicht (Gefechtsschuß) ca. 828 kg
Gesamtgewicht (Übungsschuß)   ca. 732 kg
Gefechtsladung   ca. 175 kg
Inhalte: Luftkessel   264 l
         (Kesseldruck 170 at)
         Wassergefäß   32 l
         Brennstoff   5 l
Antrieb: Vierzylinder Sternmaschine mit
         Schiebersteuerung
Nahschuß:
120 PS - Laufstrecke 2500 m/36 kn
Weitschuß:
 41 PS - Laufstrecke 6000 m/27 kn

Für das große Scheerprogramm (monatliche Ablieferung von 36 U-Booten) war vorgesehen, daß sich die Torpedoproduktion in Deutschland nur noch auf zwei Typen konzentrieren sollte : den G/6 AV* bei TW, BMAG und Adler und den neuen Elektro-Torpedo E/7 bei der Firma Pintsch.

Dieser Elektro-Torpedo war von der Firma Siemens konstruiert worden. Ursprünglich war er nur in Verbindung mit einer Fernlenkeinrichtung konzipiert gewesen. Dieses Projekt hatte dann aber 1916 fast zwangsläufig zu der Überlegung geführt, ob es nicht möglich wäre, einen spurfreien Elektro-Torpedo mit ähnlichen Eigenschaften wie bei einem konventionellen Preßluft-Torpedo zu schaffen, der sich überdies schneller, einfacher und vermutlich auch billiger herstellen lassen müßte.
Da nach den Erfahrungen des bisherigen U-Bootkrieges die U-Boote beim Torpedoschuß meistens unter 1000 m Abstand zum Gegner blieben, häufig sogar bis auf

Whitehead-Torpedo G/250

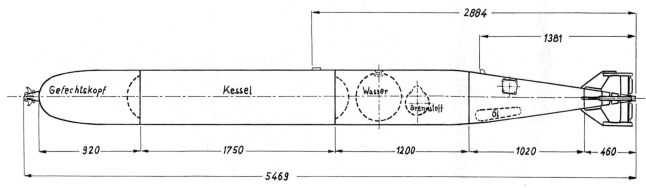

400 m Entfernung herangingen, wurde eine Laufstrecke von 1000-1500 m als ausreichend angesehen. Es wurde nun untersucht, welche Geschwindigkeit ein normaler 6-7 m Torpedo mit elektrischem Antrieb bei einer derartigen Laufstrecke erreichen könnte. Diese Arbeiten wurden in erster Linie von den Siemens-Ingenieuren Deetjen und Wichmann durchgeführt. Prüfungen im Dynamowerk mit dem Motor GM 105 und bei der AFA mit der listenmäßigen Akkuzelle 4 ky 225/4 ergaben eine Torpedogeschwindigkeit von 23-24 kn bei 1500 m Laufstrecke.

Bei einem Besuch der TW informierte Ingenieur Deetjen u.a. auch den Torpedo-Stabsingenieur Ewerhs vom TVK über diese Arbeiten. St.Ing. Ewerhs griff diesen Vorschlag auf und bat um weitere Unterlagen und ein unverbindliches Angebot, wobei von ihm bereits genauere Bedingungen hinsichtlich des verfügbaren Raumes, des zulässigen Gewichtes und der erforderlichen Leistungen gestellt wurden. Nach erneuter Bearbeitung und Durchrechnung bei der Fa. Siemens wurde dem TVK am 14.Oktober 1916 das gewünschte Angebot übersandt. Die darin noch fehlenden Maßskizzen für den Motor folgten am 25. Oktober. Schon am 27 Oktober bekundete das TVK sein großes Interesse an diesem Angebot. Darauf kam es zu einer Besprechung mit Kpt.z.S. Hintze und St.Ing. Ewerhs vom TVK in Siemensstadt. Hierbei wurde der Beschluß gefaßt, einen neuen Spezialmotor und eine neue Batterie für den Elektro-Torpedo zu entwerfen und zu bauen. An diesen Arbeiten waren von der Fa. Siemens neben den bereits genannten Ingenieuren auch Direktor Dr. Franke, Oberst Schwedler, Geheimrat Wilhelm von Siemens, Geheimrat Reichel, Dr. Leyerer und Ob.Ing. Gscheidlen sowie von der AFA in erster Linie der Leiter der U-Bootabteilung, Ob.Ing. Wehrlin, und der Firmendirektor, Dr. Adolph Müller, beteiligt.

Am 6.Dezember 1916 konnten dem TVK verbindliche Unterlagen übermittelt werden. Der angebotene neue Motor mit der Bezeichnung GL 180/9 war ein achtpoliger Scheiben-Kollektor-Motor mit Gleitlager, der eine Leistung von 50-52 PS bei 920 U/Min und 60 V abgab. Sein Gewicht betrug 100 kg. Inzwischen hatte die AFA eine neue Batterietype geschaffen, die den Beanspruchungen besser gewachsen war als die bisher verwandte normale Autoakkuplatte. Insbesondere waren die Platten dünner (zuerst 3 mm, dann 2 mm) ausgeführt worden. Dadurch war die positive Masse auf einer größeren Oberfläche verteilt, was eine schnellere Entladung bei geringerem Spannungsabfall und verminderter Erwärmung ermöglichte. Die konstante Spannung war besonders wichtig, um eine möglichst gleichmäßige Geschwindigkeit während des Laufes zu erzielen.

Nach einem Vortrag durch den TVK-Chef, Kpt.z.S. Holzapfel, beim Präses der TI wurde bestimmt, daß die weitere Bearbeitung des Elektro-Torpedos durch die TW erfolgen solle. Trotz gewisser Bedenken bei einigen TW-Angehörigen gegen diesen neuartigen Torpedo mit der relativ geringen Leistung wurde darauf vom Direktor der TW, Kpt.z.S. Hering, die Her-

Leistungskurven für einen elektrischen 50 cm-Torpedo der Fa. Siemens vom 3. 11. 1916

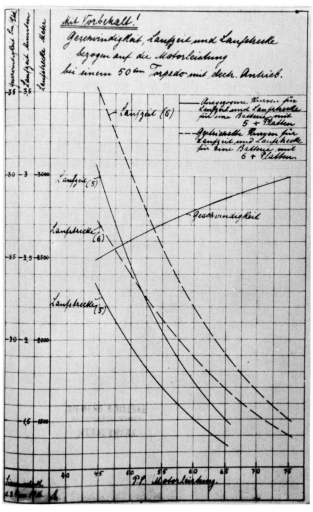

stellung von drei Versuchstorpedos angeordnet, für die die Fa. Siemens die elektrische Ausrüstung zur Verfügung stellen sollte.

Bei einer Besprechung zwischen SSW und AFA über den Elektro-Torpedo wies Direktor Dr. Müller auf die Notwendigkeit hin, die Batterien mit einer Heizvorrichtung zu versehen, da die Einsatztemperatur relativ niedrig sein würde und Versuche ergeben hätten, daß die Kapazität erheblich mit der Temperatur abnimmt. Die Anfangstemperatur müsse 25°C betragen. Sie würde dann nach einer Entladezeit von zwei Minuten auf den noch zulässigen Wert von 40-45°C steigen. In einem Schreiben vom 29. Dezember 1916 wurde das TVK darüber informiert, damit rechtzeitig genug auf den U-Booten Vorrichtungen für eine Batterieheizung der Elektro-Torpedos in den Rohren geschaffen werden könnten.

Am 4. Januar 1917 erhielt die Fa. Siemens von der TW den Auftrag für die kostenlose Lieferung von 2-3 elektrischen Ausrüstungen für die Probetorpedos. Bereits am 20. und 21. Februar konnten im Dynamowerk die ersten Bremsversuche mit dem Motor GL 180/9 und einer Batterie von 36 Elementen des Typs 8 T200/2 durchgeführt werden. Die Ergebnisse entsprachen in vollem Umfang den Erwartungen. Am 28. Februar konnte die Anlage dann dem Vertreter der TW, Torpedo-Obering. Meycke, vorgestellt werden. Ob.Ing. Meycke war mit der konstruktiven Durchbildung des Torpedokörpers beauftragt worden. An einer weiteren Besichtigung nahmen außer Ob.Ing. Meycke auch Korv.Kpt. Conn und Chefingenieur Giessen von der TW und St.Ing. Ewerhs vom TVK teil. Auf Grund der Bremsversuche wurde erwartet, daß die Geschwindigkeit bei 2200 m Reichweite auf 28 kn gesteigert werden könnte.

Am 17. März 1917 waren die Torpedokörper soweit fertiggestellt, daß bereits in drei Wochen mit dem Einbau der elektrischen Anlage und in 6-8 Wochen mit den ersten Schußversuchen gerechnet wurde. Vom Ausgang dieser Schußversuche sollte es dann abhängen, ob dieser Torpedo in Großserie für den U-Booteinsatz gebaut werden würde. Der Bedarf wurde im Anlauf auf monatlich 100 Stück, später auf ca. 500 Stück steigend, geschätzt.

Am 22. Juni konnten die ersten Schüsse auf dem TW-Schießstand in Friedrichsort ausgeführt werden.

Der Elektro-Torpedo hatte eine Länge von 500 mm. Aus Gewichtsgründen enthielt er jedoch nur 32 statt der vorgesehenen 36 Akkuzellen. Zur Betätigung der Hilfsapparate im Torpedo (GA und TA) wurde der Einfachheit wegen die in einer kleinen Flasche mitgeführte Druckluft beibehalten. Sie wurde auch für die Betätigung eines von Ing. F. Döring im Labor W.v. Siemens konstruierten Druckluftschalters für das Ein- und Ausschalten des Motor-Stromkreises benötigt.

Der Ausstoß erfolgte aus einem Unterwasserrohr in 2 m Tiefe. Nach 1500 m wurde der Torpedo durch eine Stoppvorrichtung angehalten und sollte dann auftauchen. Die Geschwindigkeit auf den ersten 500 m wurde mit 24,1 kn und auf den zweiten 500 m mit 26,75 kn gemessen. Durch das Versagen der Stoppvorrichtung kam der Torpedo aber nicht nach 1500 m an die Oberfläche, sondern wurde erst in 3500 m Entfernung aufgefunden. Nach dem Öffnen konnte festgestellt werden, daß Motor und Batterie in gutem Zustand waren. Am 28. Juli wurden beide Versuchstorpedos dem Inspekteur des Torpedowesens, Admiral Ritter von Mann, mit gutem Erfolg vorgeschossen. Darauf wurde beschlossen, vier weitere Elektro-Torpedos jetzt in kriegsverwendungsfähiger Ausführung zu bauen. Das Ziel war das Erreichen von 30 kn bei 1500 m Laufstrecke.

Zu diesem Zweck war die Verlängerung des Torpedos auf 7 m erforderlich. Diese Ausführung des E-Torpedos erhielt die Bezeichnung E/7. Dafür erhielt SSW am 11. September 1917 den Auftrag für vier elektrische Ausrüstungen. Für die geforderte höhere Leistung mußte ein neuer Motor konstruiert werden. Er wurde am 19. und 20. März 1918 dem TW-Ingenieur Tellmann vorgeführt. Er gab eine Leistung von 80 PS bei 880 U/Min, 62 V und 1250 A ab. Die verhältnismäßig geringe Drehzahl erforderte einen Propeller mit großer Steigung. Da bei geringerer Steigung ein höherer Wirkungsgrad erwartet wurde, schlug das Dynamowerk für den Serienbau einen neuen Motor mit höherer Drehzahl vor, der die Bezeichnung GL/7,5 erhielt.

Die ersten Probeschüsse mit den neuen E/7-Torpedos fanden am 23. und 24. März 1918 statt. Dabei wurde mit einem Propeller von 0,9 m Steigung nach zwei unbefriedigenden Versuchen eine Höchstgeschwindigkeit von 29,6 kn erreicht. Bei den folgenden Schüssen wurde auf 27 kn heruntergegangen, um gleichmäßigere Resultate zu bekommen. Am 4. Mai nahmen an dem Versuchsschießen Konteradmiral Uthemann von der TI sowie die RMA-Angehörigen Kpt.z.S. Schur und St.Ing. Gallisch teil. Am 26. Juni kam es dann im RMA zwischen den Vertretern der Marinebehörden, Ob.Ing. Wehrlin von der AFA, den Oberingenieuren Seybold und Deetjen von Siemens und den Direktoren der Firma Pintsch zu einer Besprechung über die Lieferung von 1000-1200 E/7-Torpedos. Die Fa. Pintsch sollte die Torpedokörper nach Zeichnungen der TW liefern und dazu von Siemens E-Motoren und elektrische Zubehörteile erhalten. Die Torpedobatterien sollten dagegen von der AFA direkt an die Marine geliefert werden.

Durch eine Verfügung vom 13. Juli 1918 wurde die Beschaffung von 1200 E/7-Torpedos - davon 10 von der TW und 1190 von Pintsch - angeordnet. Obwohl die Firmenaufträge dafür erst nach und nach erteilt wurden, wäre Siemens auf Grund entsprechender Vorarbeiten in der Lage gewesen, die ersten Motoren schon im Dezember 1918 an die Fa. Pintsch zu liefern, so daß die ersten E/7-Torpedos Anfang 1919 fertig gewesen wären. Mit ihrer Fronterprobung wurde ab Februar 1919 gerechnet.

Für das Einschießen der neuen E-Torpedos hatte die TW eine neue Schießanlage an der Alsen-Förde in Auftrag gegeben. In der Zeit vom 25. Juni bis zum 1. Juli 1918 war auch eine kriegsmäßige U-Booterprobung des E/7 an Bord von U 25 erfolgt. Am 24. September 1918 nahmen an einem weiteren Versuchsschießen mit dem E/7 der Kaiser, Admiral Scheer, Admiral v. Mann, Kpt.z.S. Schur und Kpt.z.S. Hering teil.

Neben dem spurfreien Elektro-Torpedo sollte 1919 auch der schwallose Ausstoß mit Hilfe eines abdichtenden Ausstoßkolbens in der Front eingeführt werden. Damit war einer dringenden Forderung der U-Bootwaffe entsprochen worden. Dieser schwallose Ausstoß war im Herbst 1918 am Ende des Versuchsstadiums angelangt. Er sollte zunächst durch Aptierung der vorhandenen Ausstoßrohre und dann durch eine neue Rohrkonstruktion ermöglicht werden. Die dafür erforderlichen Zeichnungen hatte die TW bei Kriegsende fertiggestellt.

Die Hauptaufgaben der TW waren die Herstellung und Herrichtung von Torpedos sowie das Einschießen aller Torpedos. Z.B. sind 1917/18 auf den Schießständen der TW rund 20000 Schüsse ausgeführt worden. Dazu kam der Torpedorohrbau. In den letzten Monaten vor dem Kriegsende wurden bei der TW monatlich 30 Ausstoßrohre für U-Boote hergestellt. (Im ganzen Jahr 1916 waren es dagegen nur 113 U-Bootsrohre gewesen!) Dabei bedeutete die durch die Verringerung von Sparmaterial notwendig gewordene Umkonstruktion aller Rohrausführungen auf weitgehende Verwendung von Stahlblech und Stahlguß eine zusätzliche Arbeitsbelastung. Völlig neue Rohrkonstruktionen erforderten die U-Bootprojekte 42A (schwenkbare Torpedorohre für den Über- und Unterwasserschuß) und 50 B (nach beiden Seiten durchschwenkbare Unterwasserfreischußrohre). Die erhebliche Aufgaben- und Produktionsvermehrung bedingte eine zunehmende Personalstärke bei der TW. Waren es 1917 noch ca.5200 Mitarbeiter, so stieg deren Zahl im Jahre 1918 auf ca. 7200 an.

Die Hauptaufgabe des Torpedo-Versuchs-Kommandos (TVK) war die Erprobung der neu eingeführten Torpedos. Während des Ersten Weltkrieges wurden dabei folgende Schußzahlen erreicht: H/8 ca.140 Schuß, G/7** ca.50 Schuß, G/6 AV* ca.300 Schuß, G/250 ca.150 Schuß und E/7 ca.20 Schuß. Dazu mußte das TVK die Anpassung und Brauchbarmachung der übernommenen Whitehead- und Schwartzkopff-Torpedos ausführen. Weitere Aufgaben des TVK waren die Entwicklung und Erprobung von Torpedoflugzeugen, Flugzeugtorpedos und Torpedozielapparaten.

Umfangreiche Versuche wurden mit der Magnetzündung (MZ) nach Dr. Bestelmeyer (ca.300 Schuß) und zur Einführung des Sprengstoffes 'Schießwolle 18' (ca.60 Schuß) unternommen. Weitere 200 Schuß wurden bei der Erprobung der Di- und Gitterrohre und ca. 80 Schuß bei Torpedoflugzeugerprobungen abgegeben.

Kleinere Versuche dienten der Kreisläufersicherung, der TL-Sicherheitspistole, der Einführung von G/6-Hängewarzen beim G/7, Lagertorpedos, der Verminderung des Ausstoßschwalls, dem Pulverausstoß aus Unterwasser-Torpedorohren, Kriewaldt-Patronen und dem schon genannten schwallosen Ausstoß. Dafür wurden etwa 240 Schuß abgegeben.

Die TW und das TVK unterstanden der Torpedo-Inspektion (TI). Diese hatte am 15. März 1914 den gesamten Bereich des U-Bootwesens abgegeben, der zu einer eigenen Inspektion zusammengefaßt worden war. Mit Kriegsbeginn traten auch noch die Torpedobootsflottillen aus ihrem direkten Zuständigkeitsbereich. Dabei wurde zunächst der TI-Stab aufgelöst. Die verbliebenen Aufgaben wurden dem Direktor der TW, Kpt.z.S. Hering, übertragen. Jedoch wurde diese Maßnahme bereits nach wenigen Wochen im November 1914 wieder rückgängig gemacht. Zum neuen Inspekteur des Torpedowesens wurde Kpt.z.S. Ritter v. Mann Edler v. Tiechler ernannt.

Die bürokratischen Schwierigkeiten und Hemmnisse durch die Doppelbearbeitung vieler Fragen des Torpedo- und Nachrichtenwesens im RMA und bei der TI veranlaßten ihn Anfang 1916 eine organisatorische Änderung im Zuständigkeitsbereich der TI vorzuschlagen. In einer Denkschrift vom 14. Januar 1916 hieß es u.a. dazu:

"Seit der Gründung der Torpedo-Inspektion im Jahre 1886 haben sich die Aufgaben wesentlich geändert. Das technische Arbeitsgebiet war damals nicht vielseitig; es umfaßte nur das Torpedoboot und den Torpedo. Der Schwerpunkt der technischen Entwicklung lag nur hier. Die Torpedo-Inspektion war das Organ des Chefs der Admiralität und später des Staatssekretärs des Reichs-Marine-Amtes (RMA) in Berlin. In Berlin saß nur ein jüngerer Offizier, später ein Sektionsvorstand mit einem kleinen Verwaltungsstab, der als Vertreter des Inspekteurs angesprochen werden konnte.

Jetzt ist es anders: Die Torpedoboote und Torpedos sind komplizierter geworden. Ferner sind ganz neue Gebiete, Funken- und Unterwassertelegraphie, dazugetreten. Dazu kam die räumliche Trennung der Torpedo-Inspektion vom Reichs-Marine-Amt, die eine organisatorische Erweiterung der bearbeitenden Stelle in der obersten Reichsbehörde zur Folge hatte, nämlich einen Departementsdirektor mit einem umfangreichen Stab. Es entstand die Sektion für das Torpedowesen, aus der sich eine Abteilung mit einem Kapitän zur See an der Spitze und fünf Offizieren als Referenten entwickelte, die alle Spezialisten sind. Es ist damit ein zweiter Schwerpunkt für die Torpedoentwicklung entstanden, der immer weiter auswächst.

Deshalb wird eine organisatorische Änderung der TI vorgeschlagen, bei der das technische Arbeitsgebiet der TI durch das Reichs-Marine-Amt übernommen wird. Insbesondere sind von der TI auszugliedern:

1. der Torpedobootsbau (Technisches Büro der TI),
2. der Torpedobau (Torpedowerkstatt),
3. das Torpedoversuchskommando mit den Torpedoversuchsschiffen,
4. die Torpedoboots-Abnahme-Kommission,
5. die Entwicklung der Funkentelegraphie.
6. die Entwicklung der Unterwassertelegraphie und
7. das Torpedolaboratorium.

Damit würde u.a. das Technische Büro der TI die Erfahrungen des Konstruktionsdepartment besser nutzen können und gegenüber den Werften aufgewertet. Gleichfalls könnte die Zusammenarbeit mit dem Waffendepartment in Artillerie- und Sprengstofffragen erheblich verbessert werden. Auch dürfte es immer schwieriger werden, einen Inspekteur zu finden, der mit allen Fragen der komplizierten Technik genau so vertraut ist wie mit den militärischen Belangen der Taktik des Torpedowesens. Die zukünftigen Aufgaben der TI wären dann noch der rein militärische Teil der bisherigen Organisation:

1. die Torpedo-Divisionen,
2. die Torpedobootsflottillen und
3. das Torpedo-Schulschiff.

Entsprechend sollten auch die rein technischen Teile der U-Boots-Inspektion (UI) dem Reichs-Marine-Amt in Berlin direkt unterstellt werden. Die restlichen Aufgaben der UI - insbesondere hinsichtlich der Ausbildung - sollten dann mit der verbleibenden TI vereinigt werden, da diese Aufgaben hier gemeinsam zweckmäßiger durchgeführt werden könnten."

Tirpitz befürwortete diese Vorschläge zwar grundsätzlich, hielt aber ihre Verwirklichung während des Krieges für unzweckmäßig. Auch sein Nachfolger, Admiral v. Capelle, schloß sich dieser Ansicht an, und so blieb es bei der bisherigen Aufgabenverteilung im Torpedowesen.

Zu den bei Kriegsbeginn vorhandenen Torpedos waren im Laufe des Krieges speziell für den U-Booteinsatz aptierte G/6-Torpedos mit den Bezeichnungen K I, K II und K III dazugekommen. Sie waren für den Handelskrieg bestimmt und besaßen z.T. geringere Leistungen.

Am 15. Januar 1918 war auch der letzte noch im Einsatz befindliche alte Torpedotyp C 45/91 zurückgezogen worden. Damit hatte sich nach dem Ausfall von St. Pölten der Bestand an 45 cm Torpedos derart verringert, daß nur noch zehn große U-Boote derartige Torpedos als Zusatzausrüstung bekommen konnten. Nach deren Aufbrauch erhielten dann die großen U-Boote speziell für die Handelsschiffsbekämpfung K III-Torpedos, die jedoch eine geringere Leistung als die C/03- und C/06-Torpedos besaßen.

Besonders im BdU-Bereich war den großen U-Booten jetzt auch der G/7-Torpedo mitgegeben worden. Er war jedoch wegen seiner Größe in den dafür nicht konstruierten U-Booten recht unhandlich und konnte nur aus für ihn geeigneten Torpedorohren verschossen werden.

Es wurde als erstrebenswert angesehen, wenn die größeren U-Boote als Hauptausrüstung den 40 kn-Torpedo G/6 AV** und später dann allgemein den G/6 AV* erhielten. Gegenüber dem 6 m langen G/6 AV war aber der G/6 AV** 10 cm und der G/6 AV* sogar 12,1 cm länger, wodurch sich bei einigen U-Bootserien Schwierigkeiten bei der Torpedoausrüstung ergaben. Z.B. konnte bei U 43 - U 46 ein

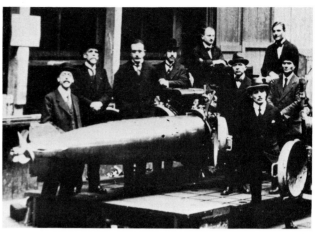

1918 von der BMAG gefertigter G/6 Torpedo (Personen von links nach rechts: Kortmann, Mar.Chefing. Giesler, v. Klemperer, Lehnhoff, Goldschmidt, Rossee; davor: Schreiber, Dingelstädt und ein Marinebeamter)

6,1 m langer Torpedo nicht in den Reservelagerungen hinter den Rohren untergebracht werden. Für diese Boote kam deshalb als Reservelagerung der K III in Frage. Bei den E I-Minen-U-Booten war wiederum das Rohr für den G/6 AV* zu kurz (nur 4-7 mm Abstand der Gefechtspistole von der Mündungsklappe!). Ähnliches galt auch für die UC-Boote. Für diese Boote mußten also weiterhin 6 bzw. 6,1 m lange Torpedos nachgeliefert werden.

Übersicht über die im BdU-Bereich (U-Flottillen I-V) in der Zeit vom 1.2.1917 - 31.7.1918 verschossenen Torpedos:

Kaliber	Torpedotype	verschossene Torpedos	Treffer %
45 cm	C 45/91	213	56,8
	C 45/91 S	31	51,6
	C/03 AV	147	57,2
	C/03 D	81	44,4
	C/06 AV	181	54,1
	C/06 D	44	43,2
	A/08	11	45,4
	Whitehead	114	58,7
50 cm (6 m)	K III	217	52,1
	K II (G/6 AV)	398	57,5
	G/6 D	88	53,4
	G/6 AV*	144	50,7
	G/6 AV**	148	43,2
50 cm (7 m)	G/7 AV	90	50,0
	G/7**	203	41,3

Insgesamt wurden in diesem Bereich in der Zeit vom 1.2.1917 bis zum 1.1.1918 1874 Torpedos von deutschen U-Booten verschossen. Darunter befanden sich 22 Torpedos mit einer H-Zündung (HZ = Magnetzündung?). Mit Ausnahme eines Torpedos von U 57, der 200 m vor dem Ziel detonierte, hatte es dabei keine Störung an der HZ gegeben.

Vom FdU-Flandern wurden für den April 1918 72 verschossene Torpedos mit 48,6% Treffer, für den Mai 1918 45 verschossene Torpedos mit 37,8% Treffer und für den Juni 1918 64 verschossene Torpedos mit 60,9% Treffer gemeldet.

Übersicht über die im Bereich des FdU-Mittelmeer in der Zeit vom 1.1.1918 - 31.8.1918 (mit Ausnahme des Aprils) verschossenen Torpedos (Trefferprozente in Klammern)

Zeitraum	A/08	G/125	G/250	G/6 AV	G/6 AV*	G/6 AV**	G/7**
1.1918	3 (60,7%)	4 (75%)	-	-	-	40 (65%)	-
2.1918	6 (50%)	6 (50%)	5 (40%)	1 (0%)	-	38 (63,2%)	1 (100%)
3.1918	-	11 (73%)	4 (100%)	2 (50%)	-	36 (75%)	2 (50%)
5.1918	1 (0%)	2 (50%)	1 (0%)	-	22 (54,5%)	11 (54,5%)	14 (57%)
6.1918	1 (100%)	5 (40%)	1 (100%)	-	30 (50%)	5 (40%)	6 (33,3%)
7.1918	-	7 (57,1%)	-	-	32 (78,1%)	3 (66,6%)	-
8.1918	-	5 (20%)	-	-	25 (56%)	5 (80%)	-

4 Der Weg zum G 7a Torpedo

Nach Kriegsschluß und Abrüstung war auch die Torpedo-Werkstatt der Kaiserlichen Marine aufgelöst worden. Ihre Gebäude und Einrichtungen wurden der neugeschaffenen reichseigenen Deutsche Werke Kiel AG als Werk Friedrichsort zugeordnet. Nach § 192 des Versailler Vertrages war Deutschland die Produktion von Torpedos verboten. Mit dem Fortfall der Produktionsstätte in Friedrichsort hatte aber auch die Torpedo-Überprüfungs-, Entwicklungs- und Forschungsstelle an dieser Stelle aufgehört zu bestehen. Mit einem kleinen Teil des Personals wurde deshalb beim Torpedoschießstand Eckernförde eine neue Einrichtung geschaffen, die Torpedo-Versuchsanstalt (TVA). Hier gab es bereits eine kleine Werkstatt und einige Fangboote. Die erste Aufgabe der TVA war, die für die Schiffe der Reichsmarine verbliebenen Torpedos klarzumachen und einzuschießen. Darüber hinaus sollten hier langfristig die Torpedos G/7 und E/7 weiterentwickelt werden. Erster Leiter der TVA wurde am 18. Juni 1920 Korv.Kpt. Bruno Hintze. In den ersten Jahren ihres Bestehens war die Arbeit der TVA durch Personalmangel und fehlende Versuchseinrichtungen stark gehemmt. Innerhalb der Reichsmarine war die TVA der neugegründeten Inspektion des Torpedo- und Minenwesens (TMI) unterstellt. Diese neue Behörde war am 1.Oktober 1919 durch Zusammenlegung der bisherigen Tor-

Luftaufnahme der TVA Eckernförde im Zweiten Weltkrieg, vermutlich im Winter 1944/45 bei leichtem Eis

pedo-Inspektion mit der Inspektion des Minen-, Sperr- und Sprengwesens entstanden. Erster Inspekteur der TMI wurde der letzte TI-Inspekteur Kpt.z.S. Eberius. Nach dem Kapp-Putsch blieb die Stelle des Inspekteurs zunächst unbesetzt. Am 1. Oktober 1920 wurde dann als nächster Inspekteur Kpt.z.S. Loof eingesetzt. Ihm folgten bis 1925 Kpt.z.S. Eschenburg und K.Adm. Kaulhausen. In der Marineleitung wurde das Torpedowesen in der am 1.Oktober 1919 aus dem Waffen-Department des RMA gebildeten Marinewaffenabteilung BW des Allgemeinen Marineamtes mitverwaltet.

Die Entwicklungsarbeit in der TVA begann im Mai 1923, als auf Grund eines Privatdienstvertrages Dr. Cornelius mit der Leitung der Abteilung Torpedoentwicklung (T) betraut wurde. Entwicklungsschwerpunkte in der TVA wurden die Verbesserung des nun schon zehn Jahre alten G/7 und die Weiterführung der Arbeiten an einer Magnetzündung, die schon während des ersten Weltkrieges von Dr. Bestelmeyer konstruiert und dann eingeführt worden war. Insbesondere für die zweite Aufgabe wurde im April 1925 Dr. Schreiber eingestellt.

Wirtschaftliche Gründe, aber auch das U-Bootverbot des Versailler Vertrages führten dazu, daß die Weiterentwicklung des E/7 vorerst den Firmen Siemens, AFA und Pintsch überlassen werden mußte. Am 1. Mai 1925 übernahm Korv.Kpt. Hirth die Leitung der TVA.

Der erste Schritt bei der Verbesserung des G/7 war die Erhöhung der Nahschußgeschwindigkeit auf 40 kn. Dies war eine wesentliche Forderung der Flotte. Zwar war der G/7 ursprünglich bereits für diese Geschwindigkeit vorgesehen gewesen, erhebliche Störungen besonders in der Beschleunigungsphase hatten aber dazu geführt, daß das TVK den 40 kn-Schuß nicht freigab.

Die knappen räumlichen Abmessungen der Maschinenkammer des G/7 ließen eine Änderung der äußeren Form der Maschine nicht zu. Zur Erhöhung der Geschwindigkeit von 35 kn auf 40 kn hätte die G/7-Maschine aber statt 120 PS fast 100% mehr, nämlich 238 PS leisten müssen. Diese Mehrleistung konnte nach Ansicht von Dr. Cornelius in dem zur Verfügung stehenden Raum nicht betriebssicher mit einer Vierzylindermaschine erzeugt werden. Es wurde deshalb erforderlich, den Widerstand des Torpedos durch eine Verbesserung seiner Form zu verringern. Der G/7-Torpedo mit der verbesserten Form erhielt die Bezeichnung G 7s (nicht zu verwechseln mit der gleichen Bezeichnung für den zehn Jahre später in Arbeit genommenen akustischen Eigenlenktorpedo!). Der G 7s benötigte für 40 kn nur noch einen Leistungsbedarf von 177 PS.

Die neue Maschine mußte also im Dauerbetrieb 180 PS leisten, d.h. Spitzenleistungen von 200-220 PS erbringen. Unter der Voraussetzung, daß vorhandene Torpedopropeller verwandt wurden, mußte die Leistungserhöhung in erster Linie durch eine Steigerung des Arbeitsdruckes erreicht werden, wodurch aber der Anteil der nutzbaren Kesselluft geringer wurde. Daneben wurde auch noch eine Propellerneukonstruktion durchgeführt, bei der der Drehzahlbereich nach oben verlegt wurde und der Arbeitsdruck bei gleicher Leistung niedriger gehalten werden konnte. Diese zweite Möglichkeit wurde aber nur für den Fall vorgesehen, daß Schwierigkeiten bei der Druckerhöhung auftraten; denn eine Erhöhung der Drehzahl bedeutete erfahrungsgemäß bei Sternmaschinen auch eine Vergrößerung der Steuerprobleme in der ersten Phase des Laufes.

Die höheren Druck- und Temperaturbeanspruchungen der neuen Maschine wurden durch eine bessere Wärmeabführung (Wassereinspritzung in das Kurbelgehäuse) und verbessertes und stärkeres Material bewältigt. Die Kolben wurden durch solche aus Duraluminium mit dreifacher Festigkeit und 6-7 facher Dehnung ersetzt. Die Halteschrauben in den Kolben wurden verstärkt. Die Schubstangenschäfte erhielten eine geringere Ausbohrung, und die Kurbelzapfen wurden überhaupt nicht mehr ausgebohrt.

Für die ursprüngliche Form der Kurbelkühlung reichte beim Weitschuß nun der Wasservorrat des Torpedos nicht mehr aus, so daß eine beträchtliche Kürzung der Weitschußlaufstrecke die Folge gewesen wäre. Aus diesem Grund wurde das Triebwerk mit Seewasser aus der Maschi-

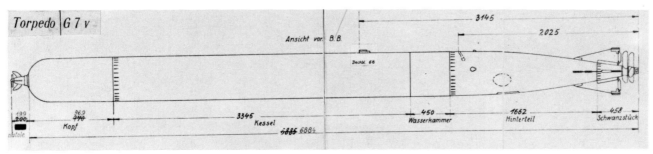

G 7v Torpedo (Bb-Ansicht)

nenkammer gekühlt. Dafür mußte eine besondere Kühlwasserpumpe mit Preßluftantrieb geschaffen werden.

Im November 1926 wurden sechs G 7s-Torpedos von einem Torpedoboot aus erprobt. Insgesamt wurden etwa 100 Schuß mit 40 kn geschossen. Dabei traten nur drei Maschinenstörungen auf, wobei das Triebwerk aber in keinem Fall versagte oder Zeichen von Überlastung zeigte. Auch nach 40 Schnellschüssen erbrachten einige untersuchte Torpedos noch die volle Leistung.

Der nächste Schritt war die Erhöhung der Wirtschaftlichkeit durch den Übergang von der Schieber- zur Ventilsteuerung. Die Hauptschwierigkeit war dabei, die zwei Ventile und Übertragungsorgane ohne Änderung der Maschinenform in der Maschinenkammer unterzubringen. Die Erprobungen mit der neuen Steuerung verliefen erfolgreich. Bei der Weitschuß-Leistung (72 PS - 28,5 kn) wurde ein spezifischer Luftverbrauch von 1,6 l/PS s gemessen. Mit zunehmender Leistung fiel er zunächst und erreichte bei 120 PS (35 kn-Schuß) sein Minimum von 1,45 l/PS s. Dann stieg er wieder auf 1,6 l/PS s bei 170 PS (ca. 40 kn) und erreichte bei der Leistungsgrenze der Maschine von 220 PS schließlich 1,89 l/PS s. Bei 120 PS, dem Minimum des Luftverbrauches, lagen die Brennstoff- und Wasserverbräuche höher als bei der normalen G/7-Maschine (370 und 2900 gegenüber 340 und 2400). Jedoch war die Gesamtwirtschaftlichkeit der Ventilsteuerung in allen Geschwindigkeitsbereichen größer und betrug nach Angaben von Dr. Cornelius bei 170 PS 43,6% mehr, bei 120 PS 39,6% mehr und bei 72 PS 15,8% mehr.

Nach einer Umkonstruktion dieser Ventilsteuerung, wobei einige Mängel beseitigt wurden, erhielt der Torpedo die neue Bezeichnung G 7v. Es wurden nun verschiedene Versuche und eine Dauererprobung von insgesamt 143 Prüfstandsläufen mit der neuen G 7v-Maschine ausgeführt. Dabei traten nur zwei mechanische Störungen auf. Die Steuerung war auch nach der Dauererprobung noch voll verwendungsfähig.

Bei den weiteren Versuchen wurden statt der Aluminiumkolben solche aus Stahl benutzt, die einen geringeren Verschleiß zeigten, dafür aber um jeweils 130 g schwerer waren. Diese Stahlkolben führten zu einer weiteren Ersparnis bei den Luftverbräuchen zwischen 6% und 11%. Schließlich wurden auch noch Versuche durchgeführt, mit denen eine Verringerung des freien Sauerstoffs im Abgas erzielt werden konnte.

Auch beim Kessel wurden Verbesserungen erreicht. 1928 gelang es, bei Beibehaltung einer Dehnung von 11,5% die Festigkeit von 95 auf 110 kg/mm^2 zu steigern. Dadurch war es jetzt möglich, den Kesseldruck auf 200 at zu erhöhen. Der entsprechend abgeänderte Torpedo mit dem neuen Kessel erhielt die Bezeichnung G 7v*.

Neben den Entwicklungs- und Erprobungsarbeiten am G 7v wurden bereits erste Entwürfe für einen neuen 21"- (53,34 cm) Torpedo mit einem ähnlichen, aber größeren und damit leistungsfähigeren Triebwerk ausgearbeitet. Einen aktuellen Anstoß erhielt dieses Projekt im Jahre 1929, als neue Anstrengungen unternommen wurden, in der von dem spanischen Industriellen Echevarrieta in Cadiz in Bau genommenen Torpedofabrik deutsche Torpedos herstellen und erproben zu lassen. Echevarrieta hatte einen 'guten und erprobten' Torpedotyp verlangt und darauf Zeichnungen des verbesserten G/7-Torpedos erhalten. Die spanische Marine, die

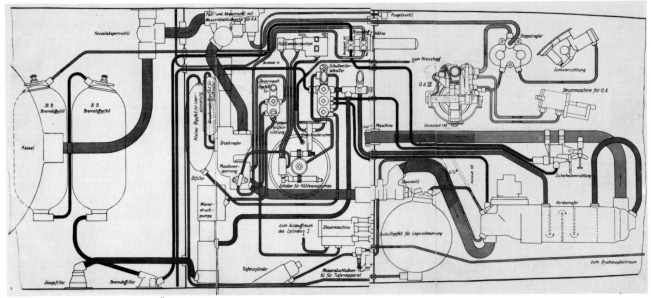

G 7v Luft-, Wasser-, Petroleum- und Öl-Leitungen

die Torpedofabrik praktisch finanzierte, wollte aber einen 21"-Torpedo. Am 27. März 1929 wurde deshalb in einem Schreiben an das Allgemeine Marineamt (B) vom Stab des Chefs der Marineleitung (M) ausgeführt:

"Der 53er Torpedo ist noch nie gebaut worden und mithin ein völlig unerprobter Typ. Nachdem jetzt die Annahme dieses Typs durch die spanische Marine gesichert erscheint, ist es notwendig, die Voraussetzung des Vertrages wenigstens

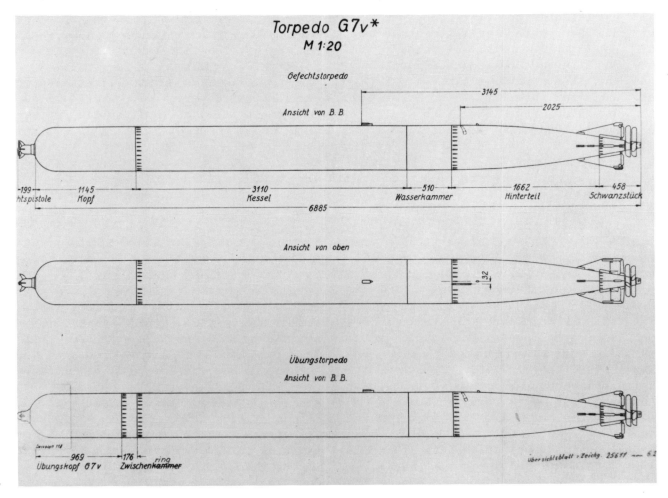

Aufgeschnittener G 7a Torpedo, darunter ein G/7 Torpedo (Deutsches Museum München)

nachträglich zu erfüllen, d.h. eine kleine Zahl, zwei oder drei Torpedos, durch das Marinearsenal zur Probe zu bauen und in gewissem Umfange Bremsversuche praktisch erproben zu lassen. B wird gebeten, die erforderlichen Anordnungen zu treffen. Die Beschaffungskosten für diese Torpedos wird Echevarrieta aufbringen; die Kosten für die Bremsversuche und für evt. Probeschüsse müßten von der Marine getragen werden."

Dieser Torpedo erhielt bei der weiteren Bearbeitung die Bezeichnung G 7a oder A-To. Auf einen Versuchsbau in Deutschland auf seine Kosten ließ sich Echevarrieta aber nicht ein. Nachdem ihm die Pläne des neuen 21"-Torpedos übersandt worden waren, stellte er in Aussicht, mit Hilfe seiner beiden Berater, der deutschen Torpedospezialisten Hintze und Meycke, fünf A-Tos selbst zu bauen und zu erproben. Dazu kam es aber nicht durch den Konkurs von Echevarrieta.

G 7a – Maschine

Der G 7a wurde nun bei der TVA gebaut. Die G 7v-Maschine, bei der Kurbelgehäuse und Zylinder aus einem Gußstück (Gußbronze mit 10% Zinn) und die Steuerung aus konzentrischen Ein- und Auslaßventilen bestand, wurde grundsätzlich beibehalten. Nur das Hubvolumen wurde von 3,8 l auf 5,4 l vergrößert und die Drehzahl geringfügig erhöht. Die Zylinderbohrung betrug jetzt 125 mm, der Hub 110 mm und die Schubstangenlänge 172 mm. Damit konnte die Höchstleistung der Maschine auf rund 320 PS gesteigert werden. Diese G 7a-Maschine einschließlich Regler und Verdampfer hatte ein Gewicht von 118 kg. Dies entsprach einem Einheitsgewicht von 0,37 kg/PS. Bei der Höchstleistung und 45% Füllung betrug die Literleistung ca. 59 PS/l, bei 300 PS 55,6 PS/l.

Weitere Änderungen gegenüber dem G 7v waren die größere Gefechtskopfladung, deren Wirkung durch die Verwendung der 'Schießwolle 36' noch erhöht wurde, die neue kombinierte Pistole Pi G7a für Aufschlag- und Abstandszündung mit den verbesserten Einrichtungen für die Zündsicherung, der neue Geradlaufapparat GA VIII, die neue Anordnung des Tiefenapparates im Torpedohinterteil und die Benutzung eines Whitehead-Schwanzstückes.

Ursprünglich war das Woolwich-Schwanzstück des G 7v vorgesehen gewesen. Dieses besitzt wesentliche Vorteile gegenüber dem Whitehead-Schwanzstück: einfachere Konstruktion, Materialersparnis, kleinerer Strömungswiderstand und geringere Streuung im Drehkreis. Doch stellte sich bei Versuchen mit den Torpedobooten LEOPARD und ILTIS in den Jahren 1931 - 1933 heraus, daß der G 7a mit dem Woolwich-Schwanzstück beim Niedergang nach dem Schuß aus vorlichen und seitlichen Rohrstellungen erhebliche ballistische Schwierigkeiten bereitete (Bajonett-Abweichungen nach achtern, starke Krängungen, Oberflächendurchbrecher usw.). Als Grund wurde später angenommen, daß der Torpedo beim Eintreten in das Wasser Luftblasen mitriß, die eine Hülle um die Ruderflossen bildeten. Die aus der hohlen Schraubenwelle austretenden Abgase verhinderten das schnelle Abstreifen dieser Lufthülle, wodurch die Steuerwirkung in der Anfangsphase des Torpedolaufes verringert wurde. Da diese Schwierigkeiten beim G 7v erheblich geringer waren, wurde überdies die Meinung vertreten, daß auch die Achterlastigkeit des G 7a - der G 7v war ebenso wie der spätere G 7u vorlastig - eine Mitschuld an diesem Verhalten trug. Diese Eigenschaft war offenbar ein Geburtsfehler dieses Torpedos.

Da der Whitehead-Schwanz grundsätzlich eine bessere Ruderwirkung erzielt, wurde der G 7a nun mit ihm erprobt. Es trat sofort eine spürbare Verbesserung ein, so daß mit ihm der G 7a für den Überwassereinsatz verwendungsfähig wurde. Der Preis dafür war eine Widerstandsvermehrung, die beim 45 kn-Schuß einen Mehraufwand von 10% Leistung bedeutete. Dadurch waren beim Schnellschuß nur noch maximal 44 kn zu erreichen. Der Gesamtwiderstand beim 40 kn-Schuß betrug jetzt 581 kg, davon entfielen 93,5% auf den Reibungs- und 6,5% auf den Formwiderstand.

Deshalb wurde im Oktober 1932 nochmals ein Versuch unternommen, den Woolwich-Schwanz beim G 7a durch die Verwendung von Simplexrudern und eines Krängungsap-

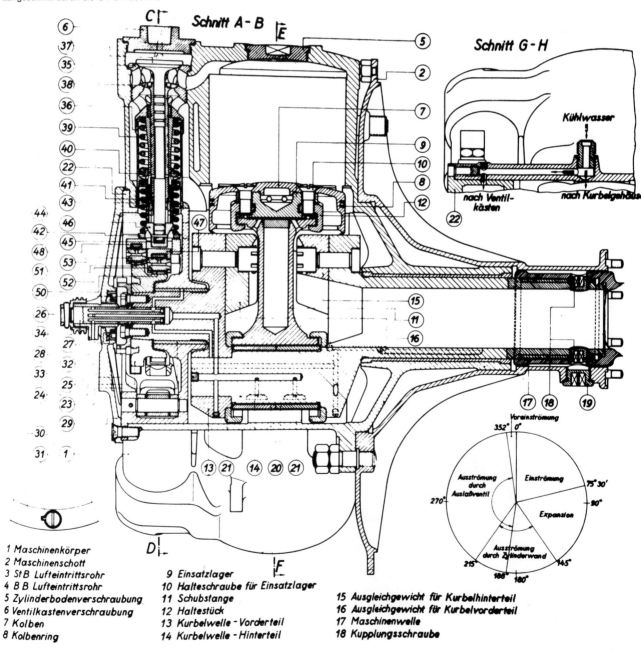

Längsschnitt durch die G 7a-Maschine

1 Maschinenkörper
2 Maschinenschott
3 StB Lufteintrittsrohr
4 BB Lufteintrittsrohr
5 Zylinderbodenverschraubung
6 Ventilkastenverschraubung
7 Kolben
8 Kolbenring
9 Einsatzlager
10 Halteschraube für Einsatzlager
11 Schubstange
12 Haltestück
13 Kurbelwelle - Vorderteil
14 Kurbelwelle - Hinterteil
15 Ausgleichgewicht für Kurbelhinterteil
16 Ausgleichgewicht für Kurbelvorderteil
17 Maschinenwelle
18 Kupplungsschraube

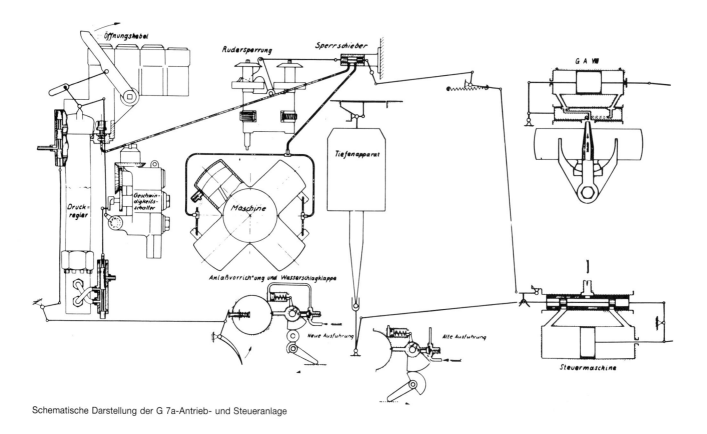

Schematische Darstellung der G 7a-Antrieb- und Steueranlage

G 7a-Verdampfer (Schnitte und Ansicht von oben)

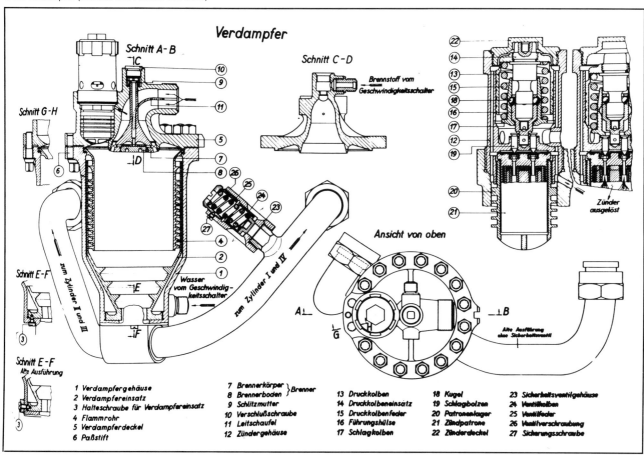

1 Verdampfergehäuse
2 Verdampfereinsatz
3 Halteschraube für Verdampfereinsatz
4 Flammrohr
5 Verdampferdeckel
6 Paßstift
7 Brennerkörper } Brenner
8 Brennerboden
9 Schlitzmutter
10 Verschlußschraube
11 Leitschaufel
12 Zündergehäuse
13 Druckkolben
14 Druckkolbeneinsatz
15 Druckkolbenfeder
16 Führungshülse
17 Schlagkolben
18 Kugel
19 Schlagbolzen
20 Patronenlager
21 Zündpatrone
22 Zünderdeckel
23 Sicherheitsventilgehäuse
24 Ventilkolben
25 Ventilfeder
26 Ventilverschraubung
27 Sicherungsschraube

parates zu retten. Aber auch hierbei zeigte sich die Überlegenheit des Whitehead-Schwanzstückes, und es blieb bei seiner Verwendung beim G 7a. Danach wurde der G 7a in allen seinen Teilen von der damaligen Marineleitung für die Fabrikation freigegeben.

G 7a Whitehead-Schwanzstück

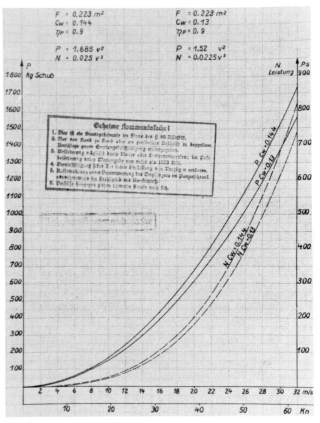

G 7a Schub- und Leistungsbedarf

Auf dem Papier war der G 7a allen vergleichbaren Torpedotypen des Auslandes überlegen. Ein von Dr. Cornelius durchgeführter Vergleich mit dem Weymouth-Whitehead-Torpedo von 1931 sprach deutlich für den G 7a.

Nach weiteren Erprobungen wurde dann am 4. März 1933 die Entwicklung des G 7a für abgeschlossen erklärt. Bei ihr waren erstmalig die Erfordernisse einer Torpedo-Serienfertigung in stärkerem Maße berücksichtigt worden. Die Konstruktion war dazu fertigungsgerecht ausgeführt

G 7a Blick in die Maschinenkammer

		Weymouth-Whitehead Torpedo von 1931	G 7a
Antriebsart		Doppeltwirkende Zweizylinder Maschine in V-Anordnung	Vierzylinder Brotherhood Maschine
Leistungsinhalt	PS/l	0,2043	0,2222
Energieinhalt	WE/l	65,0	89,5
Gewichtsinhalt	kg/l	1,2	1,23
Weginhalt	m/l	2,28	4,77
Wärmeverbrauch/Laufstrecke	WE/m	28,6	18,8
Kesselgewicht/Luftgewicht	kg/kg	3,98	2,79
Totvolumen	%	38	26,1
Totgewicht	%	68	65,1

Teilweise aufgeschnittener G 7a Torpedo bei der Erpr 71

G 7a Luftkessel und Brennstoffgefäß

G 7a Schwanzstück

G 7a Blick in die Maschinenkammer

G 7a Tiefenapparat

worden, und es wurden in größerem Umfang DIN-Teile und genormte Werkstoffe benutzt. Die Durchbildung der Einzelteile war derart erfolgt, daß der Fertigungsaufwand möglichst gering wurde. Z.B. wurden Preßteile bevorzugt verwandt, bei Gußteilen gießtechnisch ungünstige Formen vermieden, Bohrungen möglichst parallel oder senkrecht dazu vorgesehen, kleine Rohre durch Bohrungen ersetzt. Auch auf eine möglichst leichte Montage- und Demontagemöglichkeit war geachtet worden. Z.B. sollte die Maschine bei abgezogener Maschinenkammerhülle leicht zugänglich sein.

Während die G 7a-Produktion bei DWK in Friedrichsort und später auch bei der BMAG langsam anlief, erklärte die Marineleitung am 3. Oktober 1933, daß sie bereits im August 1934 mit den neuen G 7a Torpedos Schießübungen im Manöver abhalten wolle. Die TVA und die TMI sprachen sich dagegen aus, da die erst 1934 zulaufenden Serientorpedos dafür noch nicht sicher genug seien. Die Einführung des 53 cm-Torpedos bei der Flotte wurde aber militärisch für so dringend angesehen, daß 'unter Inkaufnahme etwaiger Rückschläge' schon im Sommer 1934 zwei Torpedoboote ein Torpedoschießen mit G 7a Torpedos ausführen mußten.

Da zu diesem Zeitpunkt noch keine eingeschossenen Serientorpedos zur Verfügung standen, wurde dieses Torpedoschießen mit handwerklich, also besonders sorgfältig gefertigten Erprobungstorpedos der TVA ausgeführt.

Noch am 10. August 1934 standen für die Flotte an neuen Torpedos nur 30 G 7v zur Verfügung, weitere 300 von diesem Typ waren in Bau. Erst Ende November 1934 waren die ersten 75 G 7a Torpedos eingeschossen.

Da das Torpedoschießen im Sommer verhältnismäßig günstig ausgefallen war, wurden diese Torpedos auf Befehl der Marineleitung sofort der Flotte zugeführt. Dies wurde später von vielen Verantwortlichen in der TMI bzw. TI und in der TVA als Erklärung der Frontreife des G 7a durch die Marineleitung interpretiert. Diese verhängnisvolle Fehlinterpretation wurde durch den fast vollständigen Austausch der leitenden Personen an der Spitze von TMI und TVA in den Jahren 1934/35 begünstigt. Der erfahrene Torpedospezialist Kpt.z.S. Hirth verließ die TVA im Herbst 1934. Ihm folgte für eine einjährige Übergangszeit Kpt.z.S. Faber, der bereits im Herbst 1935 durch Konteradmiral Wehr abgelöst wurde. Im April 1935 verließ der Leiter der Torpedoentwicklung, Dr. Cornelius, die TVA. Er folgte einer Berufung als ordentlicher Professor an die TH Berlin. Sein Nachfolger wurde Dr. Rothemund, der Ende 1934 auf Grund einer Ausschreibung, auf die sich nur drei Interessenten gemeldet hatten, zur TVA gekommen war. Die anderen beiden Bewerber hatten ihre Bewerbungen zurückgezogen, da ihnen Bezahlung und Aufstiegschancen zu gering erschienen. Auch die Spitze der TMI wurde 1934 neu besetzt. Nach einer nebenamtlichen Betreuung durch Konteradmiral Saalwächter wurde im Oktober 1934 Konteradmiral Götting neuer Inspekteur der TMI, aus der zwei Jahre später wieder eine gesonderte Torpedoinspektion (TI) hervorging.

Auch die TVA-Struktur wurde im Frühjahr 1935 geändert. Sie besaß dann bis zum Februar 1940 die folgende Gliederung:

Luftaufnahme des Werkes Friedrichsort der Deutsche Werke Kiel AG (auf dem Gelände der ehemaligen Torpedo-Werkstatt)

TVA-Kommandeur (Seeoffizier)

1. Militärisches Amt (Korv.Kpt. Scherf)
   4 militärische Referenten

2. Technisches Amt (Dr.-Ing. Schreiber)
   Abteilungen:
   Torpedoentwicklung T (Dr. Rothemund)
   Zielmittel Z (Dr. Schreiber)
   Rohrbau R (Ob.Reg.BR Kunze)
   Schießbetrieb S (Reg.BD Dr. Bartram)
   Fertigung F (Ob.Reg.BR Stoltz)
   Allgemeine Belange U (Dr. Schreiber)

3. Verwaltungsamt

Eigentlich war ja nun die Entwicklungsarbeit für den G 7a abgeschlossen, und die Abteilung T hatte jetzt schwerpunktmäßig eine Anzahl neuer Aufgaben zu bearbeiten. Doch immer wieder auftretende Schwierigkeiten beim G 7a, insbesondere beim Tiefenlauf, zwangen zur erneuten Beschäftigung mit diesem Torpedo.

Ende 1936 war durch Netzschießen nachgewiesen worden, daß der G 7a bei 4 m Tiefeneinstellung bis zu 2,5 m tiefer steuerte. Als Ergebnis von 68 Netzschüssen der Abteilung S im Juni 1937 wurde festgestellt, daß der G 7a beim Weitschuß und 4 m Tiefeneinstellung bis zu 1 m und beim Nahschuß bis zu 1,80 m tiefer steuerte. Die TVA führte dieses Untersteuern auf eine ungeeignete Tiefenfeder im TA zurück und beantragte am 16. Juli 1937 den Einbau einer neuen Tiefenfeder. Mit der neuen Feder wurden dann 49 Schüsse durchgeführt, die befriedigende Ergebnisse erzielten. Dabei wurden allerdings Versuchs- und nicht Serientorpedos benutzt.

Klarmachen eines G 7a Torpedos auf dem Zerstörer LEBERECHT MAASS

Bisher hatte die TVA die Prüfung ihrer Torpedos auf Frontbrauchbarkeit selbst durchgeführt, war also gewissermaßen Richter in eigener Sache gewesen. Am 4. September 1936 hatte jedoch der ObdM - gegen den Widerspruch der TVA und der TMI - die Schaffung einer speziellen von der TVA unabhängigen Erprobungsstelle befohlen. Eine derartige Institution hatte ja schon bis 1918 als TVK in der deutschen Marine bestanden. Sie erhielt jetzt die Bezeichnung Torpedos-Erprobungs-Kommando (TEK) und nahm unter der Leitung von Kpt.z.S. Scherf im Herbst 1937 ihre Tätigkeit auf. Sie war der TI angegliedert.

Die TVA hätte es lieber gesehen, wenn statt der Neugründung des TEK ihr chronischer Personalengpaß (1935 hatte sie bei einer Belegschaft von 800 Mann einen Fehlbedarf von 8 Beamten, 10 Angestellten und 118 Arbeitern, der sich bis 1938 bei nun 1700 Belegschaftsangehörigen auf 21 Beamte, 42 Angestellte und 126 Arbeiter erhöhte) abgebaute worden wäre. Das dienstliche Verhältnis zwischen TVA und TEK war in dieser Zeit entsprechend gespannt.

Nach einem Prüfungsschießen von 27 beim Einsatz im spanischen Bürgerkrieg mitgeführten Torpedos stellte das TEK am 19. Februar 1938 74% Versager fest (48% Maschinenversager, 7,4% GA-Versager und 18,6% TA-Versager). Insgesamt wurden vom TEK 57,3% der Torpedos nach der 1. Spanienverwendung und 86,7% nach der 2. Spanienverwendung als kriegsunbrauchbar bezeichnet.

Auch andere Stellen, insbesondere der FdU, standen dem G 7a damals skeptisch gegenüber. Das OKM erwog sogar ein Abstoppen des Torpedoserienbaus. In einer Besprechung bei der TI am 26. April 1938 mit allen beteiligten Dienststellen unterstrich Vizeadmiral Götting die unzureichende Betriebssicherheit des G 7a und verlangte, nach neuen Wegen zur Schaffung eines unbedingt kriegsbrauchbaren Torpedos zu suchen. Vorrangig erschien die Beseitigung der Maschinenstörungen, was dann auch bis Kriegsbeginn erreicht worden ist.

Große Begeisterung für diese 'Flickschusterei' am G 7a war in der Torpedoentwicklungs-Abteilung der TVA natürlich nicht vorhanden. Man hatte hier mit den Typen G 6a und G 7a6 leistungsfähigere Torpedos in der Erprobung, die die verschiedenen Probleme mit dem G 7a grundsätzlich ausräumen sollten und mit deren Fronteinführung Anfang 1940 gerechnet wurde. Als Dr. Bartram, der gewisse Zweifel an der genauen Tiefenhaltung auch nach dem Einbau der neuen Tiefenfeder hatte, nach einem Netzschießen im Winter 1938/39 feststellen mußte, daß bei G 7a weiterhin Tiefenstreuungen von 2,70 m (beim Weitschuß) und bis 1,90 m (beim Nahschuß) bestanden, wurde nur recht zögernd der Befehl zu einer weiteren Verbesserung der TA-Apperatur gegeben und dieser dann auch nicht intensiv genug befolgt. Insbesondere in der Abteilung T war man der Ansicht, daß mit dem Übergang auf die neuen Torpedotypen alle Probleme gelöst würden. Überdies wäre das Tiefersteuern wegen der Verwendung der Abstandspistole nicht weiter tragisch. Es wurde dabei verkannt, daß bei einem Ausfall oder einer Ausschaltung der MZ der G 7a ohne einigermaßen genaue Tiefenhaltung unbrauchbar war.

Ein weiterer Abkömmling des G/7 Torpedos aus dem Ersten Weltkrieg war der Ceto. Dieser war von dem aus Spanien wieder nach Deutschland zurückgekehrten Oberingenieur Meycke in dem gemeinsam mit dem Torpedokonstrukteur Fleischmann betriebenen Ingenieurbüro für Unterwassergeräte in Kiel-Dietrichsdorf entworfen worden. Meycke ging dabei von einer Weiterentwicklung des G/7 aus, die noch im Ersten Weltkrieg bei der TW entwickelt, aber nicht mehr gebaut worden war. Es handelte sich dabei um den G/7 I, der eine Vierzylinder-Stern-Gleichstrommaschine mit Ventil-Einlaßsteuerung besaß und auch zum Vorbild für den G 7v geworden war.

In Weiterführung der vermutlich von Meycke geprägten Torpedo-Kurzbezeichnungen erhielt der neue Torpedo den Namen C-To, später Ceto. Es handelte sich bei ihm um einen 21"-Gas-Dampf-Torpedo von ca. 7 m Länge, der von einer Vierzylinder-Sternmaschine mit max. 330 PS und mit Ventilen für den Einlaß und Schlitzen für den Auslaß angetrieben wurde. Eine Besonderheit dieses Torpedos war eine Trägheits-Aufschlagzündung, die von oben in den Torpedokopf eingesetzt wurde.

Ende 1935 wurde eine Zusammenarbeit mit der Deutsche Werke Kiel AG in Friedrichsort vertraglich vereinbart mit dem Ziel, den Ceto für Exportzwecke herzustellen. Die ersten Erprobungen des Ceto erfolgten 1938 bei der TVA in Eckernförde. Der Vertrieb des Ceto wurde der Außenhandelsgesellschaft HAPRO übertragen. Ein Auftrag, der bereits 1937 von der Türkei hereingeholt worden war, wurde von der DWK direkt abgewickelt. Es handelte sich dabei um 64 Torpedos der Ausführung Ceto 2, der speziell auf die

Ceto 2 Gesamtplan und Hauptkonstruktionsmaße

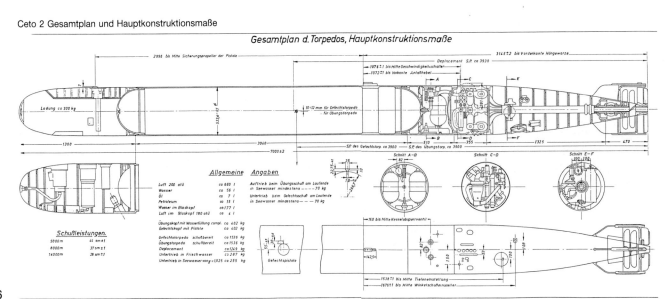

Wünsche der türkischen Marine zugeschnitten war. Die Auslieferung dieser Torpedos erfolgte Anfang 1940. Sie wurden in Varna am Schwarzen Meer eingeschossen und dann der türkischen Marine übergeben.

Etwa zur gleichen Zeit wurde der Ceto 1 zusammen mit 100 Weltkriegstorpedos des Whitehead-Typs G/250 von der DWK Schweden angeboten, dessen Marine zu dieser Zeit gerade unter einem akuten Torpedomangel litt. Bei Abnahme von mind. 20 Exemplaren sollte ein Ceto 1 38000 DM kosten. Es kam aber zu keinem Abschluß, und die Exportbemühungen wurden eingestellt.

Hauptangaben der Torpedotypen G 7v, G 7v*, G 7a und Ceto 1

		G 7v	G 7v*	G 7a	Ceto 1
Gerät-Bezeichnung		10	11	12	-
Durchmesser	mm	500	500	533,4	533,4
Länge mit Gefechtspistole	mm	7083	7084	7179	6960
Schwerpunktslage vor Vorkante Hängewarze					
a) beim schußklaren Gefechtstorpedo	mm	715	725	*	522
b) beim schußklaren Übungstorpedo	mm	645	635	712	522
Gewichte:					
Schußklarer Gefechtstorpedo	kg	1365	1350	1532	1539
Schußklarer Übungstorpedo	kg	1238	1215	1518	1539
Gefechtskopf ohne Pistole	kg	283	326	363	402 mit Pi
Hauptladung	kg	240	280	300	300
Gefechtsballast (Apparatekammer)	kg	40	40	8	*
Kesselluft bei 160 at	kg	121	-	-	-
bei 200 at	kg	-	142	161	154
Brennstoff (Petroleum)	kg	7,18	8,75	11,75	12,4
Schmieröl	kg	3,47	4,19	6,138	6,4
Inhalte:					
Druckluftgefäß (Übungskopf)	l	25	25	25	4 (165 at)
Kessel	l	635	600	676	652
Brennstoffgefäße	l	8,86	10,8	14,5	15,3
Ölgefäße	l	3,79	4,57	6,82	7,0
Wasserkammer	l	53	61	57	56
Wasserverdrängung des Gefechtstorpedo ($\gamma = 1,02$)	kg	1130	1130	1254	1264
Untertrieb des Gefechtstorpedos	kg	235	220	278	275
Durchschnittlicher Luftverbrauch für 1000 m					
beim Weitschuß	at/kn	12,5/28,5	14,8/28,5	13,6/30	*
beim Nahschuß	at/kn	23,0/37	24,0/37	24,3/40	*
Maschinenleistung:					
Weitschuß	m/kn	11500/28,5	12000/28,5	12500/30	14000/28
	PS/U/Min	72/940	72/940	108/940	(85 PS)
Nahschuß	m/kn	5500/37	5500/37	8000/40	8000/37
	PS/U/Min	152/1220	152/1220	241/1270	(185 PS)
Schnellschuß	m/kn	-	-	6000/44	5000/44
	PS/U/Min	-	-	300/1500	(310 PS)

Entwicklung der Ato-Bestände vom 1.7.1938 - 1.8.1939

	1.7.1938			1.10.1938			1.1.1939		1.4.1939		1.8.1939	
	G7a	G7v	G7v*	G7a	G7v	G7v*	G7a	G7v	G7a	G7v	G7a	G7v
a Gefechtsbereit an Bord	203	6	-	405	13	-	218	-	283	-	478	-
b Gefechtsbereit an Land	357	2	-	257	-	-	483	15	320	6	393	6
Summe a + b	560	8	-	661	13	-	701	15	603	6	871	6
c Prüfschußbereit	150	51	30	142	39	-	195	36	89	32	104	32
d Einschießbereit	59	129	3	57	110	-	94	123	32	117	74	156
e Bearbeitungszustand	482	88	2	553	116	35	429	102	767	125	660	86
f Torpedoschule	206	30	-	179	29	-	205	30	176	27	198	27
g Versuchstorpedos TVA/TEK	3	5	-	3	4	-	9	5	120	4	58	4
h Grundgänger	11	-	-	7	-	-	8	-	8	-	12	-
Gesamtzahl	1471	311	35	1602	311	35	1641	311	1795	311	1977	311
Sollbestand an gefechtsbereiten Torpedos	735	85	-	783	85	-	858	89	944	89	1062	89

Ein G 7 a Torpedo zwischen einem UdSSR-Gas-Dampf-Torpedo (08/39) und einem Ingolin-Torpedo mit Strahlantrieb (G 7 ur MONDFISCH der Fa. Walter) im Dresdener Armeemuseum

5 Die Entwicklung des Elektro-Torpedos G 7e

In der Nachkriegszeit versuchten die Firmen Siemens und AFA die Erfahrungen des im wesentlichen von ihnen entwickelten E-Torpedos wirtschaftlich zu werwerten. Da die Julius Pintsch KG, die im Besitz aller Konstruktionsunterlagen für den Torpedokörper war, zur Geheimhaltung verpflichtet war, wurde zunächst versucht, diese davon zu entbinden. Eine entsprechende Eingabe vom 19. Dezember 1919 an den Chef der Waffenabteilung, Kpt.z.S. Mommsen, wurde jedoch Anfang 1920 abgelehnt. In einer Besprechung am 27. Januar 1920 mit Kptl. Hirth (ehemaliger U-Bootkommandant, dann TVK-Angehöriger und eifriger Verfechter des E-Torpedos) wurde aber festgestellt, daß die Firmen Siemens und AFA über ihre eigenen Konstruktionen freies Verfügungsrecht besäßen.

Im Sommer 1921 bemühte sich nun der ehemalige Oberstabsingenieur Ewerhs, Inhaber der Firma O.Runge & Co, um eine Zusammenarbeit mit der Fa. Siemens zwecks Beteiligung an einer Auslandsfabrikation des E-Torpedos. Eine Inlandsfertigung war ja durch die Bestimmungen des Versailler Vertrages nicht möglich. Seine Pläne ließen sich aber nicht realisieren. Darauf nahm die Fa. Siemens selbst Verhandlungen mit ausländischen Interessenten an dem E-Torpedo auf, denen die eigenen Konstruktionen und Erfahrungen gegen eine Pauschal- oder Lizenzzahlung angeboten wurden. Interessenten gab es genug. Es kam zu Verhandlungen mit Japan, USA, Italien und Holland, die jedoch zu keinen Abschlüssen führten. Ein wesentlicher Grund für das Scheitern der Verhandlungen mit diesen Ländern war entweder das geringe Zutrauen in die Leistungen und die Wirksamkeit des E-Torpedos oder der Glaube, diesen ohne deutsche Hilfe und Entrichtung von Gebühren dafür selbst entwickeln zu können.

Am 20. Dezember 1922 war in einer Besprechung zwischen den Firmen Siemens, AFA und Pintsch auf der einen sowie der Marineleitung auf der anderen Seite festgestellt worden, daß es günstig wäre, wenn man im befreundeten Ausland eine Fabrikationsstelle für den deutschen E-Torpedo schaffen könnte. Hier könnten dann mit Hilfe der drei Firmen einige E-Torpedos hergestellt und erprobt werden. Anschließend könnte man sie möglichen Interessenten vorführen, wodurch die Verkaufschancen wesentlich verbessert würden.

Nachdem bereits auf dem U-Bootgebiet eine erfolgversprechende Zusammenarbeit mit Spanien erreicht und der spanische Industrielle Echevarrieta für den Probebau des verbesserten G-Typs (E 1) gewonnen worden war, sah man in dessen Plan, bei Cadiz eine Torpedofabrik zu errichten, eine Möglichkeit zur Verwirklichung der eigenen Wünsche auf dem Torpedogebiet.

Ursprünglich wollte Echevarrieta nur einen bewährten Gas-Dampf-Torpedo bauen. Von der deutschen Marineleitung waren ihm darauf Pläne für einen verbesserten G/7 angeboten worden. Für die Beratung beim Aufbau seiner Torpedofabrik hatte Echevarrieta den ehemaligen TVA-Leiter Korv.Kpt. Hintze und den ehemaligen Torpedo-Stabsingenieur Meycke gewinnen können. Beide waren mit dem E-Torpedo vertraut und schlugen ihm vor, auch einen Elektro-Torpedo (E-To) in Cadiz zu bauen. Echevarrieta zeigte sich interessiert und kam mit dem Verbindungsmann der deutschen Marineleitung in Spanien, Korv.Kpt. Canaris, am 3. September 1925 zur AFA, um hier über die finanziellen Forderungen der Lizenzgeber für einen E-To-Bau zu verhandeln. Jedoch kamen die Verhandlungen nicht recht voran. Darauf erboten sich Hintze und Meycke im September 1926, für ein neues Angebot vollständige Pläne eines E-Tos mit dem internationalen 53 cm Durchmesser an die Firma Siemens zu liefern. Diese Pläne sollten in einem von der Marineleitung in Kiel unterhaltenen Büro des Torpedokonstrukteurs Fleischmann angefertigt werden. Als Preis wurden von Echevarrieta nur noch 20000 RM gefordert, auf eine

Lizenzzahlung wurde verzichtet. Auch dieses Angebot wurde von Echevarrieta, dessen finanzielle Möglichkeiten in keinem Verhältnis zu seinen hochgesteckten Plänen standen, in einer Unterredung am 21. Oktober 1926 abgelehnt. Nun beschlossen die an dem E-To sehr interessierten Herren Fleischmann, Hintze und Meycke, die Neukonstruktion des E-Tos auf der Basis des E/7 mit Hilfe der Firma Pintsch in eigener Regie durchzuführen, um bei weiteren Verhandlungen wenigstens geeignete Pläne vorweisen zu können.

Inzwischen hatte Echevarrieta mit dem Bau der Torpedofabrik im Auftrag der spanischen Marine und mit Unterstützung der spanischen Krone begonnen. Grundsätzlich war er auch an einer Fertigung eines E-Tos nach deutschen Plänen und seiner Erprobung mit deutschem Personal bereit. Nur kosten sollte es möglichst nichts.

Die Marokko-Krise verzögerte jedoch diese Pläne erheblich. Erst im Jahre 1929 ging es dann zügiger voran. Im April 1929 wurde ein Vertrag über einen E-To-Bau bei Echevarrieta entworfen. Danach sollten ihm Konstruktionen und Erfahrungen unentgeltlich zur Verfügung gestellt werden. Dafür sollte Echevarrieta seinen deutschen Partnern das Recht einräumen, an Schießversuchen teilzunehmen, konstruktive Verbesserungen einzusehen und die elektrischen Einrichtungen für die ersten Torpedos an ihn zu liefern. Die E-Tos dürften aber vorerst nur für eine Verwendung in Spanien gebaut werden. Dagegen erhob Echevarrieta jedoch sofort Einspruch, da sich für ihn ohne ein Exportgeschäft insbesondere mit Südamerika die Fabrikation des E-To sonst nicht lohnen würde.

Inzwischen war der 'Fleischmann'-Torpedo weitgehend fertigkonstruiert. Für diesen hatte die Fa. Siemens einen neuen Motor, den GL 230/7,5 und die AFA eine neue Batterie geschaffen. Dieser E-To sollte mit einer Leistung von 107 PS eine Geschwindigkeit von 32 kn erreichen können.

Am 20. Juni 1930 teilte Korv.Kpt. Canaris der deutschen Marineleitung mit, daß mit der Fertigstellung der Torpedofabrik in Cadiz frühestens Ende 1931 zu rechnen sei. Die Bauarbeiten an den Gebäuden seien zwar fast abgeschlossen, es fehle aber noch der Innenausbau und zu einem großen Teil die maschinelle Ausstattung. Da von der spanischen Regierung eine Neuaufstellung aller Kostenvoranschläge verlangt worden war, ergäbe sich eine weitere Verzögerung von etwa sechs Monaten. Danach könnten die ersten in Cadiz nach deutschen Plänen gebauten Torpedos nicht vor Sommer 1932 zum Einschießen kommen. Für den von Echevarrieta geplanten Bau von 2-3 E-Tos - ursprünglich waren 7 Stück vorgesehen - fehlten noch immer die Unterlagen aus Berlin. Trotz mehrerer Anmahnungen hätten bisher weder Siemens noch AFA Angebote für den Motor bzw. die Batterie vorgelegt. Es sei zu befürchten, daß das Interesse von Echevarrieta an dem E-To weiter nachlassen würde, wenn nicht bald etwas geschähe.

Um dieses Interesse bei Echevarrieta wachzuhalten und möglichst bald E-Tos für das auf seiner Werft in Bau befindliche U-Boot E 1 zur Verfügung zu haben, wurde ihm nun im Auftrag der AFA angeboten, vier Versuchs-E-Tos von der schwedischen Firma A.B. Linholmen in Motala zu bekommen. Es handelte sich dabei um einen 53 cm Torpedo mit 250 kg Ladung und einer Geschwindigkeit von 30 kn bei 1500 m Reichweite, der mit deutscher Unterstützung in Schweden konstruiert worden war. Doch Echevarrieta war auch dafür nicht zu gewinnen. Bei einer Besprechung am 5. Dezember 1930 in Berlin erklärte er überdies, daß die spanische Marine nicht die Absicht habe, E-Tos zu beschaffen. Kurze Zeit danach ging Echevarrieta in Konkurs, und damit zerschlugen sich alle Pläne, mit ihm eine Weiterentwicklung, Produktion und Erprobung des deutschen E-Tos in Spanien zu erreichen.

So blieb nur noch Schweden, das bereits zu den ersten Interessenten für den E-To gehört hatte. Hier waren es besonders Oberingenieur Wehrlin und die Stockholmer Niederlassung der AFA (TUDOR), die in Schweden eine Resonanz auf die Bemühung um eine Lizenzvergabe für den E-To erzielten. Am 18. Oktober 1923 war unter der Leitung des AFA-Direktors Dr. Müller mit der Firma Kockums Mekaniska Verksted ein Vertragsentwurf ausgearbeitet worden, der sich auf die Lieferung von Plänen für einen E-To und einen G/7 Torpedo gegen eine Anzahlung und zusätzliche Lizenzbeträge bezog. Von der Belieferung mit diesen Torpedos sollten Frankreich, Belgien, England und die USA ausgeschlossen sein. Die geforderten Zahlungen erschienen den Schweden zu hoch, und die Verhandlungen zogen sich deshalb in die Länge. Schließlich wurde das deutsche Angebot gänzlich abgelehnt. Nun sollte versucht werden, die schwedische Marine für einen E-To-Versuchsbau zu gewinnen. Dafür sollten ihr alle Unterlagen und die elektrischen Ausrüstungen für den E-To kostenlos zur Verfügung gestellt werden. Die schwedische Marine war dazu grundsätzlich bereit. Am 30. Mai 1924 wurde darüber zwischen der AFA (Dr. Müller und Obering. Wehrlin) und der schwedischen Marine (Admiral Lindberg und Kommendörkapten Simonson) verhandelt. Admiral Lindberg forderte dabei, daß aus Gründen der Geheimhaltung ein entsprechendes Abkommen mit einer schwedischen Firma abgeschlossen werden müßte. Dafür sei die schwedische AFA-Tochter TUDOR geeignet. Ferner müßten möglichst viele Teile für die E-Tos in Schweden hergestellt werden. Kommendörkapten Simonson erbat Unterlagen über die Leistungen eines 45 cm und eines 53 cm E-Tos.

Mitte Juli 1924 wurden diese Angaben zusammen mit Entwurfszeichnungen von der Firma Pintsch an die schwedische Marine gesandt. Diese teilte am 16. September der AFA mit, daß sie einige 53 cm E-Tos herstellen wolle und dafür jetzt sämtliche Unterlagen haben möchte. Diese Unterlagen wurden mit Einverständnis der deutschen Marineleitung über Kpt.z.S. Wehr an die Schweden geliefert. Am 8. April 1925 erklärte Kommendörkapten Simonson gegenüber Obering. Wehrlin, daß die schwedische Marine die Pläne geprüft habe und nun entschlossen sei, zwei Versuchs-E-Tos zu bauen. Wegen der Überlastung der Marinewerkstätten und Konstruktionsbüros mit anderen Aufgaben könnte aber mit dem Bau nicht vor Herbst 1925 begonnen werden.

Inzwischen fanden Verhandlungen mit dem Ziel statt, für weitere nach den deutschen Plänen von der schwedischen Marine gebaute Torpedos eine einmalige Entschädigungszahlung und Lizenzgebühren zu erhalten. Außerdem wollte die Fa. Siemens sicherstellen, daß wenigstens ein Fünftel der Torpedomotoren bei ihr bestellt würde. Doch die schwedische Marine war nur bereit, einen Teil dieser Forderungen zu erfüllen, und bot am 29. März 1926 an, eine Lizenzgebühr in Höhe von 350 $ pro Stück bis zu einer Höchstzahl von 50 Torpedos zu zahlen. Die Möglichkeit, den in Schweden hergestellten E-To auch anderen Interessenten vorzuführen, wurde auf die Erprobungszeit von sechs Monaten Dauer begrenzt. Zum Vertragsabschluß auf dieser Basis kam es im Juli 1927. Im Januar 1928 ordnete das schwedische Marineamt den Bau von drei derartigen Elektro-Torpedos an. Sie erhielten die Typbezeichnung M/29 A:1 und die Lieferangabe UE/1.

Die Herstellung dieser Versuchstorpedos auf der Torpedowerft in Karlskrona verlief nun ohne wesentliche Hemmnisse. Im Sommer 1929 wurden die Motoren für die E-Tos von Siemens geliefert. Am 5. September 1929 erfolgte der erste Probeschuß in Anwesenheit der Oberingenieure Wehrlin von der AFA und Deetjen von Siemens. Er führte bei halber Batteriespannung über eine Strecke von 500 m. Geradlauf und Tiefensteuerung wurden nicht beanstandet. Vor den Schüssen waren die elektrischen und mechanischen Einrichtungen einer Leerlaufprobe unterworfen worden. Der erste Schuß mit voller Leistung gelang am 7. September trotz stürmischen Wetters einwandfrei. Dabei mußte der Torpedo in einem offenen Rohr in 4 m Wassertiefe selbst anlaufen. Er erreichte dann 27,5 kn. Am 10. September konnten bei 1500 m Laufstrecke 28,5 kn gemessen werden. An den weiteren Versuchen, bei denen im allgemeinen die Torpedogeschwindigkeit bei etwa 29 kn lag, nahmen der TVA-Leiter, Kpt.z.S. Hirth, und Dr. Cornelius teil. Die Leistungsaufnahme betrug dabei 90 kW. Gegen Ende des Laufes fiel sie auf 75 kW ab. Obering. Deetjen hielt diese Werte für zu hoch und vermutete falsch gewählte Propeller. (Statt der von der Fa. Pintsch vorgesehenen zweiflügeligen Propeller waren vierflügelige mit einem größeren Reibungsverlust zum Einbau gekommen.) Am

18. und 19. Oktober 1929 wurden dann auch noch Schüsse von Bord des U-Bootes GRIPEN ausgeführt, die ohne Beanstandungen abliefen.

Daneben gingen die Bemühungen in Schweden weiter, mit Privatfirmen zu einem geschäftlichen Abschluß über den Lizenzbau des deutschen E-Tos zu gelangen. Am 27. Oktober 1927 war mit Direktor Sundblad von der A.B. Linholmen in Motala ein Optionsvertrag über den Bau von E-Tos in seinen Werkstätten abgeschlossen worden. Doch kam es hier nicht zum Bau, da Auftraggeber und das nötige Kapital fehlten. Auch der Versuch, ihn mit dem anderen finanzschwachen Interessenten am E-To, Echevarrieta, zusammenzubringen, scheiterte, wie bereits ausgeführt.

Auch von der schwedischen Marine kamen nicht die erhofften Aufträge und Zahlungen. Erst 1933 erhielt die AFA-TUDOR eine weitere Bestellung von fünf E-To-Batterien für den neuen schwedischen E-Torpedotyp M/33 A:1 bzw. UE/2, dessen elektrische Ausrüstung aber von der ASEA bezogen wurde. Dennoch war man bei der AFA nicht unzufrieden, da die E-To-Erprobungen in Schweden auf dem Batteriegebiet wichtige Fortschritte gebracht hatten.

Die Entwicklung und Herstellung eigener E-Tos durch die deutsche Marine war eng mit den Vorbereitungen für die Wiederaufnahme des U-Bootbaus in Deutschland verknüpft, da der spurfreie E-To die Hauptbewaffnung der neuen U-Boote werden sollte. Bereits am 1. Juli 1922 hatte Kptl. Marschall in einem Memorandum an die Marineleitung gefordert:
"...schwalloser Torpedoausstoß, vollkommen unsichtbare Torpedobahn und mehrfach wieder Kehrt machender Weitschußtorpedo"

In Zusammenarbeit mit SSW und AFA-Hagen begann etwa 1932 die TVA mit der Konstruktion eines eigenen E-Tos für die vorgesehenen neuen deutschen U-Boote. Das Ziel war, einen E-To mit den Abmessungen, den Steuereinrichtungen und dem Gefechtskopf des G 7a zu schaffen, der bei 30 kn Geschwindigkeit eine Laufstrecke von 3000 m erreichen konnte. Bis auf das Mittelteil sollte also eine möglichst große Austauschbarkeit der Geräte und Einrichtungen erzielt werden. Dieser neue Torpedo erhielt die Bezeichnung G 7e bzw. Gerät 20.

Die 1932/33 von der AFA für den G 7e geschaffene neue Torpedobatterie 13 T 210 überraschte die Fachleute durch eine erheblich größere Kapazität als ursprünglich angenommen, so daß im Herbst 1934 bereits beim G 7e mit einer Laufstrecke von 4000 m bei 30 kn und von 2500 m bei 36 kn gerechnet wurde. Die Fertigstellung der ersten G 7e-Torpedos ließ jedoch auf sich warten. Am 15. Mai 1933 wurde mit Gekados-Vermerk festgestellt: "Für den Bau von 12 E-Tos, fertig am 1. April 1934, stehen voraussichtlich 360000 RM zur Verfügung. Für Übungszwecke kommt der E-To nicht in Betracht, da die Batterien nur 40-50 Läufe aushalten, und da nach jedem Übungslauf die Batterie mit Rücksicht auf die lange Dauer der Aufladung gegen eine frische ausgewechselt werden muß."

Es mutet heute wie eine Posse an, daß ausgerechnet von dieser neuen Waffe die ersten drei Exemplare G 7e als Bestandteil des Verkaufs von E 1 an die Türkei geliefert werden mußten. Ursprünglich hatte die Türkei nur die nicht unbillige Forderung gestellt, zusammen mit dem U-Boot E 1 auch noch sechs 53 cm Torpedos geliefert zu erhalten. Da der einzig greifbare A-To mit 53 cm Kaliber, der G 7a, aus verschiedenen Gründen außer Betracht bleiben mußte und der ursprünglich vorgesehene 'Fleischmann'-E-To nur auf dem Papier existierte, kam für die Verhandlungskommission der Marineleitung nur der gerade fertig gewordene G 7e in Frage. Dieser war dann auch Bestandteil des Kaufvertrages geworden, der trotz erheblicher Bedenken von Dr. Cornelius nicht mehr geändert werden konnte.

Die Erprobung der ersten drei für die Türkei bestimmten G 7e-Torpedos wurde im Juli 1934 in der ehemaligen Whitehead-Torpedofabrik in Fiume durchgeführt. Die E 1 lag zu dieser Zeit in Venedig. Der Verkaufswert der drei Torpedos wurde mit 120000 RM (Selbstkostenpreis) veranschlagt.

Weitere fünf G 7e waren zu dieser Zeit bei der TVA fertig, die restlichen drei für die Türkei bestimmten E-Tos noch in

Bau. Mitte August 1934 wurde nun für die Torpedobewaffnung der vorgesehenen neuen deutschen U-Boote die erste Serienbestellung von 30 Stück G 7e an die Firma Pintsch vergeben. Es wurde mit einer Bauzeit von 7 Monaten gerechnet. Die kurzfristige Fertigung (3 Monate) weiterer 30 E-Tos bei Pintsch wurde vorbereitet.

Am 28. September 1934 wurde in einer Besprechung in der Waffenabteilung (BW) des Allgemeinen Marineamtes zum weiteren G 7e-Bau festgestellt:

"A (Marinekommandoamt) und B (Allgemeines Marineamt) glauben, daß entgegen dem bisherigen Standpunkt, dem auch der Chef der Marineleitung zugestimmt hat, der Bau von E-Tos baldigst in Angriff genommen werden muß, da die Frist, in der die geplanten U-Boote zusammengebaut werden können, verkürzt worden ist und der Zusammenbau bereits in Kürze beginnen kann. Obwohl der E-To für den Übungsschuß nicht geeignet ist, ist er wegen seiner Spurfreiheit sehr wichtig und muß sofort mit dem G 7a für die Ausrüstung der U-Boote vorgesehen werden.

Im Interesse einer beschleunigten Bereitstellung muß in Kauf genommen werden, daß der E-To noch nicht im Serien- oder Austauschbau gefertigt werden kann und in der z.Zt. vorliegenden Ausführung in der Leistung von den späteren Serientorpedos abweichen kann, weil die Batteriekammer infolge unerprobter Wandstärken möglicherweise zu dickwandig sein wird.

Der 'Fleischmann'-E-To kommt für unsere Boote nicht in Frage, da er nicht in unsere Rohre paßt und auch sonst veraltete Konstruktionsmerkmale (bei GA und TA) aufweist.

Es wird damit gerechnet, daß die TVA den G 7e bis Ende Oktober 1934 für baureif erklären wird, u.U. mit der Einschränkung, daß er beim Marsch wegen nicht genügender Sicherheit gegen Wabo-Detonationen mit geschlossener Mündungsklappe gefahren werden muß.

Die Haushaltsabteilung E wird versuchen, Geldmittel für die 60 E-Tos (1,2 Mio RM noch 1934 und 0,9 Mio RM 1935) bereitzustellen."

Am 13. Oktober 1934 wurde in einer gemeinsamen Besprechung mit der TVA (Dr. Cornelius und Dr. Schreiber) beim Marinewaffenamt (MWa) noch einmal die gesamte E-To-Entwicklung aufgerollt. Dabei

Übernahme von G 7e Torpedos mit noch kleinen Woolwich-Schwanzflossen im Westhafen von Wilhelmshaven (1935)

wurde beschlossen, daß die Freigabe der für die Türkei vorgesehenen G 7e Torpedos mit den Leistungswerten 29 kn/3000 m erfolgen solle. Es müsse damit gerechnet werden, daß die türkische Marine die höhere im G 7e steckende Leistung erkennen werde. Deshalb müsse die Türkei die Verpflichtung übernehmen, den E-To geheimzuhalten. Bezüglich des Motors beständen dagegen keine Bedenken, da derartige Motoren auch im Ausland gebaut würden. Weiter wurde beschlossen, im Austausch für einen norwegischen Flugzeugtorpedo E-To-Teile für einen von Norwegen geplanten 45 cm E-To zu liefern, falls die norwegische Regierung Geheimhaltung zusichern würde.

Als dann am 8. Februar 1935 'Grünes Licht' für den Zusammenbau der ersten 6 neuen deutschen U-Boote des Typs II A gegeben wurde, denen in kurzen Abständen weitere folgen sollten, war eine Aufstockung des G 7e Auftragsbestandes erforderlich, die einen monatlichen Ausstoß von 84 G 7e Torpedos garantieren sollte.

Der G 7e Torpedo, der nun ab 1936 in größerer Stückzahl der neuen U-Bootwaffe zufloß, unterschied sich äußerlich vom G 7a durch seinen Woolwich-Schwanz, der ja ursprünglich auch für den G 7a vorgesehen war. Da der G 7e damals nur für den U-Booteinsatz gedacht war und hier nur aus Unterwasserrohren verschossen werden sollte, keinen Abgassack beim Start hinter sich ließ, eine geringere Höchstgeschwindigkeit besaß und auch günstigere Schwerpunktsverhältnisse aufwies (Vorlastigkeit schon beim Start), gab es keine so großen ballistischen Probleme beim Niedergang. Dafür traten kurz vor dem Ausbruch des Zweiten Weltkrieges Schwierigkeiten bei 90°-Winkelschüssen mit gefechtsschweren G 7e Torpedos auf. Durch den großen Untertrieb war ein Gegensteuern mit den Tiefenrudern während des ganzen Laufes erforderlich. Im Einsteuerungsbogen ergaben sich dadurch pulsierende Krängungen, die zu vielen ballistischen Versagern führten. Es gelang damals, das Problem durch eine Vergrößerung der Flossenflächen um 100% einigermaßen in den Griff zu bekommen, ohne von dem in vieler Hinsicht

G 7e Woolwich-Schwanzstück

günstigen Woolwich-Schwanzstück abgehen zu müssen.

Die Steueranlage entsprach sonst genau der des G 7a. So war es nicht verwunderlich, daß bei Erprobungen, beim Ein- und Prüfungsschießen mit dem G 7e ähnliche Schwierigkeiten wie beim G 7a auftraten. Einen ersten Hinweis auf die Unzuverlässigkeit der Tiefenhaltung erbrachte ein Netzschießen der TVA-Abteilung S Ende 1936. Dabei wurde festgestellt, daß der G 7e bei der 4 m-Tiefeneinstellung bis zu 2,75 m tiefer steuerte. Da ein darauf erfolgtes Netzkontrollschießen der Abteilung T mit 3 übungsschweren G 7e bei dieser Tiefeneinstellung kein Abweichen aus der zulässigen Toleranz zeigte, begnügte man sich bei der TVA mit einer Änderung der Tiefenfeder des TA. Es sollte sich später herausstellen, daß dies nicht ausreichend war.

Kaum Probleme gab es dagegen mit der elektrischen Antriebsanlage. Der Motor mit einem Gewicht von 107 kg war eine Spezialanfertigung der Fa. Siemens. Er war ein achtpoliger Hauptstrommotor ohne Wendepole mit radial angeordnetem Kommutator. Die Einschaltung erfolgte durch einen Druckluftschalter. Die Einschaltstromstärke nahm Werte von etwa 4000 A an, die mittlere Stromstärke betrug etwa 930 A. Beim 30 kn Schuß betrug die mittlere Leistungsabgabe 65 kW bei 1700 U/M.

Die Batterie 13 T 210 mit 52 Zellen war in zwei Trögen untergebracht. Jede Zelle besaß 13 positive Platten von 210 mm Höhe. Bei 30°C Säuretemperatur wurde mit ihr eine Reichweite von 5000 m/30 kn ga-

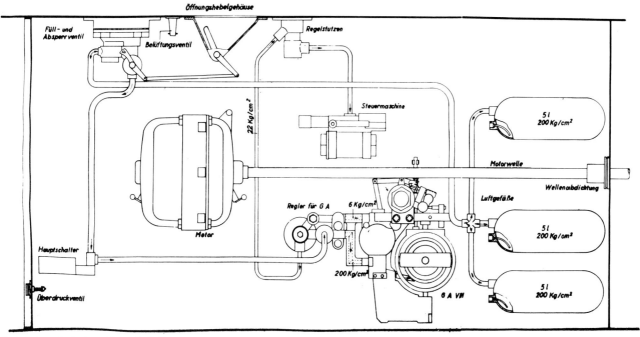

G 7e Schematische Darstellung der Luftwege

rantiert; d.h. bei 5000 m war die Spannung noch so hoch, daß Geschwindigkeit und Tiefenlauf noch nicht abfielen. Erst ab 6000 m nahm die Geschwindigkeit dann so stark ab, daß die Tiefeneinstellung nicht mehr dynamisch zu erreichen war und der Torpedo durch seinen relativ großen Untertrieb von 21% zum Grundgänger wurde, wenn keine auftriebsverbessernden Maßnahmen getroffen wurden.

Bisher konnte der Untertrieb im Übungsbetrieb mit Hilfe eines 'Blaskopfes', bei dem der Wasserballast des Übungskopfes am Ende der vorgesehenen Laufstrecke mit Druckluft ausgeblasen wurde, erreicht werden. Da der E-To aber bei seinem Lauf keinen Gewichtsverlust durch verbrauchte Betriebsmittel erleidet, reichte der Auftrieb des Blaskopfes nun nicht mehr aus, um den Untertrieb nach dem Schuß zu kompensieren und den Torpedo zum Aufschwimmen zu bringen. Dieses Problem wurde dann durch die Einführung des sogenannten 'Schiebekopfes' gelöst. Bei ihm konnte das Volumen des Übungskopfes durch Ausschieben vergrößert werden.

Ohne Batterieheizung betrug die Reichweite des G 7e nur 3000 m bei 30 kn. Die Batterieheizung hatte aber auch ihre Nachteile, da sie die Bildung eines zündfähigen Knallgases im Torpedo för-

G 7e Mittelteil mit Batterie und Öffnungshebel

derte. Durch eine sogenannte Dauerbelüftung der Batteriekammer mit etwa 300 l/h Luft konnte während der Torpedolagerung die Knallgasbildung verhindert werden. Dies war jedoch nicht möglich, wenn sich der Torpedo im bewässerten Rohr befand. Hier kann sich bei erhöhter Batterietemperatur bereits in verhältnismäßig kurzer Zeit zündfähiges Knallgas bilden, z.B. bei 40°C Säuretemperatur bereits in fünf Stunden. Andererseits führte die Dauerbelüftung bei 30°C zu einem derartig starken Wasserverlust in den Zellen, daß nach 120 Tagen die Gefechtsbereitschaft der G 7e Torpedos nicht mehr gewährleistet war.

Die Druckluft für den GA und den Druckluftschalter wurde in drei Druckluftflaschen von je 5 l und 200 at im Heckteil

G 7e Hinterteil mit E-Motor und Luftflaschen

des G 7e mitgeführt. Pistolen und Gefechtsladung entsprachen denen des G 7a.

Herstellungsmäßig war der G 7e einfacher und billiger als der G 7a. Die Kontingentgewichte (in erster Linie Kupfer und Blei), die beim G 7e Serientorpedo vor dem Krieg 450 kg betrugen, konnten bis Mitte 1942 auf 140 kg gesenkt werden.

Die Fertigung des G 7e erfolgte anfangs nur bei der Julius Pintsch KG in Fürstenwalde bei Berlin. Mit wachsenden Auftragszahlen wurden auch noch die Firmen Schäffer & Budenberg und Stock zum Serienbau herangezogen.

Im Laufe des Krieges ist dann der G 7e zu einer derartigen Vollkommenheit entwickelt worden, daß es erstmalig im Torpedobau möglich war, nur noch einen Teil der hergestellten Torpedos zur Kontrolle einzuschießen.

Übernahme eines G 7e Torpedos auf U 81 (Typ VII C) im Frühjahr 1943 in Salamis

Hauptangaben des G 7e Torpedos

Gerät-Bezeichnung	20	
Maße:		
Durchmesser	534,5	mm
Länge mit Pi G7a AZ	7179	mm
Länge mit Pi G7H	7163	mm
Schwerpunkt vor Vorkante Haltebolzenwiderlager beim		
a) schußklaren Gefechtstorpedo	ca. 1790	mm
b) schußklaren Übungstorpedo	ca. 1700	mm
c) Torpedo ohne Kopf und Batterie	ca. 342	mm
Gewichte:		
schußklarer Gefechtstorpedo	1608	kg
schußklarer Übungstorpedo	1290	kg
Gefechtspistole Pi G7a AZ	ca. 16	kg
Gefechtspistole Pi G7H	ca. 17	kg
Gefechtskopf mit Pi G7H	380	kg
Hauptladung	300	kg
Gefechtsballast	8	kg
Übungskopf mit Kopflampe, Geräuschgeber und Leuchtbehälter (L 36)	80	kg
Batterie (2 Tröge 13 T 210)	665	kg
Druckluft bei 200 at	3,8	kg
Öl in Ölgefäßen des Schwanzstückes	0,17	kg
Inhalte:		
3 Luftgefäße zu je 5 l	15	l
Ölgefäße des Schwanzstückes	0,187	l
Wasserverdrängung bei $\gamma = 1,02$	ca. 1332	kg
Untertrieb des schußklaren Gefechtstorpedos (entsprechend 20,7%)	276	kg
Luftverbrauch bei 1000 m Laufstrecke	ca. 16	at
Leistungen des Siemensmotors GL 231/75	91 V - 950 A - 72 kW bei 1755 U/Min	
	83 V - 885 A - 60 kW bei 1590 U/Min	
Torpedolaufstrecke	5000 m/30 kn (bei 1700 U/Min)	

Entwicklung der G 7e-Bestände vom 1.7.1938 bis zum 1.8.1939

		1.7.38	1.10.38	1.1.39	1.4.39	1.8.39
a	Gefechtsschußbereit an Bord	8	127	37	37	117
b	Gefechtsschußbereit an Land	412	323	351	460	450
	Summe a + b	420	450	388	497	567
c	Prüfschußbereit	8	-	6	-	7
d	Einschießbereit	5	-	3	7	4
e	Bearbeitungszustand	97	108	194	123	234
f	Torpedoschule	7	7	2	9	7
g	Versuchstorpedos bei der TVA	-	1	-	1	-
h	Grundgänger	1	1	-	1	1
	Gesamtzahl	538	567	593	638	820

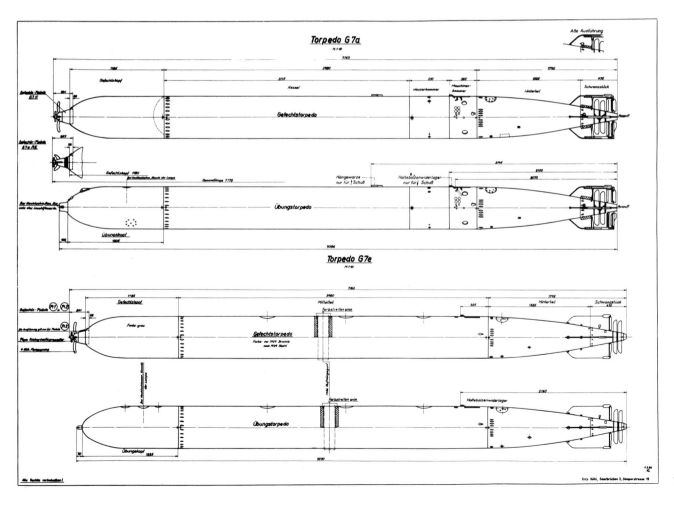

6 Projekte für schnellere Torpedos: B-To, G 6a und G 7a6

Schon während der Konstruktion des aus G 7v entwickelten 53 cm A-Tos, dem späteren G 7a, war man sich darüber im klaren, daß dieser Torpedo mit dem 4-Zylinder-Sternmotor beim Schnellschuß Krängungsschwierigkeiten aufweisen würde, die eine Steigerung der Geschwindigkeit über 45 kn hinaus nicht erlaubten.

Im Hinblick auf die Möglichkeit, in der im Bau befindlichen Torpedofabrik von Echevarrieta neue Torpedos herstellen zu können, hatte deshalb sein deutscher Berater, Obering. Meycke, die Entwicklung eines Torpedos mit einer 8-Zylinder-Maschine angeregt. Dieser erhielt die Bezeichnung B-To.

In einem Schreiben von Kpt.z.S. Canaris vom 20. Juni 1930 an die deutsche Marineleitung hieß es dazu u.a.:
"Vermutlich wird ... die jetzt zugrundegelegte Torpedokonstruktion (A-To) ziemlich veraltet sein, wenn die Fabrik ihre Arbeit aufnehmen kann. Echevarrieta hat durch uns Kenntnis von dem neuen B-To, damit er nicht den deutschen Typ grundsätzlich aufgibt.
Zur Zeit ist das Konstruktionsbüro in Kiel unter Leitung von Herrn Fleischmann damit beschäftigt, neben den Arbeiten für den E-To auch die ersten Entwurfszeichnungen für den neuen B-To zu machen. Nach Angaben von Meycke sollen die Arbeiten bereits verhältnismäßig weit vorangeschritten sein.
Mitteilung von Meycke: Der B-To ist zum erstenmal bei der TI in Kiel am 27. Februar 1928 vorgelegt worden. Damals ist auch dem Chef der Marineleitung (Admiral Zenker) darüber Vortrag gehalten worden. Nachdem dann Echevarrieta über die Existenz dieses neuen Torpedotyps Mitteilung gemacht worden ist, bekam Echevarrieta auf dessen Wunsch von Hintze eine Zeichnung mit Kostenaufstellung für die Herstellung der Werkstattzeichnungen am 1. Mai 1928. Am 8. Mai 1928 wurden diese Unterlagen auch dem spanischen König vorgelegt, um seine Unterstützung für den Bau der Torpedofabrik zu vergrößern.

Die technischen Gründe für den Übergang vom bisherigen A-Typ zum B-Typ waren, daß man mit dem bisherigen A-Typ wegen seiner Maschinenleistung keine Geschwindigkeit über 45 kn erreichen kann und überdies bei dieser Geschwindigkeit mit dem Auftreten von ballistischen Schwierigkeiten gerechnet werden kann, und zwar durch Tiefen- und Geradlaufschwierigkeiten, die durch Krängungen veranlaßt werden, die bei einem Vierzylinder-Sternmaschinensystem immer auftreten, wenn der Torpedo im Anfang seines Laufes beschleunigt wird oder aus anderen Gründen (Oberflächendurchbrecher) starke Schwankungen in der Drehzahl der Maschine vorkommen.
Nach zahlreichen früheren Erfahrungen sind diese Störungen bei den 50 cm-Typen schon bei 40 kn so stark gewesen, daß das TVK den 40 kn-Schuß des G/7 militärisch nicht freigegeben hat und ihn auf 35 kn heruntersetzte. Es erscheint deshalb völlig aussichtslos, mit einem Sternmaschinensystem in seiner bisherigen Grundform bei Steigerung der Maschinenleistung krängungsfreie Schüsse mit Geschwindigkeiten über 45-50 kn zu erreichen.
Dies ist nur möglich mit einer Maschinenanlage, bei der die umlaufenden Massen so in zwei gegenläufige Gruppen angeordnet werden, daß bei ihrer Beschleunigung oder Verzögerung keine freien auf Krängung wirkende Kräfte auftreten können. Eine solche Maschinenanlage ist für den B-To vorgesehen, wobei außerdem die Maschinenanlage auf maximal 600 PS ausgelegt ist. Schwierig ist allerdings bei einer derartig schweren Maschine die Gewichtsbilanz des Torpedos.
Es muß in unserem Interesse liegen, in Cadiz diesen B-To so schell wie möglich zu entwickeln, ohne allerdings dabei den A-To zu vernachlässigen, der zwar für unsere eigenen Zwecke nicht mehr in Frage kommt, aber als Vorstufe für den B-To wichtig ist.
Ich halte es für zweckmäßig, daß Ingenieur Meycke wieder die Freiheit be-

kommt, den B-To weiter durchzukonstruieren und Versuchstorpedos bei Echevarrieta bauen zu lassen. Herr Meycke ist einverstanden, daß durch die Entwicklung des B-Tos die Arbeiten an dem A-To nicht eingeschränkt werden und drei Probe-A-Tos gebaut werden. Jedoch sollte Herr Meycke versuchen, von den zur Bestellung in Aussicht genommenen fünf A-Tos zwei Stück als B-Versuchstorpedos bei Echevarrieta bauen zu lassen."

In einer Besprechung mit Obering. Meycke am 9. Juni 1930 in Cadiz war überdies festgestellt worden, daß es möglich sein müßte, sofort nach der Arbeitsaufnahme der Torpedofabrik mit dem Bau von Versuchs-B-Tos zu beginnen, da eine Reihe wichtiger Teile, wie Kopf, Kessel, Hülle und Schwanzstück (damals noch Woolwich!) die gleichen wie beim A-To wären.

Nach dem Konkurs von Echevarrieta und dem Sturz der spanischen Monarchie war der Versuch, in Spanien neue deutsche Torpedos bauen und erproben zu lassen, gescheitert. Die deutschen Berater kehren in ihre Heimat zurück. Die Konstruktion des B-Tos ging zwar in dem Kieler Torpedobüro noch weiter, aber es ist unwahrscheinlich, daß ein B-To fertiggestellt und erprobt worden ist.

1934 begann in der TVA eine neue Entwicklung für einen schnelleren Torpedo. Der Anlaß war der Wunsch der Flotte, insbesondere für die neuen S- und U-Boote neben dem G 7a einen weiteren Gas-Dampf-Torpedo mit einer höheren Geschwindigkeit aber geringeren Abmessungen und dadurch größerer Handlichkeit zu bekommen. Dies führte zum G 6a, bei dem die Länge um 1 m verringert und die Leistung der G 7a-Antriebsmaschine erhöht werden sollten.

Zuerst wurde versucht, mit möglichst geringen Änderungen die Leistung der G 7a-Maschine von 300 PS auf 380 PS zu bringen, wodurch ein 6 m-Torpedo mit Woolwich-Schwanzteil eine Geschwindigkeit von 50 kn erreichen könnte. Dazu wurden folgende Änderungen an der G 7a-Maschine in der Ausführung von 1935 vorgenommen:

1. Erhöhung der Füllung von 45% auf 55% und
2. Steigerung der Drehzahl von 1500 auf 1600 U/Min.

Dies wurde durch eine neue Nockenscheibe, eine Verstärkung der Steuerungsteile und Kolben und eine Verringerung der Strömungsverluste im Ein- und Auslaß erreicht. Für die Kolben wurde anstelle des bisher verwendeten 35%igen Nickelstahls ein Werkstoff höherer Festigkeit (EF 34 bzw. VCN 35h) benutzt. Die Leistung der Kühlwasserpumpe mußte von 14 auf 20 l/Min Fördermenge gesteigert werden.

Als Abschluß der Prüfstandentwicklung, die mit zwei entsprechend geänderten G 7a-Maschinen vorgenommen wurde, erfolgten Dauererprobungen auf dem Bremsstand mit befriedigenden Ergebnissen.

Die Verkürzung des Torpedos um 1 m war durch die Verkürzung des Luftkessels um die gleiche Länge erkauft worden. Die Wasserkammer mit den Betriebsmittelgefäßen wurde der verringerten Luftmenge angepaßt. Das Hinterteil war bis auf den Woolwich-Schwanz mit dem des G 7a identisch.
Es wurden sechs Versuchstorpedos hergestellt, die zunächst vom Versuchsstand und dann von S-Booten geschossen wurden.

Als Ergebnis wurde festgestellt, daß ihre Betriebssicherheit nur knapp den gestellten Anforderungen genügte. Das Woolwich-Schwanzstück erreichte wegen der auftretenden Anfangskrängungen keine genügend sichere Beherrschung des ersten Laufteils. Bei der Verwendung eines Whitehead-Schwanzstückes, mit dem sich diese ballistischen Schwierigkeiten aussteuern ließen, wären aber 420 PS für den 50 kn-Schuß erforderlich gewesen.

Vergleich der Literleistungen der Torpedomaschinen:
Vierzylinder G 7a Serienmaschine mit 300 PS: 55,6 PS/l
Vierzylinder G 6a Maschine mit 380 PS: 70,4 PS/l
Vierzylinder G 6a Maschine mit 420 PS: 77,8 PS/l

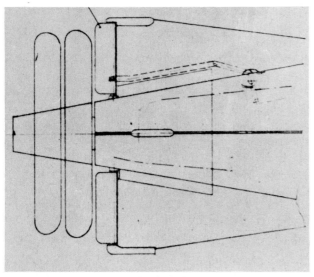

G 6a Woolwich-Schwanzstück mit K.A.-Ruder

Der letzte Wert war aber mit der G 6a-Maschine in der bisherigen Form nicht mehr betriebssicher zu erreichen. Deshalb wurde die Entwicklung eines G 6a-Torpedos mit einer Vierzylinder-Maschine nicht mehr weiterbetrieben, sondern es wurden alle dadurch freigewordenen Kräfte für die Entwicklung einer Sechszylinder-Maschine angesetzt.

Diese Sechszylinder-Maschine mit einem Hubvolumen von 6,3 l war für die Weiterentwicklung des G 7a vorgesehen. Gegenüber der Vierzylinder G 7a Maschine bestanden folgende Unterschiede:

1. 6 Zylinder mit insgesamt größerem Hubvolumen (geringere Zylinderbohrung Ø = 110 mm, jedoch gleicher Hub von 110 mm und dadurch auch fast gleiche Schubstangenlänge von 173,2 mm wie beim G 7a). Dies ergab eine Leistungssteigerung und einen verbesserten Ungleichförmigkeitsgrad.
2. Das Kurbelgehäuse bestand aus Chromguß. Davon in der Herstellung getrennt waren die sechs Zylinder aus Gußbronze.
3. Das Maschinenschott war gleichzeitig der hintere Abschluß des Kurbelgehäuses. Es enthielt das hintere Kurbelwellenlager und das Ölgefäß für den Torpedo. Als Werkstoff war seewasserbeständiges Leichtmetall gewählt worden.
4. Gegenüber dem G 7a war die Kurbelwelle verstärkt.
5. Durch Anordnung von Gegengewichten konnten die Triebwerksmassenkräfte praktisch vollkommen ausgeglichen werden. Bei der G 7a-Maschine waren die umlaufenden Massen nur zu rund 19% durch Gegengewichte ausgeglichen!
6. Die Ventilanordnung der G 7a-Maschine wurde beibehalten, ihre Funktion jedoch geändert.
7. Die Füllung der neuen Maschine wurde auf 50% festgesetzt.
8. Wie bei der G 6a-Maschine wurden Maßnahmen ergriffen, um Strömungsverluste beim Ein- und Auslaß zu verringern.

Auf dem Prüfstand erreichte die Sechszylinder-Maschine bei Bremsversuchen eine Höchstdrehzahl von 2000 U/Min. Dabei wurde aber bei sämtlichen Drücken noch nicht das Maximum der Leistungskurven erreicht. (Beim G 7a lag das Maximum bei einem Frischgasdruck von 20 at bereits bei 1800 U/Min. Eine weitere Erhöhung der Drehzahl brachte hier keinen Nutzen mehr.) Bei 2000 U/Min und einem Frischgasdruck von 40 at gab die Sechszylinder-Maschine 520 PS ab. Dabei blieb die Frischgastemperatur bei 550°C.

Der neue G 7a-Torpedo mit dieser Sechszylinder-Maschine erhielt die Bezeichnung G 7a6. Durch die neue Maschine sollte bei ihm in erster Linie eine größere Betriebssicherheit und ein ruhigerer Lauf erreicht werden. Dazu konnte beim Schnellschuß mit 420 PS die Geschwindigkeit auf 48 kn gesteigert werden. Bei geringeren Geschwindigkeiten lag die Wirtschaftlichkeit wegen der größeren Füllung unter der des G 7a.

Da die neue 6-Zylinder-Maschine schwerer als die 4-Zylinder-Maschine war, genügte beim Übungstorpedo der Blaskopf für das Aufschwimmen des Torpedos nicht mehr. Jetzt mußte auch noch zusätzlich die Wasserkammer entleert werden, um die Schwimmfähigkeit herzustellen.

Gegenüber dem G 7a waren beim G 7a6 noch folgende Änderungen vorgenommen worden:

1. Beim G 7a war das Brennstoffgefäß unmittelbar hinter dem Kesselboden in Form eines Brennstoffschottes angeordnet. Bei schlechter Verzinnung führte das zu Korrosionsschäden durch Petroleum am hinteren Kesselboden. Beim G 7a6 war der hintere Kesselboden in umgekehrter Weise ausgeführt: konkave Seite zur Wasserkammer. Dahinter war eine gesonderte Brennstoffkammer aus V2a-Stahl oder Sondermessing in Form eines herausnehmbaren Gefäßes angeordnet. Der Öltank wurde aus der Wasserkammer entfernt und war jetzt im Maschinenschott untergebracht.
2. Die Leistung der Kühlwasserpumpe war nochmals auf jetzt 25 l/Min erhöht worden.
3. Der G 7a6 erhielt eine Wasserschlagklappe, die bei Oberflächendurchbrechern die Maschine sofort auf die kleinste einstellbare Geschwindigkeit drosselte.
4. Für den G 7a6 war ein verbesserter TA entwickelt worden.
5. Das Kegelradgetriebe war jetzt eingekapselt, so daß es nicht mehr wie bisher im Seewasser sondern in einem Gemenge aus Öl und Fett lief.
6. Als Standardausrüstung erhielt der G 7a6 im Hinterteil einen Krängungsapparat sowie die Whitehead-Schwanzform.
7. Mit Rücksicht auf die höhere Schubbelastung wurden anstelle der vierflügeligen G 7a-Treibschrauben solche mit sechs Flügeln angeordnet.

Auch der G 6a-Torpedo wurde nun mit der neuen Sechszylinder-Maschine ausgerüstet. Für die Versuche wurden bei den vorhandenen G 6a-Torpedos nur die Maschinenkammer mit dem Geschwindigkeitsschalter und der Anlaßvorrichtung neu konstruiert. Die geforderten 50 kn konnten jetzt mit 420 PS Leistung und Whitehead-Schwanzteil sicher erreicht werden. Höhere Leistungen wären möglich gewesen, wurden aber mit Rücksicht auf die Betriebssicherheit der Steuerteile nicht erprobt.

Einige Probleme schuf der durch die schwerere Maschine erhöhte Untertrieb von 28%. Auch nach dem Leerblasen der Wasserkammer waren es immer noch 20%, die mit dem Blaskopf nicht auszugleichen waren. Durch den Einbau des für den G 7e entwickelten Schiebekopfes konnte jedoch auch diese Schwierigkeit überwunden werden.

Für die Serienfertigung wurde aus Vereinfachungsgründen angestrebt, daß die beiden Hinterteile des G 7a6 und des G 6a vollständig übereinstimmen sollten. Von beiden Torpedotypen wurden nun je drei Stück in Auftrag gegeben. Das Tempo der Fertigung wurde mit allen verfügbaren Mitteln beschleunigt. Dennoch kam der dritte Versuchstorpedo G 7a6 erst Ende August 1939 zur Ablieferung.

Die Versuche verliefen erfolgreich. Das Triebwerk erwies sich als ausreichend betriebssicher und erbrachte die vorherberechneten Leistungen. Erneute Versuche des G 6a mit einem Woolwich-Schwanzteil befriedigten wieder in ballistischer Hinsicht nicht.

Mit den zwei Versuchstorpedos G 7a6 und den drei Versuchstorpedos G 6a wurden bis Mitte Oktober 1939 362 Schüsse (272 mit Schiebekopf), davon 183 Unterwasserausstöße vom Schießstand, ausgeführt. Eine große Zahl davon lief im oberen Geschwindigkeitsbereich. Am 14. Oktober wurde von der TVA gefordert, eine Nullserie von 50 Stück G 7a6 bauen zu lassen, da mit den vorhandenen sechs Torpedos es nicht möglich sei, eine genügend breite Beurteilungsgrundlage für den allgemeinen Übergang von der G 7a- zur G 7a6-Maschine zu erhalten. Für den G 6a wurden die Geschwindigkeitsstufen 50 kn und 44 kn vorgeschlagen. Die Vorbereitungen für die Fertigungsumstellung auf diese neuen Torpedos sollten sofort beginnen.

Zu diesem Zeitpunkt - sechs Wochen nach Kriegsbeginn - befanden sich bei der TVA noch folgende weitere Torpedoprojekte in der Entwicklung:

M 5   5 m Schlachtschifftorpedo mit einem Durchmesser von 75 cm und großer Sprengladung. Wasserverdrängung 1378 kg, Kesselluft 145 kg, Brennstoff 10,5 kg, Wasser 57 kg, Öl 8,05 kg. Antrieb durch eine Achtzylinder-Maschine mit 600 PS bei 1400 U/Min.

14 vollständige Torpedos und 6 Reservemaschinen wurden von der TVA gebaut und erprobt.

M 5m   5 m Schlachtschifftorpedo, 75 cm Ø und 600 PS Kreislaufmotorantrieb

G 7m   G 7a mit einem 420 PS Kreislaufmotorantrieb

G 7u   7 m Torpedo mit einem Ingolin-Kolbenmaschinenantrieb

G 5u   5 m Torpedo mit einem Ingolin-Kolbenmaschinenantrieb

F 5u   45 cm Flugzeugtorpedo mit einem Ingolin-Kolbenmaschinenantrieb

F 5ur 45 cm Flugzeugtorpedo mit Ingolin-Strahlantrieb

G 7ut 7 m Torpedo mit einem Ingolin-Turbinenantrieb

G 7c   7 m Torpedo mit Sonderantrieb

G 6at G 6a-Torpedo mit Turbinenantrieb

G 5d   53 cm Kurztorpedo mit bis zu 50%-iger Sauerstoffanreicherung (auf das Volumen bezogen)

F 5d   45 cm Flugzeugtorpedo mit bis zu 50%iger Sauerstoffanreicherung

G 5g   53 cm Kurztorpedo mit Sonderantrieb

F 5g   45 cm Flugzeugtorpedo mit Sonderantrieb

G 7s   7 m Eigenlenktorpedo mit Schallortung

G 7f   7 m Fernsteuertorpedo

Doch schon wenige Tage danach kam der durch die Torpedokrise ausgelöste Entwicklungsstopp für alle nicht in der Serienfertigung befindlichen Torpedotypen. Für die meisten der hier aufgeführten Projekte bedeutete dieser Stopp die endgültige Aufgabe der Entwicklung. Auch die Arbeiten am G 6a und G 7a6 wurden nicht wieder aufgenommen, da man u.a. glaubte, daß die verhältnismäßig großen Änderungen die baldige Ausbringung großer Stückzahlen verhindern würde. Zudem rechneten einige Stellen mit einer baldigen Ablösung des G 7a durch den spurarmen Ingolin-Turbinentorpedo G 7ut, dessen Entwicklung deshalb fortgesetzt und forciert wurde.

```
Hauptangaben des Torpedos G 6a

Gerätbezeichnung              14
Durchmesser         mm        533,4
Länge               mm        6232
Gewichte:
Gefechtstorpedo
mit Pistole         kg        1390
Ladung              kg        300
Kesselluft          kg        121
Wasser              kg        41
Brennstoff          kg        8,8
Wasserverdrängung   kg        1035
Untertrieb          kg        355   ≙ 34%
Inhalte:
Luftkessel          l         508
Wasserkammer        l         41
Brennstoff          l         11
Ölgefäße            l         6,62
Kesseldruck         at        200
Weitschußleistungen:
 86 PS bei  960 U/Min - 11000 m/30 kn
Nahschußleistungen:
202 PS bei 1376 U/Min -  7000 m/40 kn
Schnellschußleistungen:
400 PS bei 1595 U/Min -  5000 m/50 kn
```

Das U-Boot und sein Torpedo: Torpedoübernahme auf U 40 vor seiner letzten Fahrt Anfang Oktober 1939

Reservetorpedos im Bugtorpedoraum von U 124 (Typ IX B)

7 Die »Torpedokrise« 1939/40 und ihre Auswirkungen

7.1 Die deutschen Marine-Torpedos bei Kriegsbeginn

Die deutschen U-Boote besaßen als Standard-Torpedo den G 7e sowie für Überwasser-, insbesondere Nacht- und Fangschüsse den G 7a.

Beide Torpedotypen waren mit der kombinierten Gefechtspistole Pi G7a ausgerüstet. Diese Pistole war bereits in den zwanziger Jahren entwickelt worden und enthielt eine Aufschlagzündung (AZ) und eine Magnetzündung (MZ).

Die AZ war von Dipl.-Ing. Schubert aus der G/7-Schubpistole entwickelt und bereits im G 7v benutzt worden. Bei ihr wurde der Stoß beim Aufprall des Torpedos auf das Ziel mit Hilfe einer langen dünnen Welle über Doppelhebel auf die nach vorn wirkenden Schlagbolzen umgelenkt. Nach der militärischen Forderung sollte diese AZ auch noch eine sichere Zündung bei einem Auftreffwinkel von 21° gewährleisten.

Da das Prinzip vielfach bewährt war, beschränkte man sich bei der TVA im Herbst 1928 auf zwei Probeschüsse dieser neuen Greifnasenschubpistole auf eine Platte. Vorgesehen war ein Auftreffwinkel von 20°. Beide Torpedos trafen aber nicht die Plattenfläche sondern einen Balken bzw. die Plattenaufhängung. Somit war der effektive Auftreffwinkel unbestimmt, vermutlich erheblich größer als 20°. Da bei beiden Schüssen die Zündung ausgelöst worden war, begnügte man sich aber mit dieser Erprobung und gab diese AZ-Einrichtung für die Serienfertigung frei.

Erst als im Herbst 1938 auf Grund von Aufprallversuchen mit der neuen Pi 36 vermutet worden war, daß die Pi G7a bei bestimmten Krängungs- und Aufprallwinkeln nicht sicher funktionieren würde, führte der TVA-Bezirksvorstand Hinkelmann auch Aufprallversuche mit der Pi G7a-Schlagzündung durch. Dabei trat bei 35° Krängung ein AZ-Versager auf. Nun wurden auch zwei weitere Plattenschüsse mit der Pi G7a genehmigt, die ebenfalls zeigten, daß bei größeren Torpedokrängungen und kleinen Auftreffwinkeln AZ-Versager möglich waren. Danach stand insbesondere fest, daß bei einem Auftreffwinkel von 21° die Pi G7a-Schlagzündung nur sicher funktionierte, wenn die Krängung nicht mehr als 5° betrug. Bei 10° Krängung war eine absolut sichere Zündung erst bei einem Auftreffwinkel von über 50° zu erhalten.

Man nahm darauf in der Abteilung T der TVA an, daß diese ungünstigen Resultate die Folge einer ungeeigneten Greifnase wäre, und schlug die Anbringung von Stahlspitzen bei ihr vor. Am 2. August 1939 wurde diese Aptierung ohne weitere Diskussion durch das OKM genehmigt. Da ja die Hauptzündungsart die MZ sein sollte, war bei der TVA den festgestellten Mängeln an der AZ keine besonders große Bedeutung zugemessen worden. Überdies war 1939 von Oberingenieur Hinkelmann eine neue Aufschlagpistole, die Pi G7H, geschaffen worden, die für kleine Auftreffwinkel besser geeignet war. Bei ihr waren die Nasenarme nach hinten gebogen, wodurch Pistole und Torpedo geringfügig kürzer als mit der Pi G7a waren. Die Pi G7H-Nasenarme waren größer und konnten beim Auftreffen des Torpedos auf das Ziel bereits einzeln über eine Hebelübersetzung die Zündung auslösen. Mit ihnen sollte auch noch bei einem Auftreffwinkel von 6° die Zündung sicher möglich sein. Freigegeben wurde sie dann für einen Auftreffwinkel ab 10°. Diese Pistole erhielt später die Bezeichnung

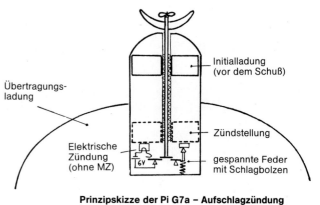

Prinzipskizze der Pi G7a – Aufschlagzündung
(Ausführung 1940)

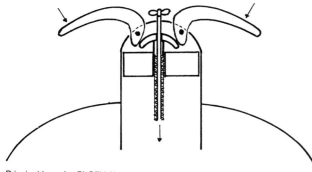

Prinzipskizze der Pi G7H-Nasenhebel

Pi 1 und war von Mitte 1940 an bis Ende 1942 die Standardpistole der deutschen Torpedos.

Bereits 1915 war von dem Physiker Dr. Adolf Bestelmeyer eine Abstandspistole entwickelt worden, die durch das Magnetfeld des angegriffenen Schiffes zündete. Dadurch konnte die Explosion der Gefechtsladung wenige Meter unter dem Schiff ausgelöst werden und zum Kielbruch und damit zur wirkungsvollsten Zerstörung des Schiffes führen.

In den zwanziger Jahren wurde diese Magnetzündung (MZ) bei der TVA unter der Leitung des Marinebaurates Dr.-Ing. Paul Schreiber weiterentwickelt und bildete dann den wesentlichen Zündteil der Pi G7a. Bei dieser MZ handelte es sich um einen von dem Sicherheitsstreckenpropeller angetriebenen Erdfeldgenerator, der auf die vertikale Feldkomponente wirkte. Durch eine Zoneneinstellung mit Hilfe eines Gegenfeldes konnte die vertikale Erdfeldkomponente kompensiert werden, daß normalerweise beim Torpedolauf keine Spannung induziert wurde. Trat aber die vertikale Komponente eines Schiffsfeldes hinzu, dann erzeugte die Feldspitze einen Generatorstrom, der in einem empfindlichen Relais (nach der Art eines Drehspulinstrumentes) die Zündung auslöste. Dafür war neben der Schlagbolzenzündung auch noch eine elektrische Zündung mit Batterie, Glühdraht und Zündpille vorgesehen.

Die Anwendungsmöglichkeit dieser MZ war örtlich begrenzt. Sie begann etwa auf der geographischen Breite des Nordkaps (Zone 0) und endete im Süden in der Biskaja (Zone 16). Das dazwischenliegende Gebiet war in 16 Zonen unterschiedlicher Erdfeldstärke aufgeteilt worden. Je nach dem Einsatzort des Bootes mußte die zugehörige Zone an Hand einer Zonenkarte bestimmt und dann mit Hilfe eines Einstellringes in die Pistole übertragen werden. Außerhalb dieses Bereiches war die MZ der Pi G7a unwirksam.

Die Erprobung des MZ-Teils der Pi G7a wurde mit G 7v Torpedos durchgeführt, da bis 1934 weder G 7a noch G 7e Torpedos zur Verfügung standen. Auch später wurden die neuen Pistolen, die aus Geheimhaltungsgründen alle bei der TVA zusammengebaut wurden, nur mit G 7v Torpedos eingeschossen. Diese Torpedos standen in größerem Umfange dafür zur Verfügung, nachdem sie bei der Flotte nach und nach durch den G 7a ersetzt worden waren. Zur Kontrolle waren im Januar 1935 auch 5-6 Schüsse mit einem G 7a und 14 Schüsse mit einem G 7e durchgeführt worden, die zu keinen Beanstandungen im MZ-Teil führten.

1938 wurde bei der TVA unter der Leitung von Dr. Rothemund eine neue MZ-AZ-Pistole, die Pi 36, entwickelt. Bei ihr entsprach der MZ-Teil zwar im Prinzip dem der Pi G7a, war aber durch die Erweiterung seines Anwendungsgebietes von 16 auf 64 Zonen verbessert worden. Ferner war statt der Batterie für den Zündstrom ein Wechselstromgenerator für 6 - 8 V angeordnet, der nicht den Alterungsprozessen einer Batterie unterworfen ist.

Eine besondere Sicherheitsvorrichtung sorgte bei der Pi G7a dafür, daß die Ladung erst nach dem Ablauf der Sicherheitsstrecke zündfähig wurde und vorher auch nicht durch Bordwaffenbeschuß zur

Torpedokopfteil mit Pi 1 (Pi G7H)

85

Detonation gebracht werden konnte. Durch den Fahrtstrom wurde ein mehrflügeliger (anfangs zwei, später vier Flügel) Propeller an der Torpedonase gedreht. Diese Bewegung wurde auf eine Welle übertragen, an der in einem Metallringbehälter die Initialladung saß. Vor dem Schuß war die Initialladung so weit von der Übertragungsladung entfernt, daß ihre Zündung diese nicht zur Detonation bringen konnte.

Die Übertragungsladung bestand aus der Schießwolle 18 (60% Tri(nitrotoluol), 24% Hexa(nitrodiphenylamin) und 16% Aluminium). Sie zündete die Hauptladung aus Schießwolle 36 (67% Tri, 8% Hexa und 25% Aluminium). Haupt- und Übertragungsladung von insgesamt 280 kg waren so zündträge, daß sie selbst bei Treffern mit einer 2 cm-Granate nicht detonierten, sondern nur abbrannten bzw. verpufften. Durch die Propellerdrehung wurde nun die Initialladung (Nitropenta mit 5% Wachs) in den Wirkungsbereich der Schlagbolzen heruntergeschraubt und konnte hier durch Schlagwirkung oder elektrisch gezündet werden.

7.2 Das Torpedoschießverfahren der deutschen U-Boote 1939

Dem Torpedoschießverfahren lag das sogenannte Schußdreieck zu Grunde:

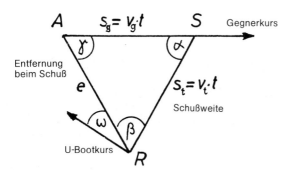

Torpedo-Schußdreieck

Bezeichnungen: γ = Lagenwinkel (Lage)
α = Schneidungswinkel
β = Vorhaltewinkel (Vorhalt)
ω = Seitenwinkel (Seite)

Der Vorhalt β kann mit Hilfe des Sinussatzes (Vorhaltformel) aus v_g, v_t und γ ermittelt werden:

$$\sin\beta = \frac{v_g}{v_t} \cdot \sin\gamma$$

Dabei ist v_t bekannt, v_g und γ müssen geschätzt oder gemessen (Koppelverfahren) werden. Mit zunehmender Schußweite wirken sich Schätzfehler natürlich stärker aus.

Die Vorhaltberechnung wird erschwert, wenn die Parallaxe zwischen dem Peilgerät in der Bootsmitte und den Torpedoausstoßrohren an den Bootsenden, die Drehgeschwindigkeit und die Krängungen des Bootes sowie die Winkelschußparallaxe (nach ca. 9,5 m Vorlauf dreht der Torpedo auf einem Kreisbogen mit ca. 95 m Radius auf die vorher eingestellte Richtung ein) auch noch berücksichtigt werden müssen. Bei einem Torpedofächer muß zusätzlich der Streuwinkel berechnet werden. Z.B. soll bei einem Dreierfächer der Wirkungsbereich der drei Torpedos, die mit 2,3 Sekunden Abstand die Rohre verlassen, vier Zielschiffslängen betragen. Schließlich muß bei einer Änderung der Schußposition (Ausweichmanöver des Gegners und des eigenen U-Bootes) auch jeweils eine schnelle Vorhaltberechnung ausgeführt werden können.

Dies alles war mit Hilfe der bisher üblichen Torpedoschußtafeln nur sehr unvollkommen zu erreichen und bedeutete eine starke Belastung von Kommandant und Torpedooffizier mit formalen Rechen- und Übertragungsaufgaben in der Gefechtssituation. Deshalb war von der Firma Siemens Apparate und Maschinen GmbH (SAM) im Auftrage der Marineleitung ein Torpedovorhaltrechner entwickelt worden, der diese Aufgabe erledigen konnte. Es handelte sich bei ihm um ein mechanisches Rechenwerk, das mit dem Kreiselkompaß und den Zielgeräten (Sehrohre und Überwasser-Torpedozielapparat UZO) verbunden war und zu den eingegebenen Werten den Torpedolaufwinkel ϑ_t berechnen und sofort über die Torpedo-Schußempfänger an die Torpedos in den Rohren weitergeben konnte. Über das Stellzeug wurden vor dem Schuß nur die befohlene Torpedolauftiefe und beim G 7a die Torpedogeschwindigkeit direkt in den Torpedos eingestellt.

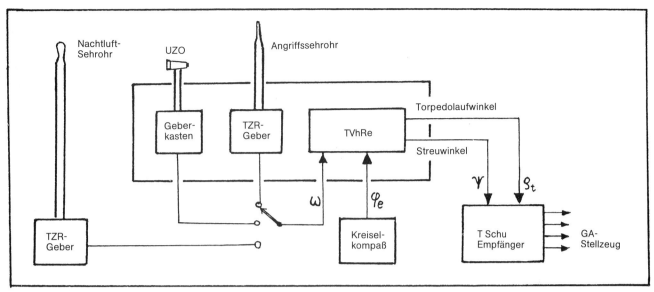

Prinzip der Torpedoschußanlage des U-Boottyps VII C

Nachdem die Lage einigermaßen sicher bestimmt war, wurde nun der TVhRe auf 'Lage laufend' geschaltet. Dadurch wurde die Lagenwinkelbestimmung in Abhängigkeit vom U-Bootkurs vom Rechner selbst ermittelt und laufend der Torpedolaufwinkel entsprechend angepaßt. Voraussetzung für die Anwendung dieser Schaltungsart war allerdings, daß der Gegner seinen Kurs nicht änderte. Leuchtete die

Torpedovorhaltrechner von Siemens

Deckungslampe ('Deckung' von ermittelten und eingestellten Werten), konnte geschossen werden. Der Einzelschuß oder der Fächerschuß konnte im Turm oder in der Zentrale ausgelöst werden. Gleichzeitig mußte auf das 'Los'-Kommando und das Aufleuchten der Abfeuerungslampe hin auch noch der Abfeuerungsschalter am Torpedorohr aus Sicherheitsgründen zusätzlich per Hand bedient werden. Durch das Einschalten der Blaulampe 'Nicht folgen' war bei einem etwa notwendigen Rundblick mit dem Sehrohr der sonst automatische Nachlauf der Seite ω unterbunden.

Beim G 7a und G 7e konnte im GA ein Torpedolaufwinkel gegenüber der Ausstoßrichtung von bis zu $\pm$ 90° eingestellt werden. Dadurch war es möglich, mit dem Boot nach dem Schuß schnell aus der Angriffsposition abzulaufen. Jedoch war es zweckmäßig, den Torpedolaufwinkel so klein wie möglich zu halten, da dann die Streuung in der Einsteuerbogenversetzung ($\pm$ 35 m bei 90°) und die Auswirkung einer ungenauen Entfernungsbestimmung geringer waren.

Blick in das Innere eines Torpedovorhaltrechners. Die komplizierten Einstell- und Übertragungsmechanismen mit den zugehörigen Anzeigegeräten waren ein Produkt feinmechanischer Höchstleistung.

1 Eigener Kurs ϱ_e
2 Lagenwinkel γ
3 Streuwinkel ψ
4 Schußrichtung (Torpedolaufwinkel) ϱ_t
5 Drehgeschwindigkeit
6 Zielrichtung (Seitenwinkel) ω
7 Parallaxenwinkel δ
8 Geschwindigkeiten v_g und v_t
9 Vorhaltewinkel β
10 Entfernung e
11 Reichweiteneinstellung

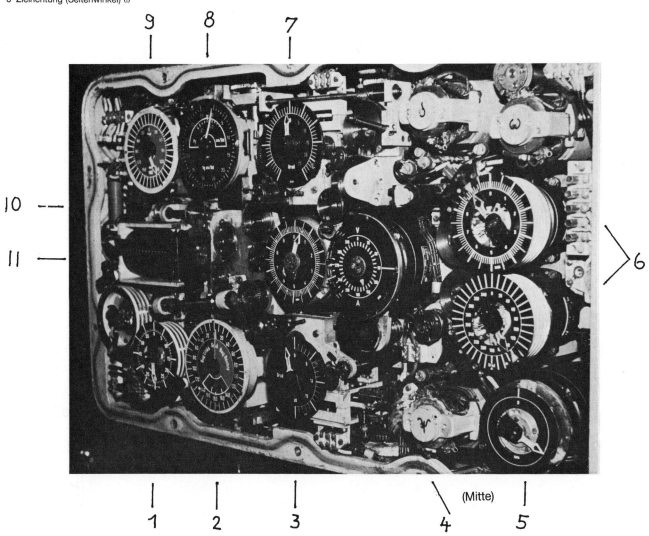

Torpedovorhaltrechner im Turm von U 505

Torpedo-Schuß-Empfänger

Schaltplan und Funktionsskizze des Torpedovorhaltrechners

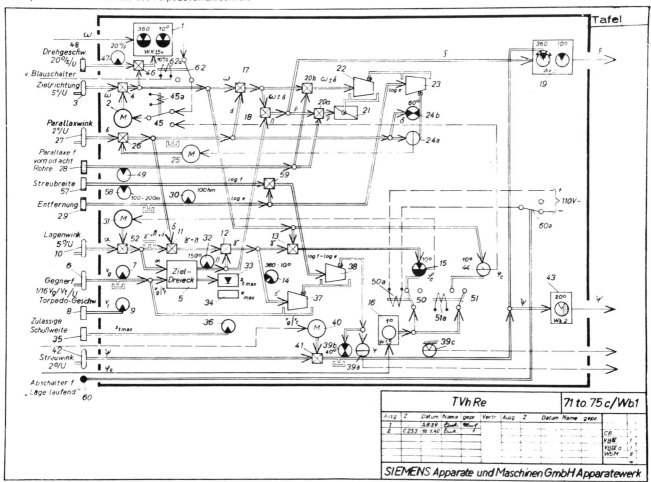

Bugtorpedorohranlage von U 995 (Über den Rohren der Torpedo-Schuß-Empfänger, im Hintergrund zwischen den Rohren die LUT-Einstelltafel)

Der Ausstoß der Torpedos erfolgte mit Hilfe eines Kolbens, der durch Druckluft nach vorn bewegt wurde. Er trennte den Torpedo und das Hüllwasser von der Ausstoßluft und verhinderte, daß die Ausstoßluft das Rohr nach vorn verlassen konnte (schwalloser Ausstoß). Nach dem Entlüften des Rohres wurde der Kolben durch Wasserdruck wieder zurückgeschoben.

Der schwallose Ausstoß, der spurfreie Elektro-Torpedo und die Abstandszündung waren die drei wesentlichen Fortschritte bei einem Torpedoeinsatz der neuen deutschen U-Boote, mit denen eine erhebliche Verbesserung ihrer Erfolgschancen erhofft wurde.

Sollausrüstung der U-Boote mit Torpedos:

Typ	II	I A	VII	VII B	IX
G 7e	3	8	7	9	8
G 7a	2	4	4	5	14

7.3 Die Torpedoversager und die Bemühungen um ihre Beseitigung

Am 3. September 1939 begann der deutsche U-Bootkrieg gegen England und Frankreich mit insgesamt 56 in Dienst gestellten U-Booten. Mit ihnen konnten bereits in den ersten sechs Wochen spektakuläre Erfolge erzielt werden: 17.9. Versenkung des Flugzeugträgers COURAGEOUS durch U 29 (Kptl. Schuhart), 14.10. Versenkung des Schlachtschiffes ROYAL OAK in Scapa Flow durch U 47 (Kptl. Prien), doch waren auch schon recht deutliche Fehlschläge auf Grund von Torpedoversagern zu verzeichnen.

Am 6. September schoß U 39 (Kptl. Glattes) aus ca. 800 m und guter Position zwei G 7a Torpedos gegen den britischen Flugzeugträger ARK ROYAL. Beide Torpedos detonierten vorzeitig. U 39 wurde bei der dadurch ausgelösten Jagd von drei Zerstörern durch Wasserbomben so stark beschädigt, daß es auftauchen mußte. Das U-Boot wurde versenkt, die Besatzung geriet in Gefangenschaft.

Am 14. September meldete U 29 zwei Frühzünder nach Ablauf der Sicherungsstrecke. Die TI führte das Ansprechen der Pistole zuerst auf eine falsche Zoneneinstellung auf Grund eines Besteckfehlers zurück, empfahl dann aber doch, die MZ zwei Zonen niedriger als nach der Zonenkarte einzustellen. Da nun bei Handelsschiffen unter 3000 BRT das Zündfeld zu schwach sein könnte, sollte gegen dies nur noch mit AZ geschossen werden. Die MZ, die sich ja nicht abschalten ließ, sollte in derartigen Fällen auf die geringste Empfindlichkeit (Zone 0) eingestellt werden.

Auch der zweite U-Bootverlust, U 27 (Kptl. Franz), am 20. September ist vermutlich auf Torpedofrühzündungen, die das Boot verrieten und möglicherweise auch beschädigten, zurückzuführen.

Die TI ordnete jetzt an, daß durch den Einbau eines Schalters eine Abschaltmöglichkeit der MZ (Schalterstellung A) geschaffen werde. Nach der Einführung dieses Schalters befahl der FdU, Vizeadmiral Dönitz, am 2. Oktober seinen U-Booten, daß vorläufig nur noch mit AZ geschossen werden dürfe.

Am Sonntag, den 8. Oktober kam es dann auf dem Schießstand Nord der TVA zu einer Sonderbesprechung über die Torpedoversager mit den Leitern von TVA und TI sowie allen Referenten. Ihr Ergebnis war die Anordnung von Vizeadmiral Götting, den MZ-Schuß nunmehr auch für alle Überwassertorpedoträger zu sperren, so daß von nun an in der gesamten deutschen Flotte nur noch mit AZ geschossen werden durfte.

Gleichzeitig wurden große Anstrengungen unternommen, die Ursache der aufgetretenen Frühzündungen bei der MZ zu ermitteln. Anfang Oktober führte das TEK deshalb Reihenversuche mit 66 G 7a- und 55 G 7e-Schüssen durch. Dabei ergaben sich beim G 7a 6,5% Frühzündungen. Bei den von Januar 1936 bis September 1939 von der TVA eingeschossenen Pistolen waren bei 8,16 % Versagern jedoch nur 2,5% Frühzündungen oder Frühzündungsgefahren festgestellt worden. Die Pistolen waren dabei aber mit dem G 7v eingeschossen worden, der einen ruhigeren Lauf und eine geringere Krängungsneigung besaß. Man nahm darauf bei der TI an, daß beim G 7a vermutlich mechanische Erschütterungen, die das Relais zum Ansprechen brachte, die Ursache der Frühzündungen wäre.

Beim G 7e käme dies aber nicht in Frage. Hier machte man eine ungünstige Kabelverlegung im Torpedo dafür verantwortlich. Nach der Änderung dieser Kabelführung wurde der G 7e mit MZ wieder freigegeben. Doch bereits kurz danach meldete U 46 am 18. Oktober G 7e-Frühzünder bei einem Angriff auf einen Geleitzug mit MZ-Einstellung. Der inzwischen zum BdU ernannte Admiral Dönitz befahl darauf den U-Booten, auch beim G 7e die MZ wieder auszuschalten.

Obwohl ja bereits seit dem Frühjahr 1939 bei der TVA feststand, daß die Torpedos auch mit geändertem TA tiefer steuern konnten als eingestellt, war dies erst am 14. Oktober von ihrem Leiter, Konteradmiral Wehr, an die TI gemeldet worden. Allerdings hatte Wehr wegen einer längeren Erkrankung erst im Sommer davon erfahren und wohl geglaubt, daß bereits in dieser Sache alles veranlaßt worden war. Da die Meldung keine genauen Angaben über das Ausmaß des Tiefersteuerns enthielt, forderte Vizeadmiral Götting erst einmal von der TVA die Unterlagen darüber an. Am 20. Oktober informierte er dann seinerseits den BdU, daß die Torpedos bis zu 2 m tiefer steuern könnten. Dies führte zu einer weiteren Einsatzbeschränkung für die Torpedos: Beim AZ-Schuß sollte jetzt die Tiefeneinstellung 2 m weniger als Zieltiefgang, jedoch höchstens 4 m betragen. Da eine Mindesteinstellung von 3 m (in Atlantikdünung 4 m) eingehalten werden mußte, um Oberflächendurchbrecher zu vermeiden, entfielen danach Schüsse auf Ziele mit einem geringeren Tiefgang als 5 bzw. 6 m, also insbesondere auf Zerstörer und andere U-Bootjäger.

Am 23. Oktober kam es dann beim BdU in Wilhelmshaven zu einer Besprechung mit dem Inspekteur der TI und den Leitern von TVA und TEK über die Mängel bei der MZ und der Tiefenhaltung. Es wurde festgestellt, daß beim MZ-Einsatz die Gefahr von Frühzündern und beim AZ-Einsatz die Gefahr eines Unterlaufen des Zieles bestand. Dazu hatten sich auch noch Zündungen am Ende der Laufstrecke (Enddetonierer) eingestellt. Konteradmiral Wehr ordnete darauf von sich aus an, daß alle laufenden Arbeiten bei der TVA mit wenigen Ausnahmen (Pistolenfertigung und Einschießbetrieb) zu Gunsten verstärkter Bemühungen um die Beseitigung der aktuellen Torpedoversager einzustellen seien.

Auf Anordnung des OKM wurde außerdem der Konstrukteur des G 7a, Professor Cornelius, mit Arbeiten zur Aufklärung der Versagerursachen und konstruktiven Verbesserung der Torpedos betraut und dafür mit Sondervollmachten versehen. Professor Cornelius gründete zu diesem Zweck eine nach ihm benannte Arbeitsgemeinschaft, die AG Cornelius (AGC), in der er eine Reihe von Spezialisten aus der privaten Forschung und Industrie versammelte, so den Münchener Physik-Professor Walther Gerlach, den Direktor der Daimler Benz AG Dr. Paulus, den Präsidenten der PTR Staatsrat Dr. Esau, den o. Professor der TH Karlsruhe Dr. Kraemer, den SSW-Abteilungsleiter Prof. Trendelenburg und etwa 15 weitere Wissenschaftler. Die AGC arbeitete mit einer bei den Askania-Werken in Berlin neu eingerichteten Abteilung für das Torpedowesen zusammen.

Anfang November konnte die TVA mitteilen, daß es ihr gelungen sei, die Frühzündungsgefahr durch eine Dämpfung der Spule des MZ-Zündrelais grundsätzlich zu beheben. Die aptierte Pistole erhielt die Bezeichnung Pi a + b. Mit ihr wurde am 8. November der MZ-Schuß wieder erlaubt, jedoch nicht beim G 7a-Schnellschuß. Die Tiefeneinstellung sollte dabei Zieltiefgang + 1 m betragen.

Bereits am 8. bzw. 9. November liefen U 28 und U 49 als erste mit Pi a + b-Torpedos ausgerüstete Boote aus. Am 19.

November meldete U 49 einen G 7a-Frühzünder nach dem Ablauf der Sicherungsstrecke, zwei G 7a-Frühzünder nach etwa 200 m Laufstrecke und einen G 7e-Nichtzünder.

Der BdU wollte nicht sofort wieder auch bei der geänderten Pistole auf den MZ-Schuß verzichten. Da es möglich war, daß der in dieser Jahreszeit stärkere Seegang die Frühzündungen ausgelöst haben könnte, befahl er, bei starkem Seegang beim MZ-Schuß größere Tiefen einzustellen. Doch auch danach trafen weitere Meldungen über Frühzündungen ein. Auch Nichtzündungen traten auf. Die TI schlug darauf wieder vor, die Gefechtspistole zwei Zonen niedriger einzustellen bei einer Torpedotiefe gleich Zieltiefe. Dönitz sah darin keine Lösung und lehnte ab. Auch weitere kleine Änderungen (Isolierung der Kupferhaube, Glättung einer Druckscheibe) änderten die Situation nicht wesentlich.

Inzwischen waren als erste Konsequenz auf die unterlassene Weitermeldung und die zu geringen Bemühungen um die Beseitigung der unzuverlässigen Tiefensteuerung der Torpedos sowie die ungenügende MZ-Erprobung der TVA-Leiter, der Leiter der Torpedoentwicklung bei der TVA und der leitende Waffenbaubeamte bei der TI von ihren Ämtern suspendiert worden. Mit der TVA-Leitung wurde Kpt.z.S. Utke und mit der Leitung der Torpedoentwicklung Marinebaurat Dr. Mayer beauftragt. In Zusammenarbeit mit der AGC wurde nun mit Hochdruck an die Beseitigung der ererkannten Mängel bei der Pi G7a und beim Tiefenlauf gegangen.

Die Selbstzündergefahr im MZ-Teil der Pistole wurde durch eine schwingungsunempfindliche Aufhängung des Zündrelais in Gummibändern beseitigt. Die entwicklungsmäßigen Vorarbeiten hierzu waren in der ersten Januarhälfte 1940 abgeschlossen. Die praktische Erprobung mußte jedoch wegen der Vereisung der Schießstände in Eckernförde bis Ende März hinausgeschoben werden.

Bereits Ende Dezember 1939 war ein verbesserter Tiefenapparat, der TA 1, konstruiert worden, der den G 7e während der gesamten Laufstrecke innerhalb der zugelassenen Toleranz hielt und die Tiefenhaltung des G 7a wesentlich verbesserte. Dafür waren an dem bisherigen TA fünf Aptierungen vorgenommen worden, wobei auch die Erfahrungen mit dem G 7a6-Tiefenapparat eingeflossen waren: Vergrößerung der Tiefenplatte von 30 auf 42 mm Ø mit entsprechender Veränderung der Tiefenfeder, Vergrößerung des Pendelausschlages, halbstarre Kopplung zwischen Tiefenplatte und Tiefenpendel, Entlastung der Übertragungswelle, Dämpfung der Steuermaschine und Vergrößerung der Ruderausschläge. Da der anhaltende Frost im Frühjahr 1940 das Einschießen der Torpedos mit dem neuen TA 1 erheblich verzögerte, standen diese Torpedos jedoch erst nach dem Norwegen-Unternehmen zur Verfügung.

Eine weitere Verbesserung des Tiefenlaufes beim G 7a brachte der Übergang von der vierflügeligen zur sechsflügeligen Treibschraube. Die dadurch bewirkte Laufberuhigung verringerte insbesondere die pulsierenden Krängungen und Tiefenschwankungen erheblich und ermöglichte erst den sicheren Flachschuß des G 7a.

Um weitere Klarheit über die Brauchbarkeit der vorhandenen - noch nicht verbesserten - Torpedos zu erlangen, wurde im Januar 1940 unter schwierigsten Wetterbedingungen ein zusätzliches Versuchsschießen mit 67 Schüssen bei der TVA durchgeführt. Dabei wurden bei der MZ 8% Selbstzünder und 6,5% zusätzliche Selbstzündergefahren registriert.

Am 19. Januar 1940 kam es dann zu einer weiteren Besprechung über die Torpedofehlschüsse. Dönitz hielt dabei auch die Nichtzündungen für Pi-Versager, während die TI Vorbeischießen oder ungeklärte Ursachen annahm. Als jedoch bei einem Versuchsschießen auf T 123 festgestellt wurde, daß mehrere Pistolen beim Unterschießen nicht gezündet hatten, änderte die TI ihre Meinung und erließ am 21. Januar folgende Anweisung:
1. Auf Ziele unter 4000 BRT Tiefeneinstellung 4 m.
2. Bei Zielen unter 1000 t muß mit Nichtzündung gerechnet werden.
3. Bei allen anderen Zielen Tiefg. + 1 m einstellen.

Da erneute magnetische Messungen an der Torpedohülle magnetische Ausstrahlungen ergeben hatten, die eine Verstärkung (Frühzündung) oder Abschwächung (Nichtzündung) bewirken konnten, sollten die lagernden Torpedos entmagnetisiert werden.

Obwohl die neuen verbesserten Torpedos für die Norwegen-Unternehmung im April 1940 noch nicht zur Verfügung standen, konnte doch damit gerechnet werden, daß Erfolge in dem bisherigen Umfang (etwa 40% Treffer) möglich wären. Um so größer war dann die Enttäuschung bei den Besatzungen der U-Boote und bei der Führung, daß trotz der Massierung gegnerischer Schiffe und der z.T. guten Schußpositionen bis auf eine Ausnahme in den norwegischen Gewässern keine Torpedotreffer erzielt werden konnten. Hier eine auszugsweise Übersicht über dieses Torpedofiasko:

11.4.40
U 48: 12^{30} Dreierfächer auf CUMBERLAND. Fehlschuß, ein Endstreckendetonierer.
21^{15} Dreierfächer auf Kreuzer der YORK-Klasse. Tiefe 7 m, Zone 4, Frühzünder.
U 51: 22^{50} Zwei Frühzünder, einer nach Ablauf der Sicherheitsstrecke, der andere nach 30 Sekunden (100 m vor großem Zerstörer).

14.4.40
U 48: Torpedoversager im Westfjord beim Angriff auf WARSPITE und zwei Zerstörer.
U 65: Doppelschuß auf Transporter. Kein Erfolg.

16.4.40
U 47: Acht Torpedos auf eine lange Wand sich überlappender, stilliegender Schiffe im Bygden-Fjord. Kein Erfolg.

18.4.40
U 37: Zwei Frühzünder im Raum zwischen Island und Shetland.

19.4.40
U 47: Zwei Torpedos auf WARSPITE. Entfernung 900 m, Tiefe 8 m, Zone -4. Ein Frühzünder und ein Enddetonierer.
U 65: Frühzünder beim Angriff auf Kreuzer EMERALD.

Noch am 11. April hatte die TI gegenüber dem BdU die Meinung vertreten, daß in den norwegischen Fjorden eine stärkere Tendenz zu Frühzündern durch erhöhte Feldstärken nicht zu erwarten sei. Sie empfahl aber, Torpedofächer nur mit AZ oder bei MZ als Intervallschüsse mit 8 Sekunden Abstand auszuführen. Darauf hatte der BdU befohlen:

1. In Zone 0 und nördlicher: 3 Torpedos mit Schalterstellung A und 1 Torpedo mit MZ bereithalten.
2. Schuß auf (größere) Schiffe nur mit Schalterstellung A. Tiefeneinstellung Zieltiefgang - 2 m.
3. Auf Zerstörer stets Doppelschuß, zuerst mit AZ (Tiefe 3 m), dann mit MZ in 8 Sekunden Abstand.

Aber auch diese Anordnung brachte keine Erfolge. Am 17. April kam es deshalb zu einer erneuten Besprechung zwischen dem BdU und dem neuen TI-Chef Vizeadmiral Kummetz. Dabei wurde festgestellt:

1. Eine Reihe der in Norwegen eingesetzten U-Boote ist mit Pistolen neuer Art (vierflügeliger Propeller) ausgerüstet, die ohne ausreichende Erprobung an die Boote gegeben worden sind.
(Im Frühjahr 1940 durchgeführte Erprobungen im Schleppkanal zeigten dann, daß der neue vierflügelige Sicherungsstreckenpropeller eine geringere Leistungsaufnahme besaß als der bisherige zweiflügelige Propeller.)
2. Nach Rücksprache mit der Seewarte muß in den norwegischen Fjorden doch mit einer von der Zonenkarte abweichenden magnetischen Beeinflussung der MZ gerechnet werden.
3. Der Inspekteur der TI äußerte Bedenken gegen ausschließliche AZ-Anwendung, da er kein Zutrauen mehr zum Tiefenlauf der Torpedos hat.

Darauf wurde ein neuer Befehl des BdU an die U-Boote hinausgeschickt:
1. Für Boote in Zone 0 nicht mehr Schalterstellung A sondern MZ-Schuß bis auf das Seegebiet in engen Fjorden. In diesen ist die Frühzündergefahr größer.
2. Bei MZ kein Fächer sondern Intervallschuß mit 8 Sekunden Abstand.
3. Bei AZ Tiefe 4 m, bei gutem Wetter 3 m.

Am 18. April wurde dem BdU vom TI-Inspektor telephonisch gemeldet, daß ein erneutes TEK-Versuchsschießen mit dem G 7e und noch nicht geändertem TA ein

Tieferlaufen bis zu 2,7 m erwiesen habe. Da die letzten Meldungen der Kommandanten trotz der neuen Befehle auch nur wieder Fehlschüsse und Torpedoversager enthielten, gab Dönitz den Rückmarschbefehl aus den norwegischen Fjorden der Zone 0, da dort mit den vorhandenen Torpedos kein Erfolg möglich schien.

Am 20. April wurde vom OKM die Bildung einer Torpedo-Kommission befohlen, die die Ursache der Torpedoversager klären sollte. Sie stellte außer den bereits bekannten Versagerursachen auch noch fest, daß die AZ durch zu geringe Vorschnellose des Schlagbolzens ein Verpuffen der Initialladung bewirken und bei Auftreffwinkeln unter 50° durch Verklemmung versagen konnte. Darauf wurde auch das Problem der Aufschlagzündung mit großer Energie angepackt. Durch eine Verkürzung des Schubweges und durch den Einbau eines elektrischen Hilfskontaktes (Neef-Kontakt) konnten die Versagerursachen beseitigt werden. Bereits Ende Mai 1940 wurde die neue AZ zusammen mit dem neuen TA 1 erprobt. Ab Juni 1940 standen sie dann zusammen mit der verbesserten MZ für den Einsatz zur Verfügung.

Zusammenstellung der MZ-Versager bei TEK- und TVA-Erprobungen

	Schußzahl	Selbstzünder	Selbstzündergefahr	Insgesamt
1. TEK				
Oktober 1939	121	6,5 %	nicht ausgewertet	
3.4.-21.4.40	60	6,65%	10 %	16,65%
22.4.1940	18	5,5 %	5,5%	11,0 %
22.4.-24.5.40	141	4,9 %	2,7%	7,6 %
2. TVA				
Anfang 1940	67	8,0 %	6,5%	14,5 %
27.3.-29.4.40	892	3,08%	4,2%	7,28%

Versagerzusammenstellung Front 1939/40 (gemeldete Werte)[1]

Monat	Schuß-zahl[2]	MZ	AZ	Pi-Versager	Torpedo-Versager	ungeklärte Versager	Versagersumme	Trefferprozente
9.39	80	76	4	6 (7,5%)	1 (1,3%)	3 (3,7%)	12,5%	53%
10.39	72	18	58	6 (8,4%)	8 (11,1%)	7 (9,7%)	29,5%	35%
11.39	72	30	46	4 (5,5%)	10 (13,9%)	10 (13,9%)	33,3%	25%
12.39	77	70	12	1 (1,3%)	6 (7,8)	8 (10,4%)	19,5%	43%
1.40	100	93	11	17 (17%)	5 (5%)	16 (16%)	38,0%	41%
2.40	122	101		17 (13,9%)	10 (8,2%)	5 (4,1%)	26,2%	44%
3.40	46	33	14	5 (10,9%)	0 (0%)	0 (0%)	10,5%	54%
4.40[3]	63	48	44	6 (9,5%)	4 (6,3%)	10 (15,9%)	31,7%	27%
1.6.40 - 31.12.40	828	0	828	3 (0,35%)	73 (9,02%)	31 (3,01%)	13,18%	56%

1) Die Tabelle enthält keine Torpedoversager (Frühzünder oder Endstreckendetonierer), die fälschlicherweise von den U-Booten als Treffer gemeldet wurden. Im September 1939 waren es z.B. 7, so daß die tatsächliche Versagersumme in diesem Monat 21,3% und die Trefferausbeute nur 48% betrug.

2) Hierbei wird ein Fächer als ein Schuß gezählt.

3) Nur 4% der ausgegebenen Pistolen waren eingeschossen!

Entwicklung der Torpedobestände vom 29.2.1940 bis zum 20.9.1941

Zeitpunkt	Typ	gefechtsbereit			nicht gefechts-bereit	Gesamt-bestand	verschossen und verloren seit Kriegs-beginn
		an Bord	an Land	insgesamt			
29. 2.40	G 7a	404	584	988	1202	2190	202
	G 7e	246	216	459	581	1040	314
	G 7v	75	51	136	209	345	-
	F 5	114	38	152	93	245	-
20. 4.40	G 7a	414	296	710	1060	1770	430
	G 7e	199	141	340	298	638	563
	G 7v	56	49	105	234	339	6
	F 5	145	1	146	95	241	4
31.10.40	G 7a	635	644	1279	886	2165	686
	G 7e	219	661	880	149	1029	1076
	G 7v	111	56	167	163	330	15
	F 5	-	212	212	18	230	82
31.12.40	G 7a	672	857	1529	804	2333	827
	G 7e	304	915	1219	71	1290	1323
	G 7v	114	42	156	167	323	22
	F 5	-	68	68	120	188	152
10. 3.41	G 7a	610	840	1450	891	2341	1022
	G 7e	150	914	1064	112	1176	1706
	G 7v	85	64	149	172	321	24
	F 5	-	67	67	112	179	161
10. 5.41	G 7a	731	982	1713	955	2668	1217
	G 7e	485	1178	1663	75	1738	1861
	G 7v	132	13	145	168	313	32
	F 5	-	47	47	41	88	210
	F 5w	-	6	6	64	70	-
20. 7.41	G 7a	1481	712	2193	911	3104	1430
	G 7e	1185	2261	3446	110	3556	2137
	G 7v	137	19	156	147	303	42
	F 5	-	53	53	38	91	229
	F 5w	-	6	6	18*	24*	-
20. 9.41	G 7a	1242	894	2136	976	3112	1777
	G 7e	1765	3594	5359	1935	7294	2582
	G 7v	130	48	178	125	303	42
	F 5/F 5b	-	68	68	41	109	262
	F 5w	-	80	80	38	118	17

* Nach Rücksendung unbrauchbarer Torpedos an die italienische Herstellungsfirma.

7.4 Das Verfahren vor dem Reichskriegsgericht

Die Torpedoversager, besonders während des harten Norwegen-Einsatzes der U-Boote, hatten zu einer starken Erregung in der U-Bootwaffe geführt. Admiral Dönitz drängte auf eine Klärung der Schuldfrage. In einer Mitteilung an die Marine erklärte der ObdM, Großadmiral Raeder, dazu:

"Die Untersuchungen haben festgestellt, daß die Fehlschüsse während der Norwegen-Unternehmung auf Schwächen der Torpedos und Vorbereitungsmängel zurückgeführt werden müssen. Tiefenhaltung, Tiefenlauf, MZ und AZ waren mangelhaft und nicht frontbrauchbar. Bei dem Torpedoressort der Kriegsmarinewerft Kiel und im Einschießbetrieb der TVA haben sich Mängel bezüglich der Vorbereitung der Torpedos zur Anbordgabe herausgestellt."

Auf Grund dieser Feststellungen ordnete der ObdM am 23. Juli 1940 ein Ermittlungsverfahren durch das Reichskriegsgericht zur Feststellung der Schuldfrage an. Nach einer sehr gründlichen Beweisaufnahme wurde am 27. Mai 1941 gegen die damals verantwortlichen Chefs von TI und TVA, Vizeadmiral Götting und Konteradmiral Wehr, sowie gegen die für die Entwicklung und Erprobung verantwortlichen Marinebaubeamten, Ministerialrat Dr. Schreiber und Oberregierungsbaurat Dr. Rothemund, Anklage erhoben.

Im einzelnen wurden Vizeadmiral Götting und Konteradmiral Wehr vorgeworfen, daß sie sich nicht über die ungenügende Erprobung des AZ-Teils der Pi G7a informiert und die fehlende Schußerprobung auch nicht nachgeholt hätten. Darüberhinaus kam für Konteradmiral Wehr erschwerend hinzu, daß er die ihm im Juni 1939 bekanntgewordenen Mängel bei der Tiefenhaltung bis zum 14. Oktober 1939 nicht weitergemeldet und in dieser Zeit auch keine energischen Schritte zu ihrer Beseitigung unternommen hatte.

Den Marinebaubeamten Dr. Schreiber und Dr. Rothemund wurde vorgeworfen, daß sie es unterlassen hätten, die Pi G7a in ihrem MZ- und AZ-Teil auf Störanfälligkeit zu untersuchen, zu verbessern und genügend zu erproben. Dr. Rothemund wurde hierbei als Leiter der Abteilung T bei der TVA eine größere Verantwortung zuerkannt. Besonders erschwerend wurde für ihn die Tatsache gewertet, daß er einen ihm im Mai und Juli 1939 erteilten Befehl, sich sofort mit der Verbesserung der Tiefenhaltung zu beschäftigen, bis Ende Oktober 1939 nicht in der erforderlichen Form nachgekommen sei.

Nach der sechswöchigen Hauptverhandlung wurde im Dezember 1941 das Urteil gesprochen: Vizeadmiral Götting wurde freigesprochen. Die anderen drei Angeklagten wurden zu zwei bis vier Jahren Festungshaft verurteilt, jedoch wegen der angerechneten Untersuchungszeit bzw. auf Bewährung bald entlassen.

Zweifellos hatten sich die Angeklagten insbesondere bei der Torpedoerprobung Versäumnisse zu Schulden kommen lassen, jedoch dürfen bei ihrer Wichtung nicht die erhebliche Belastung durch die Häufung vielfältigster Arbeiten und Verantwortlichkeiten und die Personalnot bei TVA und TI übersehen werden, die z.B. bei Konteradmiral Wehr im Frühjahr 1939 zu einem Kreislaufkollaps geführt hatten. Bei Dr. Rothemund waren diese Versäumnisse auch eine Folge seines großen Einsatzes für die Neuentwicklung wirkungsvollerer Torpedos. Hier sah er seine eigentliche Hauptaufgabe. Die vielen Schwächen des von ihm bei seinem Amtsantritt vorgefundenen Cornelius-Torpedos G 7a waren für ihn Argumente für die von ihm getroffene Prioritätsentscheidung. Als Waffenbaubeamter ohne militärische Erfahrung war er zweifellos überfordert, die Tragweite dieser Entscheidung im Hinblick auf die politische und militärische Situation zu ermessen.

Im weiteren Verlauf des Krieges haben sich wiederholt schwerwiegende Versäumnisse bei der technischen Entwicklung von Waffen und Geräten herausgestellt, ohne daß es aber nochmals zu einer derartig ausführlichen Untersuchung vor einem Reichskriegsgericht gekommen ist.

7.5 Die Neuorganisation des Torpedowesens

Eine wichtige Konsequenz der Torpedokrise war die Umorganisation der TVA. Diese bestand in der Hauptsache in der Aufteilung des Technischen Amtes in zwei Ressorts, an deren Spitze jeweils ein Seeoffizier gestellt wurde. Ferner wurden die militärischen Referenten aus dem Militärischen Amt in die beiden neuen technischen Ressorts eingegliedert. Dem Ressort A unterstand jetzt die Torpedo- und Pistolenentwicklung, der Schießbetrieb und die Fertigung, dem Ressort B die Rohr- und Zielmittelentwicklung und die allgemeinen Betriebe.

TVA (Herbst 1939)

Kommandeur (Konteradmiral Wehr)

Militärisches Amt (Korv.Kpt. Frerichs)
4 militärische Referenten

Technisches Amt (MOBR Carl Kunze)
T Abteilung Torpedoentwicklung
   (Dr. Rothemund)
Z Abteilung Zielmittel (Kunze)
R Abteilung Rohrbau (Kunze)
S Abteilung Schießbetrieb (Dr. Bartram)
F Abteilung Fertigung (Stoltz)
U Abteilung Allgemeine Belange

Verwaltungsamt (Freg.Kpt. Jentzen)

Gesamtumfang der Belegschaft:
ca. 3100 Mann

TVA (Frühjahr 1940)

Kommandeur (Konteradmiral Utke)
Techn. Berater (Ob.Reg.BR Dr. Bartram)

M   Militärische Abteilung
    (Kpt.z.S. Dehio)

A   Torpedoabteilung
    (Kpt.z.S. Hachtmann)
A1 Torpedoentwicklung (Dr. Mayer)
A2 Pistolenentwicklung

B   Bewaffnungsabteilung
    (Freg.Kpt. Frerichs)
B1a Rohrbau
B1b Feuerleitanlagen

V   Verwaltungsabteilung
    (Freg.Kpt. Jentzen)

Gesamtumfang der Belegschaft
am 1.4.1940: ca. 6200 Mann

Im Oktober 1940 wurde in Oxhöft das Werk Gotenhafen der TVA errichtet. Sein Leiter und späterer Kommandeur war bis zur Räumung von Gotenhafen im Frühjahr 1945 Kpt.z.S. Prall. Diese Zweigstelle der TVA wurde spezielle Entwicklungs- und Erprobungsstelle für Lenktorpedos. Etwa gleichzeitig wurde in Gotenhafen auch eine Zweigstelle des TEK eingerichtet.

Nachdem ab 1942 in verstärktem Maße Industrieentwicklungen von der TVA zu prüfen und zu erproben waren, wurde im Mai 1942 speziell für diesen Zweck eine weitere TVA-Dienststelle in Neubrandenburg am Tollensesee gebildet. Sie trug auch noch die Bezeichnung 'Industrie-Versuchsanstalt des OKM in Neubrandenburg' (IVN) und wurde bis Oktober 1944 von Kpt.z.S. Hans Müller geleitet, dem dann bis Kriegsende Kpt.z.S. Remmler folgte. Beide TVA-Zweigstellen vergrößerten sich im Laufe der Zeit erheblich und wurden im Oktober 1943 in Abteilungen umbenannt.

Die übrigen Torpedodienststellen wurden auf ihre eigentliche Aufgabe konzentriert und von allen Dingen entbunden, die nicht unmittelbar mit der Torpedowaffe zu tun hatten. Durch eine starke Durchsetzung dieser Dienststellen mit front- und waffenerfahrenen Seeoffizieren sollte eine praxisnahe Arbeit erreicht werden. In größerem Maße wurden Entwicklungsaufgaben an die Industrie abgegeben.

Aus der Abteilung Torpedowaffe (MWaIV) im Marinewaffenamt des OKM war im November 1939 das eigenständige Amt Torpedowaffe (TWa) entstanden. Es unterstand vom August 1940 bis März 1943 Vizeadmiral Backenköhler, dann bis zum Kriegsende Konteradmiral Gutjahr.
Die von der Unterseeboots- und Marinegasschule entlastete Torpedoinspektion in Kiel leitete vom Dezember 1939 bis zum Mai 1942 Vizeadmiral Kummetz. Ihm

war besonders die rasche Überwindung der Torpedokrise zu verdanken. Die nachfolgenden Inspekteure waren Vizeadmiral Ciliax, Vizeadmiral Utke und schließlich Konteradmiral Rudolf Junker. Utke und Junker waren vorher Kommandeure der TVA in Eckernförde gewesen.

7.6 Die Verbesserung des Tiefenapparates

Durch die bereits genannten fünf Aptierungen des TA war die Tiefenhaltung der deutschen Torpedos ab Sommer 1940 wesentlich verbessert. Der neue Apparat mit der Bezeichnung TA 1 besaß überdies eine Tiefeneinstellung bis 12 m. Doch kam es zwischen guten Läufen immer noch zu ungenügenden Ergebnissen. Die Ursache lag offenbar darin, daß zur Vermeidung zu umfangreicher Änderungen eine grundsätzliche Schwäche des G7a-TA beibehalten werden mußte, nämlich die zu großen inneren Reibungsverluste in der Pendelaufhängung und -lagerung sowie bei der Übertragungswelle, die ja gegen 1,5 at Luftdruck dicht sein mußte. Diese Reibungskräfte führten dazu, daß kleine Korrekturen bei einem Lauf in der eingestellten Tiefe nicht ausgeführt wurden, was zu größeren Tiefenabweichungen und Schwankungen führte. Dazu kam noch die Gefahr, daß durch die Wellenabdichtung bei einem erhöhten Luftdruck im U-Boot Luft in den TA eindringen und auch dort einen erhöhten Druck hervorrufen konnte, wodurch dann erhebliches Tiefersteuern bewirkt wurde. Deshalb waren Druckuntersuchungen im TA vorgeschrieben, die jedoch recht langwierig (3 Stunden!) und umständlich waren. Als U 94 am 30. Januar 1942 bei einer derartigen Untersuchung einen erhöhten Luftdruck im TA festgestellt und dem BdU gemeldet hatte, glaubte Dönitz nun auch den entscheidenden 'Sündenbock' für die Torpedoversager durch Nichtzündung gefunden zu haben.

Bei der TVA wurde darauf die Abdichtung der Wellendurchführung des Rudergestänges durch den TA-Behälter mit Hilfe einer selbstschmierenden Fettbuchse verbessert. Bei der Neukonstruktion des TA wurde dann die drehbare Wellendurchführung durch eine absolut dichte Membrandurchführung ersetzt.

Diese Schwierigkeit gab es beim G/7 und G 7v Torpedo nicht, da hier der TA zusammen mit der Steuermaschine im Wasserraum der Maschinenkammer und nicht im Hinterteil des Torpedos lag. Da ein völliger Umbau des G 7a und G 7e nicht in Frage kam, mußten andere Wege zur Verbesserung des Tiefenlaufes eingeschlagen werden.

Nachdem festgestellt worden war, daß mit Hilfe sechsflügeliger Treibschrauben auch vorher schlechtlaufende Torpedos eine Laufberuhigung zeigten, wurden als weitere Ursache für die schlechte Tiefenhaltung Maschinenerschütterungen angesehen. Durch Versuche mit einer Rüttelmaschine konnte nachgewiesen werden, daß das Pendel durch diese Erschütterungen zum Ausschlag gebracht wurde. Auch hier handelte es sich wieder um eine Folge der zu großen Reibung bei der Aufhängung.

Darauf wurde ein neuer TA mit abgetrenntem Gußeisenpendel (6 kg), neuer Tiefeneinstellvorrichtung und einer Einstellmöglichkeit bis 15 m Tiefe unter besonderer Berücksichtigung der Leichtgängigkeit entwickelt. Er erhielt die Bezeichnung TA 2. Nach einer umfangreichen Erprobung bei der TVA und dem TEK war er Anfang 1943 frontreif. Dabei hatte er bei allen drei Geschwindigkeiten des G 7a die gleiche mittlere Tiefe erreicht. Auch im Seegang wurden keine schlechteren, sondern eher bessere Ergebnisse als mit dem TA 1 erzielt. Durch den Wegfall des Tiefenapparatbehälters beim TA 2 kam die umständliche Dichtigkeitsprüfung in Fortfall. Ein weiterer Vorteil war die größere Druckfestigkeit von 15 at, wodurch der TA 2 auch für Tiefenschüsse geeignet war.

Für eine rasche Aufnahme der Fertigung dieses neuen TA waren die Betriebsmittel (Lehren und Vorrichtungen) bereits zu etwa 85% fertiggestellt, doch der Torpedokommission erschienen die Vorteile des TA 2 zu gering, um eine vollständige Umstellung der Fertigung zu rechtfertigen. Insbesondere hatte der konstruktive Aufbau des TA 2 den Nachteil, nicht als geschlossene Baugruppe ohne Fertigungsumstellung der Torpedos von oben eingesetzt werden zu können. Deshalb wurde die Einführung des TA 2 sowohl von dem Hauptausschuß Marine-Unterwasserwaffen als auch von der einflußreichen AGC abgelehnt.

Im Herbst 1943 hatte sich die Lage aber wesentlich verändert. Eine Reihe von Forderungen erzwangen die Abkehr vom TA 1:
1. die militärische Forderung, die Tiefeneinstellmöglichkeit auf 15 m erhöhen zu können,
2. der aus wirtschaftlichen Gründen notwendige Übergang vom Blei- zum Gußeisenpendel,
3. die Wiedereinführung des Schnellschusses beim G 7a für den S-Booteinsatz und
4. die in Aussicht stehende Einführung von schnellen Ingolin-Torpedos.

Um den Änderungsaufwand für die Fertigungsumstellung aber möglichst klein zu halten, wurde auf Anweisung des OKM von der TVA ein weiterer Tiefenapparat, der TA 3 entwickelt. Da die Austauschbarkeit mit dem TA 1 verlangt war, wurde bei ihm nur das Pendel (aus Gußeisen mit verbesserter und leichtgängiger Lagerung) neu gestaltet und die Tiefeneinstellmöglichkeit auf 15 m vergrößert.

Auch dieser TA 3 wurde von der TVA und dem TEK erprobt und hat die an ihn gestellten Erwartungen erfüllt. Da aber einige Vorteile des TA 2, die sich aus dem Wegfall des TA-Behälters ergaben, beim TA 3 nicht vorhanden waren, bemühte sich die TVA auch weiterhin darum, für die neuen Torpedos den TA 2 durchzusetzen.

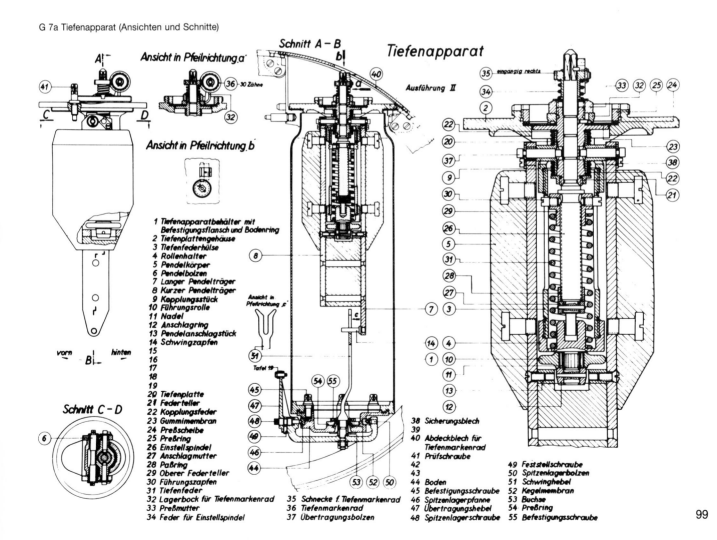

G 7a Tiefenapparat (Ansichten und Schnitte)

8 Neue Torpedopistolen und Zündverfahren

Zwar war im Sommer 1940 die Pi G7a sowohl im AZ- als auch im MZ-Teil so verbessert, daß sie nun als funktionssicher angesehen werden mußte, dennoch wurde der MZ-Schuß mit dieser verbesserten Pistole nicht freigegeben.

Die Engländer hatten nämlich im November 1939 durch die Untersuchung von zwei aus Flugzeugen abgeworfenen Minen, die in der Themse-Mündung aufs Watt gefallen waren, Kenntnis von der Wirkung der ihnen bis dahin unerklärlichen Magnetminen erhalten und darauf als Schutz gefährdeter Schiffe eine primitive Längsmagnetisierung durch um die Schiffe gelegte stromdurchflossene Kabelschleifen (ähnlich wie bei der deutschen MES-Anlage) durchgeführt. Dadurch war aber auch die Zündfähigkeit der MZ stark verringert worden. Als die deutsche Führung davon erfuhr, wurde der MZ-Schuß mit der Pi G7a endgültig gesperrt. Ab Sommer 1940 wurden also die deutschen Torpedos nur noch mit der AZ geschossen. Die neuen Torpedos erhielten die reine Aufschlag-Schubpistole Pi 1 (Pi G7H), bei der kein MZ-Teil mehr enthalten war.

Alle Bemühungen auf dem Zündgebiet waren jetzt darauf ausgerichtet, eine Abstandszündung zu entwickeln, die auch noch bei Schiffen mit einer durch MES stark verringerten Vertikalkomponente des Eigenfeldes funktionierte.
Eine wesentliche Rolle spielten dabei die Versuche, die zur Schaffung einer passiven Induktionspistole führen sollten. Man nahm damals an, daß sie die besten Aussichten für eine möglichst rasche Einführung besitzen würde.

Die Grundlagen für eine passive Induktionspistole wurden von Dr. Bittel (Askania-Werke) im Spätsommer 1940 durch Schußversuche auf durch MES geschützte und ungeschützte Schiffe gewonnen. Dazu wurde ein Sondergerät benutzt, das im Torpedokopf eingebaut war. Es bestand aus drei Induktionsspulen, drei Verstärkern und einem Oszillographen. Das Gerät zeichnete die Induktionswirkung in drei Richtungen (senkrecht, horizontal-längs und horizontal-quer) während des Torpedolaufes und insbesondere unter dem Ziel auf. Das Ergebnis von etwa 80 Schüssen gegen 6 Schiffe von 500 bis 5000 t zeigte, daß die Induktionswirkung der untersuchten geschützten und ungeschützten Schiffe bei normalem Torpedolauf weit über den Störungen, die durch die Eigenbewegung des Torpedos hervorgerufen wurden, lagen.

Die gemessenen Induktionsausschläge betrugen bei 30 kn Torpedogeschwindigkeit und einem Durchgang von 2 m unter Kiel zwischen 22 und 60 A/m·s und von 4 m unter Kiel zwischen 16 und 32 A/m·s. Bei MES-geschützten Schiffen waren die Ausschläge kleiner, aber 2 m unter Kiel immer noch über 16 A/m·s. Eine Beseitigung der Induktionswirkung war durch eine einfache MES-Schleife nicht möglich. Sie reichte in jedem Fall zur Auslösung der Zündung aus. Dies galt sowohl für den G 7a wie für den G 7e.

Das magnetische Erdfeld ist in gewissen Breiten weitgehend homogen und bewirkt bei einem geraden Torpedolauf keine Induktionsspannung. Auch bei den relativ langsamen Änderungen der Horizontalkomponente bei einem Kurvenlauf mit nicht zu starker Krümmung ist die durch das Erdfeld induzierte Spannung erheblich geringer als die durch das Schiffsfeld. Jedoch riefen Oberflächendurchbrecher beim G 7a in der horizontalen und noch stärker in der vertikalen Spule Induktionswirkungen hervor, die größer waren als diejenigen unter Schiffen in Abständen von 4-5 m. Da die Stromversorgung des Verstärkers beim G 7a zusätzliche Probleme schuf, wurde die Entwicklung einer Induktionspistole für den G 7a von der allgemeinen Entwicklung abgetrennt und zunächst die rasche Entwicklung einer Induktionspistole für den G 7e angestrebt. Sie sollte wie die Pi G7a zusammen mit einer AZ-Schubpistole im Pistolenschacht des G 7e Torpedos eingesetzt werden können. Das bedeutete eine relativ kurze Spule und einen kompakten Verstärker, der von der Torpedobatterie gespeist werden konnte.

Die beim Unterschießen eines Schiffes durch die zeitliche Änderung der Magnetfeldkomponente H_y in der Spule induzierte Spannung mußte durch den Verstärker soweit erhöht werden, daß der Strom das Zündrelais zum Ansprechen bringen konnte. Bei einer Torpedogeschwindigkeit von 30 kn betrug der erforderliche Auslösewert $dH_y/dt = 14$ A/m·s. Die Relais-Anlage dieser Pistole bestand aus zwei Einzelrelais: das erste schaltete durch den Induktionsstrom (Vorzündung), das zweite bei Nulldurchgang (Hauptzündung), also in der günstigsten Lage unter dem angegriffenen Schiff.

Ein Wechselstrom-MES mit einer Frequenz unter 11 Hz konnte zu einer Frühzündung dieser Pistole führen. Bei höheren Frequenzen erfolgte aber an der Stelle mit ausreichendem dH_y/dt-Wert nur die Vorzündung. Infolge der Zeitkonstanten des Gitterkreises der Endröhre kam jetzt die Hauptzündung nicht anschließend beim nächsten Nulldurchgang der Induktionsspannung, sondern erst dort, wo die Amplitude der Wechselspannung durch Null ging, also unter dem Schiff.

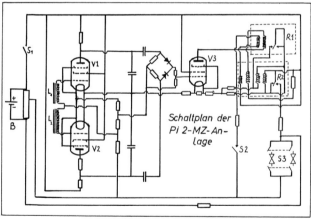

Schaltplan der Pi 2-MZ-Anlage

Diese in Zusammenarbeit von TVA, AGC und den Askania-Werken in Berlin-Friedenau geschaffene neue Abstandspistole erhielt die Bezeichnung Pi 39 bzw. Pi 2.

Nach einer Denkschrift der AGC vom 12. Dezember 1940 sollte bei einer einfachen Ausführung dieser Pistole und voller Konzentration auf ihre Entwicklung bereits im Herbst 1941 die Fronterprobung und ab Ende 1941 die Großserienproduktion der Pi 2 möglich sein. Doch die Entwicklungsarbeiten und Erprobungen erwiesen sich erheblich zeitaufwendiger als geplant. Erst ab November 1942 konnte die Pi 2 mit gewissen Einschränkungen für den Fronteinsatz freigegeben werden. Die ersten Einsätze erfolgten im Dezember 1942 von einem westfranzösischen Stützpunkt und von La Spezia aus. Als erster Erfolg wurde gemeldet:

28.12.42: U 260 (Kptl. Purkhold) erzielt Treffer mit Pi 'MZ ein' auf einem 5000 BRT-Frachter (EMPIRE WAGTAIL), der in der Mitte einbricht und rasch sinkt.

Nach den ersten drei Monaten des Fronteinsatzes der Pi 2 lagen bei 75 mit 'MZ ein' geschossenen Torpedos 30 Treffermeldungen vor. Davon konnten aber nur vier als sichere MZ-Treffer gewertet werden, da aus Sicherheitsgründen mit geringer Tiefeneinstellung geschossen worden war.

Durch eine Reihe von Einsatzbeschränkungen sollte sichergestellt werden, daß nur in erfolgversprechenden Situationen die Induktionszündung (Schalterstellung 'MZ ein') benutzt wurde. Der Einsatz war vorerst nicht gestattet bei Seegang über 4-5, stark windüberlagerter Dünung, einem Schneidungswinkel unter 30° und über 150° und nach starken Detonationen (Wabos). Dazu kamen Tiefgangsbegrenzungen, die AZ-Treffer auch bei 'MZ ein' nicht ausschlossen.

Da sich die neue Abstandspistole offenbar zu bewähren schien, wurden diese Beschränkungen nach und nach aufgehoben. Im März 1943 wurde eine neue Tiefeneinstellung befohlen, die größere Lauftiefen gestattete, und im August 1943 der Einsatz bei allen Wetterlagen und mit einer Tiefeneinstellung von 7 m und tiefer erlaubt. Ab März 1944 durfte die Pi 2 auch nach starken Detonationen mit 'MZ ein' benutzt werden.

Bei der Einführung der Pi 2 betrug die monatliche Produktion 200 Stück. Sie wurde bis April 1943 auf 300 Stück pro Monat gesteigert. Nach und nach erhielten sämtliche G 7e diese Pistole.

Aus der Pi 2 wurden im Laufe des Krieges einige Sonderausführungen abgeleitet, u.a. die Pi 2a mit einer Netzsäge aus vier scharfen Stahlmessern auf der Torpedohaube und einer Trägheits- statt der Hebelzündung sowie die Pi 2d für Torpedogeschwindigkeiten von 20 kn und darunter.

Als 1944 für den Kleinst-U-Booteinsatz G 7e Torpedos ohne Untertrieb erforderlich waren, mußte bei ihnen die Batterie auf einen Trog verkleinert werden. Das bedeutete eine Halbierung der Spannung, die nun für den Röhrenverstärker der Pi 2 nicht mehr ausreiche. Man speiste darauf den MZ-Teil mit einer besonderen Flachbatterie, die am Kopfende eingesetzt wurde. Die Pi 2 blieb unverändert vorn im Pistolenschacht, erhielt aber die neue Bezeichnung TZ 2 (TZ = Torpedozündeinrichtung).

Parallel zur Entwicklung der Pi 2 wurden auch ausländische Induktionspistolen untersucht, die in England und Italien für ihre Preßlufttorpedos entwickelt worden waren und besonders für den G 7a geeignet erschienen.

Die britische DUPLEX-Pistole (DUPLEX = Kombination von AZ und MZ) besaß ein Induktionssystem, das eine feste Spule von ca. 75 cm Länge enthielt und auf die Horizontalkomponente des Schiffsfeldes wirkte. Da dieses das Erdfeld sowohl verstärken als auch schwächen kann, wurden zwei Relais, ein Minus- und ein Plusrelais, für die Zündung benutzt. Dabei war das zweimalige Durchlaufen einer H_γ-Feldänderung von etwa 1,2 - 1,6 A/m in entgegengesetzter Richtung erforderlich. Die Zündung erfolgte also hinter dem Maximalwert von H_γ.

Eine Abwandlung dieses Verfahrens führte zur Pi Geiger (nach Prof. Geiger von der TH Berlin), die jedoch nicht über das Versuchsstadium hinauskam.

In England dauerte es noch bis 1944, ehe die DUPLEX-Pistole CCR (Contact or Control and Rod) im Mk 8 Torpedo wirklich frontreif war. Die anfängliche Auslösung der Zündung durch zwei hochempfindliche polarisierte Relais führte zu Fehlzündungen, die durch Tiefenschwankungen des Mk 8 vornehmlich bei Seegang ausgelöst wurden. Spätere Modelle der CCR waren mit einem Dreiröhrenverstärker ausgerüstet.

Die CCR soll erstmals mit Erfolg am 9./10. Juni 1944 bei der Versenkung der deutschen Vorpostenboote Vp 1314, 2020 und 2021 durch britische MTBs eingesetzt worden sein.

Die italienische Induktionspistole Pi Sic ist von Professor Carlosi entwickelt worden. Sie wirkte ähnlich wie die Pi 2, war aber einfacher aufgebaut. Für die Stromversorgung benötigte sie eine Anodenbatterie von 110 V und drei Heizbatterien von je 4,5 V. Dadurch hatte sie einen größeren Platzbedarf und ließ sich nicht mehr im Pi 2-Pistolenschacht unterbringen. Für die Zündauslösung wurde ein Thyratron benutzt.

Die Luftwaffe hatte schon im Frühjahr 1943 italienische Flugzeugtorpedos (LT F 5w) mit einer derartigen Pistole, die von ihr die Bezeichnung Pi 50 erhielt, eingesetzt.

Bei der deutschen Marine bekam die Pi Sic die Bezeichnung TZ 3. Sie war nicht mehr zusammen mit der Aufschlagzündung in der Nasenpistole vereinigt, sondern von ihr getrennt fest im Torpedokopf eingebaut. Die vorn einsetzbare Schubpistole Pi 3 war aus der Pi 1 abgeleitet worden und enthielt nur die Aufschlagzündung mit zwei elektrischen Detonatoren und den Sicherheitsstreckenteil mit dem Einschalter für die TZ 3.

Ab Januar 1943 wurde die TZ 3 zusammen mit dem G 7a erprobt. Wirklich befriedigende Ergebnisse wurden mit ihr nicht erzielt. Sie wurde nur eingeführt, da sie damals der einzig vorhandene Abstandszünder war, der im G 7a benutzt werden konnte. Die Fronteinführung des G 7a mit TZ 3 erfolgte im August 1943, anfangs mit gleichen Einsatzbeschränkungen und Tiefeneinstellungsvorschriften wie 1942 bei der Pi 2.

Als die Zulieferungen für die TZ 3 aus Italien ausblieben, wurde bei der TVA ein verbessertes Modell TZ 3a 'Thunfisch' entwickelt. Dabei wurde das Zündprinzip der Pi Sic beibehalten, jedoch wurden die Einzelteile der deutschen Fertigung angepaßt. Beispielsweise wurde deutscher Feindraht für die Induktionsspulen benutzt. Durch die Verwendung der Stahlröhre EBC 11 konnte eine größere Sicherheit gegen Ansprengungen erreicht werden.

Wegen der fehlenden Zulieferungen und der Umstellung auf deutsche Fertigung waren im März 1944 erst 50% aller Front-U-Boote mit G 7a TZ 3 Torpedos ausgerüstet. Da zu dieser Zeit der G 7a-Einsatz bei den U-Booten erheblich zurückgegangen war, spielte diese Abstandszündung bei ihnen keine große Rolle. Erfolge mit ihr sind nicht bekannt.

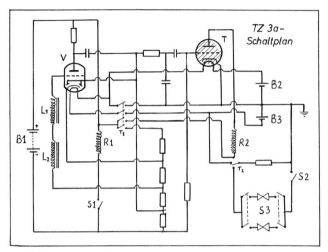

Schaltplan der TZ 3a-Anlage

Die Wirkung der passiven Induktionszündgeräte setzt eine genügend große Relativgeschwindigkeit zwischen dem Torpedo und den Feldlinien des gegnerischen Schiffes voraus. Ferner können sie bei zu hoher Empfindlichkeit und Kursänderungen des Torpedos mit kleinen Krümmungsradien bereits durch das Erdfeld ausgelöst werden. Deshalb wurde parallel zur Pi 2-Entwicklung auch an einer aktiven Induktionspistole gearbeitet. Der Anstoß dazu kam von Dr. Rieckmann (PTR). Er schlug eine Streufeldpistole vor, bei der vom Torpedo aus ein elektromagnetisches Wechselfeld erzeugt wird, das im metallenen Schiffsboden Wirbelströme induziert. Diese verursachen ein magnetisches Gegenfeld, das in einer Empfangsspule des Torpedos eine zusätzliche Spannung bewirkt. Durch einen mehrstufigen Verstärker wird diese Spannung soweit erhöht, daß sie über ein Relais die Zündung auslösen kann.

Die Entwicklung einer derartigen Abstandspistole erwies sich als schwierig. Die erste Pi Rieckmann wurde aufgegeben. In Zusammenarbeit mit der AEG (Dr. Hämmerling) wurde dann das RM-Gerät (Rieckmann) geschaffen, das als TZ 5 bei dem Lenktorpedo ZAUNKÖNIG zum Einbau kam. Bei den vorgesehenen akustischen Lenktorpedos war nämlich bei der Anlenkung auf der Hundekurve von hinten sowohl mit einer geringen Relativgeschwindigkeit zwischen Torpedo und Schiff als auch mit starken Richtungsänderungen zu rechnen, weshalb hier die Pi 2 nicht geeignet war.

Die TZ 5 bestand aus einer Erregerspule ('Salamander'), die um das Schwanzteil gewickelt war, und zwei Induktionsspulen ('Eidechsen') in dem Torpedokopf, einem zweistufigen Verstärker ('Viper'), einem Bandfilter, einem phasenempfindlichen Detektorkreis und einer Zündstromröhre ('Zornnatter'). Die Stromversorgung erfolgte durch einen Umformer ('Unke'), der aus dem Gleichstrom der 26 Batteriezellen einen Wechselstrom von 122 Hz erzeugte. Dieser Wechselstrom wurde direkt der Sendespule zugeführt, die ein magnetisches Moment von 10^{-4} V·s·m besaß. Bei einem idealen Spiegel in 6 m Entfernung wurde dadurch in den senkrecht zur Sendespule angeordneten Empfangsspulen von 80 Hy eine Nutzspannung von 1 mV induziert.

Ein entsprechendes Gerät für den Luftwaffentorpedo LT I B4 trug die Bezeichnung Pi 65. Die Pi 65 arbeitete mit drei Spulen, zwei Sendespulen auf der Stb- und Bb-Seite des Torpedoschwanzteiles (200-500 Hz, 20 W) und einer Empfangsspule im Torpedokopf.

Bei einer weiteren Streufeldpistole, die von Dr. Mollwo (PTR) entwickelt wurde, waren Sende- und Empfangsspulen entkoppelt im Torpedokopf angeordnet. Als Er-

Schaltplan der TZ 5-Anlage des ZAUNKÖNIG

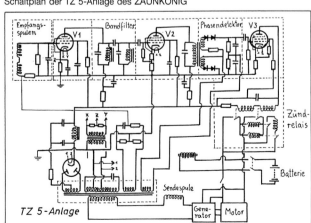

regerfrequenz wurde 65 Hz benutzt, auf die auch die Empfangsspule abgestimmt war. Diese Zündanlage erhielt die Bezeichnung TZ 6 und war für die neuen Torpedos T VI bis T VIII bestimmt. Der T VI war ein verbesserter elektrischer Torpedo mit dem neuen Gefechtskopf Kf oder einem Dynalkopf. T VII und T VIII waren Ingolin-Torpedos, die für die Stromversorgung ihrer Zündanlage einen Gleichstromgenerator besaßen, der von der Maschinenwelle angetrieben wurde.

Die TZ 6 - auch Pi Mollwo genannt - bereitete, bedingt durch die kleine Sendebasis, große Entwicklungsschwierigkeiten, so daß sie bis zum Kriegsende nicht mehr fertig wurde. Der zugehörige AZ-Teil dieser Zündanlage mit der Bezeichnung Pi 6 war aus der Pi 3-Schubpistole entwickelt worden und bei Kriegsende frontreif.

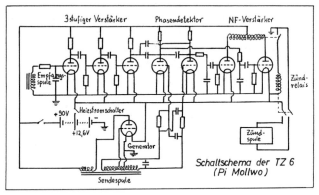

Schaltschema der TZ 6 (Pi Mollwo)

Nach dem Prinzip der sehr empfindlichen 'Förster-Sonde' wurde außerdem im Kaiser-Wilhelm-Institut (KWI) Stuttgart von Dr. Förster unter Mitwirkung von Prof. Feldkeller der TH Stuttgart die Pi KWI (Luftwaffenbezeichnung Pi 55) entwickelt. Sie sollte auch noch in größeren Zündtiefen ansprechen. Dazu hatte man im Torpedokopf zwei 'Förster-Sonden' mit möglichst großem Abstand eingebaut, die die Feldänderung beim Unterlaufen eines Schiffes anzeigten und dadurch die Zündung auslösen sollten. Die Versuche wurden bei der IVN in Neubrandenburg durchgeführt. Im Dezember 1944 wurde die Pi KWI als aussichtsreichste Abstandspistole in die erste Dringlichkeit für weitere Entwicklungsvorhaben auf dem Torpedogebiet eingereiht, doch dürfte es wohl kaum noch zu einer abschließenden Bearbeitung gekommen sein.

Neben den Induktionseffekten für die Auslösung der Abstandszündung wurden auch optische und akustische Effekte eines unterschossenen Schiffsrumpfes untersucht und in die Pistolenentwicklung einbezogen.

Über die Entwicklung sogenannter Optischer Pistolen ist nur wenig bekannt geworden. Bei ihnen sollte die Änderung der Reflexion vom Torpedo ausgesandter Lichtimpulse durch den Schiffsrumpf die Zündung auslösen. Zwei Verfahren waren 1944 in der Entwicklung, die Pi O (AEG - Prof. Ramsauer) und die Pi 'Leuchtfisch' (Geräteentwicklung Danzig - Dr. Frängel).

Die Pi O bestand aus einer Scheinwerferlampe, einem Empfänger, einem Verstärker und einem Zündstromkreis. Die Blinkfrequenz der 100-150 W Quecksilberdampf-Scheinwerferlampe wurde durch einen rotierenden Abblendschirm mit Schlitz mechanisch gesteuert. Eine Änderung der vom Empfänger aufgenommenen Lichtenergie ließ das Zündrelais ansprechen. Ein Wasserdruck-Kolben sollte verhindern, daß der Torpedo infolge unregelmäßiger Tiefenhaltung zündete. Nachts war der durch die Lampe auf der Wasseroberfläche erzeugte Lichtschimmer nur bis in ca. 45 m Entfernung sichtbar. Die Anordnung des Empfängers vor dem Scheinwerfer erlaubte eine Abschirmung gegen Lichtquellen auf dem Zielschiff. Bis Ende März 1945 sollten 20 Probemodelle der Pi O fertiggestellt sein. Luftangriffe verzögerten jedoch die Produktion.

Die Pi 'Leuchtfisch' war eine Parallelentwicklung zur Pi O, von der erwartet wurde, daß sie diese in ihrer Leistung übertreffen würde. Der Hauptunterschied bestand in der Benutzung einer Xenonlampe, die 10-20 Lichtblitze pro Sekunde im UV-Band aussandte. Dadurch war die Nachweismöglichkeit nachts wesentlich geringer. Jeder reflektierte Blitzimpuls wurde vom Empfänger registriert. Bei einer größeren Änderung der empfangenen Energie wurde die Zündung ausgelöst.

Etwa gleichzeitig mit der Pi O wurde auch eine passive Optische Pistole, die sogenannte Pi S (Schatten-Pistole), entwickelt. Ihre Hauptbestandteile waren eine Photozelle und der Pi 2-Verstärker.

Sobald der Torpedo in den Schatten des Zielschiffes lief, fiel die Spannung an der Photozelle ab. Dieser Spannungsabfall wurde verstärkt und löste dann in einem Relais die Zündung aus. Der Nachteil dieser relativ einfachen Pistole war, daß sie nur bei Tageslicht eingesetzt werden konnte. Von 15 Prüfungsschüssen bei der TVA ergaben 10 ein 'recht gutes' Resultat.

An der Entwicklung einer aktiv akustischen Pistole beteiligten sich drei Firmen: Siemens in Verbindung mit der AGC in Berlin, Elac in Verbindung mit dem NVK in Kiel und Atlas-Süd in München. Entsprechend wurden die von ihnen geschaffenen akustischen Pistolen Pi-Berlin, Pi-Kiel und Pi-München genannt. Die Entwicklung der Pi-München wurde besonders von der Luftwaffe gefördert, die diese Pistole in ihren Flugzeugtorpedos verwenden wollte. Von ihr wurde sie auch Pi Otto bzw. Pi 70 genannt.

Die akustischen Marinepistolen wurden bei der IVN in Neubrandenburg geprüft und erprobt. Die ersten Pi-Berlin und Pi-Kiel kamen bereits Ende 1942 zur IVN. Über die Entwicklung und Erprobung dieser Pistolen sind eine Reihe von Einzelheiten bekannt geworden.

Bei der Pi-Berlin (Dr. Steenbeck, Dipl.-Ing. Neff, Dipl.-Ing. Wüstling, Dr. Barwich, Dr. Wolff, Prof. Hertz und Prof. Trendelenburg) wurden im Abstand von 1/20 s Ultraschallimpulse von 50 kHz ausgesandt. Eine besondere Einrichtung sorgte dafür, daß der Empfänger nach dem Senden nur so kurze Zeit geöffnet war, daß die von der Wasseroberfläche zurückgeworfenen Echoimpulse nicht mehr aufgenommen werden konnten, jedoch aus kürzerer Entfernung eintreffende Echos noch einen offenen Empfänger vorfanden (Methode des Abtastens mit einer bestimmten Fühlerlänge). Während des Torpedolaufes im freien Wasser sprach der Empfänger also nicht an, dagegen beim Unterlaufen eines Schiffes.

Für das sichere Funktionieren dieses Verfahrens waren ein einwandfreies Erfassen des am Torpedo herrschenden Wasserdruckes und die Umsetzung der Druckangaben in elektrische Werte erforderlich. Das erste Problem wurde mit Hilfe der 'Sondenspinne', einer Druckdose in der Torpedoachse, die mit allen Torpedoseiten durch Meßkanäle verbunden war, gelöst. Das zweite Problem erwies sich aber als wesentlich schwieriger. Zuerst wurde versucht, mit Hilfe von stufenweise geschalteten Widerständen die Umwandlung der Druck- in elektrische Größen zu erreichen. Dieses Verfahren erwies sich aber schon in der Vorerprobung als ungeeignet, weil die Anzeige durch die Temperaturabhängigkeit der in der Druckdose enthaltenen Luft beeinträchtigt wurde. Bei einer zweiten Ausführung wurde das Luftpolster in der Dose durch eine im Vakuum untergebrachten Feder ersetzt. An Stelle der Widerstands-Stufenschaltung wurde ein kontinuierlich regelndes Potentiometer mit der Druckdose verbunden. Aber auch diese Methode mußte wieder aufgegeben werden, da das Umsetzen der Druckdosendeformation in eine Potentiometerdrehung nicht einwandfrei gelang. Nun versuchte man einen völlig anderen Weg einzuschlagen: In einem mit einer Gummimembrane abgeschlossenen Luftraum wurden zwei durch ein Stirnraddifferential verbundene LGW-Meßmotoren angeordnet. Eine der beiden Motorachsen trug einen Luftflügel, der bei steigendem Luftdruck in der Dose stärker abgebremst wurde. Durch das Differential konnte nun das damit verbundene Potentiometer verstellt werden. Dieses Verfahren erschien zwar funktionssicherer, war dafür aber zu kompliziert. Schließlich wurde auch noch versucht, einen LGW-Druckmesser für den Potentiometerantrieb zu verwenden. Es wurde zwar noch ein Exemplar fertiggestellt, jedoch kam es zu keinen Versuchen mehr.

Daneben wurde auch die Frage untersucht, welche Druckschwankungen beim Überlaufen eines Schiffes in geringem Abstand vom Schiffsboden auftreten. Dabei konnte etwa 2,5 m unter einem mit 9 kn fahrenden Schiff ein Unterdruck von 30 cm WS gemessen werden. Es wurde erwartet, daß schnellere und größere Schiffe stärkere Unterdrücke bewirken würden, was möglicherweise zur Nichtregistrierung der vom Schiffsboden zurückgeworfenen Schallimpulse hätte führen können. Somit war dieser Teil der Entwicklung bei Kriegsende noch ungelöst.

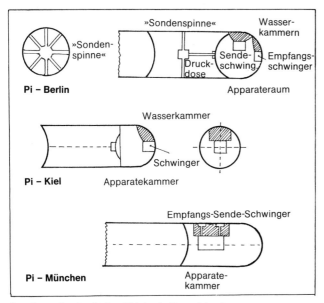

Anordnung der akustischen Pistolen im Torpedokopf

Bei der Pi-Berlin befand sich der Empfangsschwinger in der Torpedonase, der Sendeschwinger etwas oberhalb dahinter. Beide Schwinger lagen unter Wasserkammern, vom Wasser durch Plexiglasscheiben getrennt. Sie bestanden aus einer Nikkellegierung und arbeiteten auf magnetostriktiver Basis. Die Anregung des Sendeschwingers erfolgte durch eine Kondensatorentladung. Den Auf- und Entladevorgang bewirkten Glimmschaltröhren ohne Verwendung mechanischer Relais. Dadurch wurde ein erschütterungssicheres Arbeiten auch bei hohen Spannungen gewährleistet.

Für die Heizung der bei der Pi-Berlin angewandten Röhren wurden Ni-Cd-Zellen und für die Anodenspannung eine Rulag-Batterie benutzt. Für den Fronteinsatz war jedoch vorgesehen, auf einen im Torpedo erzeugten 500 Hz-Wechselstrom und auf indirekt geheizte Röhren überzugehen.

Durch Knallimpulse konnte die Pi-Berlin zur Zündung gebracht werden, wenn der Nachhall lange genug anhielt und mit genügender Intensität in mehrere Empfangsintervalle einfiel. Als Abhilfe war eine Kompensationsschaltung vorgesehen, bei der zwei Empfangsschwinger dicht nebeneinander angeordnet waren. Der eine war auf die Sendefrequenz, der andere auf eine davon verschiedene Frequenz abgestimmt. Wenn nun ein Störimpuls oder Knall mit breitem Frequenzspektrum einfiel, wurden beide Empfänger gleichmäßig angeregt. Durch eine besondere Schaltung konnte in diesem Fall die Sperrung des Empfängers erreicht werden. Nach großen Anfangsschwierigkeiten stand diese Entwicklung bei Kriegsende kurz vor dem Abschluß.

Nicht gelöst werden konnte dagegen das Problem der Störbeeinflussung der Lotanlage durch das Kielwasser von schnellen Schiffen. Versuche ergaben, daß das Schraubenwasser eines 16 kn laufenden Schiffes von 3500 BRT bis zu einem Abstand von etwa zwei Minuten hinter dem Heck noch die Pi-Berlin zünden konnte. Die Reflexe des Kielwassers waren zwar dort in ihrer Intensität nur etwa ein Drittel so stark als die des Schiffsbodens, reichten aber für die Zündung aus. Man versuchte darauf, ein Verfahren zu entwickeln, welches die verschiedenen Echoformen vom Schraubenwasser und vom Schiffsboden unterscheiden konnte, kam aber zu keiner endgültigen Lösung mehr.

Die Zündauslösung bei der Pi-Kiel der Firma Elac (Dr. Farenholz) war gegenüber dem Pi-Berlin-Verfahren grundsätzlich anders. Von der Pi-Kiel wurden die Wasseroberfläche angelotet und die reflektierten Impulse empfangen. Änderte sich nun die gelotete Entfernung sprunghaft, etwa beim Unterlaufen eines Schiffes, bewirkte diese Änderung die Zündung (Echolotverfahren mit Sprungauslösung). Zur Verminderung der Störbeeinflussung wurde die Öffnungszeit des Empfängers so klein gehalten, daß im Sperrbereich nur eine kleine Lücke für den Empfang der Echos vorhanden war. Dieses Verfahren hatte die Elac bereits bei der Zündanlage ihrer akustischen Mine AE 1 angewandt. Der Zeitpunkt, wann der Empfänger offen sein mußte, wurde dabei durch die vorhergehende Lotung bestimmt. Dadurch konnte ein Störknall praktisch nicht in den Empfänger eindringen. Erst wenn ein Echo zum erwarteten Zeitpunkt nicht eintraf, öffnete sich der Empfänger ganz. Das erste Echo vom Schiff, aber auch ein Störgeräusch, schloss den Empfänger von neuem und öffneten ihn erst wieder, wenn ein weiteres Schiffsecho zu erwarten war. Kam dieses zur richtigen Zeit, so wurde die Zündung ausgelöst. Es waren

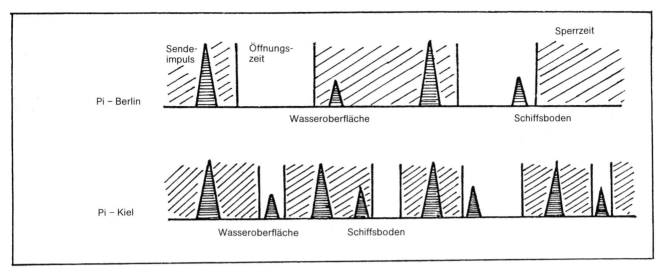

Prinzipskizze der Zündauslösung bei der Pi-Berlin und der Pi-Kiel

dafür also mindestens drei Schiffsechos erforderlich.
Die Pi-Kiel besaß nur einen Schwinger in einer Wasserkammer, der auf 25 kHz abgestimmt war und wechselweise zum Senden und Empfangen benutzt wurde. Bei der Festlegung dieser Frequenz war das Vorhandensein eines einfachen und erprobten magnetostriktiven Nickelschwingers bestimmend gewesen.
Von der ZAUNKÖNIG-Entwicklung war bekannt, daß das Staudruckgebiet am Torpe-

Prinzipskizze des Lotverfahrens der Pi-Kiel, Pi-München und Pi-Berlin

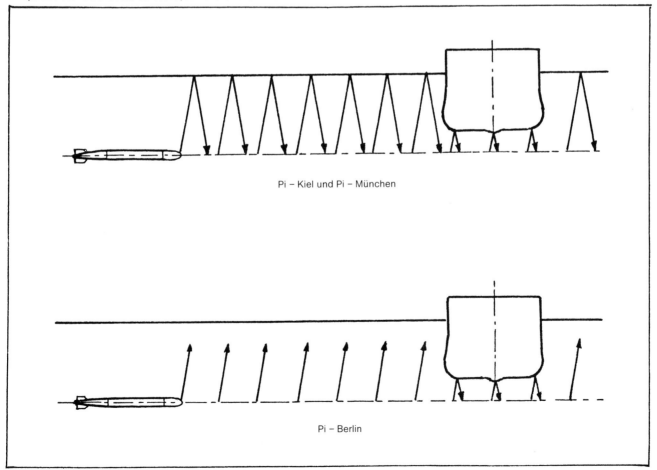

dokopf für den Einbau von akustischen Geräten an dieser Stelle günstig ist. Es wurde deshalb zunächst von der Marine gefordert, daß die Pi-Kiel als komplette Einheit zusammen mit ihren Batterien von vorn in den Pistolenschacht eines G 7a Torpedos eingeführt werden könne. Im weiteren Entwicklungsverlauf ging man dann aber von der unhandlichen Röhrenform ab und baute den Schwinger in die Kopfteilhülle des Torpedos ein.

Wie bei der Pi-Berlin erfolgte die Erregung des Senders zunächst durch einen Stoßkreis, bei dem drei Kondensatoren parallel mit 200 V aufgeladen und dann in Serie über den Sendeschwinger entladen wurden. Die Erzeugung der Impulsfolgen wurde aber hier durch einen Motor mit umlaufenden Nocken bewirkt. Die Lotfolge betrug 15 Hz. Der die Laufzeit messende Kondensator - seine Spannung entsprach der Laufzeit und damit dem Abstand - wurde bei einer plötzlichen Änderung der Laufzeit kurzzeitig umgeladen. Der hierbei auftretende Strom löste dann durch Betätigung eines empfindlichen Relais die Zündung aus.

Es gab einige Schwierigkeiten mit dem erschütterungssicheren Arbeiten dieses Zündrelais. Die AE 1-Ausführung, die in dieser Beziehung nicht derartig großen Beanspruchungen ausgesetzt war, mußte deshalb geändert werden.

Bei der IVN wurde zunächst mit mehreren Schüssen die Ausführbarkeit des Pi-Kiel-Verfahrens nachgewiesen. Beim Unterschießen von Schiffen und entsprechenden Zielen wurden Zündungen unter der zweiten Hälfte des Zieles registriert.

Nach der Änderung des Einbauortes des Empfängers traten bei weiteren Versuchsschüssen aber viele Fehl- und Frühzündungen auf, was auf ein ungünstigeres Verhältnis von Nutz- zu Störschall an dieser Stelle schließen ließ. Man bemühte sich deshalb verstärkt um eine Verbesserung dieses Verhältnisses, einmal durch eine bessere Abschattung des Schraubengeräusches, zum anderen durch eine höhere Senderleistung und eine schärfere Frequenzbündelung. Ein wesentlicher Fortschritt war dabei der Übergang von der Kondensatorentladung zum Röhrengenerator, bei dem die Senderöhre LS 50 durch eine Sperrschwingerschaltung

angeregt wurde. Dadurch konnten überdies die Lotfolge auf 50 Hz heraufgesetzt und die Bandbreite des Empfangsverstärkers verkleinert werden.

Mit dieser verbesserten Pi-Kiel wurde nun ein umfangreiches Schußprogramm zur Bestimmung des akustischen Störpegels durchgeführt. Beim 40 kn-Schuß eines G 7a ergaben sich Nutz-/Störschallverhältnisse von 10:1 bis 50:1. Dabei führten künstlich erzeugte Tiefenschwankungen des Torpedos nicht zu Fehlzündungen. Auch Störungen durch das Kielwasser der Zielschiffe waren bei der Pi-Kiel geringer als bei der Pi-Berlin, da das Kielwasser keinen so markanten Sprung wie ein Schiffsboden bewirkt. Eine Seegangsprüfung der Pi-Kiel stand allerdings noch aus.

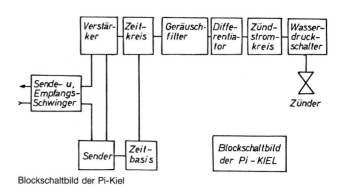

Blockschaltbild der Pi-Kiel

Die Pi-München (Dr. Darré, Dr. Kunze, Dr. Hell, Dr. Wellenstein) arbeitete wie die Pi-Kiel nach dem Sprungverfahren, besaß aber getrennte Schwinger für das Senden und Empfangen der Ultraschallimpulse. Der auf 35 kHz abgestimmte Sendeschwinger wurde wie bei der Pi-Berlin durch eine Kondensatorentladung erregt, der Auf- und Entladevorgang mit 15 Impulsen pro Sekunde durch ein Relais gesteuert. Der wesentliche Unterschied zu den anderen beiden akustischen Pistolen bestand im Einbau. Die gesamte Anlage war in einem Leichtmetallkasten untergebracht, der von oben in den rückwärtigen Teil des Torpedokopfes eingeschoben werden konnte. Dabei lagen beide Schwinger hintereinander auf der oberen Seite des Kastens und schlossen dort bündig an die Torpedooberfläche an. Ein erster Entwurf der Pi-München (Dr. Darré) datierte vom Juli 1942.

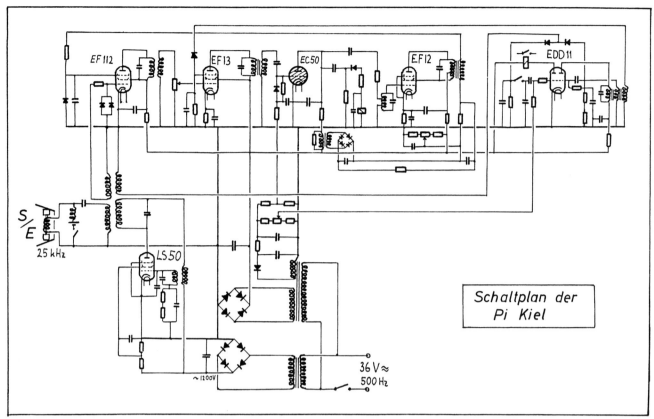

Schaltplan der Pi-Kiel

Schaltplan der Pi-München

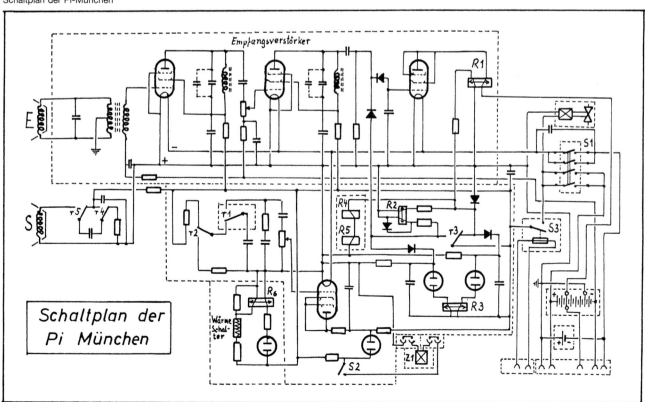

109

Für die Störverminderung dienten bei der Pi-München zwei Maßnahmen: einmal eine automatische Verstärkerregelung, die den Empfangskanal so einpegelte, daß Oberflächenechos gerade noch einwandfrei aufgenommen werden konnten, zum anderen eine 'Zweitechosperre' zur Unterdrückung von Echos, die durch Mehrfachreflexionen auftreten können. Es wurde erwartet, daß damit die Nutz-/Störschallrelation etwa der von Pi-Kiel und Pi-Berlin entsprach. Gegenüber Schraubenwasser war die Pi-München wegen ihrer geringeren Sendelei- und größeren Öffnungszeit empfindlicher als die Pi-Kiel, jedoch unempfindlicher als die Pi-Berlin. Bei Tiefenschwankungen wurden im Gegensatz zur Pi-Kiel Zündungen registriert. Vorteile bei der Pi-München waren die einfachere Bauweise, der geringere Raumbedarf und der praktische Einbauort.

Die Haupterprobung dieser von der Luftwaffe stark geförderten Pistole erfolgte beim Torpedowaffenplatz der Luftwaffe in Gotenhafen-Hexengrund (TWP). Nach der positiven Beurteilung von zwei Versuchsmustern wurde die Produktion einer Vorserie von 100 Stück aufgenommen. Beim TWP wurden etwa 300 Schüsse mit dieser Pistole ausgeführt.

Um ein genaueres Bild von der Wirkung der Pi-München zu erhalten, wurde diese Anlage in der Zeit vom 6. bis 10. September 1943 auf dem Turm des U-Bootes UD 3 erprobt. Dabei wurden die Echoimpulse auf einem Oszilloskop (ähnlich dem SU-'Kino') beobachtet. Bei der Verstärkereinstellung 1 entsprach 1 mV am Empfangsschwinger 1 mm Ausschlag, bei der Verstärkereinstellung 2 dem zehnfachen Betrag davon. Dabei konnte die genaue Tiefenmessung des U-Bootes vorteilhaft benutzt werden. Die U-Bootgeschwindigkeit wurde mit 2-4 kn niedrig gehalten, um keine reflektierenden Wirbelbildungen und Strömungen zu bekommen. Das Zielschiff (4-5 m Tiefgang) fuhr mit 7-9 kn Geschwindigkeit.

Die Echos von der Wasseroberfläche betrugen in 4,5 m Lottiefe maximal 65 mV, schwankten allerdings bei glatter See im Verhältnis 1:2 und bei stärkerem Seegang im Verhältnis 1:3. Mit zunehmender Lottiefe nahm dann die Echostärke mehr als $1/x$, jedoch weniger als $1/x^2$ ab. Das bedeutete, daß die Reflexion an der Wasseroberfläche zwischen spiegelnder und diffuser Wirkung lag. Die Echos vom Boden des Zielschiffes waren etwa genau so groß wie die von der Wasseroberfläche. Wie schon bei anderen Versuchen (Pi-Berlin) ergab sich eine Reflexion durch das Schraubenwasser. Direkt hinter dem Zielschiff war sie gering, stieg dann aber an. Kamen die Schwinger selbst in das Schraubenwasser (ca. 2-3 m unter der Oberfläche), wurden ganz unregelmäßige Echos von bis zu 7-8 mV registriert.

Diese erhebliche Störeigenschaft des Schraubenwassers führte dazu, daß im Bereich der Luftwaffe die weitere Entwicklung und die Versuche mit akustischen Zündanlagen im Herbst 1944 abgebrochen wurden. Dagegen liefen die Marineversuche unter der Leitung von Prof. Trendelenburg in Neubrandenburg noch bis Anfang 1945 weiter.

In einer zusammenfassenden Stellungnahme der IVN über die drei akustischen Pistolen vom 7. April 1945 hieß es u.a.:
"Die mit den akustischen Pistolen durchgeführten Versuche haben gezeigt, wie wichtig gerade auf diesem Gebiet die Grundlagenforschung gewesen ist. Die Versuche waren nicht nur bedeutungsvoll für akustische Zündverfahren, sondern auch für akustische Steuerungsverfahren und die Torpedomeßtechnik. Obwohl die Entwicklung der akustischen Pistole inzwischen wegen der Kriegslage eingestellt worden ist, sollte die Grundlagenforschung insbesondere im Hinblick auf Schraubenwassersicherheit weiterlaufen.
An eine zukünftige akustische Pistole müßten folgende Forderungen gestellt werden:
1. Konstruktiver Aufbau und Schwingeranordnung wie bei der Pi-München,
2. Lotverfahren wie bei der Pi-Kiel und
3. Speisung aus dem 500 Hz-Einheitsbordnetz."

Auch die Aufschlagzündung wurde im Laufe des Krieges weiterentwickelt. Auf dem gekaperten britischen U-Boot SEAL waren Torpedos vorgefunden worden, die als Zünder eine sogenannte 'Spinne' besaßen. Bei ihr waren das Nasenkreuz mit den

Greiferarmen und der Sicherheitsstreckenpropeller in Form eines sechsarmigen Sterns mit kleiner Anstellung vereinigt. Beim Torpedolauf drehte sich dieser Stern langsam um seine Achse und ließ dabei einen Zünder in die Initialladung einfahren, wobei außerdem gleichzeitig die Schlagbolzenfeder gespannt wurde. War der Anschlag erreicht, wurde eine Hülse in Gegenbewegung nach vorn geschraubt und löste dabei die Verriegelung des Schlagbolzens aus. Die 'Spinne' war nach allen Seiten beweglich und gab beim Anstoß eine Feder frei, wodurch die Schlagbolzen nach hinten schlugen und die Zündung bewirkten. Durch eine Wasserschlagklappe war die 'Spinne' gegen eine Drehung vor dem Lauf gesichert.

In der Zeit, als sich die Versager der Pi G7a-AZ häuften, erschien dieses Gerät, obwohl es nicht den Sicherheitsanforderungen der deutschen Marine entsprach, als Zwischenlösung bis zur Einsatzbereitschaft der Pi G7H (Pi 1) geeignet und erhielt die Marinebezeichnung Pi 40. Als Sofortprogramm wurden 1000 Stück in Auftrag gegeben.

Parallel zur Fertigung der Pi 40 lief die Erprobung. Es stellte sich dabei heraus, daß dieser große sternförmige Propeller in Verbindung mit den deutschen Torpedoköpfen, die im vorderen Abschnitt parabolische Form hatten, den Torpedogeradlauf so stark störten, daß praktisch jeder Schuß in der Eckernförder Bucht zum Strandläufer wurde. Aus ballistischen Gründen war deshalb eine Verwendung dieser Pistole nicht möglich, und die Fertigung wurde gestoppt.

Da die Aufschlag-Schubpistole inzwischen in der Pi 1 eine befriedigende Ausführung erhalten hatte, konzentrierte sich die weitere Entwicklung der AZ nun auf die sogenannten Trägheitspistolen, bei denen beim Aufprall des Torpedos eine bewegliche Masse ausschlägt und dadurch die Zündung auslöst.

Schon vor dem Zweiten Weltkrieg gab es verschiedene konstruktive Ausführungen dieser Zündungsart, die als Einbauort nicht mehr die Torpedospitze benötigte. Dies war vorteilhaft für die Anbringung von Netzsägen und notwendig für den Einbau von Ortungseinrichtungen an dieser Stelle.

Für den DWK-Exporttorpedo Ceto war z.B. in Anlehnung an eine Whitehead-Konstruktion eine Trägheitspistole geschaffen worden, die von oben in den mittleren Teil des Torpedokopfes eingesetzt werden konnte. Der Sicherheitsstreckenpropeller war als Wasserrad ausgebildet und ragte nur bei Drehung geringfügig aus dem Torpedomantel. Er war in einer Nische der Torpedohülle eingebaut und wurde oben von der Strömung des vorbeifließenden Wassers beaufschlagt. Diese Propelleranordnung ergab zwar keine so genaue Bestimmung der abgelaufenen Sicherungsstrecke wie bei einem Propeller an der Spitze des Torpedos, hielt diese aber für andere Zwecke frei. Das Trägheitssystem bestand aus einem nach allen Seiten beweglichen Becher, der beim Aufprall die durch die Drehung des Propellers aufgezogene Schlagbolzenfeder freigab und dadurch die Zündung auslöste. Diese Pistole konnte also auch bei seitlichem Aufprall des Torpedos die Gefechtsladung zünden. Dies konnte eintreten, wenn der Torpedo in die Schiffsschraube geriet.

Das Zündprinzip der DWK-Trägheitspistole wurde von der TVA für ihren Eigenlenktorpedo G 7s zu Grunde gelegt und weiterentwickelt. Daneben entstanden bei der TVA auch Trägheitspistolen, die in den Pistolenschacht der G 7a und G 7e Torpedos eingesetzt werden konnten.

Eine rein elektrische Trägheitspistole erhielt dabei die Bezeichnung Pi 41. Bei ihr war der Sicherheitsstreckenpropeller mit einem Wechselstromgenerator verbunden, der bei Drehung einen Kondensator über zwei Glimmröhren-Gleichrichter auflud. Gleichzeitig wurden die Steckerstifte dieser Anlage in die Buchsen der elektrischen Zündung eingefahren und der Pendelschalter freigegeben. Beim Aufprall des Torpedos schlug das Pendel nach vorn und schloß dabei den Zündkreis an den aufgeladenen Kondensator an. Der dadurch ausgelöste Entladungsstrom zündete über Zündpille und Übertragungsladung die Hauptladung.

Eine mit Kupferoxydul-Gleichrichtern und Band- statt Drahtleitungen ausgerüstete Abänderung der Pi 41 wurde Pi Leistner genannt. Der Wegfall der Greifhebel bei

diesen Pistolen ermöglichte die Anbringung von Netzsägen am Torpedokopf.
Die Pi 41 kam bei den Marinetorpedos nicht zum Einsatz. Sie wurde ab 1942 jedoch gelegentlich beim Luftwaffentorpedo F 5b verwendet.

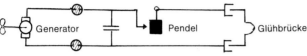

Prinzipskizze der Pi 41

Eine Marine-Weiterentwicklung der Pi 41 - insbesondere für den Schnellschuß - war die EZT (elektrische Zündung mit Totsch-Pendel). Bei dem von der Fa. Siemens entwickelten Totsch-Pendel (Totschläger) handelte es sich um eine an einer kräftigen Feder befestigten Masse, die bei Stößen von 3-5 g ansprach und dabei einen elektrischen Kontakt schloß, wodurch die Zündung ausgelöst wurde. Zur Dämpfung etwaiger Schwingungen, die nicht durch den Aufprall verursacht wurden, war in der Spiralfeder ein Bleidraht vorhanden.

Bei kurzen harten Stößen, die bei Ansprengungen auftraten, wurde der Zündkondensator durch ein zusätzliches steifes Bronzedrahtpendel, das erst bei Stößen über 10 g ansprach, kurzgeschlossen und dadurch eine unbeabsichtigte Zündung verhindert. Als Stromversorgung der EZT war eine Trockenbatterie vorgesehen.

Als AZ für die akustischen Abstandspistolen Pi Berlin und Pi Kiel war eine Sonderausführung der elektrischen Trägheitszündung mit Totsch-Pendel geplant. Bei ihr sollte die Stromversorgung sowohl durch einen Generator als auch durch die Batterien des Abstandzündteils möglich sein. Sie erhielt die Bezeichnung UZT (universale Zündung mit Totsch-Pendel).

Ende 1944 befanden sich EZT und UZT noch im Entwicklungsstadium. Am 18. Dezember 1944 wurde EZT von der Torpedokommission in die 1. Dringlichkeit eingereiht, während für UZT die Einstellung der Entwicklungsarbeiten angeordnet wurde.

Ab 1942 war die Jahrgangsbezeichnung der Marine-Torpedopistolen aufgegeben und eine einziffrige Kennzeichnung eingeführt worden, wobei Abänderungen des Grundmusters durch angefügte kleine lateinische Buchstaben bezeichnet wurden. Zweistellige Pistolenbezeichnungen blieben von nun an der Luftwaffe für ihre Konstruktionen vorbehalten.

Mit Pi 4 wurde nun die aus der DWK-Trägheitspistole für den akustischen Eigenlenktorpedo abgeleitete AZ benannt. Ein Nachteil dieser Pistole war das nicht gesicherte Wasserrad, das bei Rohrsteckern ablaufen und dadurch das Boot gefährden konnte. Der erste Einsatz dieser Trägheitspistole erfolgte Anfang 1943 bei der Fronterprobung des T IV (FALKE). Eine verbesserte Trägheitspistole, bei der das Wasserrad im Torpedorohr durch eine Blattfeder arretiert war und erst bei einer Strömungsgeschwindigkeit über 16 kn freigegeben wurde, erhielt die Bezeichnung Pi 4a. Sie wurde bei den T IV Torpedos der folgenden Einsätze benutzt.

Der Übergang zur magnetischen Abstandszündung TZ 5 beim T V (ZAUNKÖNIG) machte den Einbau eines elektrischen Zündteils in die Trägheitspistole erforderlich, damit die Zündung nicht nur durch Trägheitskräfte sondern auch durch die Induktionswirkung ausgelöst werden konnte. Um keine Eingriffe in die AZ vornehmen zu müssen, wurde eine Magnetspule um den Zünderschacht gelegt. Bei einer Induktionszündung wurde die Spule an die Batterie angeschlossen und erzeugte dadurch ein Magnetfeld, das die eisernen Pendelmassen zum Ansprechen brachte und damit die Schlagbolzenzündung auslöste. Das Problem der Rohrsteckersicherung wurde durch eine magnetische Arretierung des Wasserrades gelöst, die erst nach dem Verlassen des Rohres freigegeben wurde. Diese Pistole erhielt die Bezeichnung Pi 4b.

Eine wichtige Forderung an die Konstruktion von Trägheitspistolen war ihre Ansprengsicherheit, insbesondere gegen detonierende Torpedos eines Fächerschusses und Wasserbomben.
Wegen der unerwünscht großen Ansprengempfindlichkeit des nach allen Seiten in gleicher Weise beweglichen Trägheitssystems der Pi 4b wurde in der weiteren Entwicklung dieser Pistole auf zwei (mit

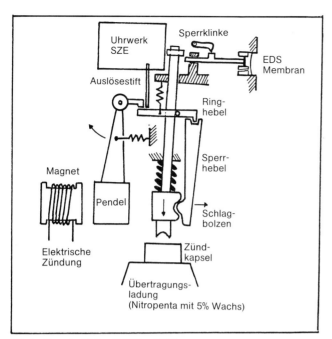

Prinzipskizze der Pi 4c mit SZE und EDS

ihren Achsen aufeinander senkrecht stehende) Pendel übergegangen. Dadurch wurde die Empfindlichkeitscharakteristik so verändert, daß ihr Maximum in der Richtung schräg aufwärts vorwärts und ihr Minimum nach hinten unten bestand. Die Pendel waren durch Masse, Feder und Hub so eingestellt, daß große kurzzeitige Beschleunigungen einen kleineren Ausschlag als kleinere länger anhaltende Beschleunigungen bewirkten, was ebenfalls die Ansprengsicherheit erhöhen sollte. Diese verbesserte Trägheitspistole erhielt die Bezeichnung Pi 4c und kam ab 1944 beim ZAUNKÖNIG zur Anwendung. Eine Abwandlung dieser Pistole mit der Bezeichnung Pi 4d war für den T Va, einen von Schnellbooten einsetzbaren ZAUNKÖNIG, vorgesehen.

Gefechtskopf Ke 1 des ZAUNKÖNIG

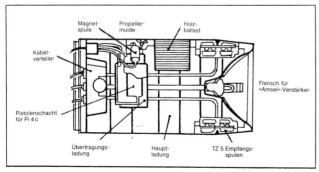

Trägheitspistole Pi 4c

Weitere Verbesserungen dieser Pistolen waren der Einbau einer Selbstzerstörungseinrichtung (SZE) und einer Enddetoniersicherung (EDS).

Bei der SZE schob ein Uhrwerk der Firma Junghans nach 6 oder 12 Stunden einen Auslösestift heraus, der den Schlagbolzen freigab und dadurch die Zündung auslöste.

Bei der EDS wurde bei Wassertiefen von mehr als 80 m eine Membrane eingedrückt, wobei durch das eindringende Wasser ein Kolben unter den Schlagbolzenring geschoben wurde. Dieser wurde dadurch arretiert. Eine Sperrklinke verhinderte das Zurückgleiten des Kolbens.

9 Die Programmsteuerungen FAT und LUT

Schon vor dem Ersten Weltkrieg besaßen die deutschen Torpedos ab C/06 eine Winkelschußeinrichtung bis ± 90°, die von den U-Booten mit ihren fest eingebauten Torpedorohren nicht mehr die Ausrichtung des Bootes auf den geschätzten oder errechneten Zielpunkt verlangte. In gewisser Weise handelte es sich bei dieser Winkelschußeinstellung bereits um eine einfache Programmsteuerung, die durch eine entsprechende Verstellung am GA bewirkt wurde.

Das Geradlaufgerät GA war in seinem wichtigsten Teil, dem vollkardanisch aufgehängten Obryschen Kreisel, fast unverändert geblieben. Verändert wurde im Laufe der Entwicklung in erster Linie die Übertragung seiner Richtkraft auf die Steuermaschine.

Beim Übergang vom GA VII des G 7v auf den GA VIII der G 7a und G 7e Torpedos war als wesentliche Neuerung statt der Schieber- die Strahlrohrsteuerung eingeführt worden. Wie seine Vorgänger bestand der GA VIII aus einem Meß- und einem Arbeitsteil. Der Meßteil enthielt den Kreisel, auf dessen Umfang 28 schaufelförmige Taschen eingefräst waren. Beim An- und Nachblasen wirkten sie wie die Schaufeln einer Curtis-Turbine und wandelten die kinetische Energie des Luftstromes in Rotationsenergie des Kreisels um. Das Anblasen erfolgte bei festgestellter Kreiselaufhängung mit ungeregelter Druckluft von 200 atü, die etwa 0,25-0,28 Sekunden aus einer Düse auf den Kreisel wirkte. Dabei erreichte er eine Drehzahl von ca. 14000 U/Min. Anschließend wurde die Kreiselaufhängung freigegeben. Die Kreiselachse hielt jetzt die GA-Richtung, die beim Abschuß mit der Torpedorichtung übereinstimmte. Das Nachblasen wurde mit geregelter Druckluft von 6 atü ausgeführt. Sie wurde durch Bohrungen in den Ringen zu zwei Düsen am inneren Ring geführt und blies von hier so auf den Kreiselumfang, daß keine ablenkenden Kräfte auf die Ringaufhängung wirkten. Während einer Nachblasezeit von etwa einer Minute wurde dadurch die Drehzahl des Kreisels auf ca. 20000 U/Min gebracht.

Bei einer Abweichung des Torpedos vom GA-Kurs bewegte ein auf dem äußeren Ring sitzender Anker einen Lenker, der mit dem Strahlrohr verbunden war. Dieses blies einen Luftstrahl gegen die beiden Öffnungen des Steuerschiebers. Bei 0°-Stellung des Kreisels traf der Luftstrahl genau auf die Mitte zwischen den beiden Öffnungen, so daß die Kraftwirkung der von hier auf die beiden Seiten des Steuerkolbens geleiteten Druckluft gleich groß war. Bei einer Kursabweichung war der Luftstrom durch eine Öffnung stärker, wodurch der Steuerkolben nach dieser Seite abgelenkt wurde. Der Steuerkolben war über einen Steuerhebel mit dem Steuerschieber verbunden. Dadurch folgte der Steuerschieber mit seinen Öffnungen der Bewegung des Strahlrohres. Die Bewegung des Steuerkolbens wurde durch ein Steuergestänge auf die GA-Ruder übertragen, deren Ausschlag gegen die Kursablenkung des Torpedos wirkte.

Für den Winkelschuß mit einer maximalen Abweichung von etwas über 90° nach jeder Seite konnte der Anker bei arretiertem Kreisel über eine Schnecke mit Schneckenrad nach beiden Richtungen verdreht werden. Für eine Verstellung des Ankers um 2° mußte die Schnecke eine volle Umdrehung ausführen. Vor der Freigabe des GA wurde die Verbindung der Einstell-

Prinzipskizze des GA VIII Meß- und Arbeitsteil (Seitenansicht und Ansicht von oben)

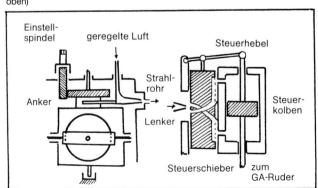

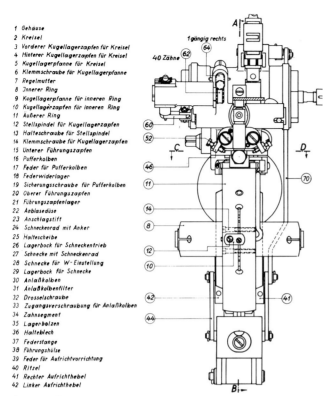

1 Gehäuse
2 Kreisel
3 Vorderer Kugellagerzapfen für Kreisel
4 Hinterer Kugellagerzapfen für Kreisel
5 Kugellagerpfanne für Kreisel
6 Klemmschraube für Kugellagerpfanne
7 Regelmutter
8 Innerer Ring
9 Kugellagerpfanne für inneren Ring
10 Kugellagerzapfen für inneren Ring
11 Äußerer Ring
12 Stellspindel für Kugellagerzapfen
13 Halteschraube für Stellspindel
14 Klemmschraube für Kugellagerzapfen
15 Unterer Führungszapfen
16 Pufferkolben
17 Feder für Pufferkolben
18 Federwiderlager
19 Sicherungsschraube für Pufferkolben
20 Oberer Führungszapfen
21 Führungszapfenlager
22 Anblasedüse
23 Anschlagstift
24 Schneckenrad mit Anker
25 Haltescheibe
26 Lagerbock für Schneckentrieb
27 Schnecke mit Schneckenrad
28 Schnecke für W-Einstellung
29 Lagerbock für Schnecke
30 Anlaßkolben
31 Anlaßkolbenfilter
32 Drosselschraube
33 Zugangsverschraubung für Anlaßkolben
34 Zahnsegment
35 Lagerbolzen
36 Halteblech
37 Federstange
38 Führungshülse
39 Feder für Aufrichtvorrichtung
40 Ritzel
41 Rechter Aufrichthebel
42 Linker Aufrichthebel

Strahlrohr-Geradlaufapparat GA VIII (Vorderansicht)

Strahlrohr-Geradlaufapparat GA VIII (Ansicht von oben und Querschnitte)

spindel zum Anker gelöst. Beim Winkelschuß blieb das GA-Ruder solange in Hartruderstellung, bis der Torpedo die gewünschte Richtung und das Strahlrohr die Mittellage hatte. Dabei lief der Torpedo auf einem Kreisbogen von etwa 95 m Radius.

Um dem nach außen Krängen des Torpedos beim Kurvenlauf entgegenzuwirken, besaß bei den neueren deutschen Torpedos das untere GA-Ruder eine erheblich geringere Ruderfläche als das obere.

Der Anlaß zur FAT-Entwicklung war eine Anfrage des OKM bei der TVA, ob es möglich sei, G 7a Torpedos nach einer einstellbaren Geradlaufstrecke Drehkreise von 1000-1500 m Durchmesser ausführen zu lassen. Schon früher war gefordert worden, bei Torpedos nach einem Fehlschuß die ungenutzte Laufkapazität durch eine anschließend wirkende Kreissteuerung für eine erneute Trefferchance zu nutzen. Versuche zeigten bald, daß so große Drehkreise nur mit erheblichen Streuungen gesteuert werden konnten, verhältnismäßig umfangreiche Kreisbogenstücke

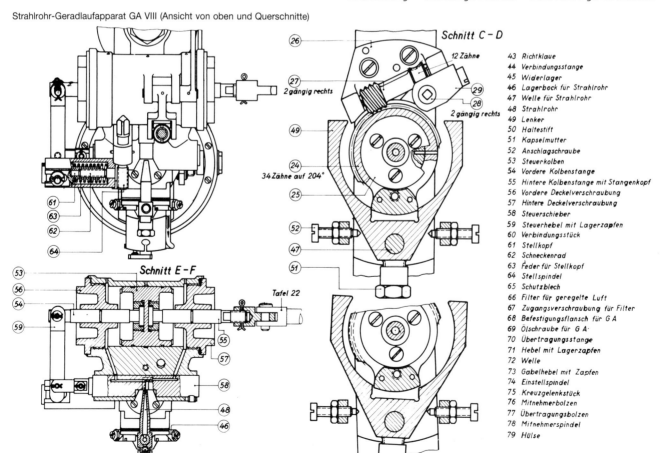

43 Richtklaue
44 Verbindungsstange
45 Widerlager
46 Lagerbock für Strahlrohr
47 Welle für Strahlrohr
48 Strahlrohr
49 Lenker
50 Haltestift
51 Kapselmutter
52 Anschlagschraube
53 Steuerkolben
54 Vordere Kolbenstange
55 Hintere Kolbenstange mit Stangenkopf
56 Vordere Deckelverschraubung
57 Hintere Deckelverschraubung
58 Steuerschieber
59 Steuerhebel mit Lagerzapfen
60 Verbindungsstück
61 Stellkopf
62 Schneckenrad
63 Feder für Stellkopf
64 Stellspindel
65 Schutzblech
66 Filter für geregelte Luft
67 Zugangsverschraubung für Filter
68 Befestigungsflansch für GA
69 Ölschraube für GA
70 Übertragungsstange
71 Hebel mit Lagerzapfen
72 Welle
73 Gabelhebel mit Zapfen
74 Einstellspindel
75 Kreuzgelenkstück
76 Mitnehmerbolzen
77 Übertragungsbolzen
78 Mitnehmerspindel
79 Hülse

Strahlrohr-Geradlaufapparat GA VIII (Seitenansicht)

für einen Treffer nicht in Betracht kamen, weil die Schneidung für eine sichere Zündung zu klein war, und bei einem stationären Kreislauf der Geleitzug oder das Schiff relativ schnell aus der Gefahrenzone auswandern würde. Die TVA schlug darauf einen Schleifenlauf vor, bei dem der Torpedo mit dem Geleitzug mitwandert und günstige Schneidungswinkel über größere Strecken erzielt. Ferner ist die gestreckte Form der Schleifen gegenüber einer Entfernungsverschätzung unempfindlicher als der Kreis.

Schon nach wenigen Tagen konnte eine Zwangssteuerung für den Schleifenlauf mit Hilfe des bei der TVA Gotenhafen für den akustischen Torpedo entwickelten GA VIIIs 'Specht' und einer Kontaktuhr gebaut werden, die die Bezeichnung 'Federapparat' (FAT) erhielt. Die Ergebnisse dieses in einen G 7a eingebauten 'Federapparates' waren sehr befriedigend, zeigten aber auch schon die charakteristischen Eigenschaften der FAT-Steuerung auf, insbesondere das Tieferlaufen des Torpedos im Wendekreis.

Inzwischen war die Serienkonstruktion

Strahlrohr-Geradlaufapparat GA VIII (Längsschnitt)

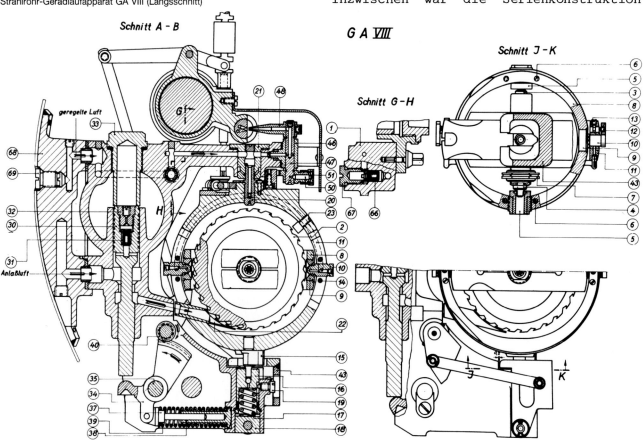

des FAT auf mechanisch-pneumatischer Grundlage in Angriff genommen worden. Die FAT-Einrichtung bestand jetzt aus 5 Steuerscheiben, die wahlweise über eine biegsame Welle mit dem Schneckenrad der Stoppvorrichtung an der Maschinenwelle verbunden werden konnten. Die erste Steuerscheibe bestimmte die Länge des Vorlaufes und schaltete nach dem Ablauf dieser Strecke die gewählte Steuerschei-

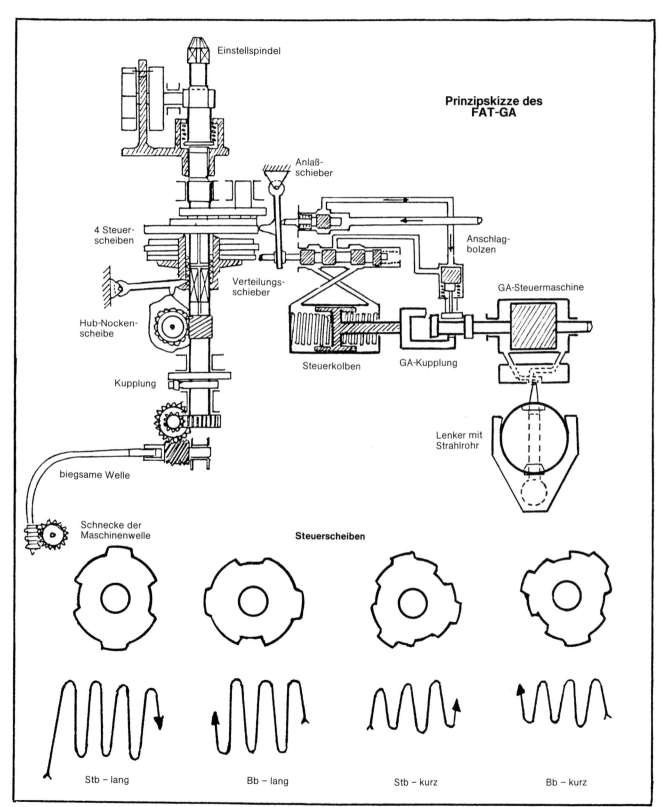

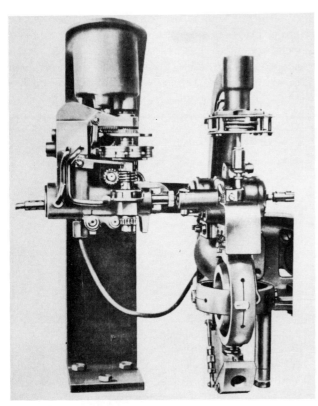

GA VIII FAT und ‚Federapparat'

GA VIII FAT

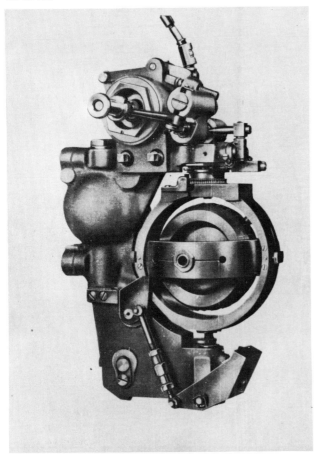

be des Schleifenlaufes ein. Diese löste dann gegen den Einfluß des GA die Umlenkbögen aus.

Die vier Steuerscheiben für den Schleifenlauf konnten folgende Programme ermöglichen: lange Schleife rechts, lange Schleife links, kurze Schleife rechts und kurze Schleife links. Bei 'lang' betrug die Schleifenlänge etwa 1900 m, bei 'kurz' etwa 1200 m. Die Wahl einer bestimmten Steuerscheibe und die Einstellung der Vorlauflänge (Einstellmöglichkeit in Stufen von je 500 m bis maximal 15000 m) erfolgte durch Rechtsdrehung einer einzigen Einstellspindel. Die Torpedogeschwindigkeit war auf 30 kn und die Laufstrecke auf 12500 m festgesetzt. Der Drehkreisradius in den Umlenkbögen sollte dabei 170 m betragen. Die FAT-Einstellung wurde durch das FAT-Stellzeug am Torpedorohr mit einer Handkurbel vorgenommen.

Die Übertragung der Programmbefehle auf die FAT-Steuermaschine erfolgte wie beim GA pneumatisch durch geregelte Druckluft von 6 atü, die auf einen federgefesselten Steuerkolben wirkte. Dieser Steuerkolben war über eine Kupplung mit dem Arbeitszylinder der GA-Ruder verbunden. Die Kupplung sollte ermöglichen, daß der gerade Vorlauf allein durch den GA ohne Beeinflussung durch den FAT bestimmt wurde, um bei einem Versagen des FAT noch den normalen gezielten Schuß sicherzustellen.

Das Schneckenrad mit Anker war beim FAT-GA durch ein Schneckenrad mit Doppelanker ersetzt worden, ebenso der Lenker durch einen Doppellenker. Die Anker waren verschieden hoch. Der höhere Anker steuerte beim Schuß zuerst über den oberen Lenker den Lauf des Torpedos, während der niedrigere Anker mit dem unteren Lenker den um 180° gedrehten Torpedo steuerte. Der untere Führungszapfen war durch einen Führungszapfen mit herzförmiger Kurvenscheibe ersetzt worden. Diese herzförmige Kurvenscheibe konnte die Kreiselvorrichtung aus jeder Stellung in ihre Anfangsstellung aufrichten. Dabei kam der obere Lenker mit dem oberen Anker in Eingriff.

Der erste FAT-Einsatz war im Dezember 1942 im Nordatlantik und Mittelmeer vorgesehen. Wegen der Sichtbarkeit der Blasenbahn des G 7a Torpedos war er auf die Nachtstunden beschränkt worden, um den Programmlauf nicht vorzeitig an den Gegner zu verraten. Die Notwendigkeit einer möglichst genauen Vorlaufbestimmung führte dazu, daß der FAT vorerst nur von zehn U-Booten mit einer FuMG-Ausstattung (FuMO 30) eingesetzt werden sollte.

Den ersten erfolgreichen FAT-Einsatz meldete U 406 (Kptl. Dieterichs) am 28. Dezember 1942 nach einem Angriff auf das Geleit ONS 154. Kptl. Dieterichs berichtete die Versenkung von zwei Schiffen und Treffer auf zwei weiteren. Tatsächlich wurden aber nur drei Schiffe beschädigt. U 406 hatte zwei G 7a-FAT und drei T III mit geschätzten Entfernungsunterlagen auf diese Ziele geschossen. Es ist deshalb nicht sicher, welche Torpedos die drei Treffer erzielten. Da die Meldung des Kommandanten aber sehr optimistisch klang und sich die Anlieferung der FuMO-Geräte verzögerte, erfolgte am 8. Januar 1943 der Befehl, den G 7a-FAT auf möglichst vielen U-Booten im Nordatlantik ohne Bindung an den FuMG-Einbau einzusetzen. Dagegen wurde der Mittelmeereinsatz wieder abgestoppt, da hier die erhöhte Sichtbarkeit des G 7a besonders nachteilig schien. Wegen der großen Nachthelligkeit wurde auch der Nordmeereinsatz des G 7a-FAT ab Mai 1943 unterbrochen.

Einen klaren FAT-Treffer erzielte U 92 (Kptl. Oelrich) am 22. Februar 1943 bei drei Einzelschüssen mit FAT-Torpedos auf drei Frachter des in zwei Kolonnen fahrenden ON 166-Geleitzuges. Eingestellt waren 8000 m Vorlauf und Schleife links lang. Der erste und dritte Torpedo trafen nach 10m30s bzw. 11m31s Laufzeit das 9348 BRT große Motorschiff N.T. NIELSEN ALONSO.

Am 17. März meldete U 435 (Kptl. Strehlow) zwei FAT-Treffer auf dem 7196 BRT großen Dampfer WILLIAM EUSTIS des Geleits HX 229. Die Vorläufe waren auf 5000 m und 4000 m eingestellt und die Schleifen links lang. Die Treffer wurden vor Beginn der 3. bzw. 4. Schleife nach

,Federapparat' für GA VIII FAT

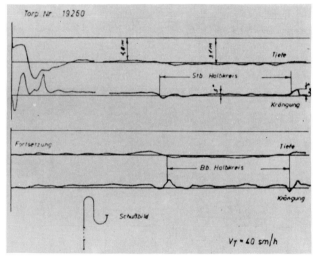

Schußverlauf (Tiefenlauf und Krängung) eines G 7a FAT beim Nahschuß

Einfluß der Laufstrecke auf die theoretische Trefferwahrscheinlichkeit beim FAT-Lauf

Eingestellter Vorlauf	Torpedolaufstrecke			Geleitzuggröße: 12 Schiffe Geschwindigkeit: 8 sm/h Aufstellung
	5000 m	7500 m	12500 m	
500 m	44 %	61 %	88 %	
1500	36	54	83	
2500	27	48	78	
3500	14	41	72	
4500	0	32	67	

13m46s gehorcht. Es ist bemerkenswert, daß keines der beiden von U 92 und U 435 mit FAT-Torpedos getroffenen Schiffe sofort sank, sondern sie erst durch Fangschüsse anderer U-Boote zum Sinken gebracht werden mußten.

Im Mai 1943 betrug die Fertigung des G 7a-FAT etwa 100 Stück im Monat bei einer Gesamtausbringung von monatlich 350 G 7a-Torpedos. Die Ablieferungszahlen nahmen nur langsam zu.

Neben dem G 7a-FAT Torpedo (FAT I) wurde aus dem T III auch ein elektrisch angetriebener Schleifenläufertorpedo, der G 7e-FAT (FAT II), mit den Möglichkeiten 'lange Schleife' und 'Kreislauf' entwickelt. Beim FAT II waren anstelle der Nockensteuerscheiben für die kurzen Schleifen 'Kreisscheiben' für einen 340 m Drehkreisdurchmesser eingesetzt. Der G 7e-Kreisschuß war als Übergangsmaßnahme für die Zerstörerabwehr aus den Lagen 0° oder 180° bis zur Einführung des T V gedacht. Der erste Einsatz des FAT II erfolgte mit je 50 Stück im Mai 1943 im Nordmeer und im Mittelmeer, wo zu dieser Zeit der FAT I wegen seiner Blasenbahn nicht mehr eingesetzt wurde. Ab Juni 1943 sollte dann der FAT II auch den Booten im Atlantik als 'Zerstörerabwehrtorpedo' mitgegeben werden, und zwar pro Boot zwei Stück im Heckraum. Im Mai 1943 wurden 100 FAT II abgeliefert, ab August sollten es mehr werden.

Im Frühjahr 1943 wurden erhebliche Anstrengungen unternommen, den FAT-Einsatz mit dem G 7e erfolgreicher gestalten zu können. Die Hauptschwierigkeit lag ja in der für einen echten Schleifenlauf zu kleinen Laufstrecke (5000 m bei 30 kn). Deshalb entwickelte die TVA zunächst eine Geschwindigkeitsumschaltung, die die Batterie nach Beendigung des Vorlaufes von Reihen- auf Parallelbetrieb umschaltete. Dadurch ging zwar die Geschwindigkeit nach der Umschaltung auf 20 kn zurück, dafür verdreifachte sich aber die Restlaufstrecke. Der Abfall der FAT-Geschwindigkeit (das Vorwärtswandern der Schleifen) konnte durch Vergrößerung der Drehkreise ausgeglichen werden. Durch die plötzliche Umschaltung auf 20 kn traten aber Tiefenlaufstörungen auf, die durch die Trägheitskräfte des Pendels infolge der Verzögerung verursacht wurden und noch bei 3 m Tiefeneinstellung zu Oberflächendurchbrechern führten. Da der Torpedo bei der geringeren Geschwindigkeit einen größeren Anstellwinkel als bei 30 kn benötigte, um den gleichen dynamischen Auftrieb für die Überwindung des Untertriebes zu erhalten, kam es außerdem beim anschließenden FAT-Lauf zu

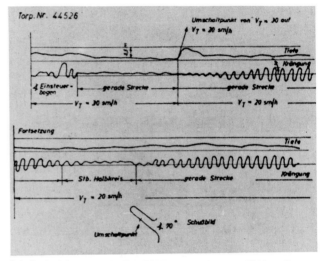

Schußverlauf eines normalen G 7e FAT Torpedos ohne ausschiebbare Flossen bei 70°-Winkelschuß und Umschaltung von 30 kn auf 20 kn im Lauf

G 7e-Schwanzstück mit ausschiebbaren Vertikalflossen

Flossen eingeschoben

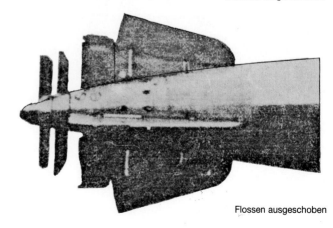

Flossen ausgeschoben

pulsierenden Krängungen. Diese konnten aber durch ausschiebbare Vertikalflossen völlig beseitigt werden. Allerdings war bei diesem Torpedo die Abstandspistole Pi 2, die die volle Batteriespannung benötigte, nicht mehr zu benutzen.

Ein anderer Weg, die Laufstrecke des G 7e zu vergrößern, war die Erhöhung der Batteriekapazität. Bereits Anfang 1942 war eine entsprechende Forderung an die AFA gestellt worden. Darauf waren eine Reihe von Versuchsbatterien mit größerer Plattenzahl bzw. -fläche in Angriff genommen worden.

Am 5. Februar 1943 kam es dann bei der AFA in Hagen zu einer großen Besprechung über die Möglichkeiten, die Batteriekapazität bei dem Gerät 20 (G 7e) zu erhöhen. Teilnehmer waren von der TVA in Eckernförde Kpt.z.S. Hintze, MB Dr. Mayer und Dipl.-Ing. Roggenkamp, vom TWa des OKM MOB Scheller und Dipl.-Ing. Otto, von der TI in Kiel Dipl.-Ing. Weinberger, von der CPVA Reg.Rat Dr. Ralfs und Dr. Determann, von der AGC Prof. Cornelius und Dr. Neugebauer, von der PTR Dr. v.Steinwehr, von der AFA Berlin Dir. Wehrlin und Dir. Winckler und von der AFA Hagen Dir. Clostermann, Dir. Drost, Prof. Baars, Dr. Beste und die Oberingenieure Pöhler, Bischof und Bronstert.

Dabei konnte die AFA mitteilen, daß es ihr gelungen sei, bei der normalen 13 T 210 Batterie ab sofort statt 85 Ah bei der ersten Starkstromentladung mit 800 A und bei 30°C 93 Ah zu garantieren. Tröge mit einem erhöhten Kasten ergäben sogar 107,2 Ah. Sie wären jedoch um 4% schwerer als die 13 T 210 Normaltröge.

Eine größere Kapazität besäßen die nur 3% schwereren 15 T 210 Batterien, bei denen die Zahl der positiven Platten pro Zelle um zwei erhöht worden war. Für die TVA waren 100 Batterien von diesem neuen Typus mit 116 Ah bei 800 A bei der AFA in Arbeit. Die AFA erklärte dazu, daß gegenüber der 13 T 210 Batterie bei ihnen keine Änderungen hinsichtlich der Lebensdauer und Betriebssicherheit zu erwarten seien, da sich außer einer geringfügigen Verringerung der Plattenstärke und des Plattenabstandes keine grundsätzlichen Fabrikationsumstellungen ergeben würden. Die AFA hätte deshalb keine Bedenken, diese Batterien mit abgekürzter Erprobung an die Front zu geben. Der bisher auf 100 Batterien 15 T 210 lautende Auftrag wurde darauf auf 600 Stück erhöht. Doch nicht diese Batterie sondern die 17 T 210 kam bei den neuen E-Torpedos zum Einbau.

Nachdem nämlich Versuche gezeigt hatten, daß es mit Hilfe von ausschiebbaren Vertikalflossen möglich war, den normalen T II mit ca. 270 kg Untertrieb beim 20 kn-Schuß sicher zu beherrschen, mußte es auch möglich sein, beim 30 kn-Schuß erheblich größere Untertriebe mit Hilfe von Zusatzflossen zu bewältigen und somit auch noch schwerere Batterien.

Im Frühjahr 1943 waren bei der AFA fünf Versuchsbatterien des Typs 17 T 210 für die TVA in Arbeit. Bei ihr waren in zwei Trögen von je 1420 mm Länge 52 Zellen mit je 17 positiven Platten untergebracht. Das Gewicht dieser beiden Tröge betrug 800 kg, also 133 kg mehr als bei der 13 T 210. Bei 930 A und 30°C hatte die 17 T 210 eine Kapazität von 130 Ah. Wenn man noch zwei zusätzliche Zellen in einem Zusatztrog dazufügte, konnte man mit dieser Batterie die Laufstrecke beim 30 kn-Schuß um 50% gegenüber dem normalen G 7e, also auf 7500 m, vergrößern. Allerdings war für die längere Laufzeit ein Zusatzluftgefäß für die Steuergeräte erforderlich. Dies bedeutete insgesamt ein Mehrgewicht von 200 kg und eine Vergrößerung des Untertriebes auf 32%. Der neue E-Torpedo mit dieser Batterie erhielt die Bezeichnung T III a.

Winkelschüsse mit dem G 7e Torpedo bei 35 % Untertrieb

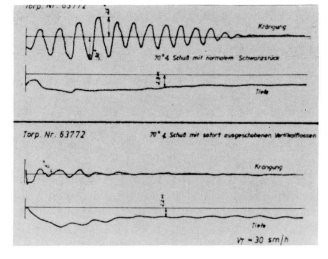

Da der schwerere Torpedo einen größeren dynamischen Auftrieb benötigte, mußte auch der Anstellwinkel (bisher 2°) auf 4° vergrößert werden. Dies brachte jedoch eine Verschlechterung des Geradlaufes mit sich, da nun der innere und der äußere Ring des GA nicht mehr aufeinander senkrecht standen. Weil eine schnelle grundsätzliche Abhilfe nicht möglich war, wurde durch Änderung des Kupplungsstückes in der GA-Spindel ein Winkel von 0,3° Bb eingedreht, der das Streufeld der Geradläufe wieder in die Mitte verlegte.

Neben der Verbesserung der Leistungsfähigkeit der E-Torpedos, um sie für Programmsteuerungen geeigneter zu machen, war ein Hauptziel der Entwicklungsarbeiten im Sommer 1943 bei der TVA Eckernförde die weitere Verbesserung des Programmkommandogerätes FAT. Die gestellte Aufgabe war, den FAT-Kurs in jedem Fall parallel zum Gegnerkurs einstellen zu können, so daß der Torpedo aus allen Lagen ('lagenunabhängiger Torpedo') abgeschossen werden konnte. Dieses neue Gerät FAT III erhielt deshalb die Bezeichnung LUT.

Der durch ihn gesteuerte Kurs war ein Schleifengebilde in Form einer Säge, dessen Vormarschgeschwindigkeit von 5 - 21 kn durch Einstellung des Wendewinkels (bis 170°) und der Schleifenlänge bestimmt wurde.

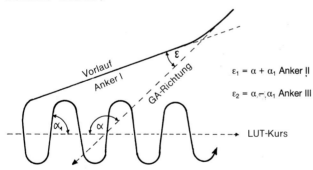

Schematische Darstellung des LUT-Torpedolaufes

Während beim FAT I und II das Maximum der Trefferwahrscheinlichkeit bei 90° Schneidung erreicht wurde und nach 0° und 180° hin abfiel, ergab der LUT praktisch eine gleich große Trefferwahrscheinlichkeit für alle Schneidungen zwischen GA- und LUT-Kurs. So ermöglichte der LUT auch eine aktive Bekämpfung von aus Lage 0° angreifenden Zerstörern. Allerdings ist diese Anwendungsart von FAT II und LUT sehr überschätzt worden. Auch die Anpassung der Vormarschgeschwindigkeit der LUT-Schleifen an die Gegnerfahrt mußte die Trefferaussichten wesentlich erhöhen. Voraussetzung waren möglichst keine Drehkreise, damit der LUT-Vormarsch von der Geleitzuggeschwindigkeit möglichst wenig (Differenz 2 kn oder weniger) abwich. Bei schnellen Torpedos mit über 40 kn Geschwindigkeit konnte dies mit der ersten LUT-Ausführung, die nur eine Winkeländerung bis 210° zuließ, jedoch nicht erreicht werden.

Im Gegensatz zur FAT-Steuerung wurde bei der LUT-Steuerung auch die Schleifensteuerung durch den GA bewirkt. Dazu waren jetzt auf dem äußeren Ring drei Anker angebracht. Der 1. Anker steuerte den Vorlauf, der 2. Anker den ersten Bogen und der 3. Anker den zweiten Bogen. Danach wurde wieder auf den zweiten Anker geschaltet usw. Ein Schaltwerk, das durch die Maschinenwelle angetrieben wurde, legte die Vorlauflänge, die Länge der Schleifen und der Bögen fest. Wie beim FAT gab es wieder eine kurze (1350 m) und eine lange (3840 m) Schleife. Der Vorlauf wurde mit einer Vorlaufspindel eingestellt. Eine Umdrehung der Spindel nach links entsprachen 77 m Vorlauf. In die Anker wurden die Richtungen ε des Vorlaufs, $\varepsilon_1 = \alpha + \alpha_1$ und $\varepsilon_2 = \alpha - \alpha_1$ des Torpedos nach dem ersten und nach dem zweiten Bogen eingedreht. Dabei bedeuten α den Schneidungswinkel zwischen GA- und LUT-Kurs sowie α_1 den Schneidungswinkel zwischen Torpedokurs und LUT-Kurs beim Schleifenlauf.

Die LUT-Geschwindigkeit, d.h. die Relativgeschwindigkeit in Richtung des LUT-Kurses war von α_1, v_t und der Wahl 'kurz' oder 'lang' abhängig. Z.B. ergaben sich bei kurzer Schleife, $v_t = 10$ kn und $\alpha_1 = 85°$ eine LUT-Geschwindigkeit von 10 kn, bei langer Schleife, $v_t = 30$ kn und $\alpha_1 = 0°$ eine LUT-Geschwindigkeit von 6 kn bzw. bei $\alpha_1 = 34,2°$ eine solche von 25 kn. Die Größen $\varepsilon_1 = \alpha + \alpha_1$ und $\varepsilon_2 = \alpha - \alpha_2$ wurden von der LUT-Einstelltafel und der Schußwinkel β vom T-Schuß-Empfänger an das LUT-Stellzeug weitergeleitet, das die Werte an das LUT-Gerät in den Torpedo übertrug. Eingestellt wurden auf der Tafel allerdings die LUT-Geschwindigkeit und der Schneidungswinkel α.

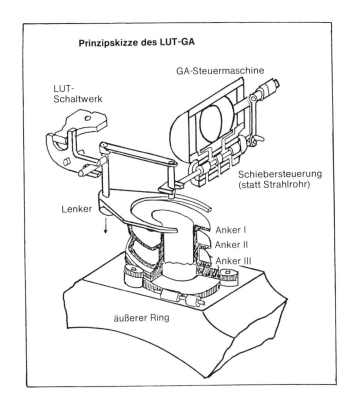

LUT-Gerät

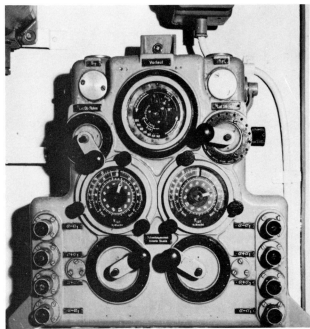

LUT-Einstelltafel von U 505

Die Erprobung der LUT-Steuerung wurde beim TEK in der Zeit vom 7. Oktober bis 9. Dezember 1943 durchgeführt. Dafür hatte die TVA 60 T III a LUT-Torpedos hergerichtet. Zuerst wurden vom Schießstand Süd 20 Standschüsse zur Kontrolle der Geschwindigkeit, des Gerad- und Tiefenlaufes ausgeführt und vermessen. Dabei erfüllten am ersten Schießtag nur zwei Drittel die geforderte Geradlauftoleranz von 1,5% bis 5000 m und 78% die 2%-Toleranz für 5000-7500 m. Eine deutliche Linksabweichung war zu bemerken. Da sie am zweiten Schießtag, bei dem bis 5000 m alle und von 5000 bis 7500 m 90% in den geforderten Toleranzen blieben, nicht auftrat, wurde sie mit einer nicht berücksichtigten Strömung in der Eckernförder Bucht erklärt.

Anschließend wurden 184 LUT-Schüsse von U 970 abgegeben, davon 104 mit kurzer und 80 mit langer Schleife. Die Versuche wurden in der Dunkelheit ausgeführt, die Schleifenbahnen dabei mit Torpedomittelteillampen sichtbar gemacht und vermessen. 124 Schüsse waren auswertbar, während 60 Schüsse wegen Lampenversager oder schlechter Sicht nicht oder nur teilweise vermessen werden konnten. Wegen des mit dem Schiebekopf nicht mehr zu kompensierenden Untertriebes des T III a, mußten alle Torpedos als Absakker geschossen und hinterher mit einem Taucher recht mühsam geborgen werden.

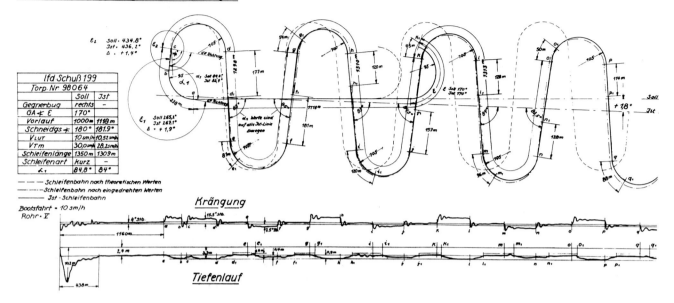

Erprobung des Lut I vom 7.10.+ 9.12.43
Einfluß der Einstellungenauigkeit auf den Schneidgs.+

LUT-Erprobung (Schleifenlauf, Krängung und Tiefenlauf)

Bis Mitte November 1943 waren von U 970 100 LUT-Schüsse abgegeben werden, davon waren 84 Schüsse verwertbar. Es gab folgende Beanstandungen:

1. Die Bb-Drehkreise waren meist größer als die Stb-Drehkreise. Dies führte zu einem Abwandern der Schleifen nach der Seite der größeren Drehkreisradien. Da im Gegensatz zur FAT-Steuerung die Torpedos in den LUT-Bögen mit Hartrudereinstellung liefen, wurde als Änderung vorgeschlagen, einfach den maximalen Ruderausschlag nach Stb entsprechend zu verringern.
2. Die von der LUT-Einstelltafel eingedrehten Werte entsprachen nicht genau den Verdrehungen der Anker 2 und 3. Es wurden Abweichungen von ± 2,75° gemessen. Auch dies führte zu einem Abwandern der Schleifen. Diese Streuung war vermutlich durch die Benutzung biegsamer Wellen zwischen LUT-Tafel und Stellzeug verursacht worden. Als Abhilfe wurde die Ersetzung der biegsamen Wellen durch Kardanwellen vorgeschlagen. Ähnliches galt auch für die Übertragung der Vorlaufwerte.

Die Tiefenhaltung des G 7e-LUT mit der 17 T 210 Batterie wurde bei 19 Stand- und 22 U-Bootschüssen kontrolliert. Ein festgestelltes Tieferlaufen von 30-40 cm wurde durch die Verlegung der Regelnulllage behoben. Eine Überschreitung der Fronttoleranzen wurde in keinem Fall festgestellt. In den Umsteuerbögen liefen die Torpedos bis zu 1,5 m tiefer. Der dadurch bedingte Ausfall von Trefferaussichten im Umsteuerbogen wurde als tragbar angesehen.

Im Anschluß an diese Erprobungen fand ein Feuerleitschießen auf langsam und schnell fahrende Einzelfahrer und auf einen Geleitzug des Schießverbandes von 9 Schiffen in 3 Kolonnen in der Lübecker Bucht statt. Als Ergebnis wurde u.a. vermerkt, daß der Abwehrschuß gegen schnellfahrende Ziele mit kurzer Schleife aus Lage 0° als Notbehelf angesehen werden muß, dessen Wirkungsgrad in kei-

LUT-Schuß mit G 7a und TA II (Krängung und Tiefenlauf)

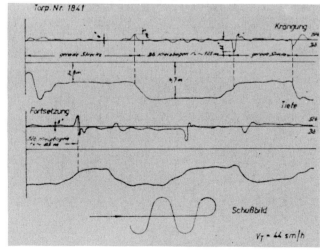

ner Weise mit dem des T V verglichen werden kann. Allgemein ist der LUT-Schuß gegen Einzelfahrer nur ratsam, wenn größere Entfernungsfehler nicht zu befürchten sind. Grundsätzlich ist der Erfolg des LUT-Schusses wie schon beim FAT-Schuß von einer möglichst genauen Entfernungsermittlung abhängig. Die Entwicklung brauchbarer E-Meßgeräte für U-Boote ist daher noch immer vordringlich. Dann könnte die LUT-Geschwindigkeit so eingestellt werden, daß der LUT-Schritt gleich der Gegnerlänge wird. Die Wirkung des LUT-Schusses wäre dann die eines Torpedofächers.

Im Anschluß an diese Erprobungen wurde Mitte Dezember 1943 von dem TEK die Frontfreigabe des LUT vorgeschlagen, vorerst in den beiden Ausführungen T I (G 7a) LUT I und T III a (G 7e) LUT I. Darauf wurden von der TVA die ersten 100 T III a LUT I eingeschossen (mit Batterie 13 T 210 und Schiebekopf). Je Torpedo waren 1,22 Schüsse im geraden und 1,08 Schüsse im LUT-Schuß erforderlich. Nur ein Schuß wurde zu einem LUT-Versager. Dieses Ergebnis wurde als sehr gut bezeichnet, und es wurde festgelegt, daß nur noch 30% der Nullserie im geraden Schuß, davon monatlich 10 Stück mit der 17 T 210 Batterie auch im LUT-Schuß, eingeschossen zu werden brauchten. Die Hauptserie sollte dann zunächst noch zu 100% im geraden und im LUT-Schuß mit der 13 T 210 Batterie eingeschossen werden. Bei ähnlich günstigem Ausfall der ersten 100 Schuß war dann auch eine entsprechende Regelung vorgesehen.

Während der Erprobungen mit dem LUT I wurde bei der TVA bereits an der nächsten Verbesserung der Programmsteuerung, dem LUT II, gearbeitet. Bei der Entwicklung des LUT-Schaltwerkes bewährte sich der Ideenreichtum des Mar.Ing. Assmann besonders.

Der Anlaß für die Entwicklung des LUT II war die bevorstehende Einführung schnellerer und weitlaufender Ingolin-Torpedos mit über 45 kn Geschwindigkeit. Der bisherige LUT I hätte bei 45 kn und kurzer Schleife nur eine minimale LUT-Geschwindigkeit von 16 kn erreicht. Um niedrigere Werte zu bekommen, war es erforderlich, Winkeländerungen über 180° zu erzielen. Dies wurde durch den Einbau eines 4. Ankers in den Assmann-GA erreicht. Damit konnte bei v_t = 30 kn und langer Schleife eine untere LUT-Geschwindigkeit von 0 kn und bei kurzer Schleife eine solche von 4 kn erhalten werden. Aus Gründen der Einheitlichkeit sollte nach dem Abschluß der LUT II-Erprobung die gesamte LUT-Fertigung auf den LUT II umgestellt werden.

Die Fronteinführung des T III a LUT I erfolgte im Februar 1944. Am 1.Juli 1944 waren etwa 50 Frontboote mit ihm ausgerüstet. Die Standard-Bestückung der U-Boote des Typs VII C war jetzt vorn 3 T V und 5 T III a LUT I, hinten 2 T V. Eine besondere LUT-Schießanleitung sollte den Kommandanten eine Übersicht über die für das LUT-Schießen unbedingt notwendigen Begriffe und Regeln geben und sie mit der dafür geänderten Feuerleitsprache vertraut machen.

Folgende Grundeinstellungen waren für den LUT-Fächerschuß gegen Einzelfahrer (2 Torpedos) und gegen Geleitzüge (4 Torpedos) zu unterscheiden (v_t immer 30 kn, Entfernung immer 2000 m):

1. <u>Wendeschuß</u> (wie beim T XI):

    v_3 = 30 kn, Lage 0°, Vorlauf 5000 m, v-Lut = 11 kn, kurze Schleife, Schneidung 180°, Streuwinkel 10°.

2. <u>Abwehrschuß</u> (gegen Zerstörer, aber auch gegen andere Einzelfahrer in vorlichen Lagen):

    v_3 = 30 kn, Lage 0°, Vorlauf 1000 m, v-Lut = 11 kn, kurze Schleife, Schneidung 180°, Streuwinkel 5°.

 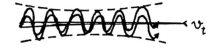

3. <u>Achterstich</u> (gegen Einzelfahrer in achterlichen Lagen):

    v_3 = 10 kn, Lage 180°, Vorlauf 1000 m, v-Lut = 11 kn, kurze Schleife, Schneidung 0°, Streuwinkel 5°.

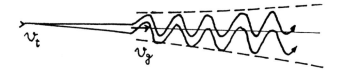

4./5. **Lage rechts** bzw. **Lage links** (gegen Geleitzüge und Einzelfahrer in seitlichen Lagen)
v_g = 10 kn, Lage 70°, Vorlauf 3000 m, v-Lut = 5 kn und 16 kn, lange Schleife, Schneidung 90°, Streuwinkel 5°.

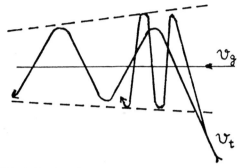

LUT-Lage rechts (Prinzipskizze)

6. **Lage 0** (gegen Geleitzüge in vorlilichen Lagen):
v_g = 10 kn, Lage 0°, Vorlauf 3000 m, v-Lut = 5 kn und 16 kn, lange Schleife, Schneidung 180°, Streuwinkel 5°.

7. **Lage 180°** (gegen Geleitzüge in achterlichen Lagen):
v_g = 10 kn, Lage 180°, Vorlauf 3000 m, v-Lut = 5 kn und 16 kn, lange Schleife, Schneidung 0°, Streuwinkel 5°.

8. **Unten** (U-Boot unter dem Geleit beim Innenangriff):
v_g = 10 kn, Lage 180°, Vorlauf 500 m, v-Lut = 6 kn, lange Schleife, Schneidung 0°, Streuwinkel 18°.

Zu diesen Grundeinstellungen mußten dann auf Grund der gemessenen oder geschätzten Werte über Gegnerkurs, -geschwindigkeit und Entfernung Verbesserungen vorgenommen werden, um eine optimale Einstellung zu erhalten. Voraussetzung für den LUT-Erfolg war insbesondere bei Einzelfahrern die möglichst genaue Kenntnis der Entfernung. Die wichtigste Voraussetzung war allerdings, daß die U-Boote überhaupt an den Gegner herankamen. Bei dem LUT-Einsatz 1944/45 mit den alten U-Booten waren aber diese Voraussetzungen kaum zu erfüllen. Die Erfolge waren entsprechend gering, wie die folgende Zusammenstellung aller LUT-Erfolge (nach Dr. Rohwer 'Die U-Booterfolge der Achsenmächte 1939-45') demonstriert:

29.6.44 U 984 (Obl. Sieder) schoß einen LUT-Zweierfächer, durch den die Frachter HENRY G. BLASDEL (7176 BRT) und EDWARD M. HOUSE (7240 BRT) des Geleits EMC 17 beschädigt wurden.

5.7.44 U 953 (Obl. Marbach) schoß einen LUT-Zweierfächer und einen T V auf zwei Schiffe. Nach 4 Min 27 Sek wurde ein Treffer gehorcht und der Untergang des britischen Dampfers GLENDIMING (1927 BRT) beobachtet.
U 763 (Kptl. Cordes) horchte bei einem erfolglosen Angriff nach 11 Min 48 Sek eine LUT-(End-)Detonation.

11.7.44 U 953 meldete mit einem LUT-Dreierfächer einen Dampfer versenkt. Der Erfolg konnte aber nicht bestätigt werden.

20.7.44 U 309 (Obl. Mahrholz) horchte bei einem LUT-Dreierfächer nach 9 Min 30 Sek eine (End-)Detonation. Der gemeldete Erfolg konnte aber nicht bestätigt werden.

24.7.44 U 309 horchte bei drei Einzel-LUT-Schüssen nach 5 Min 35 Sek und 8 Min 40 Sek Detonationen. Der britische Dampfer SAMNEVA (7219 BRT) wurde dabei beschädigt.

29.7.44 U 621 (Obl. Stuckmann) meldete zwei Versenkungen durch einen T V (1 Min 50 Sek Laufzeit) und einen LUT (53 Sek Laufzeit). Bestätigt wurde die Versenkung des Landungsschiffes PRINCE LEOPOLD.

30.7.44 U 621 beschädigte mit einem LUT den britischen Dampfer ASCANIUS (10048 BRT).

2.8.44 U 621 horchte nach einem LUT-Zweierfächer in 8 Min 48 Sek und 9 Min 13 Sek zwei (End-)Detonationen. Die gemeldeten Erfolge wurden nicht bestätigt.

18.8.44 U 480 (Obl. Förster) horchte bei einem LUT-Dreierfächer nach 9 Min 20 Sek eine (End-)Detonation. Der gemeldete Treffer wurde nicht bestätigt.

Der nächste und wahrscheinlich einzige weitere LUT-Erfolg ist am 22. März 1945 durch U 315 (Obl. Zoller) erzielt worden. Dabei wurde der britische 6996 BRT-Dampfer EMPIRE KINGSLEY versenkt. Bei einem weiteren LUT-Zweierfächer wurden nach ca. 8,5 Min Laufzeit zwei (End-)Detonationen gehorcht. Die gemeldeten Erfolge wurden aber nicht bestätigt.

Alle Hoffnungen auf einen erfolgreicheren LUT-Einsatz trugen die neuen Elektro-U-Boote des Typs XXI, die durch ihre bedeutend höhere Unterwassergeschwindigkeit und den wesentlich größeren Unterwasserfahrbereich auch erheblich größere Chancen besaßen, an Geleitzüge heranzukommen, und die mit Hilfe ihrer SU-Anlage, einem mit Schallimpulsen arbeitenden Horizontallot, genaue Gegnerwerte ermitteln konnten. (Vgl. Rössler 'U-Boottyp XXI')
Jedoch kamen diese neuen U-Boote nicht mehr zum Schuß, da bei der angeordneten Einstellung der Kampfhandlungen sich erst zwei Typ XXI-Boote auf dem Ausmarsch befanden.

Die Frage nach optimalen Programmkurven für den Torpedolauf wurde bei der TVA Eckernförde nur am Rande behandelt, da sie mit der feinmechanischen LUT-Steuerung nicht zu erreichen waren.
Grundlage für die Gestaltung von optimalen Programmkurven ist die Verteilungsfläche der Wahrscheinlichkeiten für die Gegnerposition. Sie bildet einen 'Verteilungsberg' über dem Ziel, der eine räumliche Analogie der Gaußschen Fehlerkurve darstellt.
Bei optimaler Anlenkung soll in möglichst kurzer Zeit der Zielbereich lückenlos von Gebieten größerer zu solchen kleinerer Aufenthaltswahrscheinlichkeit abgesucht werden. Bei einem kreisförmigen Ziel und einem mit dem Ziel sich bewegenden Koordinatensystem ist eine derartige Anlenkungskurve eine Spirale, die in ihren Windungen etwa den Niveaulinien des 'Berges' folgt. Bei Berücksichtigung der länglichen Schiffsform müßte diese Spirale eine LUT-förmige Verzerrung senkrecht zur Schiffsachse erhalten.
Es ist klar, daß diese komplizierte Kurve, die ja auch noch die Eigenbewegung des Zieles berücksichtigen müßte, damals nur mit einem sehr großen technischen Aufwand zu erreichen gewesen wäre. Dies erschien unrentabel. Deshalb wurde bei der TVA von der Entwicklung entsprechender Programmsteuerungen abgesehen.

10 Die Fernlenktorpedos G 7f (NY und NYK)

Wilhelm von Siemens hatte schon vor dem Ersten Weltkrieg angeregt, ferngesteuerte Sprengboote zu bauen. Er knüpfte dabei an die Versuche des österreichischen Freg.Kpt. Giovanni de Luppis um 1860 an, nur daß er den mechanischen Antrieb und die mechanische Fernsteuerung durch elektrische Systeme ersetzen wollte. Die Ausführung der Entwicklung lag in den Händen von Oberst Schwedler, dem zwei Ingenieure zugeteilt waren. Da diese nach Kriegsbeginn ausschieden, mußten zwei neue Mitarbeiter gefunden werden. Es waren dies die Ingenieure R. Deetjen und Alfred Wichmann, die bisher im Protos-Automobilwerk mit der Konstruktion von Motorbooten mit elektrischem und Benzin-Antrieb beschäftigt gewesen waren.

Nachdem es gelungen war, ein ferngelenktes Sprengboot mit einer Geschwindigkeit von 30 kn zu schaffen, wurde als nächste Aufgabe die Konstruktion eines ferngelenkten Unterwassersprengbootes in Angriff genommen. Auch dabei gab es Vorläufer: den Lay-, den Sims-Edison-, den Nordenfeld- und den Patrick-Torpedo, alles USA-Entwicklungen, sowie den britischen Brennan-Torpedo. Die Vorzüge einer ferngelenkten Unterwasserwaffe gegenüber einem Überwassersprengboot liegen auf der Hand: Unsichtbarkeit, Beschußsicherheit, weitgehende Unabhängigkeit von Wetter und Seegang und stärkere Sprengwirkung.

Zuerst wurde an einen Großtorpedo mit einem Benzinmotor gedacht. Doch wurde dieser Gedanke wieder fallengelassen, da für diesen Antrieb bei einem Torpedo zu wenig Erfahrungen und theoretische Vorarbeiten zur Verfügung standen. Es wurde dann die Möglichkeit erwogen, einen derartigen Torpedo mit einem Elektromotor und einer Akkubatterie anzutreiben.

Der danach ausgearbeitete Entwurf sah einen Torpedo (U-Lenkboot) mit einer Kabellenkung vor. Der Torpedokopf trug wie üblich die Sprengladung. Dahinter war eine schräg nach hinten strahlende Lampe angeordnet. Dann kam die in der Mitte unterteilte Akkubatterie. Zwischen den beiden Teilbatterien befand sich die Fernlenkapparatur mit der Kabelrolle. Die Steuerung erfolgte elektrisch über einen Draht, der aus einem unter den Propellern mündendem Rohr auslief. Die beiden gegenläufigen Propeller wurden über ein Getriebe von einem Gleichstrommotor angetrieben. Auch hier war noch ein nach schräg hinten strahlender Scheinwerfer untergebracht, der die Position des Torpedos für den Torpedolenker sichtbar machen sollte. Der Kommandodraht war mit einer zweiten Spule im Ausstoßrohr verbunden. Dadurch war sichergestellt, daß auch bei Bewegungen des abschießenden Schiffes das Kommandokabel stets im Wasser ruhte.

Der Torpedo sollte in erster Linie bei Dunkelheit eingesetzt werden. Aber auch Tagschüsse waren möglich, wenn die Beobachtung des Torpedos von einem Flugzeug erfolgen konnte, das wiederum über Funk dem Torpedolenker seine Anweisung gab.

Neben der Drahtsteuerung war auch eine drahtlose elektrische Fernsteuerung vorgesehen. Jedoch ergaben sich hierbei Schwierigkeiten mit einer geeigneten Antenne.

Ab 1916 stand dann die Entwicklung eines brauchbaren elektrischen Antriebes für den normalen Gefechtstorpedo im Vordergrund. Sie führte zu dem Elektro-Torpedo E/7 der Kaiserlichen Marine. Die Fernsteuerungsversuche der Fa. Siemens wurden zwar nicht aufgegeben, liefen jedoch mit geringerer Priorität bis zum Ende des Ersten Weltkrieges nebenher. In der Nachkriegszeit wurden sie von der Firma Siemens nicht mehr weiterverfolgt. Alle Anstrengungen waren auf die Nutzbarmachung der Erkenntnisse und Erfahrungen der E/7-Entwicklung ausgerichtet.

Erst 1935 wurde das Problem eines Fernlenktorpedos wieder aufgegriffen, diesmal von der TVA. Das Projekt erhielt die Bezeichnung G 7f. Es war dabei an eine drahtlose Steuerung mit elektromagnetischen Langwellen, die ja etwas in das

Seewasser eindringen, gedacht. Zur Frage der drahtlosen Übertragung von Steuerimpulsen und zum Antennenproblem wurden von der TVA verschiedene Vorschläge ausgearbeitet und die NVA mit der Untersuchung der Übertragungsmöglichkeit beauftragt. Anfänglich bestanden größere Hoffnungen auf eine rasche Realisierung, dann erwies sich aber das Problem des Eindringens elektromagnetischer Wellen in das Wasser als sehr schwierig, insbesondere da ursprünglich nur an eine Lenkung vom Flugzeug aus nach der beobachteten Blasenbahn gedacht war. Hierbei wären wegen der Totalreflexion der fast senkrecht auf das Wasser auftreffenden Wellen sehr große Senderleistungen erforderlich gewesen.

Deshalb wurde von der TI der Vorschlag einer akustischen Fernsteuerung gemacht, bei der der Torpedo durch Unterwasserschallimpulse vom schießenden Schiff gesteuert werden sollte. Die NVA hielt aber die technische Durchführbarkeit wegen der Störgeräusche, der Überwindung des Schraubenwirbels und der Kavitation für unwahrscheinlich.

Darauf wandten sich TI und TVA wieder der elektrischen Fernsteuerung zu. Jedoch sollte jetzt die Fernlenkung von einem Schiff erfolgen, das eine große Sendeenergie ausstrahlen konnte. Dazu wurden vier Schießverfahren entwickelt, darunter das Mitkoppeln des Torpedokurses ohne Sicht mit Steuerung nach Kurs- und Fahrtänderungen des gegnerischen und des eigenen Schiffes.

Am 10. Mai 1937 berichtete die Nachrichtenmittelversuchsanstalt (NVA) über die bisherigen Arbeiten am G 7f:

"Es wurden die Empfangsverhältnisse in verschiedenen Wassertiefen bei verschiedenen Frequenzen geprüft und geeignete Antennenformen untersucht, insbesondere die Frage, ob der Torpedo selbst als Antenne genutzt werden kann. Zuerst wurde dafür die Peilantenne eines getauchten U-Bootes, später eine 5 m lange Dipolantenne bei den Wellenlängen λ = 785 m, 1263 m und 1571 m benutzt. Versuchsort war Schleimünde. Es zeigte sich, daß mit den längeren Wellen ein Empfang bis 4 m Tiefe, bei 785 m nur bis 2 m Tiefe möglich war. Falls der Torpedo selbst als Antenne dienen soll, ist die Verwendung sehr langer Wellen erforderlich. Es wurde dafür ein torpedoähnlicher metallischer Hohlkörper in Bau gegeben, der in der Mitte isoliert unterteilt ist, um einen Dipol zu bilden."

Siemens-Elektrotorpedo mit Kabelfernlenkung von 1916

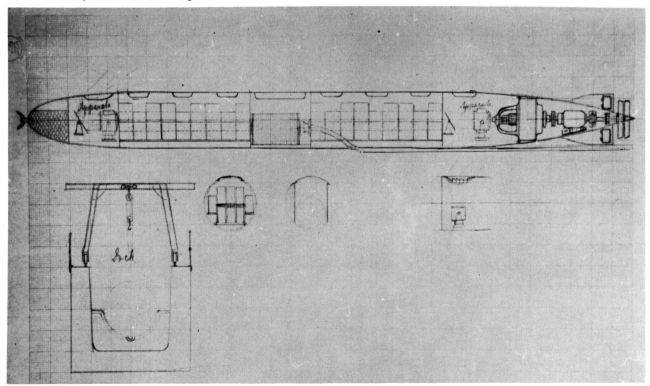

Ein 'Dipol-Torpedo' wurde aber von der TVA als problematisch angesehen, da dann im Falle der Verwendung der G 7a-Maschine der Stahlkessel durch einen Kunststoffkessel hätte ersetzt werden müssen, der (wenigstens damals) kaum hinreichend druckfest und gasdicht hergestellt werden konnte. Es wurde darauf von der TI (Dipl.-Ing. Thomsen) eine Dipolantenne vorgeschlagen, die der Torpedo vor dem Abschuß aufgerollt auf einer Spule am Schwanzstück trug und die nach dem Abschuß im Wasser abrollte. Der vom Torpedo nachgeschleppte Antennendraht befand sich dann auf der gleichen Lauftiefe wie der Torpedo, der mit dem (nicht isolierten) Ende der Antenne den Dipol bildete.

In einer Besprechung am 22. April 1937 bei der TVA zwischen Vertretern der TVA (Dr. Rothemund, Dipl.-Ing. Koch, Marine-Ob.Ing Mohr und Marine-Ing. Schaper) und der NVA (K.Kpt. Michatsch, Reg.Rat Dr. Kühnhold und Reg.Rat Dr. Stenzel) wurde dazu festgestellt:
"Bei λ = 1500 m Wellenlänge ermöglicht eine Dipolempfangsantenne die Steuerung des G 7f Torpedos in 2-2,5 m Tiefe. Dieser Tiefenlauf kann aber nur bei ruhiger See garantiert werden. Erwünscht ist deshalb eine Steuerung in größerer Tiefe. Als Schleppantenne wird ein einfacher Draht von 30-40 m Länge als tragbar angesehen. Zur Erreichung von 6 m Eindringtiefe ist die Verwendung von Längswellen erforderlich."

Darauf wurden von der TVA Torpedos mit 30-60 m langen Schleppantennen geschossen, wobei ein maximaler Geschwindigkeitsverlust von 1 kn auftrat. Die NVA untersuchte erneut die Energieabnahme in Abhängigkeit von der Wassertiefe. Dabei konnte sie mit einem getauchten U-Boot in 7 m Antennentiefe noch Morsezeichen eines mehrere 100 km entfernten englischen Großsenders nachweisen.

Am 27. April 1938 wurden von der TI für die weitere G 7f-Entwicklung folgende Vorschläge unterbreitet:
1. Entwicklung von Sende- und Empfangsanlagen für gemorste Steuerimpulse,
2. Entwicklung der notwendigen Steuerorgane im Torpedo und einer geeigneten Antenne und
3. Entwicklung von Rechengeräten, die nach dem genannten Schießverfahren die notwendigen Kursänderungen des Torpedos ermitteln und den Sender entsprechend betätigen.

Für die zweite Aufgabe schlug die TI wegen der Überlastung der NVA vor, die GEMA in Berlin-Köpenick heranzuziehen, die gegenüber anderen Firmen die Geheimhaltung dieser Arbeiten besser garantieren könne. Für eine schnelle Einarbeitung müßte aber der GEMA von der TVA und der NVA personelle Hilfestellung gegeben werden. Dafür wurde insbesondere Dipl.-Ing. Thomsen vorgeschlagen. Ferner sollte nochmals die Frage einer akustischen Fernsteuerung untersucht werden. Für alle diese Aufgaben wurde das OKM um die Zuwendung von 300000 RM ersucht.

Das OKM (NWa) reagierte darauf in einem Schreiben vom 16. Juni 1938 an die TI:
"Mit den in dem vorstehenden Bericht genannten Ergebnissen ist das Problem G 7f für den Aufgabenbereich TI zunächst erledigt. Die weiteren Arbeiten werden vom OKM und der NI weiter verfolgt. Dabei ist es vorerst ohne Belang, ob sich die Kommandostelle in einem Flugzeug oder auf einem Schiff befindet.
Ob die nachrichtentechnische Entwicklung der GEMA bei deren starker Arbeitsüberlastung mit anderen wichtigen Aufgaben (Funkmeßentwicklung) übertragen werden kann, muß noch geprüft werden. Die von der TI vorgeschlagene Kommandierung von Dipl.-Ing. Thomsen zu dieser Firma ist jedenfalls nicht beabsichtigt.
Falls die TI glaubt, die Probleme des G 7s und G 7f auf dem Torpedogebiet durch Dipl.-Ing. Thomsen besonders fördern zu können, wird anheimgestellt, diesen nach Einarbeitung eines Nachfolgers der Torpedoentwicklungs-Abteilung der TVA zur Verfügung zu stellen."

Im weiteren Verlauf erinnerte man sich an die Arbeiten der Firma Siemens während des Ersten Weltkrieges auf diesem Gebiet und beschloß, statt der GEMA die Fa. Siemens zu diesen Arbeiten heranzuziehen. In diesem Zusammenhang erhielt das Projekt G 7f die neue Bezeichnung NY.

Mitte 1939 standen die ersten vom Zentrallaboratorium von S&H entwickelten Geräte für die Kommandoübertragung zur Verfügung. Nachdem Anfang Juli 1939 Versuche auf einem getauchten Typ II-U-Boot mit einer 5 m hohen Antenne gut verlaufen waren, wurde die Anlage nun in U 32 eingebaut, das mehr Platz für die erforderlichen Meßgeräte besaß. Die vor Pelzerhaken durchgeführten Messungen wurden durch die Beschädigung des 2 m hohen Antennenmastes bei Tauchmanövern, einen relativ hohen Störpegel, der von der Fahrtbewegung abhängig war, und durch Störungen eines fremden Telegraphiesenders, der im Übertragungsbereich arbeitete, beeinträchtigt.

In einer Besprechung zwischen Ob.Reg.Rat Dr. Rothemund (TVA), Dipl.-Ing. Thomsen (inzwischen im OKM bei MWa IV), Dr. Dahme (NVK), Dr. Wolff (S&H) und Ingenieur Schuchmann (S&H) wurde deshalb beschlossen, die für den 11. Juli geplante Vorführung der NY-Anlage zu verschieben. Statt dessen wurde erst einmal von Dr. Dahme der Aufbau der Antenne verbessert, um das Verhältnis von Nutz- zu Störpegel auf den günstigen Wert der Versuche mit dem Typ II-U-Boot zu bringen. Das Zentrallaboratorium (ZL) stellte die Steuerstufe des Senders auf eine neue Frequenz um. Am 18. Juli konnten dann nach diesen Änderungen die Versuche auf U 32 wieder aufgenommen werden. Es wurden jetzt brauchbare Meßergebnisse erzielt. Bei 4,5 m Antennentiefe konnten noch in 20 km Entfernung vom Sender 85% der ausgesandten Kommandos richtig empfangen werden. Am 27. Juli wurden bei 10 km Senderentfernung von 79 Signalen in einer Antennentiefe von 4,5 m 78 Signale einwandfrei aufgenommen.

Am 31. Juli fand dann die NY-Versuchsvorführung mit anschließenden Vorträgen über die Probleme der G 7f-Entwicklung statt. Im ersten Vortrag führte Dipl.-Ing. Thomsen über zieltechnische Voraussetzungen und den allgemeinen Stand der G 7f-Entwicklung aus: (Stichwortartige Zusammenfassung)

1. Schießverfahren:
   a) Schätzungsverfahren, um den Torpedo auf Kollisionskurs mit dem Zielschiff zu bringen.
   b) Verfahren nach Sicht der Blasenbahn. Lenkung von einem Flugzeug aus. NVA-Vorschlag: Steuerung durch einen größeren Landsender, der vom Flugzeugsender getastet wird.
   c) Koppelverfahren. Hierbei gibt es aber Schwierigkeiten durch ungenaue Feststellung der jeweiligen Lage des Torpedos und des Gegners. Eine Verbesserung wäre möglich durch eine Verbindung von G 7f mit G 7s.
   d) Erweitertes Auswanderungsverfahren: Messung der linearen Auswanderungsgeschwindigkeit des Gegners.
   e) Verwendung der Visierlinie als Impulsgeber für die Lenkung.

2. Entwicklungsstand:
Auf 20 km Entfernung können bei 4 m Tiefeneinstellung Kommandos sicher übertragen werden. Vier Apparaturen sind z.Zt. in Bau, die voraussichtlich Ende 1939 fertiggestellt sein werden. Bis Ende 1939 sind dafür vier G 7a-Torpedos herzurichten.

Im zweiten Vortrag ging Dr. Rindfleisch (NVK) auf die funktechnischen Grundlagen der Fernlenkung ein:

1. Für die Übermittlung der Kommandos kommen Langwellen von 1000-20000 m Wellenlänge in Frage.
2. In der Nordsee können sie in 3-4 m Tiefe, in der Ostsee bis 7 m Tiefe nachgewiesen werden.
3. Dazu ist eine Antenne von ca. 50 m Länge als nachgeschleppter Draht erforderlich.
4. Fernlenkung vom U-Boot aus ist mit den heute gegebenen Mitteln nicht möglich.
5. 1 kW Sendeleistung ist erforderlich und ausreichend.

Im dritten Vortrag schließlich behandelte Dr. Wolff (S&H ZL) Störungsfragen:

1. Um atmosphärische Störungen auszuschalten, werden alle Kommandos dreimal durchgegeben.
2. Als Abhilfe gegen Störungen mit Störsendern soll nach jedem Kommando ein Frequenzwechsel erfolgen. Das dazu erforderliche Stellwerk wird in die in Auftrag gegebenen vier Apparaturen bereits eingebaut

Anschließend wurde beschlossen, die gesamte NY-Versuchsapparatur dem NVK für weitere Versuche in der Nordsee zur Verfügung zu stellen.

Am 19. August 1939 kam es dann bei der TVA zu einer Besprechung über noch offene Fragen bezüglich der in Auftrag gegebenen vier NY-Versuchstorpedos. Teilnehmer waren von Siemens Dr. Wolff (ZL) und Ob.Ing. Helwig (SAM A-Werk), vom OKM (MWa IV) Dipl.-Ing. Thomsen und Reg.BR Scheller und von der TVA Dr. Tschentke und Marine-Ing. Schaper.

Zur Winkeleinstellung am GA wurde beschlossen: Nach Maßgabe des Kommandoempfanges sollen am GA Winkelschußverstellungen von jeweils 5° nach Bb und Stb vorgenommen werden können. Außerdem soll eine feste Winkelschußeinstellung vor dem Torpedoschuß eindrehbar sein (wie bisher mit der Einstellspindel). Als konstruktive Lösung wurde eine Motoreindrehung der 5°-Verstellungen durch ein Schrittschaltwerk vorgesehen. Die Überlagerung mit der festen Winkelschußeinstellung soll durch ein Differential erfolgen. Dafür soll der s-GA des G 7s-Torpedos benutzt werden, der auch bei laufendem Kreisel eine Verstellung des Lochringes vor dem Strahlrohr zuläßt.

M.Ing. Schaper bestätigte dann, daß die TVA-seitige Konstruktionsarbeit und die Beschaffung der erforderlichen Teile für die vier Versuchstorpedos bis Ende 1939 abgeschlossen sein würde. Nachdem auch Siemens zusicherte, diesen Termin halten zu können, wurde von Dipl.-Ing. Thomsen der Gesamttermin für die Fertigstellung der vier NY-Torpedos auf Ende 1939 festgelegt.

Für die Registrierung der Steuerschüsse waren Ritz-Schreiber der DVL vorgesehen. Ihre Beschaffung wurde SAM übertragen. Die Antenne sollte vom ZL in Zusammenarbeit mit dem Siemens-Kabelwerk entworfen und gefertigt werden. Sie bestand aus einem isolierten Draht mit einem blanken Ende. Seine Dicke sollte noch durch Schußversuche geklärt werden. Die TVA sollte gleichzeitig eine zweckmäßige Form für die Ablaufspule am Schwanzende finden.

Der Generator zur Speisung der Empfangsapparatur war auf eine Drehzahl von 6000-9000 U/Min ausgelegt und sollte über ein Getriebe von der Maschinenwelle angetrieben werden. Für die Herstellung des Getriebes war die TVA, für den Generator das ZL verantwortlich. Es sollte zunächst versucht werden, einen möglichst betriebssicheren Gleichstromgenerator zu entwickeln, da ein Wechselstromgenerator mit Gleichrichtung zu viel Platz beanspruchen würde.

Doch ehe diese Arbeiten richtig angelaufen waren, mußten sie im Zusammenhang mit dem allgemeinen Entwicklungsstopp bei der TVA Mitte Oktober 1939 eingestellt werden.

Erst im Frühjahr 1942 ging es dann weiter mit dem Projekt NY. Am 26. Mai 1942 teilte der Referent für Sondertorpedos im Torpedo-Waffenamt (TWa IIc), Dipl.-Ing. Thomsen, den anderen Stellen mit: "Das OKM hat die Vorarbeiten für die Entwicklung des G 7f-Torpedos wieder aufgenommen. Die Versuche sollen den Nachweis erbringen, ob eine Torpedofernlenkung mit den von der Fa. Siemens entwickelten und behelfsmäßig im Torpedo eingebauten Apparaturen technisch möglich ist. Die Durchführung der Versuche erfolgt in Gotenhafen unter Leitung von Prof. Küpfmüller mit Unterstützung der TVA Gotenhafen. Die Fa. Siemens stellt das Versuchspersonal für die Bedienung der Apparatur. Für die G 7f-Versuche wird die Dringlichkeitsstufe SS festgelegt."

Die darauf 1942 in Gotenhafen durchgeführten Erprobungen wiesen die grundsätzliche Eignung dieses Verfahrens nach. Die erzielten Reichweiten und Eindringtiefen waren nur durch den bei Längstwellen erheblichen atmosphärischen Störpegel begrenzt. Praktische Schußversuche vom Schießstand aus brachten befriedigende Anfangserfolge.

Für die weitere Entwicklung erhielt der durch den Umbau aus G 7a (Gerät 12) und G 7as (Gerät 31) erhaltene NY-Torpedo die Bezeichnung Gerät 32.

Inzwischen war von der Fa. Siemens vorgeschlagen worden, anknüpfend an deren Versuche im Jahre 1916 einen über Draht ferngelenkten E-Torpedo zu schaffen. Dieses Projekt erhielt die Bezeichnung NYK (NY-Kabel).

In einem Aktenvermerk über die Besprechung am 21. Dezember 1942 über NYK bei der Fa. Julius Pintsch KG (JPK) hieß es: "Dieser Draht-Torpedo soll mittels elektrischer Impulse über einen Kommandodraht als Oberflächenläufer mit nach hinten strahlender Lampe vom U-Boot zum Ziel gelenkt werden. Die Einsatzzeit ist deshalb nachts. Dazu ist im Torpedorohr und im Torpedo je eine Spule vorhanden, so daß der Draht im Wasser ruht. Der G 7e-Torpedo und das Torpedorohr müssen entsprechend geändert werden.

Das OKM beabsichtigt, diese Entwicklung als reine Firmenentwicklung durchführen zu lassen, und zwar bei den Firmen SAM (Lenkung) und JPK (Torpedo- und Rohrbau). Die Federführung für den Rohrbau übernimmt von Anfang an JPK, für den Torpedo während der Entwicklungszeit SAM. Für den Serienbau wird dann JPK Generalunternehmer."

Am 23. Februar 1943 kam es dann im A-Werk von SAM in Berlin-Mariendorf zu einer Besprechung über die Festlegung der für den NYK-Torpedo erforderlichen Änderungen am Gerät 20. Anwesend waren von JPK: Direktor Behrend, Ob.Ing. Puls, Ing. Heinz und von SAM: Direktor Dorner, Ob.Ing. Hoffmann, Dipl.-Ing. Kretschmar und die Ingenieure Helwig, Hoppe, Levin, Blümke, Rottke und Krüger. Es wurde beschlossen:

"Die Apparaturen im Hinterteil werden an den Spantringen befestigt. An dem Tunnelboden wird das Differentialgestänge für die Tiefenruder angeordnet. Zum Kuppeln und Justieren der Rudergestänge sind zusätzlich ein bis zwei kleine Pforten im Hinterteil notwendig. Der Behälter des Tiefenapparates (normaler TA, nicht Meycke-Gerät) muß abschraubbar sein, um die Apparaturen im Hinterteil einbringen zu können. Die drei Luftflaschen im Hinterteil des Gerätes 20 fallen fort. Die benötigten 5 Luftflaschen werden wie beim Gerät 37 (FALKE) im Mittelteil untergebracht. Im Kopfteil ist eine Lampe zu montieren. Der Schiebekopf für Übungsschüsse muß durch den neuen Auftriebskopf mit Gummiblasen ersetzt werden, da der Torpedo schwerer als der normale G 7e ist und der Schiebekopf zum Aufschwimmen nicht mehr ausreicht. Dieser neue Torpedo mit der NYK-Anlage erhält die Bezeichnung Gerät 43.

Mit den Schußerprobungen des Gerätes 43 soll im Frühsommer 1943 begonnen werden. Dazu muß JPK bereits im April/Mai 1943 10 Torpedos liefern, an denen dann SAM die notwendigen Änderungen ausführen wird."

Am 16. März wurde von TWa IIc folgende organisatorische Regelung der weiteren Bearbeitung der G 7f-Torpedos verfügt:
1. Die Steuerung aller mit Entwicklung und Bau zusammenhängenden Aufgaben erfolgt durch OKM TWa bzw. bei der drahtlosen Fernlenkung durch OKM NWa mit Unterstützung durch AGC.
2. Für die Zusammenarbeit zwischen OKM TWa und RLM-Technisches Amt bei diesen Fragen wird eine AG Torpedofernlenkung gebildet.
3. Die Grundlagenforschung erfolgt im Einvernehmen mit OKM FEP in dafür beauftragten Instituten und Firmen.
4. Die Entwicklung bei Industriefirmen erfolgt auf Weisung des OKM.
5. Versuche werden zunächst durch Industriefirmen bei IVN in Neubrandenburg, später durch TVA Gotenhafen unter Beteiligung der Industriefirmen ausgeführt.
6. Die Durchführung der Erprobung nach Abschluß der Entwicklung erfolgt durch TEK unter Beteiligung des NEK.
7. TVA Eckernförde beteiligt sich daran bei Armierungs- und Pistolenfragen.
8. Die Entwicklung des NY-Torpedos erfolgt durch SAM (Fernlenkung) und DWK-Friedrichsort (Torpedoherstellung). Die Entwicklung des NYK-Torpedos erfolgt durch SAM (Fernlenkung) und JPL (Torpedoherstellung).

In der Zeit vom 15. bis 17. März 1943 besichtigten die Diplomingenieure Thomsen und Sylvester vom OKM bei der Fa. Silurificio in Fiume einen italienischen Drahtlenk-Torpedo vom Kaliber 45 cm, den diese Firma in Zusammenarbeit mit dem selbständigen Ingenieur Grocci entwickelt hatte. Der Torpedo war für den Flugzeugeinsatz vorgesehen. Mit dem Abwurf löste sich vom Torpedo eine Boje, die ein Funkempfangsgerät enthielt. Boje und Torpedo blieben mit einem dünnen Draht in Verbindung, der sich aus dem Torpedo abspulte. Die Blasenbahn des Torpedos wurde mit einem Farbstoff besser erkennbar gemacht. Das lenkende Flugzeug gab Lenkkommandos per Funk an die Boje, die ihrerseits entsprechende Lenkimpulse an den unter der Wasseroberfläche laufenden Torpedo weiterleitete. Der Torpedo besaß eine Hartrudersteuerung mit Hilfe eines Kommandogebers und eines Elektromotors am GA, der direkt mit dem Winkeleinstellgestänge des GA verbunden war.

Bei der Vorführung in Fiume wurde der Torpedo vom Schießstand der Fa. Silurificio gesteuert. Trotz einer Beobachtungshöhe von 15 m über der Wasseroberfläche war der Torpedo nur bis 1200 m zu beobachten. Bei Kommandogabe drehte der Torpedo mit einem Drehkreis von 150 m Radius auf die neue Richtung ein. Die Lenkung nach der beobachteten Blasenspur des Torpedos zeigte (erwartungsgemäß) die Schwäche dieses Verfahrens: Da die Luftblasen mit dem Farbstoff erst vom Torpedo an die Wasseroberfläche aufsteigen mußten, vermittelten sie nicht den augenblicklichen Standort und Kurs des Torpedos sondern Angaben der Vergangenheit.

Die Funktion eines Ziellenktisches auf dem Schießstand, der die Torpedoposition automatisch mitkoppeln sollte, befriedigte nicht. Immerhin war ein neuartiges Konzept technisch interessant gelöst worden, und so konnten Erfahrungen, die bei dieser Besichtigung gewonnen worden waren, in die weitere Entwicklung der deutschen Fernlenk-Torpedos einfließen.

Die von SAM entwickelte Fernsteueranlage für den NYK-Torpedo sah polarisierte Relais vor, die dem Torpedo Richtungsänderungen nach beiden Seiten sowie ein kurzzeitiges Auftauchen zur Standortbestimmung vermittelten. Nachts sollte beim Auftauchen eine nach hinten strahlende Lampe den Torpedo für den Lenker sichtbar machen. Für Kursänderungen wurde anfangs eine einfache Rudersteuerung mit direkter Wirkung auf die Steuermaschine benutzt. Später sollte dieses grobe Verfahren durch eine schrittweise Verstellung der Basis des GA (Kurssteuerung) abgelöst werden.

Als Möglichkeit für die Sichtbarmachung bei geringer Beobachtungshöhe (Sehrohr eines U-Bootes) war ein schräg nach hinten strahlender Scheinwerfer vorgesehen. Der Lichtkegel sollte dabei an der Grenze der Totalreflexion der Wasseroberfläche auftreffen, so daß er nach der Brechung fast parallel zur Oberfläche nach hinten, d.h. zum Beobachter, strahlte. Dabei wurden auch Versuche mit IR- und UV-Licht ausgeführt. Ein anderes Lenkverfahren beruhte auf der akustischen Beobachtung des Torpedos und des Gegners mit einer S-Peilanlage.

Diese Lenkverfahren waren grundsätzlich auch für den NY-Torpedo geeignet. Doch war hier immer noch die Frage ungeklärt, wo sich bei einer U-Bootverwendung der Längstwellensender befinden sollte. Ein Relaissender an Land, der von dem zu schwachen U-Bootsender getastet werden könnte, war bei den großen Einsatzräumen ungeeignet. Überdies war die Treffgenauigkeit bei den sehr eingeschränkten Beobachtungsmöglichkeiten eines U-Bootes mit zunehmender Entfernung zu gering.

Am 4. Februar 1944 ordnete TWa IIc an: "Im Interesse der Konzentration der vorhandenen Entwicklungskapazität auf Aufgaben der Torpedoentwicklung, bei denen ein Abschluß in absehbarer Zeit zu erwarten ist, wird ab sofort die Entwicklung NY (drahtlos gelenkter Torpedo) stillgelegt."

Die weitere Arbeit wurde auf den drahtgelenkten Torpedo konzentriert. Der NYK-Torpedo sollte jetzt in erster Linie der Küstenverteidigung dienen. Er erhielt dafür die neue Bezeichnung T X SPINNE. Abmessungen, Antrieb und Gefechtsladung entsprachen den Werten des G 7e T II. Die Zündung erfolgte mit der AZ Pi 1. Der wesentliche Unterschied bestand in der Kabelspule, dem Kommandogerät und dem s-GA 'Specht'. Etwa 200 Stück des T X wurden für den Einsatz von Strandbatterien aus gebaut.

Am 28. März 1944 besichtigte Kpt.z.S. Spörel vom Kleinkampfmittel-Verband den T X bei der TVA. Nach einem Vortrag über Leistung und technische Einzelheiten wurde der geländegängige Transport- und Abschußwagen für den T X vorgeführt. Der Wagen war denkbar einfach konstruiert und fuhr auf zwei großen walzenförmigen Rädern. Mit Hilfe einer Seilwinde wurde er ins Wasser gezogen. Er besaß eine geringe Vorlastigkeit, die durch ein drittes, kleineres Rad aufgenommen wurde. Anschließend wurden drei Schüsse durchgeführt, die reibungslos verliefen: der erste Schuß vom Wagen aus, der zweite aus einem Unterwasserrohr und der dritte von einem ins Wasser gefierten einfachen Holzgestell. Die Schüsse erfolgten in dunkler Nacht. Mit Hilfe der nach hinten strahlenden Richtlampe konnten die Torpedos bis auf 1500 m gut verfolgt werden. Es zeigte sich jedoch, daß die Steuerung einer guten Übung bedurfte. Dazu wurde ein Übungstisch vorgeführt, dessen etwa 2 m x 4 m große Tischplatte aus Glas in Augenhöhe lag. Nach dem simulierten Abschuß erzeugte ein unter der Glasplatte gesteuerter Wagen mittels eines nach oben strahlenden Scheinwerfers einen Lichtfleck auf der Glasplatte, der den jeweiligen Torpedo-Standort anzeigte. Außerdem bewegte sich ein Feindschiff-Modell auf der Glasplatte, das von einem zweiten Wagen unterhalb der Glasplatte magnetisch geschleppt wurde. Die Bewegung des Schiffsmodells steuerte der Lehrer mittels Knopfeinstellung von Fahrt und Kurs, während der Schütze die Aufgabe hatte, den Lichtpunkt (Standort des Torpedos) auf der Visierlinie zum Feindschiff zu halten. Bei diesem Deckpeilungs-Lenkverfahren rutschte also der Torpedo sozusagen auf der Visierlinie vom Abschußort zum Gegner.

In der darauf folgenden Besprechung wurde entschieden, daß die für die Gruppe West vorgesehenen Torpedobatterien mit je drei T X-Torpedos sofort einzurichten seien. Bei der alliierten Invasion war ihr Aufbau aber noch nicht abgeschlossen, so daß es zu keinem Einsatz kam.

Die verbliebenen NYK-Torpedos wurden im Nordraum installiert. Es wurde aber auch versucht, sie von Kleinkampfmitteln abzuschießen.

In der Zeit vom 20. November bis zum 10. Dezember 1944 wurde bei der TVA Gotenhafen der Einsatz des T X SPINNE (Gerät 43cp) von Kleinst-U-Booten erprobt. Dafür wurde ein MOLCH des KdK benutzt. Insgesamt wurden von dem MOLCH 22 Schüsse mit dem T X abgegeben, davon 20 Tag- und 2 Nachtschüsse. 15 Schüsse waren steuerungsmäßig in Ordnung und konnten je nach Sicht- und Zielverhältnissen auf Entfernungen von 500-3500 m Treffer erzielen. 5 Schüsse waren nicht steuerbar durch Abreißen bzw. Beschädigung des Steuerdrahtes durch die Schiffsschraube. 2 Schüsse waren nicht steuerbar, da der Steuerdraht innerhalb der Zentrale des MOLCHES abgerissen wurde. Der Torpedo konnte vom MOLCH aus allen Lagen geschossen werden und wurde dabei überwiegend von der Kuppel aus gelenkt. Das MOLCH-Sehrohr hatte eine schwache Optik und eignete sich deshalb nicht für die Fernlenkung. Nach dem 'Auf'-Kommando kam der Torpedo an die Oberfläche und lief dort als Oberflächenläufer. Er konnte danach aber auch wieder zum Eintauchen gebracht und so der gegnerischen Abwehr und Beobachtung entzogen werden. Außerdem konnte beim 'Lampen'-Kommando eine Lampe für die nächtliche Orientierung ein- und ausgeschaltet werden. Damit der Bootsführer bei der Torpedolenkung von der Bootssteuerung entlastet war, wurde in dem MOLCH eine automatische Kurssteueranlage eingebaut.

Der benutzte T X Torpedo besaß einen pneumatischen GA ('Assmann'-GA) mit einem GA-Versteller. Um einen geringen Untertrieb von nur 10 kg zu erhalten, was für die Verwendung von Kleinst-U-Booten aus wichtig war, und einen Längsschwerpunkt von 1865 mm einzuhalten, wurde eine normale ZAUNKÖNIG-Batterie (13 T spezial mit 36 Zellen und ca. 440 kg Gewicht) benutzt, die eine Torpedogeschwindigkeit von 24 kn ermöglichte. Das Gewicht des Torpedos ohne Kopf aber mit eingebauter Spule betrug etwa 542 kg, das Verdrängungsvolumen einschließlich Schiebekopf etwa 1300 l, so daß bei normalem Gefechtskopf nur ein Batteriegewicht von 369 kg in Frage kam. Bei Gefechtsmäßigen Schüssen hätte deshalb nur eine normale 13 T 210 Batterie (Batteriegewicht ca. 365 kg) benutzt werden können. Für den Abgang des Torpedos hatte sich eine Rudersperrung von +1 bei einer Sperrstrecke von 40 m gut bewährt. Die durchgeführten Versuche ergaben, daß sich das Gerät 43cp sehr gut für den Einsatz von Kleinkampfmitteln eignen würde, sofern durch bestimmte Einrichtungen verhindert wurde, daß der Steuerdraht in die Schiffsschraube geriet. Aber auch in dieser Einsatzart wurde kein T X Torpedo mehr auf ein feindliches Schiff geschossen.

11 Die akustischen Eigenlenktorpedos G 7s (FALKE und ZAUNKÖNIG)

Küsters großes Standardwerk 'Das U-Boot als Kriegs- und Handelsschiff' von 1917 führte unter der Überschrift 'Die Ohren des Torpedos' u.a. aus:
"Je größer die Entfernungen wurden, auf die man den Torpedo lancierte, und je geringer die Eigengeschwindigkeit desselben war, desto leichter konnte durch unrichtiges Abkommen oder Irrtümer in den Annahmen der Bewegung des Ziels und des abschießenden Schiffes ein Verfehlen des Ziels stattfinden. Auch wenn beim Abschuß die Richtung des Torpedos stimmte, kann das Ziel durch entsprechende Manöver dem Torpedo, dessen Bahn an der Oberfläche durch Luftblasen angezeigt wird, ausweichen.
Um den Torpedo ganz sicher ans Ziel zu bringen, hat man versucht, ihn mit Hilfe drahtloser Übertragung elektrischer Wellen zu steuern. Bei großen Entfernungen und großer Geschwindigkeit des Torpedos und des Ziels wird man hiermit aber, auch wenn die benutzten Apparate noch bedeutend vervollkommnet würden, kaum brauchbare Resultate erzielen. Was bisher auf diesem Wege erreicht wurde, war nicht viel mehr als eine Spielerei.
Auf eine neue Weise sucht der schwedische Kapitän Karl O. Leon das gleiche zu erreichen. Er will den Torpedo mit einem Apparat ausrüsten, der ihn selbsttätig auf das Ziel zusteuert, sobald er ziemlich dicht an selbes herangekommen ist. Diesen Apparat kann man mit Ohren vergleichen, durch die die Ruder des Torpedos so bewegt werden, daß derselbe auf das vernommene Geräusch zuläuft. Das diese Bewegung hervorrufende Geräusch wird von den Schiffspropellern veranlaßt, und der Apparat tritt erst in Tätigkeit, wenn der Torpedo so weit von dem eigenen Schiff entfernt ist, daß er das von diesem herrührende Geräusch nicht mehr vernimmt."

Auch andere Erfinder schlugen eine ähnliche Eigenlenkung des Torpedos vor. Die Realisierung scheiterte aber damals an dem Fehlen geeigneter Verstärker und an dem vom Torpedo erzeugten starken Störschall.
Etwa um 1930 wurde in der deutschen Marine der Gedanke geäußert, das Störschallproblem durch die Verwendung von Ultraschallempfängern zu lösen. Ist nämlich die Wellenlänge klein gegenüber den Torpedoabmessungen, so lassen sich Empfänger mit scharf gebündelter Richtwirkung verwenden, die für das Nutz- Störschallverhältnis günstiger sind und die gegenüber dem von den eigenen Treibschrauben ausgehenden Störschall besser abgeschirmt werden können. Außerdem läßt sich mit einer scharfen Empfangsbündelung auch eine gute Peilmöglichkeit erreichen.

Etwa ab 1935 wurden durch die NVA praktische Versuche mit Ultraschallempfängern durchgeführt. Der dafür vorgesehene Torpedo erhielt die Bezeichnung G 7s. Nachdem diese Versuche die grundsätzliche Eignung dieses Verfahrens erwiesen hatten, wurden bei der Firma Atlas, Bremen, die Entwicklung geeigneter Schallempfänger und bei den Firmen Elac, Kiel, und AEG, Berlin, die Entwicklung geeigneter Verstärker in Auftrag gegeben. Gleichzeitig wurden von der TVA Steuerungsversuche mit einem abgewandelten GA VIII durchgeführt. Anfang 1937 wurde eine Hartrudersteuerung mit zehn Schüssen erprobt. Für eine Strichsteuerung wurden drei Geräte bei der NVA in Auftrag gegeben. Das Ziel der Entwicklung, die von der NVA geleitet wurde, war, einen Eigenlenktorpedo für die Kriegsschiffbekämpfung zu erhalten. Dafür wurde von militärischer Seite eine Mindestgeschwindigkeit von 30 kn für erforderlich gehalten und somit ein Torpedo mit dem G 7a-Antrieb.
Anfang 1939 lagen von den genannten Firmen Labormuster vor. Ferner waren einige G 7a-Torpedos vorhanden, die mit Übungsköpfen zur Aufnahme des Kopfteils (Mikrophone und Verstärker), mit einer zentralen Kabelführung durch den Kessel und im Schwanzteil mit einem aptierten GA,

der auf Kommandos Hartruderlagen Bb und Stb erzeugte, ausgerüstet waren.

Nach Ausrüstung mit den Firmen-Apparaturen wurden diese G 7as-Torpedos vom Torpedo-Schießstand in Eckernförde-Süd geschossen. Seitlich der Schußbahn für den Geradeausschuß war ein Schallsender montiert. Ein funktionierender G 7as-Torpedo wich dann einige 100 m vor dem Passieren der Schallboje von der Geradeausschußbahn ab und untersteuerte die Boje, was an Hand der Blasenbahn beobachtet und mit einer Bahnvermessungsanlage auch meßtechnisch erfaßt wurde.

Immer wieder waren Änderungen und Verbesserungen an den Apparaten und Schallempfängern vorzunehmen, bis die Ansteuerung auch ohne Überlautstärke der Boje funktionierte.

Es folgten dann Torpedoschüsse auf ein G-Boot (ehemaliges Torpedoboot) in der Eckernförder Bucht, die zunächst nicht zur Ansteuerung führten. Die G 7as-Torpedos waren dabei mit einem Scheinwerfer im Übungskopf ausgerüstet, der senkrecht nach oben strahlte und einen nachts gut sichtbaren grünen Fleck an der Wasseroberfläche erzeugte.

Eines Tages war es dann soweit: Der grüne Fleck änderte seine Bewegungsrichtung und lenkte auf das G-Boot ein. Dipl.-Ing. Thomsen (OKM) und Dr. Hilgart (NVA) waren an Bord und warfen sich aufs Deck, um über den Decksrand gebeugt unter sich zu sehen, wie der Torpedo das G-Boot unterlief und mit seiner Kopflampe die Schiffsschraube und Teile des Hecks beleuchtete. Dies war der erste gelungene Torpedoschuß mit akustischer Eigenlenkung, ein wehrtechnisch historisches Ereignis, dessen genaues Datum zwar nicht mehr bekannt ist, das aber in der zweiten Hälfte 1939 stattfand.

Im Zuge einer Neuordnung der Aufgaben der TVA wurde im Frühjahr 1940 die Federführung der Entwicklung des akustischen Torpedos an die TVA in Eckernförde übertragen. Dabei wurde das Entwicklungsziel geändert. Der Torpedo sollte jetzt gegen Handelsschiffe einsetzbar sein. Das ergab geänderte physikalische Voraussetzungen. Da die Geräuschabstrahlung eines Schraubenschiffes im wesentlichen von der Fahrt abhängt, mußte bei relativ langsam fahrenden Handelsschiffen mit geringerem Nutzschall gerechnet werden, dem bei gleichem Nutz- Störschallverhältnis nur mit einer Herabsetzung des Störschalls, also mit einer Herabsetzung der Torpedogeschwindigkeit, begegnet werden konnte. Das führte bei den beteiligten Dienststellen zu harten Diskussionen. Die klassische Vorstellung: 'Der Torpedo ist so gut wie seine Geschwindigkeit' mußte der Einsicht weichen, daß es für einen G 7s-Torpedo eine optimale, d.h. zu größter Treffaussicht führende Torpedogeschwindigkeit gibt, die der Fahrtstufenspanne des Gegners angepaßt sein muß. Diese lag bei Handelsschiffen im Geleitzug damals bei etwa 8 bis 14 kn. Die zugehörige optimale Torpedogeschwindigkeit wurde auf etwa 20 kn berechnet. Dadurch war es plötzlich möglich, als Träger der Eigenlenkung einen Elektro-Torpedo vorzusehen, der die Bezeichnung G 7es erhielt.

Zunächst wurden G 7as und G 7es noch nebeneinanderher entwickelt. Dabei zeigte sich aber bald, daß der G 7es für die Eigenlenkung grundsätzlich geeigneter und leichter zu entwickeln war. Es wurde deshalb beschlossen, ihn bevorzugt fertigzustellen. In einer Begründung dazu wurde am 6. Mai 1941 von TWa u.a. ausgeführt:

"Bisher wurde der Grundsatz vertreten, daß die Gesamtstückzahl der monatlich zu fertigenden Torpedos erhalten bleiben muß, trotz der Abzweigung einer G 7s-Fertigung. Beim G 7es läßt sich dies, wenn auch mit Schwierigkeiten, durchführen, da die Änderungsarbeiten, um von einem G 7e auf einen G 7es zu kommen, nicht besonders groß sind. Beim G 7as liegt die Fertigung wesentlich ungünstiger, da z.B. die Durchführung des Kommandokabels durch den Kessel ungleich mehr Arbeitskapazität beansprucht. Soweit zu übersehen, läßt sich fertigungsmäßig eine G 7as-Serie nur auf Kosten einer Einschränkung der Summenausbringung von G 7a und G 7as durchführen.

Die Entwicklungsarbeiten für den G 7es sind sehr weit vorgeschritten. Der G 7es kann sowohl batteriegespeiste wie generatorgespeiste Apparaturen tragen. Batteriegespeiste Apparaturen sollten etwa 120 Stck. gefertigt werden, sodann für den Fronteinsatz nur noch generatorgespeiste Apparaturen.

Der Entwicklungsstand des G 7as ist noch im Rückstand. Insbesondere besteht noch nicht die Möglichkeit, mit ihm generatorgespeiste Apparaturen zu schießen, da die Frage der Unterbringung eines Generators im G 7a noch nicht gelöst werden konnte. Erforderlich wäre: Entweder die Umstellung der Apparaturserie auf Batteriegeräte oder die Weiterentwicklung des G 7as zum Träger generatorgespeister Apparaturen.

Im Interesse der Konzentration der Kräfte mußte die Entscheidung dahin fallen, diese zunächst voll auf den G 7es einzusetzen. Sobald die Arbeitslage es gestattet, wird die Weiterentwicklung des G 7as aufgenommen. Es steht aber zu erhoffen, daß zu diesem Zeitpunkt bereits der G 7u als G 7us entwickelt werden kann, der den Vorteil der Unsichtbarkeit des Laufs mit dem großer Laufstrecke vereinigt und nicht die Schwierigkeit mit sich bringt, das Kommandokabel durch einen Torpedokessel hindurchführen zu müssen."

Die Entwicklung des G 7es bekam größte Kriegsdringlichkeit, was zu einer erheblichen Erweiterung bei der TVA, einem zusätzlichen großen Forschungsvorhaben mit besonderer Einschaltung der Physikalisch-Technischen Reichsanstalt (PTR) in Berlin und verstärkter Firmenmitarbeit führte.

Die Versuche mit dem G 7as in der Eckernförder Bucht hatten die Erkenntnis gebracht, daß dieses Gewässer für Torpedoschüsse mit akustischer Eigenlenkung prinzipiell ungeeignet war, da Reflexionen der Torpedo- und Zielgeräusche von der nahen Küste die zu untersuchenden Effekte überlagerten und da der Schiffsverkehr mit seinen zusätzlichen Geräuschen nicht hinreichend unter Kontrolle gebracht werden konnte. Die Eckernförder Bucht war letzten Endes ein zu schmales Gewässer für Experimente und Versuche mit einem akustisch zielsuchenden Torpedo. Auf Vorschlag der TVA wurde deshalb vom Torpedowaffenamt der Ausbau der im Oktober 1940 in Gotenhafen eingerichteten TVA Zweigstelle und der Umzug der den G 7es bearbeitenden Abteilung dorthin angeordnet.

Der Verlauf der Entwicklung dieses Torpedo-Projektes hatte gezeigt, daß die Problematik der Aufgabe wesentlich unterschätzt worden und die bisher zu ihrer Lösung eingesetzte Entwicklungskapazität im Hinblick auf die Dringlichkeit völlig unzureichend war. Das OKM war zur

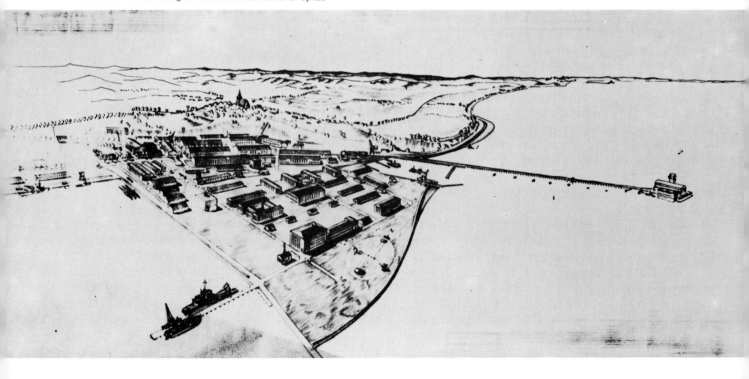

Luftbild der TVA Abteilung Gotenhafen an der Oxhöfter Spitze

Abhilfe entschlossen und erreichte in Verhandlungen mit den Leitungen der maßgeblich beteiligten Firmen, daß Führungskräfte der Industrie (mit Sondervertrag der AGC) bei der TVA - sozusagen auf Zeit - eingesetzt werden konnten. Dazu wurde die nach dem Initiator, Prof. Osenberg, TH Hannover, genannte 'Osenberg-Aktion' durchgeführt, durch die ca. 5000 technisch-wissenschaftliche Fachkräfte von der Front zurückgeholt wurden, wo sie z.T. als Kraftfahrer oder bei anderen nicht als besonders kriegswichtig anzusprechenden Aufgaben eingesetzt waren. Sie wurden jetzt der Rüstungsindustrie und wehrtechnischen Einrichtungen, wie z.B. TVA und Twa, zugeführt und dort dienstverpflichtet.

Mit dem Umzug der TVA-Abteilung für die G 7es-Entwicklung nach Gotenhafen wurde auch über die AGC ein sehr fähiger Industrie-Ingenieur, Dipl.-Ing. Steidle, als Abteilungsleiter verpflichtet. Steidle war der Typ eines unermüdlichen, von niemandem zu verdrängenden Top-Managers, der es verstand, Menschen, Geld, Organisationen und Weisungen für die Sache zum Einsatz zu bringen. Er wurde 1942 von Dr. Aschoff abgelöst, der vor allem die wissenschaftliche Qualität der Arbeiten und die Sorgfalt - z.B. bei der Fehlersuche - förderte und damit die Frontreife dieser Waffe erreichte.

Neben dem Ausbau des Werkes Gotenhafen der TVA, das bis Kriegsende auf einen Personalbestand von rund 2000 Mitarbeitern (einschließlich des militärischen Personals für Schiffe und Fangboote) anwuchs, wurde im Raum der Danziger Bucht ein großes Forschungsvorhaben aufgezogen.

Die NVA hatte zwar eine grundsätzliche physikalische Untersuchung der akustischen Eigenlenkung von Torpedos betrieben, es stellte sich jedoch heraus, daß zur Optimierung der Waffe und der rechnerischen Ermittlung der Eigenschaften einschließlich der Trefferwahrscheinlichkeit eine Fülle von wissenschaftlichen Unterlagen fehlte.

Die Federführung der Forschungsvorhaben wurde der PTR übertragen. Ihr damaliger Präsident war Prof. Esau, der zugleich Mitglied der AGC geworden war und speziell die Aufgaben der Torpedo-Eigenlenkung zu fördern hatte. Das Hauptziel des Forschungsprogramms war, umfassende und konkrete Unterlagen über die Ausbreitung der Schiffsgeräusche zu erstellen. Gefragt war hierbei der Schalldruck in Abhängigkeit vom Abstand zum Schiff und der Abstrahlungsrichtung, d.h. in Bug- oder Heck-Richtung und den dazwischenliegenden Richtungen. Gefragt waren ferner diese Werte bei den verschiedensten Kriegs- und Handelsschiffstypen bei allen in Frage kommenden Fahrtstufen und unterschiedlichstem 'Schallwetter', das speziell definiert und in einer Skala von 0 bis 1 'Lachs' festgelegt wurde.

PTR und TVA waren fast zwei Jahre tätig, um die erforderlichen Unterlagen (Tabellen, Diagramme, Theorien) zu erstellen, mit denen es erstmalig möglich wurde, die zu erwartende Ansprechentfernung des Torpedos (bei bekannter Empfangscharakteristik) auf ein Ziel und (bei bekannter Steuerungscharakteristik des Torpedos) den Ansteuerungsweg und schließlich allgemein auch die Treffwahrscheinlichkeit zu ermitteln.

Ein zweites Forschungsvorhaben, bei dem die TVA in Gotenhafen die Federführung hatte, betraf die Reduzierung des Störschalls. Alle Geräuschquellen im Torpedo wurden untersucht - insbesondere mehrflügelige Treibschrauben in verschiedenen Doppelschrauben-Kombinationen. Ferner wurden die Schalleitung im Torpedo und die Möglichkeiten der Abschirmung der Schallempfänger umfassend einer Aufklärung zugeführt.

Eine Zusammenfassung der wichtigsten damals in Angriff genommenen Aufgaben lautete:

Akustik:
Ausbreitung des Nutzschalls. Entstehung und Ausbreitung des Störschalls. Konstruktion geeigneter Empfänger.

Elektrotechnik:
Bau stabiler Verstärker mit sehr hohem Verstärkungsgrad mit geeigneter Stromversorgung.

Mechanik:
Anpassung der ballistischen Eigenschaften des Torpedos an die speziellen Aufgaben der akustischen Eigenlenkung, insbesondere kleine Drehkreise und Stabilität bei relativ geringer Geschwindigkeit.

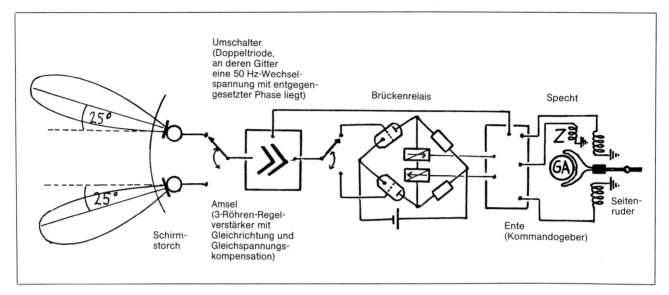

Prinzipskizze der T IV Lenkapparatur

Theorie der Eigenlenkung:
Steuerverfahren. Berechnung von Bahnkurven.

Diese Arbeiten führten im Jahre 1942 zur Schaffung eines geeigneten Lenktorpedos, der die Bezeichnung T IV FALKE erhielt.

Eigenschaften des T IV

G 7e-Antrieb, jedoch mit halber Batterie (1 Trog 13 T 210 mit Batterieheizung) und E-Motor mit 32 PS bei 1125 U/Min.
Geschwindigkeit: 20 kn bei einer Laufstrecke von 7500 m.
Für den längeren Torpedolauf war ein größerer Luftvorrat erforderlich: zu den 3 Luftflaschen im Hinterteil kamen noch 5 zusätzliche 5 l Luftflaschen im Mittelteil, so daß der Luftvorrat insgesamt 40 l bei 200 at betrug.
Als Zündung für die 280 kg Ladung war das Trägheitssystem Pi 4a eingebaut.

Aufbau der Lenkapparatur

Die beiden magnetostriktiven Ultraschallempfänger ('Storch') waren auf eine Frequenz von etwa 25 kHz abgestimmt und jeweils um 25° zur Torpedoachse nach außen gerichtet. Sie waren auf Schaumgummipolstern befestigt und befanden sich hinter der Kopfhülle aus Plastik in einer Flüssigkeit aus Glyzerin und Äthylenglykol.

Bei der 'Amsel' handelte es sich um einen empfindlichen Resonanzverstärker mit 7 Verstärkerröhren, der mit Hilfe eines elektronischen Umschalters mit einer Schaltfrequenz von 100 Hz beide Empfangskanäle getrennt verstärken konnte. Diese Anordnung war gewählt worden, um eine gleich große Verstärkung in beiden Kanälen sicherzustellen.
In einer angeschlossenen Brücke wurden bei unterschiedlichen Empfangsspannungen Steuerrelais betätigt, die auf ein Kommandogerät ('Ente') wirkten und hier Steuerbefehle für das Seitenruder auslösten. Im Gehäuse des Strahlrohr-GA befanden sich zu diesem Zweck drei Magnete: der Ausrück-(Z-), der Bb- und der Stb-Magnet. Der Ausrückmagnet trennte 1 bis 1,5 Sekunden nach dem Empfang eines Steuersignales das Strahlrohr vom GA. Blieben die Steuersignale aus, so ging der Torpedo nach 1 bis 2 Sekunden wieder auf GA-Kurs.
Die Brückenrelais sprachen an, wenn die Differenz der Verstärkerspannungen mehr als 20% betrug. Bei einem Einfallswinkel des Nutzschalls von $\alpha = 25°$ war dies der Fall, wenn das Verhältnis von Nutz- zu Störschall 75% betrug.

Die Versuchsschüsse vom Schießstand in Gotenhafen verliefen in den ersten Monaten sehr unbefriedigend. Das Registriergerät für die Unsymmetrie der beiden Schwingerspannungen zeigte bei ruhiger Schußbahn nicht erklärbare Spannungsdifferenzen bis etwa 15% an. Zur Aufklärung dieser 'Nullpunktswanderung' wurden viele Kräfte für systematisch durchgeführte Untersuchungen eingesetzt. Einige Empfangsapparaturen erhielten einen zweiten Registrierkanal, mit dem der Summenpegel gemessen werden konnte. Nun konnte die 'Nullpunktswanderung' als Funktion des Pegels analysiert werden. Es zeigte sich dabei, daß eine dominierende Unsymmetrie von den reflektierten Schraubengeräuschen des Torpedos verursacht wurde. Seitlich der Schußbahn konnte daraufhin eine leichte Bodenerhebung ermittelt werden, die für die abweichende Reflexion verantwortlich war.

Nach der Reduzierung der elektrischen und akustischen Störungen mußte die verbleibende Unsymmetrie durch eine reduzierte Anfangsspannung des geregelten Verstärkers verringert werden. Dafür wurde ein Zusatzpegel eingeführt, der durch Rückkopplung gewonnen wurde.

Die Fronterprobung des T IV erfolgte im Februar/März 1943 auf sechs U-Booten mit je zwei Torpedos im Nordatlantik. Vorher waren die Offiziere und Torpedo-Maate in einem zweitägigen Lehrgang bei der TVA Gotenhafen mit diesen neuen Torpedos vertraut gemacht worden. Wegen mangelhafter Rohrstreckensicherheit der neuen Trägheitspistole mußte der Einsatz vorerst auf das Heckrohr beschränkt werden. Aus dem gleichen Grund wurde der Einsatz nach dem Verschuß von drei Torpedos abgebrochen. Nach dem KTB des BdU waren dabei zwei Schüsse von U 221 (Obl.z.S. Trojer) und ein Schuß von U 382 (Kptl. Juli) abgegeben worden. U 382 schoß am 23. Februar 1943 am Geleit UC 1 einen T IV, einen FAT und zwei G 7e. Ein Torpedo traf den Tanker MURENA, ein weiterer Torpedo detonierte in der Nähe eines anderen Tankers. Bei dem T IV-Einsatz von U 221 handelte es sich möglicherweise um den Angriff am 7. März auf das 3015 BRT Motorschiff JAMAICA, das nach Treffer sank.
Für die weitere Entwicklung des T IV FALKE wurde die Vergrößerung der Sperrstrecke von 720 m auf 1000 m sowie absolute Rohrstreckensicherheit der Pistole angeordnet. Nach entsprechenden Änderungen wurde der FALKE ab 1. Juli 1943 für den Fronteinsatz von den Atlantikstützpunkten aus freigegeben. Ab 1. September 1943 war auch der Mittelmeereinsatz mit dem T IV beabsichtigt. Es kam aber nur noch zur Ausrüstung von fünf U-Booten mit diesem Torpedo.

Inzwischen war im Mai 1943 der deutsche U-Bootkrieg im Nordatlantik durch den gezielten Einsatz gegnerischer U-Jagdstreitkräfte zum Erliegen gekommen. Aus dieser Lage heraus wurde die Forderung gestellt, den Zielsuch-Torpedo zu einer Abwehrwaffe gegen U-Jagdfahrzeuge abzuändern. Dies sollte in möglichst kurzer Zeit geschehen, um die Wehrlosigkeit der U-Boote gegen angreifende Zerstörer und Geleitfahrzeuge zu beenden.

Dazu mußten folgende Probleme gelöst werden:
1. Erhöhung der Torpedogeschwindigkeit auf den für den neuen Zweck geeigneten Wert.
2. Einführung einer Abstandspistole, die so empfindlich war, daß sie auch bei kleinen Fahrzeugen noch die Zündung auslösen konnte. Die Aufschlagpistole war bei derartig flachen Schiffen ungeeignet, da der akustische Torpedo wegen des Störschalls einen Mindestabstand von 3 m von der Wasseroberfläche benötigte, der den Tiefgang derartiger Schiffe insbesondere am Heck überstieg.

Zusätzlich sollte der Torpedo auch noch eine verbesserte Trägheits-AZ erhalten.

Als geeignete Torpedogeschwindigkeit wurden ca. 24 kn ermittelt. Dafür war aber eine stärkere Batterie erforderlich, die 13 T 210 spezial mit 36 Zellen und 93 Ah Kapazität.
Die zweite Aufgabe war wegen der starken Kursänderungen dieses Torpedos und wegen der geringen Relativgeschwindigkeit zwischen Torpedo und Schiff beim Nachlaufen auf einer Hundekurve nicht mit den bisherigen passiven Induktionspistolen zu lösen. Statt dessen wurde eine aktive magnetische Abstandszündeinrichtung vorgesehen, die bereits bei der PTR in der Entwicklung war. Bei ihr wurde mit einer wechselstromgespeisten Spule ein Streufeld von der Form eines Dipolfeldes erzeugt. Bei ungestörtem Streufeld tritt

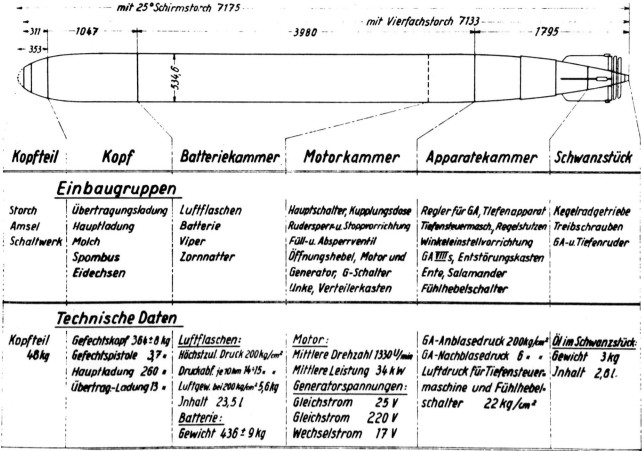

T V ZAUNKÖNIG (Seitenansicht, Einbaugruppen und technische Daten)

T V Schematische Darstellung der Luftwege

1 Luftflaschen
2 Füll- u. Absperrventil
3 Hauptschalter
4 Fühlhebelschalter
5 Regler für GA
6 GA VIII s
7 Regelstutzen
8 Tiefensteuermaschine

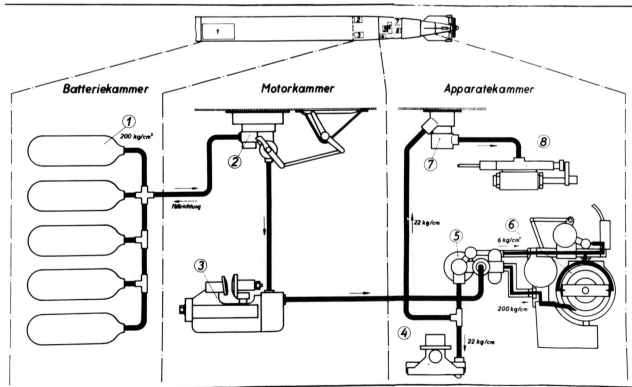

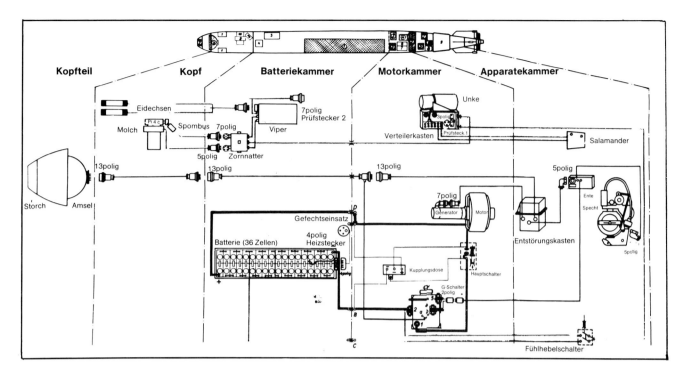

Kabelplan

Antrieb
1 Batterie
2 Motor
3 Hauptschalter

S-Einrichtung
1 Storch
2 Amsel
3 G-Schalter
4 Generator
5 Entstörungskasten
6 Ente
7 Specht

Torpedozünd-Einrichtung 5
1 Eidechse
2 Molch
3 Spombus
4 Zornnatter
5 Viper
6 Unke
7 Verteilerkasten
8 Fühlhebelschalter
9 Salamander
10 Pistole

T V Kabelplan

Eigenschaften des T V

Gewicht: 1511 ± 25 kg; Gewicht des Kopfteils mit Empfänger und Verstärker 48 kg
Untertrieb: 133 kg (ca.11%)
Antrieb: E-Motor mit 55 PS bei 1350 U/M
Batterie: 1 Trog 13 T 210 spezial
Luftvorrat: 5 Luftflaschen von je 5 l im Mittelteil
Geschwindigkeit: 24,5 kn bei einer Laufstrecke geheizt von 5700 m, ungeheizt von 5000 m
Geradlaufapparat: GA VIIIs ('Specht'), ein Strahlrohr-GA mit elektromagnetischer Verstelleinrichtung
Drehkreisradius: 75 m, Winkelschußmöglichkeit bis ± 90°
Abstandszündung TZ 5 mit Trägheitspistole Pi 4c. Sperrstrecke 400 m
Einsatzbeschränkung bei Seegang 6
Gefechtskopf Ke 1 mit 273 kg Ladung
Lenkapparatur wie T IV
Erzeugung der benötigten elektrischen Spannungen für die Lenk- und Zündapparaturen durch einen Generator ('Unke'), der 25 V und 220 V Gleich- sowie 17 V Wechselstrom abgab.

in der zur Sendespule rechtwinklig angeordneten Empfangsspule keine Spannung auf. Erst eine Störung des elektromagnetischen Streufeldes durch leitende und ferromagnetische Körper induziert eine Empfangsspannung, wodurch die Zündung ausgelöst wird. Diese Zündeinrichtung bekam die Bezeichnung TZ 5.
Die gegenseitige Beeinflussung der komplizierten elektrischen Verstärkereinrichtungen für die akustische Eigenlenkung und die Induktionszündung führte zu konstruktiven Schwierigkeiten. In enger Zusammenarbeit zwischen der TVA Gotenhafen und den beteiligten Instituten und Firmen konnten aber diese Schwierigkeiten in ungewöhnlich kurzer Zeit gelöst werden.
Der neue Torpedo erhielt die Bezeichnung T V ZAUNKÖNIG (Gerät 45).

Ursprünglich war bei einem normalen Erprobungsablauf erst Anfang 1944 mit einem Einsatz dieser neuen Torpedos gerechnet worden. Wegen der kritischen Lage im U-Bootkrieg befahl Dönitz jedoch die Bereitstellung der ersten T V 'Zerstörerknacker' bereits zum 1. Oktober 1943 für den Fronteinsatz. Am 13. Juli wurde dieser Termin auf den 1. August 1943 vorverlegt, um schon im September mit Hilfe der neuen Torpedos die Geleitzugbekämpfung im Nordatlantik wieder anlaufen zu lassen.

Dies war nur möglich, da einmal durch eine Sonderermächtigung des Rüstungsministers die ZAUNKÖNIG-Entwicklung und Fertigung höchste Priorität eingeräumt erhielt, zum anderen vom OKM das Risiko eingegangen wurde, auf den normalen Erprobungsablauf und dabei noch mögliche Korrekturen und Verbesserungen zu verzichten. Es wurde deshalb beim ersten Einsatz mit einem gewissen Prozentsatz von Selbstzündern und 10% Steuerversagern gerechnet.

So konnte dann am 1. August 1943 die Bereitstellung von 80 einsatzfähigen T V Torpedos für die Ausrüstung von 20 U-Booten in den Weststützpunkten gemeldet werden.

Die T V Torpedos wurden nicht eingeschossen, sondern in besonderen Prüfstellen in den Einsatzbasen eingeregelt.

Der erste ZAUNKÖNIG-Einsatz erfolgte beim Angriff von 17 mit dem T V ausgerüsteten U-Booten auf den Geleitzug ON 202 in der Zeit vom 20. bis 24. September 1943. Die U-Boote hatten je vier T V Torpedos (zwei im Bug- und zwei im Heckraum) an Bord. Sie sollten ihnen helfen, den Weg durch die starke Sicherung zu den Handelsschiffen freizuschießen. 24 T V-Schüsse wurden abgegeben. Davon wurden 13 als sichere und weitere 3 als wahrscheinliche Treffer sowie durch sie die Versenkung von 12 Zerstörern und einem Frachter gemeldet. In Wirklichkeit waren aber nur fünf T V-Treffer erzielt worden, wodurch ein Zerstörer, eine Fregatte und eine Korvette versenkt und eine weitere Fregatte beschädigt wurden. Die Sicherung blieb also weitgehend intakt, und die Masse der eingesetzten

T V Kopfteil mit 25°- und Vierfachstorch

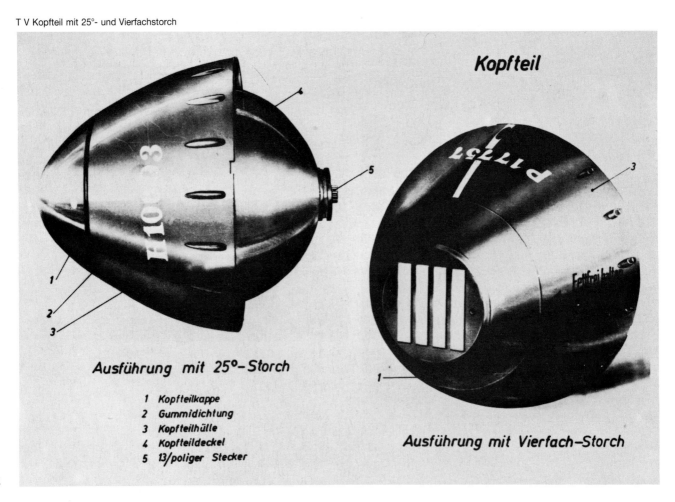

Ausführung mit 25°-Storch

1 Kopfteilkappe
2 Gummidichtung
3 Kopfteilhülle
4 Kopfteildeckel
5 13/poliger Stecker

Kopfteil

Ausführung mit Vierfach-Storch

U-Boote kam an die Handelsschiffe nicht heran.

Wegen der kurzen Sperrstrecke von 400 m mußten die U-Boote beim T V-Schuß aus den Bugrohren sofort mit Alarmtauchen auf Tiefe gehen. Dadurch war die Beobachtungsmöglichkeit der Wirkung der T V-Schüsse sehr eingeschränkt. So wurde eine Vielzahl gehorchter End- und Kielwasserdetonierer als Treffer gewertet und die Wirksamkeit des ZAUNKÖNIGS erheblich überschätzt.

Jetzt wurde auch die Ausrüstung aller West- und Mittelmeerboote mit dem ZAUNKÖNIG angeordnet. Die gemeldeten Erfolge stiegen aber nicht im gleichen Maße.
Am 1. Dezember 1943 wies das KTB des BdU folgende T V-Bilanz auf:

Bisher verschossen 71 T V, davon
gemeldete Treffer 40 T V (56,3%),
geklärte Fehlschüsse 15 T V (21,1%),
ungeklärte Fehlschüsse 7 T V (9,9%),
Versager (5 Rohrläufer,
3 Frühdetonierer und
1 'Toter Mann' 9 T V (12,7%).
Gemeldete Versenkungserfolge mit dem T V
30 Zerstörer und Geleitfahrzeuge
   (+ 2 wahrscheinlich)
1 U-Boot
7 Frachter mit insgesamt 35000 BRT

Tatsächliche Erfolge bis zum 30. November 1943 (nach Dr. Rohwer 'Die U-Boot-Erfolge der Achsenmächte 1939-1945'):
6 Geleitfahrzeuge versenkt,
3 Geleitfahrzeuge beschädigt,
2 Frachter durch T V-Fangschüsse versenkt,
insgesamt also 11 Treffer bei 77 abgegebenen T V-Schüssen (14,3%).

T V Gefechtskopf Ke 1

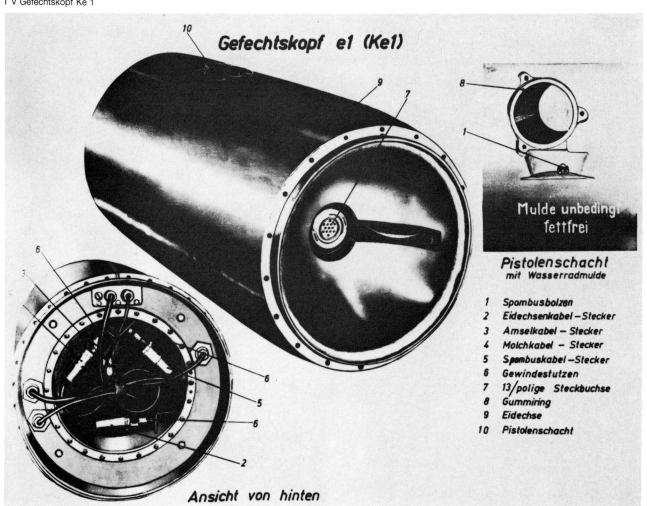

Gefechtskopf e1 (Ke1)

Mulde unbedingt fettfrei

Pistolenschacht mit Wasserradmulde

1 Spombusbolzen
2 Eidechsenkabel-Stecker
3 Amselkabel-Stecker
4 Molchkabel-Stecker
5 Spombuskabel-Stecker
6 Gewindestutzen
7 13/polige Steckbuchse
8 Gummiring
9 Eidechse
10 Pistolenschacht

Ansicht von hinten

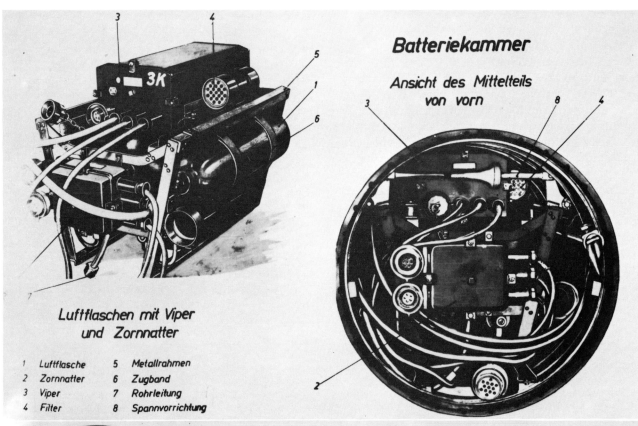

Batteriekammer

Ansicht des Mittelteils von vorn

Luftflaschen mit Viper und Zornnatter

1 Luftflasche
2 Zornnatter
3 Viper
4 Filter
5 Metallrahmen
6 Zugband
7 Rohrleitung
8 Spannvorrichtung

Gefechtspistole 4c (Pi4c)

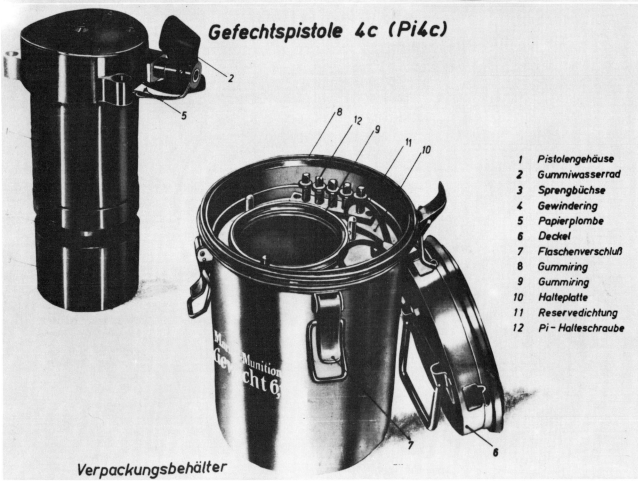

1 Pistolengehäuse
2 Gummiwasserrad
3 Sprengbüchse
4 Gewindering
5 Papierplombe
6 Deckel
7 Flaschenverschluß
8 Gummiring
9 Gummiring
10 Halteplatte
11 Reservedichtung
12 Pi-Halteschraube

Verpackungsbehälter

Links:
T V Batteriekammer mit Luftflaschen, ‚Viper' und ‚Zornnatter'

Unten:
T V Batterie 13 T 210 Spezial (1 Trog mit 36 Zellen zu je 13 Platten. Gleiche Plattenstärke wie bei der 17 T 210 Batterie. Gesamtgewicht 446 kg, Kapazität 93 Ah bei 800 A Entladung)

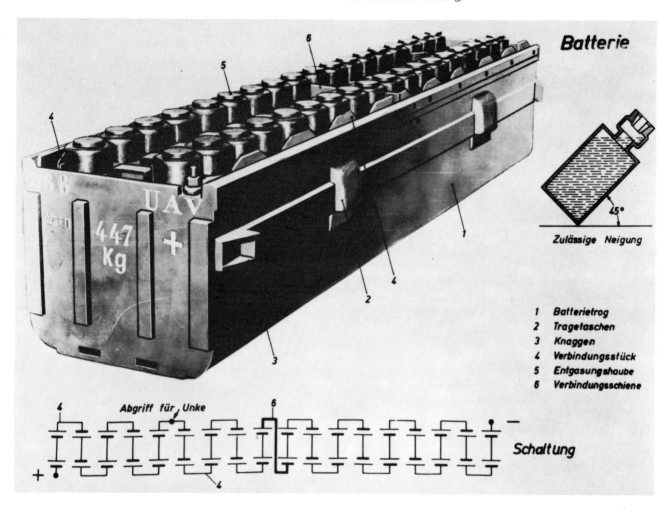

1 Batterietrog
2 Tragetaschen
3 Knaggen
4 Verbindungsstück
5 Entgasungshaube
6 Verbindungsschiene

Damals stellte der BdU dazu fest:
1. Eine eindeutige Begründung für die gegenüber den ersten Erfolgen bestehende Zunahme von Fehlschüssen läßt sich noch nicht geben. Hierzu muß die Berichterstattung der Kommandanten abgewartet werden. Die auf dieser Grundlage erfolgte Auswertung der ersten 50 Schüsse ergab eine nahezu restlose Klärung aller bis dahin ungeklärten Fehlschüsse. Prüfung, ob die wegen der vermehrten Einrichtung von Prüfstellen zwangsläufig eingetretene Qualitätsverminderung des Prüfpersonals Ursache für vermehrte Fehlerquellen sein kann, läuft. Die Front besitzt nach wie vor großes Zutrauen zu dieser Waffe.

Links:
T V Gefechtspistole Pi 4c mit Tansportgefäß

2. Auf Grund mehrerer Meldungen von Booten besteht der Verdacht, daß der Gegner Abwehrmittel in Gestalt von Geräuschbojen gegen den T V einsetzt. ...

3. Die für Dezember vorgesehene Steigerung der T V-Ausrüstung je Boot muß um etwa 1–2 Monate zurückgestellt werden, da wesentliche Teile der Fertigung aus stark luftgefährdeten Gebieten verlagert werden müssen und dadurch eine Pause in der Frontbereitstellung der Torpedos eintreten wird. Die bisherige Ausrüstung (4 je Atlantikboot, 3 je Heimatboot und 4–6 je Mittelmeerboot) wird sich mit den vorhandenen Torpedovorräten voraussichtlich auch während der Pause durchhalten lassen.

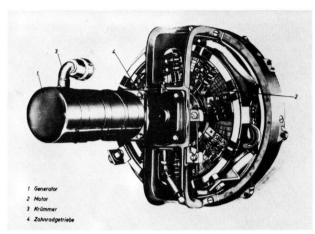

T V E-Motor mit Generator

1 Generator
2 Motor
3 Krümmer
4 Zahnradgetriebe

Für die weitere ZAUNKÖNIG-Entwicklung wurden gefordert: eine variable Einstellung für die Sperrstrecke (Vergrößerung auf mindestens 800 m muß möglich sein!) und die Vergrößerung des Winkelschußbereiches von ± 90° auf ± 180°, um den T V aus allen Lagen schießen zu können.

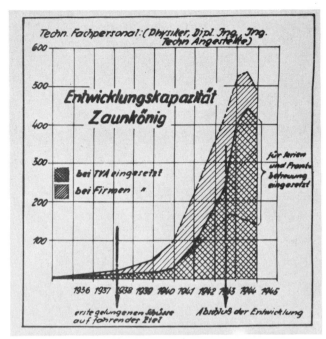

Entwicklungskapazität ZAUNKÖNIG 1936–1945 (eingesetztes Personal)

Ab Januar 1944 erfolgte auch der Nordmeer- und ab April 1944 der Schwarzmeereinsatz mit dem T V. Bis Mitte 1944 wa-

T V Motorkammer mit ‚Unke' und Verteilerkasten

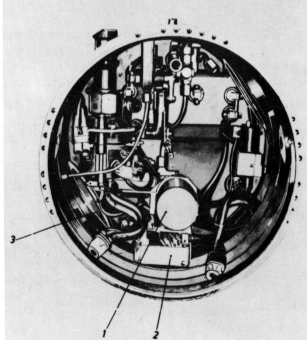

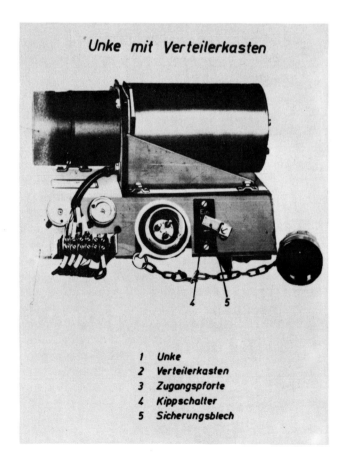

1 Unke
2 Verteilerkasten
3 Zugangspforte
4 Kippschalter
5 Sicherungsblech

148

ren folgende Stützpunkte mit T V-Prüfstellen ausgerüstet: Brest, Lorient, St. Nazaire, Pallice, Kiel, Toulon, Pola, Drontheim, Narvik und Konstanza. Zur Einarbeitung und Unterstützung dieser Prüfstellen mußte die TVA Gotenhafen einen erheblichen Teil ihres Personals abstellen. Ein anderer Teil war mit der Ausräumung von 'Kinderkrankheiten' und mit Verbesserungen des T V beschäftigt. So konnte die Weiterentwicklung auf dem Gebiet der Lenktorpedos im Jahre 1944 bei der TVA Gotenhafen nur mit einem kleinen Teil ihres Personals betrieben werden. Der Entwicklungsschwerpunkt verlagerte sich deshalb in diesem Zeitraum auf die Industrie. Erst für 1945 wurde bei der TVA Gotenhafen wieder mit einem deutlichen Entwicklungsschub gerechnet.

Da die Frontauslieferung des T V durch die Auswirkungen des Luftkrieges nicht die geforderte Höhe erreichte, mußte im Februar/März 1944 die Ausrüstung einzelner U-Boote von 4 auf 2 T V herabgesetzt werden. Erst ab Sommer 1944 konnten dann jedem VII C-Boot die vorgesehenen fünf T V Torpedos mitgegeben werden.

Am 1. Juli 1944 war im KTB des BdU auf Grund der gemeldeten T V-Schüsse und Treffer folgende Erfolgsstatistik zusammengestellt worden:

Bisher verschossen 345 T V, davon
gemeldete Treffer 175 T V (50,7%),
wahrscheinliche Treffer 20 T V (5,8%),
geklärte Fehlschüsse 67 T V (19,4%),
ungeklärte Fehlschüsse 44 T V (12,7%),
Notschüsse 4 T V (1,2%),
ungeklärte Schüsse 2 T V (0,6%),
Versager (17 Rohrläufer, 7 Frühdetonierer, 3 'Tote Männer', 1 Rohrstecker, 1 Oberflächendurchbrecher, 1 Torpedoversager und 3 ungeklärte Versager) 33 T V (9.6%).

Gemeldete Versenkungserfolge mit dem T V
  1 Kreuzer
128 Zerstörer und Geleitfahrzeuge
    (+ 23 wahrscheinlich)
  3 U-Boote
 18 Frachter
  2 Tanker

Tatsächliche Erfolge bis zum 30. Juni 1944 (nach Dr. Rohwer a.a.O.):
  1 Kreuzer durch T V-Fangschuß versenkt,
 21 Geleitfahrzeuge versenkt,
 15 Geleitfahrzeuge beschädigt,
  1 Landungsboot versenkt,
  1 Landungsboot beschädigt,
  7 Frachter versenkt, davon 3 durch T V-Fangschuß,
insgesamt also 49 Treffer bei 359 abgegebenen T V-Schüssen (13,6%).

Mit der zunehmenden Abwehr nahmen die falsch interpretierten Torpedodetonationen (insbesondere End- und Kielwasserdetonierer) zu. Ein besonderes Problem bedeuteten die in zunehmender Zahl von den Sicherungsschiffen nachgeschleppten Geräuschbojen (britische Bezeichnung 'Foxer'). Dazu führte das BdU-KTB vom 1. Juli 1944 folgendes aus:
"In großer Zahl seit etwa März/April 1944 vorliegende Meldungen der Boote lassen erkennen, daß der Gegner weitgehend versucht, den T V abzuwehren. Die Meldungen sprechen von verschiedenarti-

T V GA VIIIs 'Specht'

1 Specht
2 fünfpoliger Stecker (Federteil)
3 Kardanspindel

gen Geräuschen, die z.T. alles andere übertönend an feindlichen Zerstörern, Geleit- und U-Jagdfahrzeugen beobachtet wurden. Die Geräusche werden geschildert wie eine Kreissäge, anhaltendes Knarren, Geknatter eines DKW-Motors. In diesen Fällen handelt es sich wahrscheinlich um zur T V-Abwehr geschleppte Geräuschbojen ...

In drei Fällen besteht der Verdacht der Ablenkung durch eine Geräuschboje, in vier Fällen hat bisher der T V trotz festgestellter Geräuschabwehr doch getroffen. In einem weiteren Fall wurde die Vernichtung des Torpedos durch flach eingestellte, ins Kielwasser geworfene Wabos beobachtet.

Der Schwerpunkt der Weiterentwicklung liegt deshalb neben den für die neuen U-Bootstypen bestehenden Forderungen (170°-Winkelschuß, Tiefenschuß, veränderliche Sperrstrecke) auch in Einrichtungen, die solche gegnerische Abwehr ausmanövrieren."

Diese Weiterentwicklung war der ZAUNKÖNIG II (T XI). Er war insbesondere für den neuen U-Boottyp XXI vorgesehen, der keine Heckrohre besaß.

Der T XI unterschied sich vom T V durch einen geänderten GA mit Lageneinstellung bis ± 170° ('Assmann-GA'), einen verbesserten TA mit bis zu 15 m Tiefeneinstellung (TA 2), eine einstellbare Sperrstrecke (bei Lage 0° 900-1100 m und bei Lage 180° 350-500 m), leisere Schrauben in Kort-Ausführung und ein dadurch besseres Nutz- Störschallverhältnis sowie verbesserte Lenkeigenschaften durch den Einbau des 'Umschaltstorches' U4E2/N2E und der 'Ente 75'. Durch die Verwendung des 'Vierfachstorches' U4E2 mit 40°-Empfangskeulen nach beiden Seiten für das erste Ansprechen vergrößerte sich die scheinbare Zielschiffsgröße und damit auch die Findewahrscheinlichkeit erheblich.

Ein weiterer Vorteil des leiseren T XI lag in der Herabsetzung der minimalen Gegnergeschwindigkeit von 10 kn auf 8 kn bei Angriffen in Lage 0°, wodurch sich die Einsatzmöglichkeit auf Handelsschiffe in dieser Lage verbesserte.

Auch beim T V war inzwischen statt des sogenannten 'Schirmstorches' mit zwei gerichteten Empfängern ein 'Vierfachstorch' mit vier Empfangsschwingern und zwei unter 24° nach beiden Seiten gerichteten Empfangskeulen zum Einbau gekommen. Dieser Ultraschallempfänger trug die Bezeichnung N4E2 und besaß eine höhere Empfindlichkeit als der 'Schirmstorch'.

Um den T V und den T XI gegen ungewolltes labiles Ansprechen zu sichern, wurde die Empfindlichkeit der 'Amsel' nach

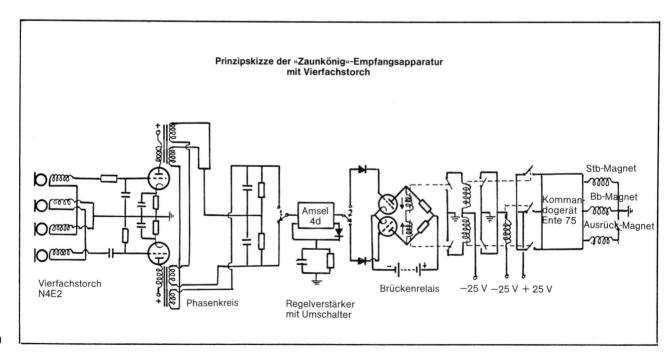

Prinzipskizze der »Zaunkönig«-Empfangsapparatur mit Vierfachstorch

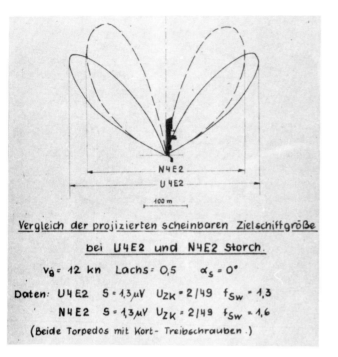

Vergleich der projizierten scheinbaren Zielschiffgröße bei U4E2 und N4E2 Storch.

$v_g = 12\ kn$ Lachs = 0,5 $\alpha_s = 0°$

Daten: U4E2 $S = 1,3\ \mu V$ $U_{ZK} = 2/49$ $f_{sw} = 1,3$
N4E2 $S = 1,3\ \mu V$ $U_{ZK} = 2/49$ $f_{sw} = 1,6$

(Beide Torpedos mit Kort-Treibschrauben.)

dem ersten Ansprechen erhöht. Beim T XI wurde eine zusätzliche Sicherung durch das Umschalten des U4E2-'Storches' auf den '20°-Storch' N2E erreicht. Da sich

Kennlinien der Empfangsschwinger N4E2, U4E2 und N2E

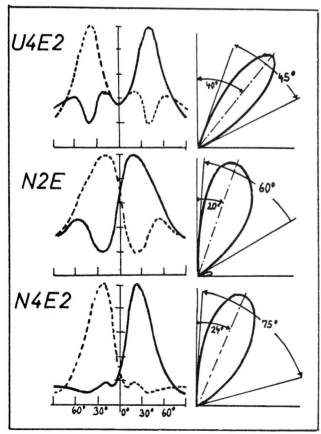

jedoch herausstellte, daß der N2E-'Storch' eine um 20% geringere Empfindlichkeit als der U4E2 besaß, der N4E2-'Storch' wiederum um 25% empfindlicher als der U4E2 war, wurde von der TVA vorgeschlagen, in der endgültigen Ausführung des T XI die Empfänger-Kombination U4E2/N4E2 zu benutzen.

Die theoretische Verfolgungskurve des ZAUNKÖNIGS war die Hundekurve. Dabei konnte es jedoch eintreten, daß die notwendige Bahnkrümmung, die insbesondere im letzten Teil der Ansteuerung erforderlich ist, vom Torpedo nicht mehr mechanisch zu realisieren war. Der Torpedo lief hinter dem Schiff vorbei ('Kurvenklemmer').

Für die praktische Eigenlenkung waren Lenkverfahren ausgearbeitet worden. Die ZAUNKÖNIG-'Ente' konnte auf Dreipunktregelung (stabiles Lenkverfahren) oder auf Zweipunktregelung (labiles Lenkverfahren) umgeschaltet werden. Im ersten Fall wurde das Steuerruder nur so lange gelegt, wie das Brückenrelais durch einseitigen Schalleinfall anzog. Fiel das Brückenrelais ab, wurde der Torpedo wieder durch den Kurskreisel des GA auf den ursprünglichen Kurs zurückgedreht. Im zweiten Fall blieb der Torpedo nach dem Legen des Steuerruders so lange auf Hartruderkurs, bis er durch Schallempfang von der anderen Seite ein Gegenkommando erhielt. Der Torpedo pendelte also hierbei zwischen den Empfangskeulen labil hin und her.

Umfangreiche Untersuchungen über die Lenkverfahren des ZAUNKÖNIG führten zu folgenden grundsätzlichen Erkenntnissen:

1. Schüsse aus vorlichen Lagen ('vorn') sind nur mit einem labilen Lenkverfahren möglich.

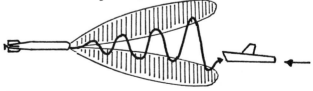

Schematische Darstellung des labilen Lenkverfahrens bei Schüssen aus vorlichen Lagen

2. Schüsse aus gewissen achteren Lagen ('hinten') sind bei dem derzeitigen Stand der Technik nur mit einem stabilen Lenkverfahren möglich.

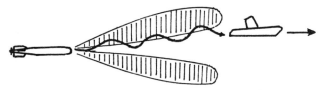

Schematische Darstellung des stabilen Lenkverfahrens bei Schüssen aus achterlichen Lagen

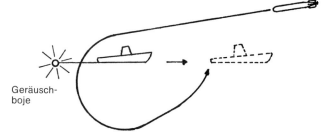

Geräuschboje

Schematische Darstellung des Lenkverfahrens ‚Kontra'

Beim ZAUNKÖNIG II kam noch das Lenkverfahren 'kontra' bzw. 'Truthenne' dazu. Dabei wurde der Torpedo in einem Winkel von 15-20° zum Bug des Zielschiffes geschossen. Während der Ansteuerungsphase war die Empfindlichkeit der Empfangsanlage durch eine Sperrvorrichtung herabgesetzt, so daß das Zielgeräusch erst relativ spät aufgenommen wurde. Nach dem ersten Ansprechen kehrte der Torpedo um und beschrieb dabei einen 'Truthennen-Halbkreis' in Richtung auf die Geräuschquelle, wobei er akustisch abgeschaltet war. Anschließend wurde dann die Suchapparatur voll aktiv. 'Kontra' sollte angewandt werden, wenn mit einer nachgeschleppten Geräuschboje zu rechnen war.

Für die Weiterentwicklung ZAUNKÖNIG III wurden folgende Forderungen gestellt:

1. Erhöhte Reichweite durch eine mit 17 positiven Platten pro Zelle ausgestattete wartungsfreie Batterie, der zusätzlich Akkusäure zugeführt wurde, wenn der Torpedo auf Suchkurs einsteuerte.

2. Anwendung der LGW-Dreiachsen-Steuerung.

3. Kollisionskurs-Steuereinrichtung.

Das Ende:
U 889 (Typ IX C40) nach der Kapitulation in Halifax. Torpedos werden von Bord gegeben. Im Vordergrund an Land sind zwei ZAUNKÖNIG-Torpedos zu erkennen

Eine unmittelbar nach dem Krieg durchgeführte Auswertung der bis zum Januar 1945 geführten Indexkarten der TI über 610 T V-Schüsse ergab 58 beobachtete Treffer (9%), 281 angenommene (gehorchte) Treffer (46%), 158 festgestellte Fehlschüsse (26%) und 113 sonstige Versager (19%).

Auf Grund einer umfassenden Untersuchung, die durch Heranziehung alliierter Angaben und der U-Boots-KTBs die tatsächliche Wirkungen der geschossenen T V Torpedos ermittelte, konnte Dr. Rohwer 1964 eine Dokumentation 'Auswertung der ZAUNKÖNIG-Frontschüsse (September 1943 - Mai 1945)' vorlegen, die bei insgesamt 761 von U-Booten abgegebenen T V-Schüssen 112 Treffer (14,7%) nachwies.

Diese T V-Treffer verteilten sich in folgender Weise auf die einzelnen Monate:

	1943				1944												1945				
	9	10	11	12	1	2	3	4	5	6	7	8	9	10	11	12	1	2	3	4	5
abgegeb. Schüsse	25	26	26	45	68	53	47	44	34	41	28	52	42	38	25	60	30	26	27	20	4
Treffer	5	5	1	9	3	5	7	0	8	6	5	8	7	3	5	11	5	7	5	5	2
Prozente %	20	19	4	20	4	9	15	0	24	15	18	15	17	8	20	18	17	27	19	25	50

(10 Treffer waren Fangschußtreffer mit ausgeschalteter Sucheinrichtung)

Von den T V-Schüssen waren 464 gegen Zerstörer, Fregatten, Korvetten und andere Sicherungsfahrzeuge abgegeben worden. Hierbei war die Trefferrate mit 77 bzw. 16,6% etwas günstiger. Die dabei gehorchten oder beobachteten Detonationen (324 bzw. 69,8%) setzten sich folgendermaßen zusammen:

Direkter Treffer ('Trumpf')	8
Nachlauftreffer ('Aß')	67
Fangschußtreffer ('Joker')	2
Gesamttrefferzahl	77 (16,6%)
Fehlschuß mit Frühzündung	11
Fehlschuß mit Nahdetonierer (insbesondere Kielwasserdetonierer	90
Fehlschuß mit Enddetonierer	146
Gesamtfehlschußzahl mit festgestellten Detonationen	247 (53,2%)

Bei den restlichen Fehlschüssen (140 bzw. 30,2%) wurden keine Detonationen vernommen.

Von den Fehlschüssen wurden 37 im Zusammenhang mit einem Abwehrgerät ('Foxer') und 32 im Zusammenhang mit einem Abwehr-Wabowurf registriert, d.h. zusammen 17,8% aller Fehlschüsse bzw. 14,9% aller hier betrachteten T V-Schüsse. Somit können diese Abwehrmittel nicht der entscheidende Grund für die geringe Effektivität des T V gewesen sein. Auffallend ist die hohe Zahl von Nah- und Enddetonierern (50,8%), die ein wesentlicher Grund für die Überschätzung der Wirkung dieser Abwehrwaffe war.

12 Die Eigenlenkprojekte PFAU, MÖWE, TAUBE, MÄRCHEN und ACKERMANN

Zu der Entwicklungsarbeit auf dem Gebiet der akustischen Torpedosteuerung bei der NVA war 1937 von Marine-Ing. Schaper bei der TVA eine Parallelentwicklung begonnen worden. Es handelte sich um eine Ausweichlösung, die nach dem Phasenprinzip arbeiten sollte, da man damals mit dem Amplitudengerät erhebliche Schwierigkeiten hatte. Schaper wollte die Phasendifferenz schräg einfallender Schallwellen zur Steuerung der Torpedos benutzen. Nachdem die prinzipielle Klärung der Möglichkeit dieser Steuerung erfolgt war, wurde eine Apparatur entworfen und in eigener Werkstatt gebaut. Sie war in einem ringförmigen Leichtmetallgehäuse untergebracht, welches in tortenähnliche Fächer eingeteilt war. In jedem Fach war eine Verstärkerstufe untergebracht. Im Gegensatz zu der Amplitudenapparatur 'Amsel' besaß die Phasenapparatur, die den Decknamen 'Pfau' erhielt, bereits Stahlröhren. Dieses Gerät war sowohl für die 53 cm Torpedos G 7a und G 7e als auch für den 45 cm Flugzeugtorpedo F 5 gedacht. Da beim Abwurf des Flugzeugtorpedos starke Beschleunigungsstöße auftreten, wurde die Apparatur federnd im Kopfteil aufgehängt. Es war damals geplant, die ganze Anlage ohne mechanische Relais zu bauen.

Mit dem 'Pfau' wurden nun zunächst Peilversuche durchgeführt, die allerdings zu unbefriedigenden Ergebnissen führten. Da die TVA keine geeigneten Werkstätten besaß, um diese Apparatur in angemessener Weise für den Torpedoeinbau technisch herzustellen, wurden drei Versuchsmuster bei der AEG in Berlin bestellt. Sie wurden 1939 ausgeliefert und im TVA-Labor geprüft. Bevor jedoch eine Schußerprobung erfolgen konnte, wurden nach dem Kriegsausbruch die weiteren Arbeiten an dem Phasenverfahren gestoppt, da alle Kräfte der TVA auf dringendere Aufgaben konzentriert werden mußten.

Ursprüngliche Ausführung des PFAU-Verstärkers

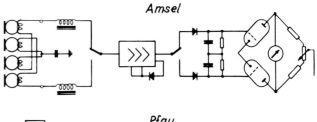

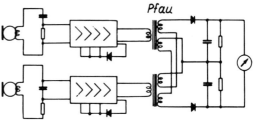

Vergleich der AMSEL- und PFAU-Schaltung (vgl. S. 155!)

Im Jahre 1941 konnte Ob.Ing. Schaper die Arbeiten am 'Pfau' dann wieder in beschränktem Umfange aufnehmen. Die Phasenapparatur war die vom Jahre 1939. Dagegen wurden für die Empfänger ein Vorschlag von Prof. Bergmann aufgegriffen und Schalltrichter zur Erzeugung der gewünschten Richtungscharakteristik benutzt. Obwohl die 'Pfau'-Apparatur bereits damals der 'Amsel' gleichwertig erschien, zeigte die Marine an diesem 'anderen' Verfahren nur geringes Interesse.

Die AEG wandte sich deshalb 1942 an die Luftwaffe, die dieses Lenkverfahren für ihren Flugzeugtorpedo aufgriff. Die 'Amsel'-Anlage war nämlich aus verschiedenen Gründen für den kleineren F 5 Torpedo ohne Torpedobatterie nicht geeignet. Die bereits im Hinblick auf Abwurfsicherheit entwickelte 'Pfau'-Apparatur versprach eine kürzere Entwicklungszeit als für die Umkonstruktion der 'Amsel'-Anlage auf die andere Einsatzart nötig schien.

Die Fertigkonstruktion der 'Pfau'-Apparatur wurde der AEG in Berlin übertragen und hier insbesondere von Dr. Fecker bis zur Frontreife gebracht. Gleichzeitig zeigte jetzt aber auch die Marine größeres Interesse und beauftragte die AEG mit der Entwicklung einer ansprengsicheren 'Pfau'-Apparatur für Marinetorpedos.

Die weiteren Entwicklungsarbeiten bei der TVA Gotenhafen zeigten, daß der Luftwaffen-'Pfau' für die Marineaufgaben wenig geeignet war. Es wurde deshalb hier Ende 1943 eine vollkommene Neukonstruktion mit der Bezeichnung 'Pfau 43' durchgeführt. Die ringförmige Apparateform wurde beibehalten. Nur war jetzt jede Verstärkerstufe in einer Dose untergebracht. Nach dem Schalten wurden dann diese Dosen mit einer Vergußmasse ausgefüllt. Im Gegensatz zum Luftwaffen-'Pfau' wurden beim Marine-'Pfau 43' wieder Stahlröhren benutzt. Die Stahlröhren wurden allerdings nicht eingegossen sondern saßen zum Auswechseln oben auf den Dosen. Die Apparatur war mittels Gummipufferung am Flansch des Kopfteils elastisch aufgehängt. Die Beschleunigungssicherheit der gesamten Anlage lag bei etwa 300 g.

Aufbau und Wirkungsweise der 'Pfau'-Eigenlenkanlage:
Im Gegensatz zur Amplitudenapparatur, bei der man schon äußerlich das Vorhandensein akustischer Geräte erkennen konnte, zeigte der Kopfteil des 'Pfau' eine vollkommen glatte Hülle, hatte also weder wie der ZAUNKÖNIG I eine aufgesetzte Phenolplastkappe mit Gummidämmung, noch waren die Empfänger wie beim ZAUNKÖNIG II selbst sichtbar. Hinter der Hülle lagen in einem Trichter aus Stahlblech die beiden Seignettekristall-Mikrophone. Der Trichter war innen mit ei-

Endgültige Ausführung des PFAU-Verstärkers der Marine

ner Moosgummischicht ausgekleidet. Jedes Mikrophon war mit einem Breitbandverstärker verbunden.

Da die Verstärkeranlage des 'Pfau' ja auch in einen 45 cm Torpedo passen mußte, war die Raumausnutzung mit ihr in einem 53 cm Torpedo erheblich günstiger als bei der 'Amsel':
Beide Verstärker mußten nach Phase, Amplitude und Frequenzgang völlig symmetrisch arbeiten. Die von den Mikrophonen abgegebenen Spannungen wurden von ihnen verstärkt und dann in einer Summen- und Differenzschaltung überlagert. Trafen die Schallwellen seitlich auf, so ergaben sich bei der Summen- und Differenzbildung unterschiedliche Amplituden, die wie bei der 'Amsel' in einer Brückenrelaisschaltung zur Steuerung benutzt wurden.

Grundsätzlich bestand also kein Unterschied zwischen 'Pfau' und 'Amsel', bei der die Umsetzung der Phasenverschiebung in eine Amplitudenbeziehung bereits durch die gerichteten Mikrophone vor dem Verstärker erfolgte. Allerdings benutzte die 'Amsel' Resonanzempfänger für ein schmales Frequenzband und eine hohe Frequenz. Wegen des Umschaltens arbeitete sie überdies mit einer Zeitkonstanten. Der 'Pfau' wiederum arbeitete mit einer wesentlich 'weicheren' Verstärkerregelung. Außerdem konnte die Brückenschaltung des 'Pfau' wesentlich weiter ausgesteuert werden, als dies bei den ersten 'Amseln' von AEG und Elac möglich war.

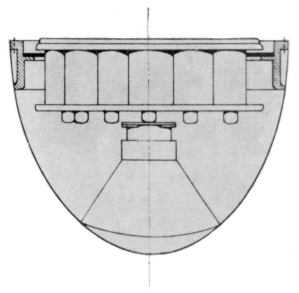
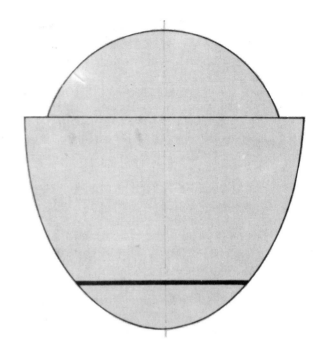

Vergleich der Kopfteile; oben PFAU-, rechts AMSEL-Kopfteil

Auf Grund dieser Eigenschaft des 'Pfau' hoffte Dr. Fecker, ein stabiles Universallenkverfahren benutzen zu können, das im Fall eines Kurvenklemmers automatisch auf ein labiles Verhalten mit richtigem Vorzeichen umschalten konnte. Lief nämlich der Torpedo durch den Kurvenklemmer relativ dicht an den Propellern des angegriffenen Schiffes vorbei und erhielt der 'Pfau' dadurch auf einer Seite eine mehr als dreifache Ansprechspannung, so schaltete er auf Drehkreis in diese Richtung um bis zu dem Zeitpunkt, wo er von der anderen Seite ein genügend starkes Signal erhielt.

Ob.Ing. Schaper hielt den 'Pfau' auch für ein Lenkverfahren nach der Kollisionskursmethode sehr geeignet. Das Erreichen eines stehenden Vorhaltes sollte mit Hilfe einer eingeschalteten Laufzeitkette leichter als bei der 'Amsel' zu erhalten sein. Das Verfahren dafür wurde von ihm folgendermaßen beschrieben:

Prinzipskizze der PFAU-Empfangsanlage

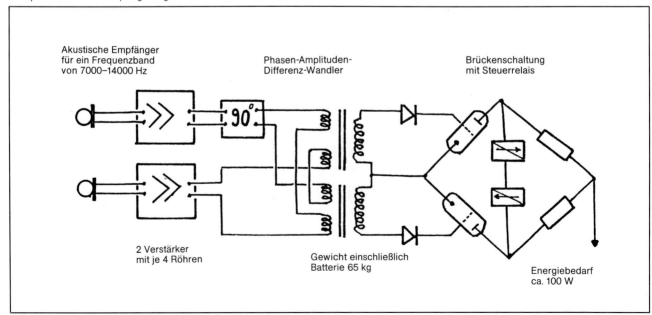

"Der Torpedo wird nach dem zieltechnischen Dreieck auf Kollisionskurs geschossen. Nach Erreichung der Ansprechentfernung wird mit Hilfe der Laufzeitkette der richtige Vorhalt automatisch eingestellt und nunmehr die Apparatur auf den GA geschaltet. Der Torpedo läuft jetzt seinen Kurs weiter und korrigiert diesen nur, wenn die Schußunterlagen falsch berechnet wurden oder der Gegner eine Kursänderung vornimmt. Hierdurch wird erreicht, daß der Torpedo auf dem kürzesten Weg an den Gegner herangeführt wird. Nach dem Erreichen eines bestimmten Pegels können nun andere Kommandos für die Anlenkung im Nahbereich ausgelöst werden."

Bei der TVA Gotenhafen wurden 1944 Vergleichsschüsse mit 'Amsel' und 'Pfau' ausgeführt. Die 'Pfau'-Anlage war dazu in einem ZAUNKÖNIG-Torpedokörper eingebaut worden. Ein erster Vergleich, den Dr. Aschoff am 4. Februar 1944 durchführte, ergab, daß die scheinbare Zielschiffslänge des 'Pfau' in Abhängigkeit von der Lage gegenüber der damaligen ZAUNKÖNIG-Ausführung mit 25°-'Schirmstorch' etwa 50% größer war. Das lag einmal an dem etwas besseren Verhältnis von Nutz- zu Störschall beim 'Pfau' und außerdem an der wesentlich größeren Ansprechempfindlichkeit des 'Pfau' gegenüber der damaligen 'Amsel'. Dr. Aschoff hielt jedoch die Ansprechempfindlichkeit des 'Pfau' für zu hoch und befürchtete Schwierigkeiten beim Einsatz wegen des zu geringen Sicherheitsabstandes zwischen den zu erwartenden unregelmäßigen Schwankungen und den Ansprechwerten. Müßte aber die Ansprechempfindlichkeit herabgesetzt werden, dann würde die scheinbare Zielschiffslänge beim 'Pfau' nur noch geringfügig über der des ZAUNKÖNIG mit 'Vierfachstorch' liegen. Eine endgültige Klärung konnte aber bis zum Kriegsende nicht mehr erreicht werden.

Die Luftwaffe, die ihren 'Pfau L' auf dem Erprobungsplatz TWP bei Oxthöft geprüft hatte, führte die Erprobungen nach der Verlagerung des TWP nach Travemünde dort im März/April 1945 weiter durch. Insgesamt wurden 26 Schüsse mit LT IB4-Flugzeugtorpedos, die mit dem 'Pfau L' ausgerüstet waren, durchgeführt. Am 25. April 1945 wurden dann diese erprobten und eingeschossenen Lenktorpedos nach Vaernes bei Drontheim geflogen, kamen dort aber nicht mehr zum Einsatz.

Grundschaltplan PFAU (Gerät S 30)

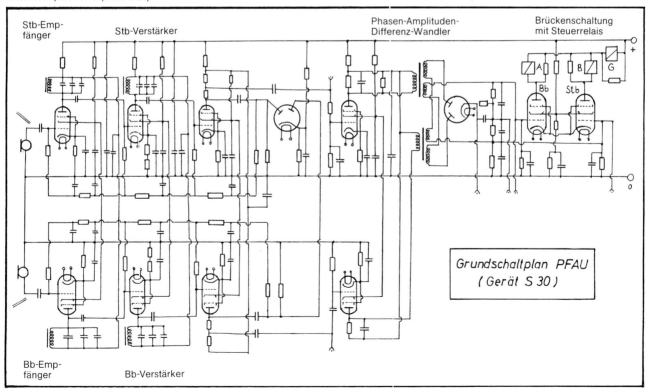

Hauptangaben des Luftwaffen-Lenktorpedos
LT I B4 mit PFAU

Durchmesser	mm	450
Länge	mm	5192
Gewicht	kg	795
Gesamtauftrieb für $\gamma = 1$	kg	642
Untertrieb	%	ca. 24
Inhalte:		
Luftkessel	l	163
Brennstoffbehälter	l	22,5
Ölbehälter	l	1,9
Luftkesseldruck	atü	200

Antrieb:
Vierzylinder Brotherhoodmotor

LEISTUNG/Drehzahl	PS/U/Min	32/760
Geschwindigkeit	kn	24
Laufstrecke	m/kn	7500/24

Gefechtskopf GK 5 mit S 30:

Länge	mm	1650
Gesamtgewicht	kg	332
Gefechtsladung (S 18)	kg	180

(S 18 bestand aus einer Stückladung von 32% Ammonnitrat, 6% Natriumnitrat, 2% Kaliumnitrat, 10% Ph-Salz, 10% Hexogen und 40% Al-Grieß und einer Ausgußmasse von 50% Tri, 10% Hexogen und 40% Al.)

Zündung:
Trägheits- (Pendel-)pistole Pi 43 mit 10 kg S 2 (67% Tri, 8% Hexa und 25% Al) als Initialladung.
Abstandspistole Pi 52A (passive Induktionszündung; Hersteller Fa. Debold u. Co, Falterbach a. Inn).

Lenksystem:
Gerät S 30 (PFAU-Luft). Gewicht 39 kg, Rauminhalt 26 l. (Hersteller: AEG, Bensen im Sudetenland)
Winkelstellgerät (elektrische Ferneinstellung des Blenden-GA)

Zwei weitere passive Lenkapparaturen auf akustischer Basis wurden bei der TVA Gotenhafen unter den Decknamen 'Möwe' und 'Taube' bearbeitet.
Bei der 'Möwe' handelte es sich um eine Umkonstruktion der ZAUNKÖNIG-Anlage für den G 7a-Antrieb. Der Torpedo erhielt deshalb die Bezeichnung G 7as. Da dieser Torpedo eine größere Geräuschentwicklung und ein anderes Frequenzband beim Störschall als der G 7e besaß, waren zuerst umfangreiche Grundlagenforschungen und -erprobungen erforderlich. Außerdem mußte ein besonderes Bordnetz für die Verstärker geschaffen werden. Statt der üblichen GA- und TA-Geräte sollte der 'Möwe'-Torpedo eine LGW-Dreiachsensteuerung erhalten, die von der Luftwaffe übernommen worden war. Insgesamt unterschied sich dieses Projekt wesentlich von dem G 7as des Jahres 1939.
Wegen der umfangreichen Aufgaben der TVA Gotenhafen im Zusammenhang mit der Frontbetreuung des ZAUNKÖNIGS im Jahre 1944 kamen die Arbeiten am G 7as allerdings nur langsam voran und befanden sich bei Kriegsende noch im Entwicklungsstadium.

Für die bei 'Amsel' und 'Pfau' gewählten Arbeitsfrequenzen stand im Vordergrund, ein möglichst günstiges Verhältnis zwischen Nutz- und Störschall zu erhalten. Im Verlauf der Entwicklung und besonders nach den ersten Einsätzen des T V kam das Problem der Geräusche von Störungs- und Täuschungsbojen hinzu. Vom Standpunkt der Täuschbarkeit schien es am günstigsten, eine möglichst tiefe Arbeitsfrequenz in der Größenordnung von nur wenigen Hz zu benutzen, da größere Schalleistungen bei diesen Frequenzen nur von großen Flächen, wie sie ein Schiffsrumpf darstellt, abgestrahlt werden können.
Das Zentrallaboratorium von S&H erhielt deshalb den Auftrag, durch einige Grundsatzmessungen festzustellen, ob eine akustische Eigenlenkung mit derartig tiefen Frequenzen möglich sein würde. Die Messungen wurden von Dr. Spandök in Gotenhafen ausgeführt. Dabei zeigte sich, daß im Gegensatz zu den im Ultraschallbereich liegenden Nutzschallfeldern, die im wesentlichen eine stetige Abhängigkeit von der Schiffsgeschwindigkeit aufweisen, das Nutzschallfeld im Bereich tiefster Frequenzen in Abhängigkeit von der Drehzahl der Schiffsmaschinen durch Resonanzbildung sehr großen Schwankungen unterworfen ist. Dazu kam noch eine sehr starke Dämpfung in Flachwassergebieten.
Störschalluntersuchungen in diesem tiefen Frequenzbereich wurden von Dr. Meister und Dipl.-Ing. Albrecht Anfang 1944 bei der PTR durchgeführt. Dabei wurde der Erschütterungsstörpegel im G 7e-

Kopf in einem Frequenzbereich von 10 - 20 Hz gemessen. Es zeigte sich, daß durch den nichtstationären Störpegel in den meisten Fällen auch Schwingungen mit Frequenzen weit unterhalb der niedrigsten Motordrehzahl (bei 24 kn ca. 22 Hz) angeregt wurden.

Nach dem abschließenden Urteil von Dr. Spandök kamen deshalb Frequenzen im Bereich von wenigen Hz nicht in Frage. Dagegen hielt er Frequenzen zwischen 50 und 100 Hz unter Umständen für brauchbar.
Diese Untersuchungen liefen unter dem Decknamen 'Taube'. Wegen der geringen Aussicht auf eine baldige Lösung dieses Problems kam 'Taube' Ende 1944 in die zweite Dringlichkeit, wodurch die Arbeiten auf diesem Gebiet praktisch zum Erliegen kamen.

Jedes eiserne Schiff bedingt eine Verzerrung des magnetischen Erdfeldes. Dies nutzten die ersten MZ-Pistolen der deutschen Torpedos aus. Es war naheliegend zu versuchen, ob sich diese Verzerrung auch zur Eigenlenkung von Torpedos verwenden ließe. Voraussetzung dafür war, daß es gelang, genügend empfindliche Meßgeräte zu entwickeln, die diese Feldverzerrungen bereits in größerer Entfernung vom Schiff nachweisen konnten. Dieses Torpedolenkprojekt erhielt die Tarnbezeichnung 'Märchen'.

Im Zusammenhang mit anderen Aufgaben gelang es Prof. Schwenkhagen (TH Danzig), stabile Meßverstärker für kleinste Gleichspannungen zu entwickeln, mit deren Hilfe es möglich schien, auch in einigen Schiffslängen Abstand noch die Feldverzerrungen eines Schiffes zu messen. Als Vorteil dieses Verfahrens wurde angesehen, daß man bei ihm vom Ansteuerungspunkt Heck wegkam, was neue und erfolgversprechende Lenkverfahren ermöglichte.

Theoretische Untersuchungen von Dr. Hosemann (TVA Gotenhafen) und praktische Messungen im Laboratorium von Prof. Schwenkhagen zeigten jedoch, daß die Anforderungen an die Kompensationsgenauigkeit, die zur Eliminierung von Störungen durch die Eigenbewegung des Torpedos im Erdfeld notwendig sind, so groß werden, daß die praktische Realisierung von 'Märchen' nicht möglich war. Die Entwicklung wurde darauf eingestellt.

Ein Vorschlag für eine Torpedoeigenlenkung auf anderer Grundlage kam von Prof. Ackermann (TH Danzig). Er sah vor, den beim T V-Einsatz so störend wirkenden Schraubenstrahl des Zielschiffes für die Anlenkung eines Torpedos auszunutzen. Empfindliche Druckdosen, die rechts und links im Torpedokopf eingebaut wurden, sollten beim Durchgang des Torpedos durch das Kielwasser einen Ruderausschlag nach der Seite höheren Druckes hin auslösen. Der Torpedo sollte dadurch zu einem 'Kielwasserschlängler' werden und dem Schiff bis zum Auftreffen nachlaufen. Dieses Torpedolenkprojekt erhielt die Bezeichnung 'Ackermann'.
Modellversuche in einem kleinen Schleppkanal ließen vermuten, daß insbesondere bei hochbelasteten Schiffsschrauben dieser Schraubenstrahl einige Schiffslängen hinter der Schraube noch nutzbar sein müßte. Praktische Messungen dazu und zu den durch die Torpedobewegungen bewirkten Störrdruckschwankungen wurden jedoch nicht mehr durchgeführt.
Der Vorteil eines derartigen passiven 'Kielwasserschlänglers' gegenüber dem aktiven 'Ibis' würde sein, daß er unterscheiden könnte, an welchem Ende sich das Schiff befände. Ein großer Nachteil wäre aber, daß der Tiefenlauf des Torpedos genau auf den Tiefgang der Schraube eingestellt werden müßte.

13 Die Entwicklung aktiv-akustischer Ortungseinrichtungen für die Torpedolenkung

13.1 GEIER (BOJE)

Aktive Steuerverfahren für den Eigenlenktorpedo wurden noch im Dezember 1942 von den Torpedospezialisten der deutschen Marine abgelehnt. Wegen der geringen Ansprechentfernung bei der aktiven Schallortung und den dafür nötigen großen apparativen Aufwand glaubte man nicht an eine erfolgreiche Realisierung derartiger Verfahren. Dennoch begann Anfang 1943 eine kleine Gruppe von Wissenschaftlern und Ingenieuren um Dipl.-Ing. Hünnebeck (KWI Düsseldorf) und Dr. Kietz (Atlas, Bremen) mit der Entwicklung eines einfachen aktiven Schallortungsgerätes für Torpedos, das sie mit einem geliehenen Infantrieboot und bescheidenen Mitteln einer ersten Erprobung unterzogen. Dr. Kietz hatte bereits bei der Entwicklung des G 7es erfolgreich mitgearbeitet und war deshalb über die torpedoseitigen Anforderungen an ein derartiges Verfahren gut unterrichtet.

Dieses Gerät erhielt den Decknamen 'Boje'. Es wurde zunächst unter der Regie der Luftwaffe für die Eigenlenkung ihrer Flugzeugtorpedos gefördert. Wie schon ausgeführt war die Marine skeptisch und verhielt sich anfangs abwartend. Überdies waren fast alle Bemühungen auf dem Gebiet des Marine-Lenktorpedos zu dieser Zeit auf die Aufgabe FALKE/ZAUNKÖNIG ausgerichtet. Die 'Boje' wurde von der TVA Gotenhafen auch später nur als Ausweichlösung für den ZAUNKÖNIG bearbeitet mit dem Ziel, bei bestimmten Aufgaben oder bei einer Störung der ZAUNKÖNIG-Lenkung durch den Gegner den 'Amse'-Kopf gegen einen 'Boje'-Kopf auswechseln zu können. So versprach die 'Boje' ausgezeichnete Spezialeigenschaften bei einem Torpedoschuß aus vorlichen Positionen, also eine gute Eignung für den Abwehrtorpedo in einer besonders kritischen Situation.

In einem Bericht vom März 1943 hatte Ing. Zessler darauf hingewiesen, daß sich die Echowirkung am Kielwasser von Zielschiffen nachteilig für die passiv-akustische Eigenlenkung auswirken könnte. Dagegen bot gerade diese Echowirkung für eine aktiv-akustische Eigenlenkung eine weitere erfolgversprechende Steuermöglichkeit, auf die Dr. Kietz bereits im Frühjahr 1943 hinwies.

Blockschaltbild der BOJE-Anlage

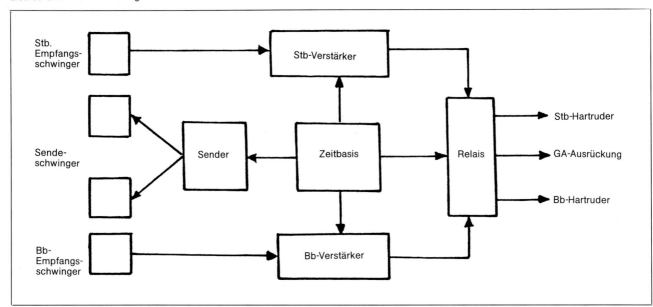

Für einen möglichst zweckmäßigen Einbau der Sende- und Empfangsschwinger wurden nun Vorversuche auf der VINETA durchgeführt. Dabei ergab sich als günstigste Lösung der Einbau von je einem Schwingerpaar für Sendung und Empfang mit einem Spreizwinkel von 2 x 40°, die hinter einer Plastik-Torpedohaube in Glycol angeordnet waren. Die 'Boje'-Charakteristik bestand also aus zwei Sende-Empfangskeulen, die unter ± 40° zur Torpedoachse austraten und jeweils einen Öffnungswinkel von 20° besaßen.

Als Sendefrequenz wurde ca. 80 kHz, als Impulsdauer 1/10 s und als Impulsabstand 1/3 s gewählt. Die Auslösung des Sendeimpulses erfolgte durch eine Kondensatorentladung, die Impulstastung durch ein elektrisch betriebenes Schaltwerk mit Nockenkontakten. In der Zeit zwischen den einzelnen Lotimpulsen wurden die einfallenden Echos von den Empfangsschwingern aufgenommen. Diese Echos kamen sowohl von der angeloteten Wasseroberfläche als auch vom Zielobjekt (Nutzecho). Die von den inhomogenen oberen Wasserschichten reflektierten Impulse ergaben einen für den Empfänger zeitlich stark abnehmenden Nachhall, dem sich gegebenenfalls das Nutzecho überlagerte. Da das Nutzecho ein Relais betätigen mußte, war es erforderlich, daß es sich deutlich vom Nachhall abhob, also möglichst eine 3-4 mal so große Amplitude wie der umgebende Nachhall besaß.

Um das Nutzecho aus dem Nachhall herauszufiltern, wurde der Verstärkungsgrad des Empfängers in umgekehrter Weise zur Abnahme des Nachhalls erhöht. Dies geschah mit Hilfe eines zeitkonstanten Gliedes, das eine während der Sendung an die erste Röhre des Empfangsverstärkers gelegte negative Spannung exponentiell abfallen ließ.

Die von den beiden Verstärkern (Bb und Stb) kommenden Signale wurden zu den Relais geleitet. Diese steuerten dann das Strahlrohr des GA, wobei drei Steuerfunktionen möglich waren:

1. GA ausgerückt (Dabei hielt ein Verzögerungsrelais den GA für die Dauer von 0,6 s nach dem Empfang eines Steuersignals ausgerückt),
2. Hartruderlage Bb und
3. Hartruderlage Stb.

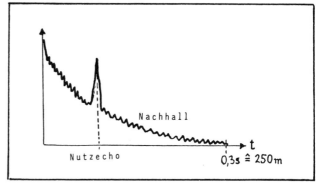

Schematische Darstellung eines BOJE-Oszillogramms mit Nachhall und Nutzecho

Bei der normalen symmetrischen Steuerung bewirkte das erste während einer Lotperiode empfangene Echozeichen unbeschadet weiterer eingehender Echos die zugehörige Hartruderlage. Der Torpedo steuerte dadurch das nächstgelegene Ziel an. Wenn keine weiteren Echos empfangen wurden, ging der Torpedo wieder auf GA-Kurs zurück.

Bei einer Schallgeschwindigkeit im Wasser von ca. 1500 m/s und einer Lotperiode von 1/3 s war die größte Entfernung, aus der noch Echos empfangen werden konnten, 250 m. Bei einer Torpedogeschwindigkeit von 24 kn und dem Spreizwinkel 2 x 40° ergab sich dabei ein senkrechter Abstand der einzelnen Lotstrahlen von 2,5 m. Eine Vergrößerung der Lotperiode hätte zwar die Entfernung erhöht, aber die Anzahl der aufgenommenen Lotimpulse verringert. Außerdem hätten mit der 'Boje'-Anlage nur bei besonders günstigen Schallverhältnissen im Wasser Ziele in einer größeren Entfernung als 250 m nachgewiesen werden können. Bei einem schnelleren Torpedo als dem T V hätte die Lotperiode verkleinert werden müssen, wodurch sich auch die Ansprechentfernung verringert hätte.

Bei Angriffen aus achterlichen Lagen konnte bei der normalen 'Boje'-Steuerung der Torpedo statt zum Schiff zum Kielwasser hingelenkt werden. Um dies zu vermeiden, wurde ein geändertes Steuerungsverfahren unter der Bezeichnung 'Vorrecht' eingeführt. Unmittelbar vor dem Torpedoschuß konnte eine Bevorrechtigung der Bb- oder Stb-Seite eingestellt werden. Dann übernahm nur noch das auf der bevorzugten Seite aufgenommene Signal die Steuerung, gleichgültig ob zuvor in der gleichen Lotperiode ein Signal auf der anderen Seite aufgenommen worden war. Wich allerdings das Ziel während der Ansteuerung von achtern auf die nicht bevorzugte Seite aus, so würde der Torpedo trotz 'Vorrecht'-Einstellung das Kielwasser des Ziels ansteuern.

Im weiteren Verlauf der Entwicklung wurden dann spezielle Kielwassersteuerungsverfahren für den Angriff von achtern ausgearbeitet. Dabei sollte der Torpedo auf einer Schlängelkurve geführt werden, wobei er das Kielwasser des Zielschiffes periodisch durchstieß, oder parallel zum Kielwasser auf einer Seite laufen. Die Schlängelkurve war günstiger, da sie stets zum Treffer führen mußte und eine sichere Wahrnehmung des Kielwassers dabei gewährleistet war. Überdies brauchte der Torpedo dabei nicht zwischen Kielwasser- und Schiffsreflexionen zu unterscheiden.

Durch die verzögerte Kommandoausführung kann es allerdings bei einem 'Kielwasserschlängler' zu einem Aufschaukeln der Pendelbewegungen bis zu einem Kreis- und Rückläufer kommen. Zwar läßt sich dieses Aufschaukeln durch die Einführung einer Dämpfung verhindern, doch führt dies im allgemeinen nicht zu der gewünschten Schlängelkurve mit konstanter Amplitude. Bei der 'Boje' sollte nun durch eine geeignete Bemessung der entscheidenden Größen ein konstant bleibender Schneidungswinkel erzielt und dadurch das Aufschaukeln verhindert werden.

Ab Mitte Dezember 1943 wurden von Dr. Kietz erste Anzeige-Schüsse auf See durchgeführt. Zielschiff war die FREIBURG. Auch Kielwassersteuerungsversuche wurden unternommen. Der wirksame Lotbereich gegenüber Kielwasser war natürlich geringer als bei Schiffszielen und betrug etwa 50 m.

Ein Teil dieser ersten Versuchsschüsse verlief unprogrammgemäß, so daß diese Erprobung nicht befriedigte. Die Fehlschüsse wurden überwiegend auf Scheinechos zurückgeführt, die oftmals in den Verstärkern selbst entstanden waren. Für diese Versuche wurden Labormuster von Atlas, Bremen, benutzt.

Außer diesen Geräten hatte das RLM bei Atlas 62 Vorserienmuster in Auftrag gegeben. Im Februar 1944 konnten dem TWP Hexengrund die erste Vorserien-'Boje' und der TVA Gotenhafen weitere vier 'Bojen' für den Einbau in G 7e Torpedos zur Verfügung gestellt werden. Das Einschießen dieser Vorserien-'Bojen' begann im Mai 1944 unter der Leitung von Dr. Holle. 20 weitere 'Bojen' waren in Vorbereitung. Von ihnen sollten die TVA 13 und der TWP 7 Geräte erhalten. Inzwischen hatte das RLM und das OKM den Auftrag um weitere 800 Serienausführungen der 'Boje' erhöht.

Bei der weiteren Bearbeitung erhielt das 'Boje'-Projekt einen neuen Decknamen. Im Rahmen der vom TWa vorgegebenen 'TVA-Ornithologie' für Eigenlenktorpedos wurde der aktiv-akustische Torpedo jetzt GEIER genannt.

Neben den Atlas-Werken in Bremen und München war jetzt auch die Firma Minerva-Radio in Wien an diesem Projekt beteiligt. Hier hatte Dr. Karobath eine Parallelentwicklung begonnen, die eine Reihe von Vorteilen gegenüber dem Atlas-Gerät bringen sollte:

1. Die Schwingeranregung wurde durch einen Röhren-Impulsgenerator für 77,5 kHz ausgelöst, wodurch eine einwandfreie Kennung gegen Feindstörungen möglich wurde.
2. Eine besondere Geräuschkompensation sollte verhindern, daß ein Ansprechen durch ein die Sendefrequenz überdeckendes Geräusch ausgelöst wurde. Das Frequenzspektrum eines außerhalb des Torpedos erzeugten Geräusches wurde dabei als erheblich breiter angenommen als das schmale Band, das bei der Tastung des Röhrengenerators erzeugt wird. Jeder Empfangsschwinger arbeitete nun auf zwei Verstärkern, von denen der eine eine breite, der andere eine schmale Resonanzkurve besaß. Beide Verstärker waren über Gleichrichter gegeneinander geschaltet und so in ihrem Verstärkungsgrad aufeinander abgestimmt, daß sich bei Erregung des Empfängers durch ein kontinuierliches Frequenzspektrum die Ausgangsspannungen gegenseitig aufhoben und keinen Steuerbefehl auslösten. Trat jedoch ein Echo mit schmalem

Frequenzband ein, so wurde dieses in dem Verstärker mit der schmalen Resonanzkurve erheblich mehr verstärkt als in dem anderen, und die Ausgangsspannungen hoben sich nicht mehr auf.

Für diese Geräuschkompensation wurden zuerst zweiwellige Empfangsschwinger mit einem Frequenzabstand von 9 kHz vorgesehen. Später ging man zu einwelligen Empfangsschwingern über, die mit einem Frequenzband von je 3 kHz auf beiden Seiten des 2,5 kHz breiten Signalbandes arbeiteten, einfacher herzustellen und auch empfindlicher als die zweiwelligen Schwinger waren.

3. Da das mittlere Nachhallniveau durch das 'akustische Wetter' erheblich schwankt, sollte statt der Programmregelung eine automatische Anpassung der Verstärkerregelung an dieses Niveau erreicht werden. Sie mußte einmal schnell genug arbeiten, um den zeitlichen Schwankungen des Nachhallniveaus folgen zu können, aber auch träge genug sein, um nicht ebenfalls die Signalfrequenz zurückzuregeln. Dazu wurde mit Hilfe des Schaltwerkes während der Sendezeit die Regelzeit für den Verstärker auf einen derartig hohen negativen Wert gebracht, daß sie das unstetige Einsetzen des Nachhalls nach der Lotung kompensieren konnte. Im weiteren Verlauf wurde dann die Regelspannung ausschließlich vom Nachhallniveau bestimmt. Trat nun ein Signal so kurzzeitig ein, daß die Regelung dafür noch nicht ansprach und hob es sich gleichzeitig genügend stark aus dem Nachhallniveau heraus, so bewirkte es eine kurzzeitige Erhöhung der Ausgangsspannung, welche zur Kommandogabe benutzt wurde.

4. Die 'Vorrecht'-Steuerung sollte serienmäßig eingebaut werden. Ferner sollte die Anlage Fern- (>20 m) und Nah- (<20 m) Echos unterscheiden können. Dadurch sollte es möglich sein, daß der Torpedo bei einer Annäherung aus vorlichen und seitlichen Lagen im Nahbereich automatisch auf Kielwassersteuerung umschaltete, wobei er dem ihm mitgegebenen 'Vorrecht' gemäß in der richtigen Weise - also auf das Ziel zu - in die Kielwasserschleppe einbog und von dieser zum Ziel geführt wurde.

Das durch diese Eigenschaften verbesserte Gerät bekam die Bezeichnung GEIER 2. Das Atlas-Gerät wurde jetzt GEIER 1 genannt. Für den Serienbau sollte nur noch der GEIER 2 in Frage kommen.

Im Herbst 1944 lagen bei der TVA Gotenhafen und beim TWP 100 GEIER 1 Torpedos vor. Ferner waren 22 Mustergeräte des GEIER 2 vorhanden, jedoch noch mit normalen Empfangsschwingern, so daß keine Versuche zur Geräuschkompensation durchgeführt werden konnten. Auch für die Kompensation des Nachhallverlaufes mußte noch die ursprüngliche Programmautomatik benutzt werden. Die eingestellte Nachhallregelung (1:50) gestattete den Betrieb der Geräte bis zum Seegang 3. Zuerst mußte eine Reihe von elektrischen Störungen in den Geräten beseitigt werden, die sich aus dem Einstreuen der Sendeimpulse in die Empfangsapparatur ergaben. Beim Schießen auf tiefem Wasser und bei Seegang 1 zeigte sich dann eine völlige Freiheit von Fehlkommandos. Lediglich das Zielschiff WALTER HOLZAPFEL und dessen Kielwasser lösten Kommandos aus. Bei Seegang 4 zeigten die Geräte z.T. ein gelegentliches Fehlansprechen auf Nachhall, das zu einem Dauerfehlansprechen bei Torpedos wurde, die 9-12° nach Stb krängten. Bei nicht krängenden Torpedos waren auch bei Seegang 4 die Schiffsanzeige und die dadurch ausgelösten Kommandos nachweisbar. Die Entfernungen vom Torpedo zum Zielschiff betrugen anfangs nur 25-50 m. Sie wurden dann nach und nach auf 200 m gesteigert. Die Hauptschwierigkeit bestand danach im Krängen der Torpedos und den überlagerten Schwingungen, die z.B. beim Wenden im labilen Ansteuern auftraten. Als vorläufige Lösung bis zur Benutzung der LGW-Steuerung, die als Dreiachsensteuerung Krängungen verhindern konnte, war vorgesehen, die Schwinger pendelnd aufzuhängen, so daß sie immer eine horizontale Ausrichtung besaßen.

Bei einer GEIER-Tagung am 26. Oktober 1944 wurde von Dr. Kietz mitgeteilt, daß seit dem Mai 1944 insgesamt 600 Schüsse mit GEIER-Geräten abgegeben worden sind, von denen 1,3% Torpedoversager waren. 28 Versager waren auf Nichtfunktion der GEIER-Apparatur zurückzuführen. Ein Teil der Probleme konnte als gelöst angesehen werden, andere noch nicht oder nicht ganz.

Dr. Aschoff warnte bei dieser Tagung vor zu großem Optimismus. Bei einem so komplizierten Verfahren, wie es der GEIER darstellt, dürfte man aus geglückten Wendeschüssen aus vorlichen Lagen und mit 30° Schneidung (Kielwassersteuerung) noch keine allzu großen Hoffnungen schöpfen. Dabei müßte auch berücksichtigt werden, daß die Schüsse mit besonders gut präparierten Versuchstorpedos ausgeführt wurden. Der Spreizwinkel von 2 x 40° wäre zwar für das Finden des Gegners günstig, die Bahnkurve im eingelenkten Zustand sei dann aber nach der z.Zt. angewandten 'Vorrecht'-Methode eine Schielwinkelkurve mit falschem Vorzeichen, also ungünstig für den Zielpunkt Bug des angepeilten Schiffes.

Eine Verbesserung dieses Nachteils sollte durch die Einführung des 'Schwenkstorches' erreicht werden. Der damit mögliche 'aktiv-passive GEIER' wurde von Dr. Unkelbach vorgeschlagen und GEIER 3 genannt. Der 'Schwenkstorch' sollte den GEIER 3 nach einem Lenkverfahren an den Gegner heranführen, während die aktive Anlage dann die Anlenkung im Nahbereich übernehmen sollte.

Der 'Schwenkstorch' war von Atlas, Bremen, (Dipl.-Ing. Steinkamp) entwickelt worden. Bei ihm wurde ein Empfangs-

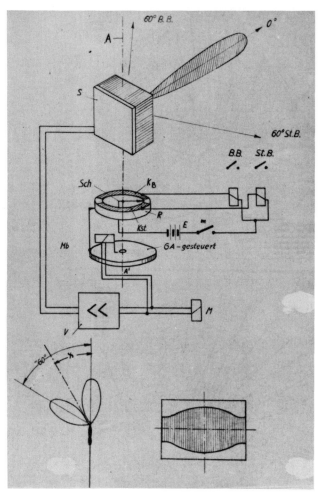

Prinzipskizze der Schwenkstorch-Anlage

Schwenkstorch (Seitenansicht)

schwinger mit der Eigenresonanz von ca. 80 kHz und einer Strahlfläche von 85 x 100 mm^2 mit einer Schwingungsdauer von 2-3 Sekunden um seine Achse geschwenkt, wobei er einen Peilwinkel von - 60° bis + 60° überstrich. Seine Vorteile waren: Keine Aufnahme von Störschall außerhalb der Peilrichtung, schärfere Richtungscharakteristik und größere Reichweite als bei festen Schwingern. Dagegen war die Ansprechempfindlichkeit gegenüber der 'Amsel' mit 'Zweifachstorch' geringer, da das 'Schwenkstorch'-Gerät erst ansprechen durfte, wenn der Nutzschall 100% größer als der Störschall war.

Mit einem in einen ZAUNKÖNIG-Torpedo eingebauten 'Schwenkstorch' wurden drei Schüsse vor Gotenhafen bei Seegang 2-3 und 4 m Wassertiefe ausgeführt. Dabei wurde ein Torpedofangboot in 200 m an Stb einwandfrei geortet.

Mit dem 'Schwenkstorch' sollten nun neuartige und günstigere Lenkverfahren realisierbar sein, insbesondere das Kolli-

Schwenkstorch (Ansicht von vorn)

Vollständiger Einbau von Schwenkstorch und Verstärker in einen Torpedokopf

sionskursverfahren nach Prof. Küpfmüller und das Verfahren mit veränderlichem Schielwinkel nach Dr. Hosemann.

Beim Kollisionskursverfahren bringt sich der Torpedo von selbst auf einen geraden Kollisionskurs, der von allen Anlenkkurven die kürzeste Länge hat. Auf dem Kollisionskurs ist $\xi'(t) = 0$. Weicht der Torpedo davon ab, wirkt die Steuerung so lange, bis diese Bedingung wieder erfüllt ist. Da die dabei erhaltenen Bahnkurven meist ungeeignet sind, sollte nach dem Vorschlag von Prof. Küpfmüller auch noch der Winkel ϵ zwischen der GA-Achse und der Torpedolängsachse konstant gehalten werden. Bei diesem Verfahren brauchten zwar Zielentfernung und Zielkurs nicht bekannt zu sein, jedoch mußten beide Größen während der Anlenkung konstant bleiben.

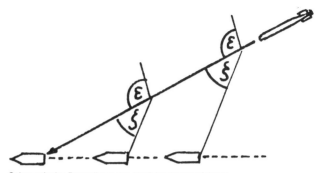

Schematische Darstellung des Kollisionskursverfahrens

Bei dem Schielwinkel-Verfahren von Dr. Hosemann wurde der Schielwinkel ξ in jedem Punkt der Bahnkurve aus der vorher eingestellten Schneidung α und dem Winkel ϵ zwischen GA- und Torpedokurs mit Hilfe eines Kommandogerätes und von zwei Potentiometern bestimmt und die Torpedolenkung danach ausgerichtet.

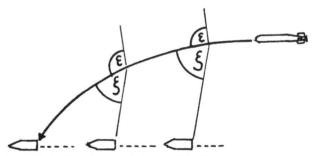

Schematische Darstellung des Schielwinkel-Verfahrens

Ein weiteres Projekt, das sich bei der GEIER-Entwicklung ergab, war der ebenfalls von Dr. Unkelbach vorgeschlagene 'Schnellboot-GEIER'. Er sollte der Bekämpfung sehr schneller Gegner (Schnellboote) mit Torpedos dienen. Dazu war aber ein direkter Treffer von vorn erforderlich. Fast alle damals bekannten rein passiven Lenkverfahren, die zu einem direkten Treffer führen konnten - einschließlich des Kollisionskursverfahrens - lenkten aber zum Heck.

Der aktive GEIER konnte jedoch diesen Nachteil vermeiden und den Torpedo kurz vor dem Erreichen des Zieles zum Rumpf des Schiffes hinlenken. Da sich mit der

GEIER-Apparatur der Abstand zum Zielschiff messen ließ, konnte sie überdies dazu benutzt werden, die Zündung in einem bestimmten Abstand auszulösen, in dem der meist ungepanzerte Rumpf derartig schneller Schiffe bereits ernstlich gefährdet ist. Die Zündung sollte erfolgen, wenn der Abstand klein genug und die zeitliche Ableitung des Abstandes Null war.

Bis zum 20. November 1944 waren insgesamt etwa 1000 Erprobungsschüsse mit GEIER-Torpedos und zahlreiche Messungen des Versuchsschiffes VINETA ausgeführt worden. Am 18. Dezember 1944 wurde der GEIER in die zukünftige Schwerpunktentwicklung auf dem Torpedogebiet eingereiht.

Zwar wurden im Frühjahr 1945 die 100 eingeschossenen GEIER 1 für die Fronterprobung freigegeben, doch dürfte bei der Einstellung der Arbeiten eine wirkliche Frontreife des GEIER-Torpedos (Gerät 47) noch nicht vorhanden gewesen sein. Von irgend einem Einsatz ist jedenfalls nichts bekannt geworden.

13.2 IBIS

Ein spezieller Kielwasserschlängler war der IBIS. Dieses Projekt war von Dr. Grützmacher (PTR) vorgeschlagen und entwickelt worden. Dr. Grützmacher hatte unabhängig von Dr. Kietz die Idee, die beim ZAUNKÖNIG so störend wirkende Reflexion des Schalls an den durch Wirbel und Luftbläschen gebildeten Schichten des Schraubenwassers für eine Anlenkung an den Gegner mit Hilfe eines aktiven Systems auszunutzen. Er führte zuerst eine größere Anzahl von Reflexionsmessungen am Kielwasser fahrender Schiffe durch und konstruierte dann Anfang 1944 eine Sende- und Empfangsanlage für einen Torpedo, der speziell für diesen Zweck geeignet sein sollte und die Bezeichnung IBIS erhielt.

IBIS besaß im Heckteil eine Sendeanlage für Ultraschall mit zwei schräg nach vorn gerichteten Schwingern, die kontinuierlich abstrahlten. Im Torpedokopf waren zwei etwas nach rückwärts gerichtete Empfangsschwinger angeordnet. Die

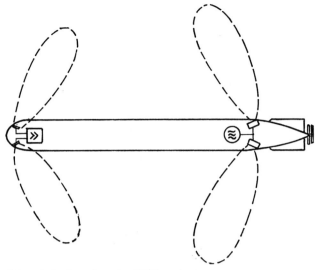

Schematische Darstellung des IBIS-Torpedos

Empfangsapparatur sollte nach dem 'Amsel'-Prinzip aufgebaut werden.

Der IBIS sollte mit verringertem Vorhalt aus achterlichen Lagen geschossen werden. Bei Annäherung an das Kielwasser erhielt dann eine Empfangsseite Reflexionen der ausgesandten Ultraschallwellen. Dadurch sollte der Torpedo auf das Kielwasser eingelenkt werden und es durchstoßen. Nun empfing die andere Seite, wodurch wieder eine Drehung auf das Kielwasser hin bewirkt wurde. Es entstand somit eine Schlängelbewegung um das Kielwasser. Der Torpedo folgte auf diesem Schlängelkurs dem Zielschiff bis zum Auftreffen.

Der Nachteil des IBIS war die Beschränkung seiner Anwendung auf achtere Lagen.

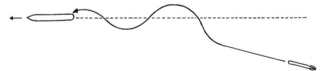

Schematische Darstellung der Kielwasser-Ansteuerung mit dem IBIS-Torpedo

Dr. Grützmacher führte mit Modelltorpedos, die unter dem Kiel eines Meßschiffes befestigt waren, eine größere Anzahl von Reflexionsmessungen in verschiedenen Kielwassern durch.

Mitte 1944 wurde dann die weitere Entwicklung des IBIS-Torpedos eingestellt, da es im Zuge der Konzentration der vorhandenen Entwicklungskapazität nicht tragbar erschien, neben dem GEIER einen zweiten Eigenlenktorpedo mit einem aktiven System (Dauerschallaussendung) zu entwickeln, dessen Anwendungsmöglichkeit überdies sehr eingeschränkt war.

14 Der drahtgelenkte akustische Torpedo LERCHE

Speziell für den U-Booteinsatz war bereits im Sommer 1943 vom TWa die Verbindung des ZAUNKÖNIG mit dem NYK-Torpedo angeregt worden. Die Bearbeitung dieses Projektes, das den Decknamen LERCHE erhielt, wurde von der AEG übernommen. Die LERCHE sollte also ein Drahtlenktorpedo werden, der mit einer akustischen Empfangsapparatur ausgerüstet war, die die gegnerischen Schiffsgeräusche an das lenkende U-Boot übermitteln konnte. Die Vorteile, die diese Kombination bot, lagen in der Möglichkeit, aus großer Entfernung einen Torpedo auch bei erheblichen Kurs- und Fahrtänderungen des Gegners in den Ansprechbereich der Zündung führen zu können. Außerdem rechnete man damit, daß dabei Stör- und Zielgeräusche unterschieden werden konnten.

Der ursprüngliche Entwurf sah ein Stereo-Hörverfahren in Verbindung mit zwei Mikrophonen vor. Die Übertragung von den Mikrophonen sollte über zwei Trägerfrequenzen auf zwei Verstärker oder bei hoch- oder niederfrequenter Umschaltung über eine Trägerfrequenz und einen Verstärker erfolgen. Da sich der Aufwand dieses Verfahrens als sehr groß erwies, wurde auf Vorschlag von TWa IIc (Dipl.-Ing. Thomsen) und der AEG (Dr. Nolte) ein magnetostriktives Mikrophon mit sehr scharf gebündelter Charakteristik benutzt, das durch Fernsteuerung über das Kabel geschwenkt werden konnte. Der Peilvorgang sollte so erfolgen, daß der lenkende Bedienungsmann zunächst einen Mikrophonschwenk um den vollen Ausschlag von ± 60° ausführen ließ, bis er eine

Prinzipskizze des LERCHE-Torpedos mit Blockschaltbild

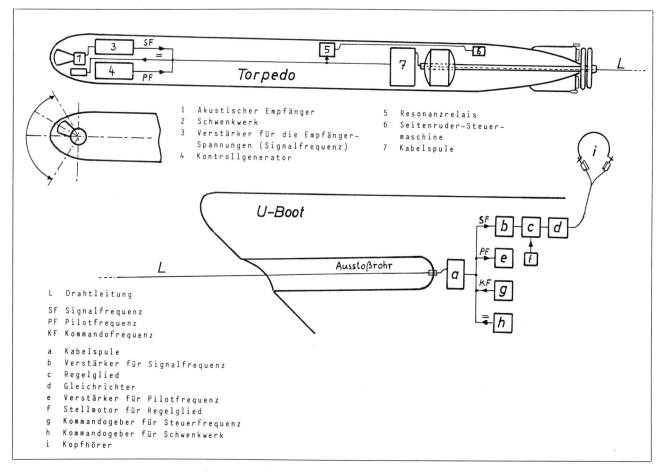

Peilung zum Gegnergeräusch erhielt. Jetzt war ein Schwenk um diese Peilrichtung vorgesehen, wobei der Winkel kleiner gewählt wurde. Dieser Vorgang sollte solange fortgesetzt werden, bis die genaue Peilrichtung festgestellt worden war. Dabei wurde eine Genauigkeit von 3-4° erreicht.

Für die Steuerung des Mikrophons wurde je ein Spannungsteiler im Torpedo auf der Schwingerachse und im Kommandogerät auf der Geberachse benutzt. Die abgegriffenen Spannungen wurden im Torpedo durch ein polarisiertes Resonanzrelais (nach dem Prinzip eines Zungenfrequenzmessers) miteinander verglichen, wodurch der Nachdrehmotor im gewünschten Sinne in Tätigkeit gesetzt wurde.

Die Übertragungsleitung bestand aus einem Hartkupferdraht von 0,45 mm Ø mit einer Igelit-Isolation und einem Außendurchmesser von 1,4 mm. Im Torpedo war eine Kabellänge von 6000 m untergebracht. Die Dämpfung der Kabelspule im Torpedo und im Torpedorohr betrug für die Sollfrequenz von 34,5 kHz 2,5 Neper, während die gesamte ausgespulte Leitung eine Dämpfung von 7,5 Neper besaß. Das Kabel wurde aus dem Torpedo durch dessen hohle Schraubenwelle herausgeführt.

Um Pegelschwankungen in der Leitung auszugleichen, wurde eine Selbstregelung benutzt. Dafür wurde im Torpedo eine Meßfrequenz von 20 kHz erzeugt und auf die Leitung gegeben. Sie regelte dann beim Empfänger die Empfindlichkeit und hielt sie auf einem von der veränderlichen Leitungsdämpfung unabhängigen Wert. Auch der Kommandogeber wurde dadurch geregelt, so daß im Torpedo Signale mit konstanter Amplitude ankamen.

Der Empfangsverstärker des Torpedos besaß ebenfalls eine Amplitudenregelung, die die durch die veränderliche Zielentfernung bewirkten Nutzpegeländerungen von etwa 1:1000 auf einen für den praktischen Gebrauch passenden Wert herabsetzte.

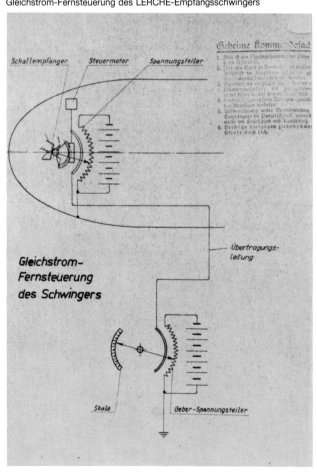

Gleichstrom-Fernsteuerung des LERCHE-Empfangsschwingers

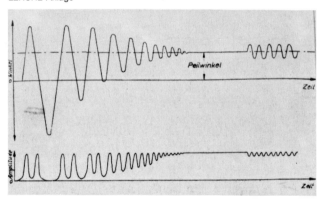

Schwenkwinkel und Geräuschamplitude beim Anpeilen des Zieles mit der LERCHE-Anlage

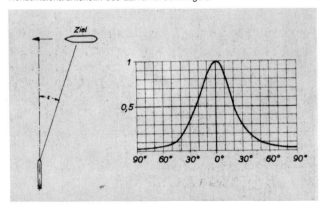

Horizontalcharakteristik des LERCHE-Schwingers

LERCHE-Empfangsschwinger im Torpedokopf

Die zum schießenden Schiff übertragenen Geräuschfrequenzen wurden dort einem Resonanzverstärker für die Trägerfrequenz von 34,5 kHz zugeführt. Dieser Verstärker hatte eine Audionstufe für die Gleichrichtung der Geräuschspannungen für den Hörempfang. Die Rückleitung der Lenkkommandos entsprach dem NYK-Verfahren.

Im Herbst 1944 waren die ersten LERCHE-Torpedos (Gerät-Bezeichnung 48) bei der TVA Gotenhafen in der Erprobung. Insgesamt wurden bis Ende November 58 Standschüsse sowie 8 Schüsse von einem U-Boot aus mit Drahtlenkung abgegeben.

Die Standschüsse dienten der Erprobung des mechanischen Umbaus von ZAUNKÖNIG 1 in LERCHE-Torpedos, der Drahtabspulung und der elektrischen Lenkeinrichtung. Mit den von U 2503 (Typ XXI) abgegebenen LERCHE-Schüssen sollte in erster Linie die Drahtabspulung bei verschiedenen Fahrtstufen und Kursänderungen des U-Bootes sowie bei Winkelschüssen untersucht werden. Ursprünglich war ein anderes U-Boot mit speziell für die LERCHE-Versuche vorgenommenen Kantenabrundungen am Ausstoßrohr und an der Verkleidung vorgesehen. Da dieses nicht zur Verfügung stand, traten bei hohen Bootsgeschwindigkeiten (11-14 kn) und 90°-Winkelschüssen Drahtrisse auf. Bei nicht so extremen Bedingungen gab es aber keine Ausfälle, und der Torpedo konnte bis zum Ablauf der Drahtlänge (6500 m) über Draht nachgewiesen werden. Die Torpedogeschwindigkeit betrug dabei 20 kn.

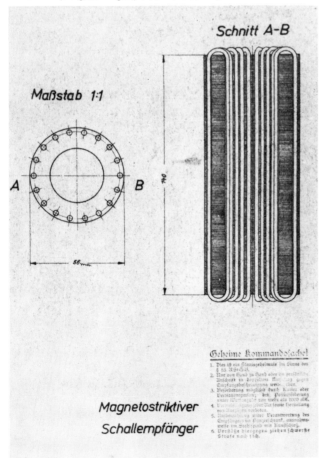

LERCHE-Empfangsschwinger (Aufsicht und Schnitt)

Mit dem Standschuß Nr. 35 wurde zum ersten Mal das gesamte Gerät erprobt. Hierbei wurde der Torpedo auf ein Fangboot, das in 500 m Entfernung mit 10 kn Geschwindigkeit in Richtung von 30° lief, geschossen. Durch entsprechende Kommandos wurde der Torpedo auf das Boot hingelenkt und kreuzte nach 2 Minuten und 5 Sekunden dessen Bug in 5 m Abstand. Nach einer Schleife näherte sich der Torpedo erneut dem Fangboot und lief nach 4 Minuten und 6 Sekunden von achtern kommend in 4 m Entfernung an der Bb-Seite vorbei. Nach 9 Minuten und 19 Sekunden gelang es zum dritten Mal, den Torpedo an das Fangboot anzulenken. Diesmal unterlief der Torpedo das Boot mittschiffs von Steuerbord aus. Insgesamt wurden mit fünf derartigen Schüssen die gesamte Apparatur geprüft, wobei abgesehen von der noch ungenügenden Isolierung des Lenkdrahtes sich keine besonderen Probleme ergaben.

Bei der einfachen LERCHE bestand der Nachteil, daß sich nach dem Abschuß ein Mann mit Spezialausbildung mit dem Torpedo bis an das Ende der Laufstrecke beschäftigen mußte. Bei einem Mehrfachschuß wäre also bei dem damaligen Stand der Technik ein großer Personal- und Apparateaufwand erforderlich gewesen. Ein direkter Treffer von vorn bereitete besondere Schwierigkeiten, und auch sonst mußte der Torpedolenker ein großes Maß an Können, Geistesgegenwart und Erfahrung besitzen, besonders für den letzten Teil der Anlenkung. Diese Schwierigkeiten hätten durch eine Benutzung der aktiven GEIER-Apparatur für den letzten Laufabschnitt vermutlich erheblich verringert werden können.

Die LERCHE-Torpedolenkung wurde in die erste Dringlichkeit der zukünftigen Torpedoentwicklungen eingereiht, jedoch noch hinter der ZAUNKÖNIG-Weiterentwicklung, GEIER und NYK.

Für die weitere Entwicklungsplanung der LERCHE schlug Dr. Unkelbach vom TWa am 20. November 1944 vor:

LERCHE 2: Kombination von LERCHE mit KONDOR für Verwendung auf große Entfernungen. Dabei sollte die Grobanlenkung mit Hilfe eines Koppelverfahrens erfolgen.

LERCHE 3 ('Aktive LERCHE'): Kombination von LERCHE mit GEIER.

Die 'aktive LERCHE' wurde dann Vorbild für die Drahtlenktorpedos, die in der Nachkriegszeit in mehreren Staaten, insbesondere auch in der Bundesrepublik Deutschland entwickelt worden sind.

15 Entwicklungsstand der deutschen Lenktorpedos Anfang 1944

Vergleich verschiedener Eigen- und Fernlenkverfahren.
(Auszugsweise Wiedergabe eines Vortrages von Dr. Aschoff vor der UK IV der Torpedokommission im Januar 1944)

Einleitung.
Die Aufgabe, durch Fern- und Eigenlenkung die Treffaussicht eines Torpedos zu erhöhen, entstand ursprünglich aus dem Wunsch, aus größerer Entfernung und bei unsicheren Schußunterlagen mit ausreichenden Erfolgsaussichten schießen zu können. Die Entwicklung dieses Krieges hat diese Aufgabenstellung teils präzisiert, teils abgewandelt. Als Hauptaufgaben traten in den Vordergrund:

1. die Bekämpfung des angreifenden Zerstörers (Diese Aufgabe wird auch nach Übergang zum Tiefschuß wegen der auch dann noch möglichen akustischen Ortung des Bootes bestehen bleiben.)

2. der Tiefschuß.

Beide Aufgaben stellen sehr unterschiedliche Anforderungen an die speziellen Eigenschaften des Torpedos. Der Zerstörer-Abwehrtorpedo muß in erster Linie aus sehr spitzen Lagen geschossen werden, er muß auch aus kurzer Entfernung einsetzbar sein, und er soll nach dem Abschuß dem schießenden Boot möglichst wenig Bindungen auferlegen. (Ablaufvorschriften bei Eigenlenkung, Zielbeobachtung bei Fernlenkung)

Der Tiefschuß stellt als Hauptbedingung, mit einem Minimum von Schußunterlagen eingesetzt werden zu können. Dabei können beim Tiefschuß Bindungen nach Abgabe des Schusses in Kauf genommen werden, wenn die Möglichkeit besteht, aus großen Entfernungen zu schießen und damit die Gefahr der Unterwasserortung herabzusetzen.

Vergleich der z.Z. bearbeiteten oder vorgeschlagenen Verfahren.
Im Laufe der Jahre ist eine ganze Reihe von Vorschlägen zur Fern- und Eigenlenkung gemacht worden. Während einige dieser Vorschläge frühzeitig aufgegriffen und entsprechende Entwicklungen durchgeführt wurden, sind andere Vorschläge bisher nur am Rande behandelt oder überhaupt nur theoretisch diskutiert worden.

Die Aufgabe der Unterkommission IV, eine Bewertung der einzelnen Verfahren vorzunehmen und hieraus eine Entscheidung über eine Dringlichkeitsreihenfolge abzuleiten, ist deswegen besonders schwierig, weil eine große Zahl von Gesichtspunkten zu berücksichtigen ist, deren Wertigkeit nicht eindeutig zu bestimmen ist und sich mit Änderung der Kriegslage und der Seekriegstaktik ständig ändern kann.

Die Eignung der Verfahren.
Hinsichtlich der Verwendbarkeit ist zu bemerken: akustische Lenkeinrichtungen können wegen der Gefahr von Reflexionen an Ufern und Untiefen von Küstenbatterien nicht eingesetzt werden. Kabelfernsteuerungen können von Flugzeugen aus nur unter Einschaltung von Relais-Stationen benutzt werden.

Zur Eignung der Verfahren für die verschiedenen Schußarten ist zu sagen: akustische Lenkeinrichtungen eignen sich nicht zum Mehrfachschuß, Kielwasserschlängler eignen sich nicht zur Zerstörerbekämpfung. Die Eignung von Fernlenkverfahren zur Zerstörerbekämpfung erscheint fraglich. Für den Ortungstiefschuß geeignet sind die Eigenlenkverfahren, insbesondere wahrscheinlich Kielwasserschlängler und in besonderem Maße die LERCHE.

Zum Lagebereich ist zu sagen: passive akustische Eigenlenkung und LERCHE erschließen den gesamten Lagebereich. Passive magnetische Eigenlenkung erschließt bestimmt den vorlichen Lagebereich, u.U. auch den achterlichen. Aktive akustische Eigenlenkungen erschließen je nach Ausführung entweder einen schmalen vorlichen oder einen breiten achterlichen Bereich. Eine annähernde Überlappung durch geeignete Einstellung ist denkbar. Der hydraulische Kielwasserschlängler hat eine Lücke im vorlichen Lagebereich. Der

Lagebereich von Fernlenkverfahren ist nicht vom Lenkverfahren, sondern von den Ortsbestimmungs- bzw. Koppelgeräten abhängig.

Zum gegnerischen Fahrtbereich ist zu sagen: die passive akustische Eigenlenkung ist nach unten durch Störschall, nach oben durch Relativgeschwindigkeit begrenzt. Die aktive akustische Eigenlenkung ist nach unten unbegrenzt, nach oben durch Relativgeschwindigkeit und Drehkreis. Bei Kielwasserschlänglern ist die Gegnerfahrt nach unten durch die Größe des Kielwassereffektes, nach oben durch die Relativgeschwindigkeit begrenzt. Bei passiver magnetischer Eigenlenkung ist die Gegnerfahrt nach unten wahrscheinlich unbegrenzt, nach oben durch Drehkreis und Relativgeschwindigbegrenzt. Bei Fernlenkverfahren liegen die Grenzen des Gegnerfahrtbereiches in Relativgeschwindigkeit, Lage und Drehkreis.

Zur 'Trumpfaussicht' (direkter Treffer) ist zu sagen: sie ist gut bei BOJE und MÄRCHEN, sie ist denkbar bei MÖWE, PFAU und TAUBE, sie ist grundsätzlich ausgeschlossen bei IBIS und ACKERMANN.

Über Bindungen ist bisher nur bei passiver akustischer Eigenlenkung näheres bekannt. Sie sind hier durch die Wassertiefe und den Seegang gegeben.

Zur Frage des Verhaltens nach dem Schuß ist folgendes zu sagen: reine Eigenlenkungen bedeuten eine Gefährdung des schießenden Bootes, die eine Ablaufregel notwendig macht, sofern nicht durch Tiefschuß oder ausreichende Sperrstrecke die Gefährdung vermieden werden kann. Fernlenkverfahren bedingen eine Beobachtung des Gegners und des Torpedos vom Augenblick des Schusses bis zum Treffer.

Entwicklungsaufwand.

Die größte Anforderung an Grundlagenforschung und Erprobung stellen TAUBE, MÄRCHEN und ACKERMANN. Für die TAUBE sind Schallabstrahlungs- und ausbreitungsmessungen auf tiefem Wasser notwendig, für MÄRCHEN sind Meßräume mit völlig homogenem Erdfeld zu schaffen und für ACKERMANN bisher noch nicht vorhandene Strömungs- bzw. Druckmeßgeräte. Für die übrigen Verfahren liegen entweder genug Unterlagen vor, oder es sind mindestens die nötigen Meßeinrichtungen vorhanden. Einzelne Lenkverfahren stellen an den Torpedo z.T. Sollforderungen, die für andere Verfahren gleichzeitig Wunschforderungen sein können. So ist für IBIS und ACKERMANN eine große Laufstrecke Voraussetzung, für die übrigen Verfahren ist sie erwünscht. Die Krängungsstabilisierung ist für BOJE und wahrscheinlich auch für IBIS und ACKERMANN notwendig, für MÖWE, PFAU, TAUBE und MÄRCHEN ist sie erwünscht. Einheitsbordnetz, GA mit geeigneter Aufschaltmöglichkeit, Geräuscharmut, schwingungsfreier Aufbau und Druckfestigkeit für Tiefschuß bzw. Abwurfsicherheit sind Allgemeinanforderungen, die von allen Lenkverfahren gestellt werden.

Auch für die Zündeinrichtungen lassen sich einheitliche Forderungen aufstellen, nämlich: Abstandspistole großer Empfindlichkeit und großer Ansprengsicherheit und Trägheitspistole für geringe Relativgeschwindigkeit. Lediglich das Projekt ACKERMANN erfordert ausschließlich eine Aufschlagpistole.

Die Anforderungen an die Torpedoträger sind bei allen Eigenlenkungen praktisch identisch und beschränken sich auf Einstellmöglichkeiten für Winkelschuß, Tiefe und Lenkverfahren einschließlich Gegnerbug und Sperrstrecke; bei Fernlenkverfahren treten Beobachtungs-, Koppel- und Kommandogerät hinzu. Bei Ziel- und Feuerleitgeräten treten ebenfalls für die Eigenlenkverfahren gleiche Anforderungen auf, und zwar: veränderliche v_t, voller Lagebereich, Parallax-Ausgleich für Winkelschuß über 180° und veränderlichem Drehkreis. Bei bestimmten Eigenlenkverfahren kann die Forderung nach einer geeigneten Treffpunktverlegung hinzukommen. Bei Fernlenkverfahren erweitern sich die Anforderungen, je nachdem ob mit Deckpeilung oder Koppelgerät gearbeitet werden soll.

Hinsichtlich der Ausbildung der schießenden Personen unterscheiden sich die Eigenlenk- und Fernlenkverfahren grundsätzlich. Während für die Eigenlenkverfahren eine kurzfristige Unterrichtung genügt, setzen alle Fernlenkverfahren eine länger dauernde gründliche Ausbildung voraus, für die geeignete Ausbildungsstellen und Ausbildungsmaterial bereit gestellt werden müssen.

Stand der Arbeiten.

Hinsichtlich des Standes der Arbeiten auf dem Gebiet der Zündungsentwicklung, der Torpedoträgerentwicklung und der Ziel- und Feuerleitentwicklung können nur für ZAUNKÖNIG 2 Angaben gemacht werden, da nur hier bisher Arbeiten durchgeführt wurden. Diese Arbeiten können z.T. aber für die anderen Verfahren übernommen werden.

Die Grundlagenforschung für ZAUNKÖNIG 2 bzw. Weiterentwicklung MÖWE können als grundsätzlich abgeschlossen gelten. Wesentliche Arbeiten sind nur noch zu leisten auf dem Gebiet der günstigsten Frequenzlage und Bandbreite, der Geräuschminderung und der Lenkverfahren, Arbeiten, die z.T. auch den anderen Entwicklungen zugute kommen. Bei PFAU-Luft und BOJE ist noch erhebliche Arbeit zu leisten, da in beiden Fällen die Basis der bisher gewonnenen Ergebnisse zu gering ist. In den ersten Anfängen liegt die Grundlagenforschung bei MÄRCHEN und TAUBE, noch nicht begonnen ist die Grundlagenforschung für ACKERMANN. Für die Entwicklung LERCHE können für den akustischen Teil wesentliche Gebiete der bisherigen ZAUNKÖNIG-Arbeiten übernommen werden. Für das Übertragungssystem stekken die Arbeiten noch in den ersten Anfängen.

Die Geräteentwicklung für ZAUNKÖNIG 2 ist durch den Anlauf der 'Einheitsamsel' erneut in Fluß gekommen. Die ersten Baumuster werden demnächst zur Erprobung vorliegen. Bei PFAU-Luft und BOJE liegen Nullserienmuster vor, bei NY und NYK Labormuster. Bei den übrigen Entwicklungen sind die Arbeiten teils im Anlauf, teils noch gar nicht begonnen.

Die Torpedoentwicklung für ZAUNKÖNIG 2 ist in Fluß, für MÖWE in Vorbereitung. Die Arbeiten können übernommen werden für BOJE-Marine, MÄRCHEN und ACKERMANN. Für NY/NYK liegen Erprobungsmuster vor, LERCHE ist in Arbeit. Für IBIS und AKKERMANN ist die Frage der großen Laufstrecke u.U. durch die Einführung der Primärbatterie zu lösen.

Fertigungsaufwand.

Bei dem Vergleich des notwendigen Aufwandes in der Fertigung ist ein sehr wesentlicher Gesichtspunkt, ob die zu fertigenden Geräte im Torpedo selbst oder im Torpedoträger eingebaut werden müssen. Im ersteren Falle ist die Zahl der zu fertigenden Geräte identisch mit der Zahl der zu schießenden Torpedos, im letzteren Falle ist die Zahl erheblich geringer, da mit dem einzelnen Gerät eine Vielzahl von Schüssen durchgeführt werden kann. Von diesem Gesichtspunkt aus betrachtet ist der Gesamtaufwand für NYK am geringsten, da hier die im Torpedo einzubauenden Geräte einen sehr geringen Umfang haben. Am größten ist der Aufwand bei LERCHE. Bei den Eigenlenkverfahren liegen die passiven Verfahren günstiger als die aktiven.

Ein sehr wichtiger Gesichtspunkt bei der Betrachtung der Fertigung muß der Prüfaufwand sein. Hierbei sind die Geräte am günstigsten, die für sich allein geprüft werden können. Erschwerend ist die Notwendigkeit, die Geräte nach dem Einbau in den Torpedo prüfen zu müssen, und besonders erschwerend ist die Notwendigkeit, nach dem Einbau in den Torpedo Justierungen vorzunehmen. Auch hinsichtlich der Prüfungen liegt NYK am günstigsten, am ungünstigsten liegt MÄRCHEN mit der Notwendigkeit der Spulenkompensation. Bei den übrigen Verfahren ist der Aufwand bei passiven Verfahren geringer als bei aktiven; bei dem bisherigen Stand der Technik ist in beiden Fällen aber eine Prüfung im Torpedo notwendig.

Schlußfolgerung.

Um ein Urteil über die Dringlichkeitsreihenfolge dieser Entwicklungsvorhaben fällen zu können, fehlt vor allem noch die Übersicht über die Abwehrfrage. Hierüber wird von Prof. Schwenkhagen berichtet. Eine weitere Unterlage für eine Bewertung kann außerdem noch eine Übersicht über die Möglichkeiten der Kombination von Lenkverfahren und Programmsteuerung geben, die von Dr. Hopf vorgetragen wird. Aus den bisher gegebenen Übersichten allein lassen sich aber schon deutlich diejenigen Aufgaben erkennen, deren Bearbeitung im Interesse der Konzentration der Entwicklungskapazitäten zusammengefaßt werden sollte.

Es sind dies an erster Stelle der Einheitstorpedo für Lenkverfahren, über den Dr. Schmidt ausführlich vortragen wird. Als Teilaufgaben dieses Einheitstorpedos sind der Einheits-GA und das Einheitsbordnetz zu nennen, wobei das letztere auch für die Aufgaben der Dreiachsen-Stabilisierung und der Abstandszündgeräte notwendig ist.

Daneben ist eine wichtige Aufgabe, die Anforderungen der Lenktorpedos an den Torpedoträger und die Ziel- und Feuerleitgeräte rechtzeitig in möglichst umfassender Form zusammenzustellen und für ihre einheitliche Einführung Sorge zu tragen.

Ich halte es für eine vordringliche Aufgabe der Torpedokommission, hier für engste Zusammenarbeit der beteiligten Stellen Sorge zu tragen und sicherzustellen, daß durch rechtzeitige Planung aller mit der Einführung von Lenktorpedos zusammenhängenden Aufgaben eine echte Konzentration der Kräfte möglich wird.

Ebenso wie auf dem Gebiet der Zündgeräte ist auch auf dem Gebiet der Lenkgeräte eine Vielfalt der Verfahrensentwicklung in Hinblick auf die Abwehr notwendig. Um so wichtiger ist die Rationalisierung der Arbeit auf allen gemeinsamen Grenzgebieten. Je schneller es gelingt, eine sorgfältig durchgearbeitete Rahmentechnik für die Aufgaben des Lenktorpedos bereitzustellen, desto leichter wird es gegebenenfalls auch einmal möglich sein, in der speziellen Materie der Lenkverfahren zu improvisieren.

16 Die Verbindung von Eigenlenkung und Programmsteuerung

16.1 FASAN

Die in der Erprobung hohe Trefferprozente erzielenden FAT- und LUT-Torpedos zeigten beim Fronteinsatz eine erheblich geringere Wirksamkeit. Obwohl der Umfang der Fehlschüsse besonders durch die zu einem großen Teil falsch interpretierten Enddetonierer zu gering angenommen wurde, war man sich beim OKM darüber im klaren, daß eine wesentliche Voraussetzung für einen wirkungsvollen Schleifenlauf des Torpedos im Geleitzug, nämlich die möglichst genaue Einstellung des Vorlaufes, damals vom getauchten U-Boot aus, besonders bei größerem Abstand vom Geleit und in bedrängter Position, nur schwer zu erfüllen war. Das TWa erhielt deshalb die Aufgabe gestellt, einmal zu untersuchen, ob der Torpedo nicht selbständig den Schleifenlauf in der günstigsten Position auslösen könne.
Dafür wurde eine Arbeitsgruppe unter der Leitung von Dr. Unkelbach gebildet. Das entsprechende Torpedoprojekt erhielt die Bezeichnung FASAN.

Am 15. Mai 1944 berichtete Dr. Unkelbach vor der UK IV (Torpedolenkung) der Torpedokommission in Gotenhafen über die Ergebnisse der bisherigen Untersuchungen. Dabei führte er u.a. aus:
"Aus dem dargelegten militärischen Zweck des FASAN ergeben sich folgende Forderungen:

1. Im Hinblick auf die Erfordernisse der Geleitzugbekämpfung muß die Möglichkeit des Fächer- und Salvenschusses erhalten bleiben.
2. Es muß vermieden werden, daß die LUT-Schleife bereits durch Bewacher am Rande oder gar außerhalb des Geleitzuges ausgelöst wird.
3. Zur raschen Erstellung des FASAN soll ein physikalischer Effekt ausgenutzt werden, der bereits im Rahmen von Pistolen- oder Lenkentwicklungen erprobt ist oder sich zum mindesten in Erprobung befindet.
4. Die LUT-Schleife besitzt gegenüber einer Eigenlenkung den Vorteil weitgehender Abwehrsicherheit gegen eine gewollte oder zufällige physikalische Abwehr durch den Gegner. Diese Eigenschaft muß bei Einführung des FASAN erhalten bleiben.

Auf Grund der gestellten Forderungen ist nun zu prüfen, welche physikalischen Effekte für die Auslösung in Frage kommen.
1. Das Nächstliegende ist der bereits beim ZAUNKÖNIG und PFAU verwendete passiv akustische Effekt. Er scheidet vor allem deshalb aus, weil im Falle des Fächer- und Salvenschusses die Torpedos sich gegenseitig beeinflussen. Es treten jedoch noch andere Nachteile auf. Erwähnt sei nur der höhere Störpegel bei den erwünschten hohen Torpedogeschwindigkeiten sowie die Anfälligkeit gegen Abwehrmaßnahmen.
2. Aktive und passive magnetische und elektromagnetische Effekte scheiden deshalb aus, weil sich in allen Fällen entweder nur geringe Reichweiten ergeben oder aber die Erfahrungsbasis noch nicht zur Entwicklung eines Torpedozusatzgerätes ausreicht.
3. Hydraulische Effekte im Schraubenstrahl scheiden aus wegen der kleinen Erfahrungsbasis und wegen der im Seegang zu erwartenden Störeffekte.
4. Es käme außerdem der optische Effekt der Pi O und des 'Leuchtfisches' in Frage. Bei diesen Pistolen wird ein Lichtkegel ausgesandt, von dem ein Teil der Strahlungsenergie durch den Tyndall-Effekt abgebeugt wird. Der Tyndall-Effekt wird voraussichtlich im Kielwasser verändert und kann registriert werden. Jedoch ist die Versuchsbasis hierüber noch sehr schmal. Das Verfahren hätte im Vergleich zum akustischen Verfahren eine Reihe von Vorteilen. Vor allem ist keine gegenseitige Beeinflussung der Torpedos beim Fächer- und Salvenschuß zu erwarten. Die Abwehrmöglichkeiten sind

gering, hohe Torpedogeschwindigkeiten bereiten voraussichtlich keine Probleme; der Platz ganz vorne im Torpedo bleibt für die Pistole frei. Der Nachteil des Verfahrens liegt darin, daß noch eine beträchtliche Grundlagenforschung notwendig ist.

5. Eine weitere Möglichkeit bietet der aktiv akustische Effekt des IBIS, wie er von der PTR entwickelt wird. Hierbei wird vom Torpedo ein kontinuierlicher Ton oder ein Geräusch ausgesendet - im einfachsten Fall wird das Schraubengeräusch des Torpedos allein benutzt - und die Reflexion des ausgesandten Schalls am Kielwasser des Zielschiffes vom Torpedo zur Lenkung verwertet. Das Verfahren hat in seiner jetzigen Ausführungsform den Nachteil, daß bei Schneidungen um 90° kein Effekt zustande kommt. Damit auch die Schneidungen um 90° erfaßt würden, müßte im Gegensatz zum Gerät GEIER zusätzliche Entwicklungsarbeit geleistet werden. Das Verfahren soll deshalb für den FASAN nicht vorgeschlagen werden.

6. Es bleiben schließlich noch diejenigen aktiv akustischen Effekte, bei denen kurzzeitige Schallimpulse ausgesandt werden. Wegen der großen Ausdehnung des akustisch wirksamen Kielwassers im Vergleich zur Schiffslänge sind auch hierbei nur die Reflexionen am Kielwasser von praktischer Bedeutung. Es gibt zwei Möglichkeiten:
   a) eine vertikale Anlotung, wie sie durch die akustischen Pistolen bewerkstelligt wird,
   b) eine horizontale Anlotung, wie sie beim Gerät GEIER erfolgt.

Beim Vergleich zwischen beiden Verfahren ergab sich, daß im ersteren größere physikalische Schwierigkeiten auftreten als im zweiten Fall. Bei Vertikal-Lotungen am Kielwasser, die von der Firma Atlas mit einem Versuchs-U-Boot in Norwegen durchgeführt wurden, ergab sich bereits wenige 100 m hinter dem Zielschiff kein Echo mehr. Der Grund soll darin liegen, daß sich im Schraubenstrahl in einiger Entfernung vom Schiff eine horizontale Schichtung ausbildet, so daß die reflektierenden Wände des Kielwassers nach unten hin weniger ausgeprägt sind als nach der Seite. Außerßerdem ist die vertikale Lotung gegen den Störschall der Torpedoschrauben stärker anfällig als die horizontale Lotung. Die vertikale Lotung scheidet deshalb nach Ansicht der Arbeitsgruppe aus.

Es bleibt noch das Verfahren der Horizontal-Anlotung zu besprechen. Auch bei ihm ist ein Fächer- und Salvenschuß voraussichtlich weitgehend möglich. Die Abwehrmöglichkeiten sind wahrscheinlich gering, da nur Reflexionen aus geringen Entfernungen benutzt werden sollen. Für die Torpedogeschwindigkeit 30 kn ist die Brauchbarkeit bereits erwiesen. Für höhere Torpedogeschwindigkeiten wird die Brauchbarkeit vermutet, ist jedoch nicht erwiesen. Der Platz an der Spitze des Torpedos wird für den akustischen Empfangsteil und die Verstärkerapparatur benötigt, so daß eine Verwendung der Pi 2 nicht möglich ist.

Beim Verfahren der horizontalen Anlotung sind noch zwei verschiedene Varianten möglich:

a) Verwendung eines einzigen nach vorne strahlenden Senders und Empfängers und
b) Verwendung zweier nach schräg vorn Bb und Stb gerichteter Sender und Empfänger (analog zum Gerät GEIER). Bedingung zur Auslösung der LUT-Schleife wäre in diesem Fall, daß in kurzen Zeitabständen von beiden Seiten Schallreflexe aufgefangen werden.

Der Hauptnachteil des GEIER, nämlich die Empfindlichkeit gegen Seegang und gegen Krängungen des Torpedos wird in beiden Fällen vermieden oder wenigstens gemildert. Im ersten Fall entsteht der Vorteil dadurch, daß Sender und Empfänger in der Längsachse des Torpedos liegen, im zweiten Fall dadurch, daß das Auftreten eines einseitigen physikalischen Effektes zur Auslösung noch nicht ohne weiteres hinreicht. Der erste Fall wird jedoch in dieser Hinsicht günstiger beurteilt.

Zu Versuchszwecken soll zunächst der letztere Fall herangezogen werden, da hierbei die vorhandenen GEIER-Apparaturen fast ungeändert verwendet werden können. Für die endgültige Ausführung erscheint jedoch der erste Fall zweckmäßiger, da man hierbei für die Verstärker-Apparaturen nur den halben Aufwand betreiben muß.

Aus der bisherigen Diskussion ergibt sich, daß unter den für eine automatische LUT-Auslösung in Frage kommenden physikalischen Effekten nur der Effekt der optischen Pistolen und der Effekt des GEIER für eine praktische Anwendung empfohlen werden kann. Im ersten Fall soll vom 'optischen FASAN' (FASAN O), im zweiten Fall vom 'akustischen FASAN' (FASAN A) gesprochen werden.

Beim FASAN O erscheinen die physikalischen Grundlagen noch so wenig geklärt, daß es sich noch nicht lohnt, eine Geräte-Entwicklung in Angriff zu nehmen. Vielmehr ist zunächst zu klären, ob der optische Effekt im Kielwasser überhaupt mit Zuverlässigkeit zu erwarten ist. Zu diesem Zweck werden auf Weisung des OKM in der nächsten Zeit in Eckernförde mit optischen Pistolen Anzeigeschüsse durch das Kielwasser durchgeführt. Hierbei soll versucht werden, durch geeignete Wahl der Empfindlichkeit und allenfalls der Frequenz den Kielwasser-Effekt besonders zu begünstigen. Falls die Versuche positiv ausfallen, sollen eingehendere Grundlagenforschungen mit einem Meßgestell durchgeführt werden. Die optischen Versuche am Kielwasser müssen auch ohne Rücksicht auf den FASAN durchgeführt werden, da hierbei auch über die Brauchbarkeit der Pistolen zur Zündung entschieden wird. Über die Frage der Geräte-Entwicklung soll zu gegebener Zeit entschieden werden.

Im Falle des FASAN A sind die physikalischen Grundlagen durch akustische Messungen der PTR und der Firma Atlas am Kielwasser fahrender Schiffe sowie durch eine Reihe von Anzeigeschüssen mit dem Gerät GEIER durch das Kielwasser zu einem wesentlichen Teil bereits geklärt. Die bisherigen Messungen ergaben, daß das Kielwasser in einer Länge, die zwischen 500 und 1500 m schwankt, steuerfähige Effekte liefert. Hierbei ist noch nicht völlig geklärt, in welchem Maße der Effekt mit zunehmender Lauftiefe des Torpedos abnimmt. Falls sich in größerer Tiefe ungünstigere Verhältnisse ergeben, kann daran gedacht werden, den Torpedo zunächst flacher laufen zu lassen und durch den FASAN-Effekt die Tiefeneinstellung zu verändern. Das Funktionieren des Verfahrens erscheint jedoch sichergestellt, so daß eine Geräte-Entwicklung empfohlen werden kann. Hierzu sind noch folgende Arbeiten notwendig:

1. Konstruktion und Fertigung der Verstärker-Apparatur.
2. Zusatz zur LUT-Mechanik, bzw. im Fall der Luftwaffe Aptierung von Gerät 9b bzw. 9c.
3. Geeignete Aptierung des Torpedos einschließlich Pistole.

Im einzelnen ist hierzu folgendes zu sagen:

zu 1.
Die FASAN-Apparatur arbeitet genau nach demselben Prinzip wie die GEIER-Apparatur, so daß eine besondere Entwicklungsarbeit hierfür nicht mehr aufzuwenden ist. Zu klären bleibt nur die Frage, ob das Ein- oder Zweischwingersystem gewählt werden soll. Im übrigen kann bereits mit der Konstruktion und Fertigung begonnen werden.

zu 2.
Die LUT-Mechanik mit FASAN-Zusatz soll die folgenden drei Forderungen erfüllen:

a) Es soll eine mit LUT-Stellzeug einstellbare Sperrstrecke vorhanden sein, wobei ein innerhalb der Sperrstrecke auftretender FASAN-Effekt nicht zur Auswirkung gelangen soll.
b) Es soll eine Einrichtung geschaffen werden, so daß die LUT-Schleife je nach Einstellung mittels LUT-Stellzeug erst nach dem ersten, zweiten, dritten oder vierten Effekt ausgelöst wird. (Durch diese Maßnahme soll der FASAN möglichst ins Innere des Geleitzuges gebracht werden.)
c) Es soll die Möglichkeit geschaffen werden, daß der Torpedo je nach Einstellung mittels LUT-Stellzeug als FASAN oder auch als normaler LUT lau-

fen kann. (Diese Maßnahme ist vor allem deshalb zweckmäßig, weil aus Lagen um 0° nicht der FASAN, sondern nur der normale LUT eingesetzt werden kann.)

Die drei Forderungen kann man erfüllen, ohne den LUT-GA und das Schaltwerk zu verändern. Als Zusatzeinrichtung wird lediglich ein vom LUT-Schaltwerk betätigtes kleines elektrisches Schaltwerk mit Relaisteil und eine in der Antriebswelle des Schaltwerkes sitzende elektrische Kupplung benötigt. Auf die Durchführung im einzelnen kann hier nicht eingegangen werden. Das LUT-Stellzeug bleibt trotz der geforderten Einstellmöglichkeiten ungeändert.

Beim Lufttorpedo lassen sich die obigen Forderungen nach Angabe von Dr. Knausenberger durch die elektrische Ferneinstellung EFE III verwirklichen. Über die obigen Forderungen hinaus wird von der Luftwaffe angeregt, die Geräte GEIER und FASAN umschaltbar in einem einzigen Torpedo zu vereinigen.

zu 3.

Es bleibt noch die Frage zu beantworten, welcher Torpedo als Träger für den FASAN verwendet werden kann bzw. welcher der vorhandenen Torpedos sich in geeigneter Weise für den FASAN aptieren läßt.

Es kommen marineseitig folgende Torpedos in Frage:
a) ZAUNKÖNIG-Torpedo,
b) G 7e-LUT,
c) G 7u-LUT.

Der schnellste Weg zur Erstellung des FASAN wäre eine Aptierung des ZAUNKÖNIG, wobei man allerdings eine verhältnismäßig geringe Torpedo-Geschwindigkeit und -Laufstrecke in Kauf nehmen müßte. Diese Möglichkeit scheidet jedoch aus, da das RM-Gerät hinsichtlich Fertigung, Justierung und Prüfung in den Stützpunkten einen Engpaß darstellt und es nicht möglich erscheint, ausreichende Stückzahlen für den FASAN abzuzweigen.

Zur Aptierung für den FASAN kommt deshalb in erster Linie der G 7e-LUT in Frage. Die Hauptschwierigkeiten bereitet es hierbei, daß der Platz ganz vorn im Torpedo für die FASAN-Apparatur benötigt wird und daß die Pi 2 deshalb nicht verwendet werden kann. Statt der Aufschlagpistole muß eine Beschleunigungspistole, d.h. die Klappenpistole oder der EZT verwendet werden. Der MZ-Teil der Pi-2 läßt sich verwenden, müßte jedoch aus Platzgründen umkonstruiert werden. Der Aufwand der Umkonstruktion wird als nicht unerheblich und in Anbetracht der bekannten Mängel der Pi 2 als unrationell erachtet. Vielmehr wird die Verwendung der Pi-KWI empfohlen, die ebenfalls nur Konstruktionsarbeit erfordert, da sie physikalisch und funktionsmäßig bereits erprobt ist. Es muß dabei diejenige Ausführungsform gewählt werden, die sich von oben her in den Kopf einsetzen läßt.

Der G 7e-LUT ist ferner ebenso wie der G 7u-LUT zur Stromversorgung mit dem Einheitsgenerator sowie mit dem Einheitsbordnetz auszustatten. Der FASAN-Kopf mit Pi KWI läßt sich dann für beide Torpedotypen gleichermaßen verwenden.

Von Seiten der Luftwaffe ist nach Angabe von Dr. Knausenberger als Träger für den FASAN zunächst der LT IC mit GEIER und Gerät 9b vorgesehen. Später soll der LT IIC mit GEIER und Gerät 9c verwendet werden. Als Pistolen kommen die Pi 43 (Pendelpistole) und die Pi Wien (Abstandspistole), späterhin die Pi KWI in Betracht.

Im Zusammenhang mit dem FASAN sind schließlich noch zieltechnische Untersuchungen notwendig. Hierzu gehört vor allem die alte Frage, wie Torpedogeschwindigkeit und Laufstrecke zweckmäßigerweise aufeinander abzustimmen sind. Die Frage ist bekanntlich je nach der vorliegenden Aufgabe verschieden zu beantworten. Im Falle des FASAN scheint es, daß sich der Schwerpunkt etwas in Richtung von der Torpedogeschwindigkeit nach der Laufstrecke hin verschiebt. Untersuchungen hierüber sind noch erforderlich.

Außerdem ist zu prüfen, in wie weit sich der FASAN nicht nur gegen Geleitzüge, sondern auch gegen Einzelziele anwenden läßt. Es besteht hier nämlich die Möglichkeit, die kleine LUT-Schleife so auszubilden, daß derjenige Gegner, von dem das auslösende Kielwasser stammt, mit großer Wahrscheinlichkeit in dem durch die kleine LUT-Schleife gefährdeten Gebiet liegt. Der FASAN hätte in diesem Fall zieltechnisch und taktisch eine ähnliche Funktion wie der 'Kielwasserschlängler'. Auch hierüber kann Genaueres erst nach Abschluß der Arbeiten des zieltechnischen Referates ausgesagt werden.

Auf Grund der dargelegten vielseitigen taktischen Anwendungsmöglichkeiten für den FASAN, sowie der verhältnismäßig einfachen und rasch zu erstellenden Ausführungsform FASAN A wird folgendes vorgeschlagen:

1. FASAN A soll als Schwerpunktsentwicklung betrieben werden.

2. FASAN O soll mit der gleichen Dringlichkeit wie die optischen Pistolen betrieben werden.

3. Da die Pi KWI voraussichtlich den Hauptengpaß bei der Erstellung des FASAN bilden wird, wird vorgeschlagen, diese Pistole, die allgemein sehr günstig beurteilt wird, mit allen Mitteln schwerpunktsmäßig zu fördern. Bei der Beurteilung der Pi KWI ist noch zu berücksichtigen, daß sie auch für den Fernlenktorpedo sowie als Ausweichlösung für den ZAUNKÖNIG gedacht ist und daß auch die Luftwaffe großes Interesse an ihr besitzt. Es erscheint deshalb vertretbar, wenn weniger aussichtsreich erscheinende Projekte, wie z.B. die Pi Mollwo zu Gunsten der Pi KWI zurückgestellt werden.

Auch im übrigen erscheint es zweckmäßig, die Pistolen-Entwicklung den neu sich abzeichnenden Richtlinien für die Lenkentwicklung einschließlich FASAN anzupassen und eine Konzentration durchzuführen. Beispielsweise muß überlegt werden, ob auf die akustischen Pistolen Pi Kiel, Pi Berlin und Pi Otto nicht verzichtet werden kann, da sie kaum je für einen gelenkten Torpedo in Frage kommen und auch sonst erhebliche Mängel und Schwierigkeiten erwarten lassen. Die frei werdende akustische Entwicklungskapazität könnte mit Erfolg für die neuen Aufgaben der Lenkentwicklung eingesetzt werden. Es wird empfohlen, zur Prüfung dieser Fragen eine Verbindung zwischen der UK IV (Lenkung) und der UK II (Zündungen) herzustellen."

Ein wesentlicher Nachteil des FASAN war, daß er beim Durchgang durch das Kielwasser nicht den Schneidungswinkel messen und berücksichtigen konnte. So konnte es zu einem mehr oder weniger raschen Auswandern der Schleifen kommen. Es wurde deshalb eine Zusatzeinrichtung für eine wiederholte Korrektur der LUT-Schleife am Kielwasser geplant, die für den Fall einer ungenauen Voreinstellung der Schneidung wirksam wurde. Durch sie sollte eine geradlinige Teilstrecke im LUT-Lauf nachträglich so verlängert werden, daß der LUT-Verlauf danach eine symmetrische Lage zum Kielwasser erhielt.

Im Laufe der Bearbeitung nahm jedoch das Interesse an diesem Projekt ab, da einmal die neuen Typ XXI U-Boote durch ihr SU-Gerät eine geeignete Apparatur für die genaue Ermittlung der erforderlichen Gegnerwerte Entfernung, Geschwindigkeit und Lage bei kurzen und mittleren Distanzen besaßen, zum anderen bei einer großen Distanz das neue und verbesserte Projekt KONDOR den FASAN ersetzen konnte.

16.2 KONDOR

Im Herbst 1944 wurde vom TWa unter der Bezeichnung KONDOR ein Lenksystem für weitlaufende Torpedos vorgeschlagen. Derartige Torpedos mit einem Hochleistungsantrieb auf der Basis des Kreislaufmotor-Verfahrens, des Ingolin-Verfahrens mit Seewassereinspritzung oder der Benutzung von Primärelementbatterien befanden sich in der Erprobung. Mit ihnen sollte es möglich sein, Geleitzüge in 10-20 km Entfernung anzugreifen. Voraussetzung für einen derartigen Einsatz war jedoch eine sichere Steuerung, die möglichst ohne Druckluft arbeiten konnte. Die LGW-Steuerung der Luftwaffe erfüllte diese Voraussetzung.

An den KONDOR wurden nun folgende Forderungen gestellt:

1. Wie der FASAN soll bei ihm in günstiger Lage im Geleitzug ein LUT-Schleifenlauf ausgelöst werden.

2. Die Ansprechentfernung muß einige 1000 m betragen, da Lage und Fahrt des Gegners aus der großen Abschußentfernung nur ungenau ermittelt werden und sich während der langen Laufzeit ändern können.

3. Der KONDOR muß gegen akustische Abwehrmaßnahmen des Gegners weitgehend gesichert sein, da diese aus der großen Entfernung heraus ebenfalls nicht berücksichtigt werden können.

4. Der KONDOR muß sowohl gegen langsam laufende Handelsschiffe wie gegen schnell laufende Kriegsschiffe einsetzbar sein.

5. Er soll zur Ausnutzung des Überraschungsmomentes gleichzeitig in größerer Stückzahl einsetzbar sein, ohne daß er sich dabei gegenseitig stört.

Der KONDOR sollte deshalb gewisse Eigenschaften des aktiv-passiven GEIER 3 und eine modifizierte LUT-Steuerung besitzen. Der Vorlauf sollte mit passiver Lenkung nach dem Kollisionskursverfahren auf den akustischen Schwerpunkt des Geleitzuges hin erfolgen. Nachdem der Torpedo den Kollisionskurs besaß, sollte nun die passiv-akustische Lenkung abgeschaltet werden. Der KONDOR würde jetzt ungelenkt weiterlaufen. Wegen der Ausdehnung eines Geleitzuges erschien eine fortlaufende Korrektur des Kollisionskurses nicht erforderlich und wegen möglicher akustischer Täuschungskörper in der Sicherung auch nicht ratsam.

In dieser Phase sollte der KONDOR dafür Schallimpulse nach dem GEIER-Prinzip aussenden, die nach der Durchquerung des ersten, zweiten oder eines späteren Kielwassers die Auslösung eines bestimmten LUT-Programms bewirkten.

Für die Programmkurve ergaben sich zwei Möglichkeiten:

1. Der Torpedo wird zum Kreisläufer, wobei gleichzeitig auf eine höhere Torpedogeschwindigkeit (40 kn) geschaltet wird.
2. Falls jedoch die Torpedogeschwindigkeit nicht derartig erhöht werden kann, führt der Torpedo ein LUT-Programm aus, dessen Einstellung der KONDOR selbst vornehmen soll. Die Richtung 'rechts' oder 'links' wird dabei durch die Richtung des Vorhaltewinkels während des Kollisionskurses und die Schneidung durch die Reihenfolge der eintreffenden Kielwasser-Echos eingestellt.

Auch eine Kombination von aktiver Lenkung und Programmlenkung war denkbar. Die passive Lenkung blieb aber in jedem Fall ausgeschaltet.
Die Pistole sollte nicht nach dem Ablauf einer Sicherheitsstrecke, sondern erst nach dem Auftreten des ersten GEIER-Effektes freigegeben werden.

Als Vorstufe des KONDOR wurde von Dr. Unkelbach eine Ausführung ohne Passiv-System vorgeschlagen (KONDOR 1). Gegenüber dem FASAN besäße er die KONDOR-Eigenschaft, den LUT-Kurs automatisch mit der durch die GEIER-Apparatur gemessenen Kielwasserschneidung einzustellen. Dadurch wäre eine gesonderte FASAN-Entwicklung nicht mehr erforderlich.
Dr. Unkelbach schlug deshalb vor, den FASAN aufzugeben und alle Energie auf die Entwicklung des KONDOR zu konzentrieren. Wegen der sich rapide verschlechternden Kriegslage führten diese Überlegungen aber zu keinen ausgearbeiteten Entwicklungen oder gar Erprobungen mehr.

17 Besondere Torpedoantriebe

17.1 Kreislaufmotorantrieb

1927 erhielt die Versuchsanstalt für Kraftfahrzeuge der TH Berlin von der TVA in Eckernförde einen Auftrag für die Entwicklung eines Torpedomotors, der nach dem Abgas-Sauerstoff-Überlade-Verfahren von Prof. Becker arbeiten sollte. Die Entwicklungsarbeiten wurden bis 1932 von Prof. Becker selbst geleitet. Seit Beginn 1932 hatte Dr.-Ing. A. Kauffmann die Leitung, bis er 1933 aus rassischen Gründen Deutschland verlassen mußte. Die konstruktive Bearbeitung des Auftrages wurde in der Arbeitsgruppe von Dipl.-Ing. A. Haesner ausgeführt.

Zuerst wurde 'gegeneinander' konstruiert, d.h. jeder machte nach verschiedenen Gesichtspunkten eigene Entwürfe. Schließlich wurde aus allen das Beste herausgenommen, und so entstand ein 8-Zylinder Vergasermotor in 90° V-Form, dessen Größe den Abmessungen eines Torpedos angepaßt war. Die Zylinder hatten 110 mm Bohrung und nur 98 mm Hub. Sie waren wassergekühlt ausgeführt. Durch den kurzen Kolben war der Schmieröldurchtritt erheblich. Die Schmierölverbrennung bereitete deshalb einige Probleme. Die Ventilsteuerung bestand aus je zwei Einlaß- und drei Auslaßventilen, die unmittelbar von der auf den Zylindern liegenden Nockenwelle betätigt wurde. Der gesamte Motor hatte ein Hubvolumen von 7,45 l und leistete im Luftbetrieb max. 134 PS bei 2200 U/Min und einem spezifischen Brennstoffverbrauch von 285 g/PSh (max. Dauerleistung 129 PS).

Der Bau eines so gedrungenen Motors, der in den vorgegebenen Querschnitt eines Torpedos hineinpaßte, bereitete damals natürlich erhebliche Schwierigkeiten. Man betrat praktisch überall Neuland, so vor allem bei der Ausführung des Kolbens und der Pleuel-Anlenkung, wie auch bei der direkten Steuerung der Ventile durch die Nockenwelle. Dazu kamen auch noch wichtige Fragen des Verfahrens, wie Kühlung und Wiederaufbereitung des Abgases, das praktisch wasserfrei wieder in den Motor eingeführt werden mußte. Für eine indirekte Kühlung des Abgases durch Wärmeaustauscher war kein Platz. So mußte das Wasser eingespritzt werden, um es dann unmittelbar danach wieder herauszubringen. Dies erfolgte durch zwei bzw. vier parallel geschaltete Zentrifugal-Wasserabscheider, deren Entwicklung sehr langwierig war. Die Abgase gelangten dann in einen Feinausscheider, in dem das restliche Wasser abgesaugt wurde.

Ein Abgas-Druckregler entfernte hier das überschüssige Abgas aus dem Kreislauf. Das verbliebene Kreislaufgas wurde nun in einer Mischdüse mit Sauerstoff angereichert und dann dem Vergaser zugeführt. Die Regelung der Sauerstoffkonzentration in der Ladung erfolgte durch Querschnittsverstellung der Sauerstoffdüse. Diese Regelung wurde von der Firma Askania-Werke in Berlin-Steglitz ausgeführt. Der Konstruktionsleiter war der damals bekannte Regelfachmann Wünsch.

Der gesamte Kreislauf erfolgte unter einem erhöhten Innendruck, wodurch einmal die Entfernung der überschüssigen Abgase ohne zusätzlichen Verdichter einfach durch ein Überdruckventil möglich war, und außerdem durch die erhöhte Sauerstoff- und Brennstoff-Konzentration eine erhebliche Leistungssteigerung erzielt werden konnte.

Die Erprobung des Abgas-Sauerstoff-Verfahrens erfolgte zunächst mit vorhandenen Automobilmotoren im Laboratorium von Dr. Kauffmann, dessen Mitarbeiter ab 1928 Dipl.-Ing. Rixmann wurde. Die ersten Versuche mit Regelung des Abgas-Sauerstoffverhältnisses erfolgten mit Handeinstellung. Der Vergaser mußte in einer Kapsel sein, um bei dem erhöhten Druck richtig regulieren zu können. Trotz vieler Fehlschläge und Prüfstandbrände gelang es, bis zur Fertigstellung des endgültigen V 8-Motors das Verfahren in den Griff zu bekommen. Etwa 1930 war der Torpedomotor fertig und wurde zunächst im Luftbetrieb gefahren. Dann

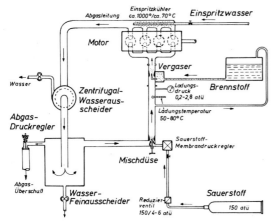

Schematische Darstellung des Verbrennungsmotors nach dem Abgas-Sauerstoff-Überladeverfahren von Prof. Becker (1932)

erst begannen die eigentlichen Kreislaufversuche. Für die Regler, die Wasserabscheider usw. wurden besondere Prüfstände gebaut. Erst nach den Einzelprüfungen wollte man sich an die Hauptversuche wagen.

Die Hauptschwierigkeiten, die im Laufe der Jahre auftraten, waren die Haltbarkeit des Triebwerkes bei der fast 2,5 fachen Leistung im Kreislaufbetrieb, die Entwicklung der Regelung und die Anpassung der Hilfsgeräte an den vorhandenen Raum im Torpedo. Zunächst waren nämlich alle Geräte ohne Rücksicht auf die spätere Unterbringung gebaut worden, um das Verfahren selbst schnell erproben zu können. Erst im Winter 1931/32 war das Verfahren auch konstruktiv so weit fertig, daß die Hauptversuche beginnen konnten.

Bei einem Ladedruck von 1,4 ata leistete der Torpedomotor im Kreislauf 120 PS und bei 2,7 ata sogar 250 PS. Der Motor lief mit einem gewissen Brennstoffüberschuß, um eine Selbstzündung der Ladung durch nachbrennendes Schmieröl zu verhindern. Er verbrauchte bei Vollast 1,06 kg/PSh Sauerstoff und 367 g/PSh Benzol.
Die thermodynamischen Untersuchungen des Verfahrens und die Auswertung der Versuche durch Dipl.-Ing. Rixmann sowie die Behandlung konstruktiver Fragen durch Dipl.-Ing. Haesner fanden ihren Niederschlag in zwei geheimen Dissertationen.

Als im Frühjahr 1933 die Versuche dann eingestellt wurden, da Dr. Kauffmann das Land verlassen mußte, war ein sehr zufriedenstellender Entwicklungsstand erreicht worden. Die Zuverlässigkeit vor allem der Regler war sehr gut, und Vergaserbrände kamen so gut wie nicht mehr vor. Nach Auffassung von Dr. Rixmann hätte es nur noch der Arbeit eines Jahres bedurft, um dem Verfahren die betriebstechnische Reife zu geben.

Im Jahre 1937 wurden dann die Arbeiten an dem Torpedo-Kreislaufantrieb wieder aufgenommen, diesmal bei der Fa. Junkers in Dessau und im Motoren-Institut der Technischen Akademie der Luftwaffe in Berlin-Gatow. Hier bearbeitete Dr.-Ing. Holfelder einen entsprechenden Entwicklungsauftrag des OKM. Das Ziel war, durch Weiterführung der Arbeiten von Dr. Kauffmann einen Motorantrieb für Hochleistungstorpedos zu schaffen, und zwar für den Schlachtschifftorpedo M 5 (5 m Länge; 75 cm Ø) und für eine verbesserte Ausführung des G 7a (7 m Länge und 53,3 cm Ø). Diese neuen Torpedoprojekte mit Kreislaufmotorantrieb erhielten die Bezeichnungen M 5m und G 7m.
Nach anfänglichen Studien an einem Einzylindermotor wurde ein Achtzylinder 4-takt V-Motor in 90° Anordnung mit Schiebersteuerung in zwei Ausführungen neu entwickelt. Die größere Ausführung für den M 5m Torpedo sollte 600 PS bei einer Drehzahl von 4000 U/Min, die kleinere Ausführung für den G 7m sollte 420 PS bei 5000 U/Min erzielen.
Der M 5m-Motor hatte folgende Eigenschaften: 105 mm Bohrung, 110 mm Hub, 7,61 l Hubvolumen, 1050 mm Motorlänge und 300 kg Gewicht. Mit einem O_2-Volumen von 510 l und 56 kg Kraftstoff sollte er bei 600 PS eine Geschwindigkeit von 54 kn und 24 km ermöglichen.
Der G 7m-Motor mußte einen kleineren Durchmesser erhalten, was konstruktive Schwierigkeiten mit sich brachte. Bei ihm betrugen die Bohrung 90 mm, der Hub 85 mm, der Hubraum 4,32 l, die Motorlänge (mit Kühler) 1370 mm und das Gewicht gleichfalls 300 kg. Mit einem O_2-Tankvolumen von 350 l und 46 kg Kraftstoff sollte der G 7m bei 420 PS Leistung eine Geschwindigkeit von 48 kn und eine Laufstrecke von 22 km erreichen.

Auch in den G 6a hätte der G 7m-Motor eingebaut werden können. Wegen der kürzeren Torpedolänge hätte jedoch der O₂-Tank um 1 m verkürzt werden müssen und dann nur noch 170 l Inhalt gehabt. Damit hätte sich bei 420 PS die Laufstrecke auf 10,4 km verringert. Das entsprechende Torpedoprojekt erhielt die Bezeichnung G 6m.

Bei Kriegsbeginn befanden sich die beiden Motorausführungen noch in der Entwicklung. Mit der Einstellung der Arbeiten für den M 5 Torpedo im Oktober 1939 entfiel auch die weitere Beschäftigung mit dem M 5m-Motor. Im Februar 1940 wurde beschlossen, nur noch an dem G 7m-Motor, der die Bezeichnung KM 8 erhielt, weiterzuarbeiten. Neben Dr. Holfelder waren an diesen Arbeiten besonders noch die Diplom-Ingenieure K. Scheffler, W. Strohl und K.H. Lenck beteiligt. Seitens der Marine wurden nur normale G 7a-Schwanzstücke und Übungsköpfe zur Verfügung gestellt. Der gesamte übrige Torpedo einschließlich Sauerstoffkessel und Regelgeräte für das Kreislaufverfahren wurde bei Junkers entwickelt und gefertigt.

Die Anwendung des Kreislaufverfahrens auf den Torpedobetrieb warf eine Reihe zusätzlicher Probleme auf. So mußte ein 400 PS-Motor geschaffen werden, der sich in eine Röhre von nur 53 cm Durchmesser einbauen ließ, nach dem Start unter Wasser gleichmäßig anlief und in kürzester Zeit die volle Leistung erreichte sowie vom Start bis zum Ende der Laufstrecke völlig automatisch arbeitete. Um Tiefenschwankungen zu vermeiden, mußte das Drehmoment des Motors während des gesamten Laufes konstant sein. Schließlich sollten Motor wie Regelgeräte einfach und übersichtlich im Aufbau, leicht zu warten, für Übungsschüsse wiederholt benutzbar (ca. 30 Stunden Lebensdauer) und nicht zuletzt billig sein.

Da bei dem KM 8 eine Ventilsteuerung aus Platzgründen nicht möglich erschien, wurde die von Schnauffer und Benzinger bei der DVL entwickelte Flachschiebersteuerung angewandt. Kurbelwelle und Kurbeltrieb waren einfach aber sehr robust gestaltet, um die hohen mechanischen Belastungen ohne Gefahr aufnehmen zu können. Der Motor leistete in der Spitze 100 PS/l Hubraum bei einem nutzbaren Mitteldruck von 19,6 at. Die Anlaßzeit betrug 4-6 Sekunden bis Vollast (gegenüber ca. 10 Sekunden bei der Walter-Torpedoturbine).

Die Kreislaufanlage bestand aus einem Abgaskühler, dem Ladedruck- bzw. Gegendruckregler und dem Mischer sowie einer Reihe von Regel- und Hilfseinrichtungen. Als Abgaskühler war ursprünglich ein Einspritzkondensator vorgesehen. Die beim Gebrauch von Seewasser auftretenden störenden Salzablagerungen führten aber zur Benutzung eines seewasserbeauf-

Schema der Torpedo-Kreislaufanlage Junkers KM 8

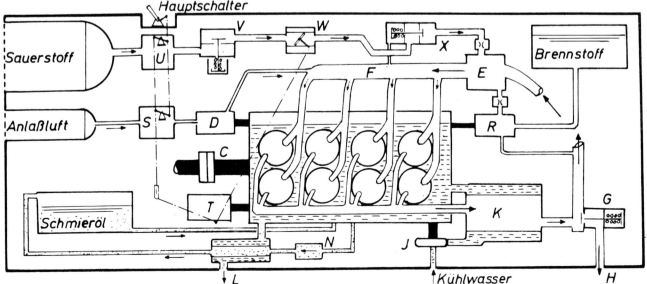

schlagten Abgasröhrenkühlers, der die ca. 1000°C heißen Abgase auf 80-120°C rückkühlte. Das Kühlwasser durchströmte anschließend den Motorblock und trat mit etwa 60°C wieder aus. Die Abgase strömten nun in die gasdicht abgeschlossene Hülle des Torpedos, die als Pufferraum wirkte. Dadurch konnte eine weitere Kühlung der Abgase an der Torpedoaußenhaut wirksam werden.

Der mit Rücksicht auf die hohe Leistung gewünschte relativ große Ladedruck von 2,5-3,5 ata im Kreislauf wurde durch den Ladedruckregler eingestellt, der ein Ausblaseventil für die überschüssigen Abgase bediente.

Die Drehzahlregelung erfolgte über einen Fliehkraftregler auf eine Drosselklappe in der Sauerstoffzuführung. Fiel die Drehzahl aus dem normalen Bereich, so wurde durch diesen Regler ein Schnellschlußventil in der Sauerstoffzuführung betätigt, das das Gerät stillsetzte.

Das Abgas in dem Pufferraum wurde vom Motor in eine Mischkammer gesaugt und hier mit dem Sauerstoff und Kraftstoff vermengt. Eine Förderpumpe drückte hierfür den Kraftstoff über eine Dosierdüse kontinuierlich in die Mischkammer, wobei der Einspritzdruck und damit die Menge durch den Ladedruck geregelt wurde. Zur besseren Gemischbildung wurde der Kraftstoff zunächst mit dem Abgas gemischt, ehe der durch die Entspannung vom hohen Druck stark unterkühlte Sauerstoff zugeführt wurde.

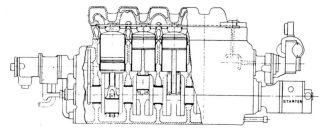

Längsschnitt bzw. Seitenansicht des Kreislaufmotors Junkers KM 8

Querschnitte durch die Motorkammer des G 7m Torpedos

 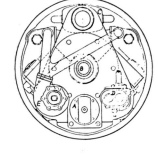

A Anlasser   B Antriebswelle   C Zwillingszünder
D Brennstoffpumpe   E Kühlwasserpumpe

Längsschnitt durch die Motorkammer des Kreismotor-Torpedos G 7m

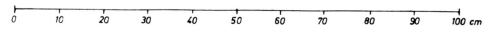

A	Kurbelwelle	G	Ladedruckregler	N	Schmierölpumpe	T	Drehzahlregler
B	Untersetzung 1:2,02	H	Abgasaustritt	O	Ölbehälter u.-kühler	U	O_2-Hauptschalter
C	Antriebswelle	J	Kühlwasserpumpe	P	Öler für Drehschieber	V	O_2-Druckminderer
D	Anlasser	K	Abgaskühler	Q	Einbauhülle Ø 534 mm	W	Drosselklappe
E	Mischer	L	Kühlwasseraustritt	R	Brennstoffpumpe	X	Beschleunigerventil
F	Gemischverteilrohr	M	Zwillingszünder	S	Preßluftschalter		

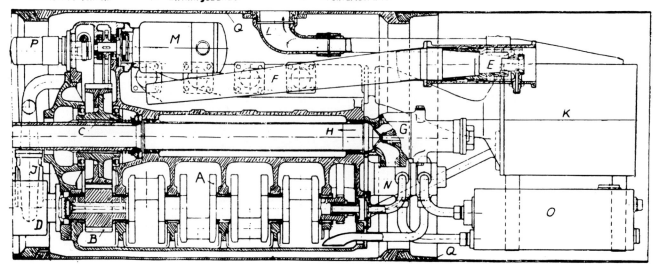

Das Anlassen des Motors erfolgte mit einem kleinen Preßluftmotor, dessen Abluft dann den Zylindern des Kreislaufmotors zugeführt wurde. Somit konnte dieser als normaler Otto-Motor anlaufen, was allerdings eine kurze Blasenspur beim Start zur Folge hatte. Mit dem Ansteigen des Lade- bzw. Gegendruckes öffnete sich dann der Sauerstoffschalter, und der Kreislaufbetrieb konnte beginnen.
Schwierigkeiten bereiteten die sogenannten Rückknaller, d.h. die Entzündung des in die Zylinder strömenden Gasgemisches an den heißen Restgasen, die in die Saugleitung zurückschlug und dort umfangreiche Zerstörungen anrichten konnte. Diese Rückknaller hätten vermieden werden können, wenn der Kraftstoff direkt in die Zylinder eingespritzt worden wäre. Aus Kostengründen war aber darauf verzichtet worden. Durch die Selbstentzündungsgefahr wurde auch die zulässige Sauerstoffkonzentration im Gasgemisch begrenzt. Im Dauerbetrieb wurde sie auf 28 Vol.% festgelegt.

Die Versuche wurden wieder mit Brennstoffüberschuß gefahren, bei dem die Regelung wesentlich leichter und weniger empfindlich gegen unregelmäßige Verbrennung war und die innere Kühlung verbessert wurde. Allerdings stieg mit wachsendem Brennstoffüberschuß der CO- und H_2-Gehalt im Abgas und damit auch der Anteil der nicht absorbierbaren Gasspur im Wasser.

Eingehende Sonderversuche von Dipl.-Ing. H. Maas zur Absorbierung von CO_2 in Seewasser zeigten, daß Gasblasen mit 4-8 mm Durchmesser in bewegtem Seewasser mit etwa 0,2 m/s aufsteigen und etwa 30 Sekunden bis zur völligen Absorption benötigen. Die geringen Mengen der im Wasser schlecht löslichen Gasreste machten aber nur 1/40 der ausströmenden Gase des klassischen Gas-Dampf-Antriebes aus, ergaben also keine sichtbare Spur, was auch durch praktische Versuche auf See nachgewiesen werden konnte.

Die ersten fertigen G 7m-Torpedos wurden bei der Fa. Junkers in Dessau mit Hilfe einer speziell dafür entwickelten gegenläufigen Wasserbremse auf dem Prüfstand erprobt. Es ging dabei vor allem um die Einstellung der Regelung und der gleichmäßigen Lastaufnahme. Gegenüber dem nor-

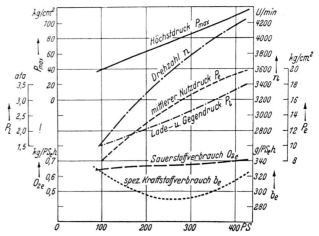

Kennwerte des Junkers Kreismotors KM 8

malen Gas-Dampf-Antrieb, der etwa 1 nl Luft/PSs und 480 g Dekalin/PSh benötigte, verbrauchte der KM 8 0,15 nl O_2/PSs (5,3 PS/g O_2-Verbrauch) und 290 g Kraftstoff/PSh. Diese Versuche wurden bis Ende 1941 abgeschlossen.

Im August 1942 begannen die Vorarbeiten für die Schußerprobung des G 7m bei der IVN in Neubrandenburg. Dazu waren acht Torpedos vorgesehen. Der erste Versuchsschuß dürfte Mitte 1943 erfolgt sein. In Neubrandenburg sind insgesamt 100 Versuchsschüsse mit dem G 7m durchgeführt worden. Parallel zu den IVN-Versuchen wurden auch Erprobungen durch die Fa. Junkers bei der TVA in Eckernförde aufgenommen.

Im Maximum waren bei Junkers und in Gatow sowie bei den beiden Erprobungsstellen 134 Personen am G 7m Torpedo tätig. Hierin ist das Werkstattpersonal für die Fertigung der Einzelteile nicht eingerechnet.

Für die Serienfertigung des Junkers-Torpedomotors war gegen Kriegsende eine ehemalige Nähmaschinenfabrik in Altenburg (Thüringen) vorgesehen. Es ist jedoch dort kein Motor mehr montiert worden.

Obwohl die Erprobungen eine Reihe erfolgreicher Läufe mit Strecken bis zu 12 km Länge und praktisch spurfreiem Lauf erbrachten, wurden die Entwicklung des G 7m am 2. Februar 1945 auf Beschluß der 4. Tagung der Kleinkampfmittel-Kommission eingestellt und die Mannschaft zur Verstärkung dem Walter-Werk in Kiel zugeteilt.

Nach dem Krieg haben die Russen, die in den Besitz aller Unterlagen und einiger Torpedos kamen, zum Teil mit ehemaligen Junkers-Mitarbeitern die Entwicklung eines Torpedos mit Kreislaufmotor-Antrieb fortgesetzt und jahrelang Schußerprobungen am Schwarzen Meer durchgeführt. Auch in der Bundesrepublik Deutschland knüpfte man bei der Entwicklung des NIXE-Torpedos an den G 7m der Kriegsmarine an.

Anhang:
Auszug aus den Schußprotokollen der G 7m Seewassererprobung in Eckernförde.

Schuß Nr.180 am 25.1.1945, 12.03 Uhr:
Gerät 802 (Rudereinstellung 35 ± 0; eingestellte Tiefe 3 m; Ausstoßdruck 15 at; eingestellte Laufstrecke 3000 m)
Das Gerät kam gut ab und ging nach kurzer Zeit auf die eingestellte Tiefe. Tiefenlauf und Krängung waren im ganzen ebenmäßig. Die Krängung betrug 5° Bb. Durch Schwergängigkeit des Öffnungshebels stoppte das Gerät nicht ordnungsmäßig, sondern lief solange, bis der Sauerstoffdruck für einen einwandfreien Motorlauf nicht mehr reichte. Der O_2-Kessel war auf 99 atü gefüllt. Bis 10000 m betrug die Geschwindigkeit 38,7 kn. Am Laufende - nach 12300 m - sackte das Gerät ab und mußte durch Taucher geborgen werden.
Die Explosionspforte war geöffnet und nicht wieder richtig dichtgesetzt. Dadurch war das Gerät gänzlich voll Wasser gelaufen. Vermutlich waren mit dem Absinken des O_2-Kesseldruckes infolge O_2-Mangels starke CO-Bildung und eine Zellendetonation eingetreten.

Schuß Nr.181 am 26.1.1945, 15.05 Uhr:
Gerät 920 (Rudereinstellung 35 ± 0; eingestellte Tiefe 3 m; Ausstoßdruck 15 at; eingestellte Laufstrecke 3000 m)
Nach dem Ausstoß brach das Gerät durch die Oberfläche, ging dann auf Tiefe und durchbrach darauf noch zweimal kurzzeitig die Oberfläche. Anschließend ging es dann auf die eingestellte Tiefe. Der Tiefenlauf war unruhig und schwankte zwischen 3,20 m und 5 m. Die Krängung pulsierte zwischen 0° und 25° Bb mit der gleichen Frequenz wie der Tiefenlauf.

Die Geschwindigkeit betrug 35,1 kn. Bei 3000 m hat das Gerät ordnungsgemäß gestoppt und wurde trocken geborgen.
Offenbar war der Motorlauf unruhig. Bei Nachprüfung regelten die O_2-Regler durch eingedrungenes Seewasser nicht einwandfrei.

Schuß Nr.182 am 31.1.1945, 16 Uhr:
Gerät 920 (Rudereinstellung 40 ± 0; eingestellte Tiefe 3 m; Ausstoßdruck 15 at; eingestellte Laufstrecke 1000 m)
Beim Ausstoß war Starterspur vorhanden, jedoch sackte das Gerät sofort danach ab. ('Toter Mann'!)
Der Motor war also angesprungen, hatte jedoch aus ungeklärter Ursache nicht weitergeschaltet. Der Schiebekopf hatte nicht ausgeschoben.
Das Gerät wurde tags darauf durch Taucher geborgen. Infolge Undichtigkeiten (angefräste Zündkerzenpfortenringe) war einiges Wasser eingedrungen.

Ende der Versuche

17.2 E-Antrieb mit Primärelementbatterien

Die aufgeladene und auf 30°C erwärmte Torpedobatterie 13 T 210 ermöglichte dem G 7e Torpedo eine Laufstrecke von 5000 m bei 30 kn. Diese Leistung wurde bis 1942 für den Unterwasserangriff der U-Boote als ausreichend angesehen.
Da die Marine an die Torpedobatterien hohe Prüfanforderungen stellte (Überprüfung jeder einzelnen Batterie durch Ladung und langsamer Entladung bei Inbetriebsetzung und Kontrolle der Spannungslage dabei), kamen nach Ansicht der TVA nur Sekundärbatterien dafür in Betracht. Von diesen wiederum garantierten damals nur der Blei- und der Nickel-Cadmium-Akkumulator eine genügend große Leistung und Betriebssicherheit, wobei die Nickel-Cadmium-Batterie den Nachteil der schwierigen Rohstoffbeschaffung besaß. Die Bemühungen der AFA um eine Leistungsverbesserung der E-Torpedos waren deshalb auf eine Kapazitätserhöhung der Blei-Batterie ausgerichtet, was jedoch zwangsweise eine Gewichts- und damit eine Untertriebsvergrößerung des Torpedos mit sich brachte.

Von der Chemisch-Physikalischen Versuchsanstalt (CPVA) in Kiel war ein anderer Weg zur Vergrößerung von Laufstrecke und Geschwindigkeit bei E-Torpedos beschritten worden. In dieser Nachfolgeinstitution des ehemaligen Torpedolaboratoriums hatte 1941 Dr. Köhler für den E-Torpedo eine Primärelementbatterie vorgeschlagen, die mit einer Kohle- und einer Magnesiumelektrode ausgerüstet war. Als Elektrolyt sollte verdünnte Salpetersäure mit einem Chromsäurezusatz als Depolarisator benutzt werden. Das Ziel war, mit dieser Batterie gegenüber dem bisher benutzten Bleiakku in der Torpedobatterie eine wesentlich höhere Kapazität und damit eine Vergrößerung der Laufstrecke des Torpedos um das 3-4 fache zu erreichen. Daneben wurde mit folgenden zusätzlichen Vorteilen gerechnet:

Keine Wartung der Batterie und keine Knallgasbildung während der Lagerung, da der Elektrolyt erst beim Torpedoschuß an die Elektroden gelangt.

Einsparung an Blei, eine zum damaligen Zeitpunkt rohstoffmäßig sehr günstige Eigenschaft.

Die Laborversuche wurden von der CPVA in Zusammenarbeit mit der TVA Eckernförde durchgeführt. Bei den ersten Versuchen wurde 20%ige Salpetersäure mit einem 15%igen Chromsäurezusatz benutzt. Die positive Kohleelektrode war in Zusammenarbeit mit der Fa. Siemens-Pania entwickelt worden, die Mg-Elektrode wurde aus Magnesiumblech AZM oder AM 503 hergestellt.

Zunächst war geplant, 40-50 Elemente, die recht klein gestaltet werden konnten, in einem 13 T-Batterietrog einzubauen, der wegen der hohen Stromleistung des Mg-C-Elementes jetzt allein für den Antrieb ausreiche. Der Platz des zweiten Troges in dem E-Torpedo wurde für die Behälter der erforderlichen Salpeter- und Chromsäure sowie die Umwälzpumpe benötigt. Die Elementkästen aus Alu-Blech sollten jeweils zwei Kohle- und drei Magnesiumelektroden enthalten. Probleme mit den Stromdurchführungen bei den Zellenkastendeckeln führten jedoch Anfang Oktober 1941 zur Abkehr von diesem Aufbau der Batterie. Man beschloß, die Mg-C-Batterie nach dem Prinzip der Voltaschen Säule zu bauen. Von der TVA wurde eine derartige Batterie angefertigt, bei der kreisförmige Platten mit 400 mm Durchmesser auf einem Pertinaxrohr, das gleichzeitig der Elektrolytzuführung dienen sollte, aufgereiht wurden. Durch Kunststoffstreifen zwischen den Platten wurde ein gleichmäßiger Abstand von 4-5 mm erreicht. Diese Batterie sollte bei einer elektrisch wirksamen Gesamtoberfläche von 1000 cm^2 einen Strom von ca. 1000 A abgeben können, der der mittleren Stromstärke entspricht, die der G 7e-Motor während des 30 kn-Schusses benötigt.

Ende Oktober 1941 erhielt die IG Farben AG in Bitterfeld dann von der TVA einen Auftrag zur Herstellung von zehn derartigen Batterien. Bei den Vorarbeiten dazu stellte sich heraus, daß die ursprünglich vorgesehenen Siemens-Kohle-Elektroden für die bipolaren Platten nicht geeignet waren. Siemens schied darauf aus dieser Entwicklung aus und begann die Parallelentwicklung einer eigenen Mg-C-Primärbatterie. Es ist nicht bekannt, wie weit diese Arbeiten gediehen.

Die IG Farben schuf jetzt selbst Kohle-Elektroden mit einer Aluminiumunterlage, auf die die Mg-Bleche mit Hilfe einer Zinkfolie aufgepreßt werden konnten. Da sich die zusammengepreßten Platten nach einiger Zeit z.T. wieder lösten, mußte das Befestigungsverfahren geändert werden. Diese bipolaren Elektroden erzielten anfangs nur 0,6 W/cm^2. Durch weiter verbesserte Herstellungsverfahren konnte dieser Wert schließlich auf 2 W/cm^2 erhöht werden. Eine andere Schwierigkeit bildete die zu geringe Elektrolytgeschwindigkeit zwischen den Elektroden der Rundplattenbatterie. Die IG Farben schlug darauf vor, den gesamten Elektrodenplattensatz als Kreiselpumpenläufer auszubilden. Dieser Vorschlag wurde jedoch von der TVA nicht akzeptiert, da er zu große rotierende Massen im Torpedo bedeutet hätte. Sie regte statt dessen an, die Elektrodenplatten in Torpedolängsrichtung anzuordnen und auch in dieser Richtung vom Elektrolyten durchströmen zu lassen. Die erste Batterie nach dieser Bauart für eine Torpedoleistung von 220 PS maximal war im Frühjahr

Schema der Batterieanlage des Gerätes 42 AII (Mg – C)

1 Elektrolytbehälter (275 l)
2 Batterie (Mg – C)
3 Druckluftflasche (5 l / 150 at)
4 Kreiselpumpe
5 Druckluftventil
6 Regler mit Motor
7 Ausblasevorrichtung
8 Öffnungshebel
9 Torpedomotor
10 Elektrolytkühler

1942 fertiggestellt. Bei ihrer Erprobung ergaben sich große Kühlprobleme, da eine Kühlfläche von 4 m² benötigt wurde.

Ab Sommer 1942 begann nun die torpedomäßige Ausgestaltung dieser Anlage. Die benötigten Bauteile wie Kühler, Elektrolytbehälter und Kreiselpumpe wurden in Auftrag gegeben. Die weitere Erprobung und Verbesserung des Säurekreislaufes wurde der IG Farben übertragen.

In dem Torpedo der Bauart G 7e mit dieser Anlage ließ sich eine Elektrolytmenge von 275 l unterbringen. Die Sollspannung war auf 90 ± 4 V festgelegt. Dem Spannungsabfall während des Betriebes durch Elektrolytverarmung sollte durch eine Erwärmung des Elektrolyten entgegengewirkt werden. Dafür wurde von der Firma Hagenuk in Kiel ein geeigneter Spannungsregler geschaffen.

Der mit einer Mg-C-Batterie dieser Form ausgerüstete E-Torpedo erhielt die Bezeichnung Gerät 42 AII. Er besaß die Abmessungen des G 7e. Seine weiteren Eigenschaften waren:

Gewichte:

Gesamttorpedo leer	1282	kg
Gesamttorpedo voll	1650	kg
Torpedokopf leer	233	kg
Torpedokopf voll	374	kg
Wasserverdrängung	1314	l
Wasserinhalt	141	l
Untertrieb	20,4	%
Laufstrecke	9000 m bei 30 kn	

Ende 1943 war ein Torpedo für den Einbau der Mg-C-Batterie fertig ausgerüstet. Für neun weitere waren die Hüllen vorhanden. Auf Beschluß der Torpedo-Kommission sollten insgesamt fünf Torpedos für Schußversuche fertiggestellt werden. Die ersten Schüsse sollten im Februar 1944 erfolgen. Doch erst Ende Juli 1944 lagen alle Einzelteile dieser fünf Torpedos bei der TVA in Eckernförde vor. Die Versuche erfolgten in der Zeit zwischen dem 25. August und dem 12. September 1944. Die Elektrolytzusammensetzung bei diesen Versuchen bestand aus 400 g Salpetersäure und 200 g Chromsäure pro Liter Elektrolyt. Die Laufstrecke war auf 3000 m begrenzt. Die Erprobungen waren aber nicht sehr erfolgreich. Ein Torpedo lief zwar 4500 m weit, zeigte aber Störungen im Tiefen- und Krängungslauf, die vermutlich durch Spannungsschwankungen infolge eines ungleichmäßigen Elektrolytkreislaufes verursacht worden sind. Zwei Schüsse führten vermutlich ebenfalls durch Kreislaufstörungen zu einem vorzeitigen Abbruch des Torpedolaufes, während die restlichen beiden Torpedos zu Rohrläufern wurden. Dabei traten aber keine Gefahren auf.

Da danach an einen betriebssicheren Einsatz dieses Torpedos in absehbarer Zeit nicht zu denken war, wurden angesichts der kritischen Kriegslage die Arbeiten an diesem Torpedo auf Beschluß der Torpedo-Kommission sowohl bei der TVA als auch bei der IG Farben eingestellt.

Die schleppende Fertigstellung des Gerätes 42 AII im Jahre 1943 mag neben technologischen Schwierigkeiten und personellen Engpässen möglicherweise auch darin ihre Ursache gehabt haben, daß einmal es in dieser Zeit gelungen war, mit Hilfe ausschiebbarer Vertikalflossen größere Untertriebe beim G 7e zu beherrschen und damit die 180 kg schwerere 17 T 210-Batterie benutzen zu können, wodurch die Laufstrecke bei 30 kn auf 7500 m erhöht werden konnte, zum anderen von Prof. von Steinwehr (PTR) Anfang

1943 eine einfachere Primärbatterie auf der Basis Zn-PbO$_2$ vorgeschlagen worden war, die als Parallelentwicklung zur Mg-C-Batterie von der PTR, der AFA und der TVA betrieben wurde.

Mit dem System Zink-Schwefelsäure-Bleidioxid hatte sich die AFA bereits in den Jahren 1926/32 und 1935/36 eingehend beschäftigt, allerdings als wiederaufladbare Sekundärbatterie. Wegen der nicht zu verhindernden Selbstentladung der Zinkelektrode in Schwefelsäure war aber die höhere Energiespeicherung gegenüber dem normalen Bleiakku nur ausnutzbar, wenn die Entladung sofort nach der Aufladung erfolgte. Deshalb war dieser Akku für die meisten Zwecke unbrauchbar, und die Weiterentwicklung wurde eingestellt. Als nun im Februar 1943 die AFA von der PTR den Auftrag erhielt, ein Primärelement auf dieser Basis für den E-Torpedo zu entwickeln, konnte man an diese Vorarbeiten sofort anschließen und in relativ kurzer Zeit eine geeignete Zn-PbO$_2$-Primärbatterie schaffen. Wie beim Mg-C-Element wurde die Batterie erst unmittelbar vor dem Gebrauch mit dem Elektrolyt gefüllt. Um die dann unter starker Wasserstoffentwicklung einsetzende Auflösung des Zinks zu verringern, waren die Zinkelektroden mit einem Almaganüberzug versehen. Da normale PbO$_2$-Akkuplatten benutzt werden sollten, ergab sich die Schwierigkeit, daß diese beim Eintauchen in die Säure nur eine geringe Kapazität besitzen, die erst nach der ersten Aufladung den gewünschten Wert erreicht. Durch eine spezielle Behandlung der Platten konnte aber erreicht werden, daß diese bereits wenige Sekunden nach dem Eintauchen ihre volle Leistung abgeben konnten. Elemente der bisherigen Größe mit 13 Plattenpaaren lieferten bei Entladungen mit 1000 A zehn Sekunden nach dem Eintauchen in die Säure Kapazitäten, die der Sekundärbatterie 13 T 210 entsprachen. Dazu kam aber eine ca. 25% höhere EMK gegenüber dem normalen Bleiakku. Da sich in den beiden Trögen der 13 T 210 Batterie 18 Zn-PbO$_2$- statt der 13 Pb-PbO$_2$-Plattenpaare einbauen ließen, konnte mit einer Gesamtleistungsverbesserung von ca. 70% gerechnet werden. Ihr entsprach eine Laufstrecke von 9000 m bei 30 kn und 21% Untertrieb.

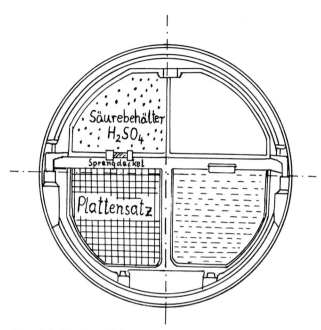

Querschnitt (Batterieanlage) durch den Torpedo Gerät 42 P (PbO$_2$-Zn)

Bei 35% Untertrieb, wie er in dem E-Torpedo mit der 17 T 210 Batterie auftrat, sollte der G 7e mit der Zn-PbO$_2$ Primärelementbatterie, der die Bezeichnung Gerät 42 P$_2$ erhielt, sogar eine Laufstrecke von 10700 m bei 30 kn erreichen.

Ende 1943 lagen 6 Torpedos für die Ausrüstung mit einer derartigen Primärelementbatterie bereit. Es ist jedoch nicht bekannt, ob es dazu gekommen ist und ob Versuchsschüsse erfolgt sind.

Die Zn-PbO$_2$-Batterie erbrachte gegenüber der Mg-C-Batterie zwar nur eine 35%ige Bleiersparnis, dafür war die Bauart ohne den Elektrolytkreislauf erheblich einfacher. Andererseits war die Mg-C-Batterie noch entwicklungsfähig. Falls es gelang, den verbrauchten Elektrolyt durch laufende Aufkonzentration wieder voll aktiv zu machen, wäre bei 35% Untertrieb und 30 kn eine Laufstrecke von 20000 m möglich gewesen. Mit einem leistungsstärkeren E-Motor wären dann bei 40 kn immerhin noch etwa 12000 m zu erreichen gewesen. SSW hatte einen derartigen Motor entwickelt, der allerdings ein Mehrgewicht von 360 kg besaß.

Auch andere Systeme für Torpedo-Primärbatterien wie Zink-Nickeloxid-Kalilauge, Zink-Kupferoxid-Kalilauge oder Zink-Silberoxid-Kalilauge sind bei der TVA untersucht worden. Die erstgenannten er-

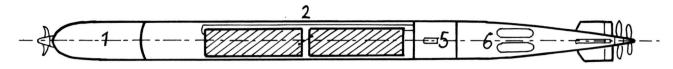
Torpedo G 7 e – II (Gerät 20)

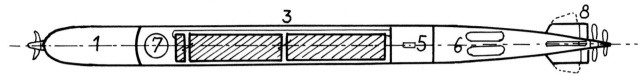
Torpedo G 7 e – III e (Gerät 20)

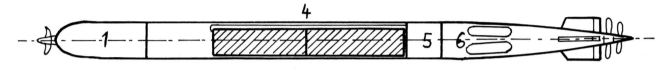
Torpedo G 7 p (Gerät 42 P)

1 Gefechtskopf (Ladung 280 kg)
2 Batterie 13 T 210 : 52 Zellen mit je 13 pos. Platten (650 kg)
3 Battrerie 17 T 210 : 54 Zellen mit je 17 pos. Platten (830 kg)
4 Primärbatterie PbO_2 – Zn
5 E-Motor (107 kg)
6 3 Luftflaschen von je 5 l (200 at)
7 Zusatzluftgefäß
8 ausschiebbare Vertikalflossen

wiesen sich dabei aber als zu leistungsschwach, während die Silber-Zink-Zelle wegen Rohstoffmangels nicht in Frage kam.

Leistungsvergleich verschiedener elektrischer Torpedoantriebe (TVA AIa 1943)

Gerät 20 mit 13 T 210; Untertrieb 21%:
Laufstrecke 5000 m bei 30 kn durch Schüsse nachgewiesen.

Gerät 20 mit 17 T 210; Untertrieb 35%:
Laufstrecke 7500 m bei 30 kn durch Schüsse nachgewiesen.

Gerät 42 AI mit Mg-C-Primärbatterie; Untertrieb 21%:
Laufstrecke 9000 m bei 30 kn nach Bremsunterlagen gerechnet

Gerät 20 mit 19 T 210; Untertrieb 44%:
Laufstrecke 9000 m bei 29,5 kn durch Schüsse nachgewiesen.

Gerät 42 P_1 mit PbO_2-Zn-Primärbatterie (146 Ah; Länge 2,52 m); Untertrieb 21%:
Laufstrecke 9000 m bei 30 kn gerechnet.

Gerät 42 P_2 mit PbO_2-Zn-Primärbatterie (167 Ah; Länge 2,84 m); Untertrieb:
Laufstrecke 10700 m bei 30 kn gerechnet.

Gerät 42 P_3 mit PbO_2-Zn-Primärbatterie (189 Ah; Länge 3,24 m); Untertrieb:
Laufstrecke 12000 m bei 30 kn gerechnet.

Gerät 42 AII mit Mg-C-Primärbatterie und Aufkonzentr.; Untertrieb 35%:
Laufstrecke 22500 m bei 30 kn gerechnet.

Gerät 37 (FALKE) mit 1/2 13 T 210; Untertrieb 3%:
Laufstrecke 7500 m bei 20 kn durch Schüsse nachgewiesen.

Gerät 20 mit 17 T 192; Untertrieb 21%:
Laufstrecke 3000 m bei 35 kn durch Schüsse nachgewiesen.

Gerät 42 AII mit Mg-C-Primärbatterie und Aufkonzentr.; Untertrieb 35%:
Laufstrecke 12000 m bei 40 kn gerechnet.

17.3 Schlagruderantrieb

Der Schlagruderantrieb für Torpedos wurde auf Grund von Patenten von Dr. Wilhelm Schmidt aus Schwadenbach (Vogtland) bei der TVA Gotenhafen konstruiert. Er beruht auf dem Knoller-Betz-Effekt, der einen Vortrieb durch eine in einem strömenden Medium auf- und abschlagende Fläche bewirkt. Der wichtigste Zweck dieses unkonventionellen Antriebs war seine im Vergleich zum Propellerantrieb geringere Geräuschentwicklung.

Die Verringerung der Geräuschabstrahlung des Antriebs war aber ein Hauptanliegen der Konstrukteure akustischer Eigenlenktorpedos, um das Verhältnis von Nutz- zu Störschall zu verbessern. Zu diesem Zweck war durch die UK I der Torpedokommission eine besondere Arbeitsgruppe 'Geräuscharmer Torpedo' gebildet worden. Sie bestand aus Dr. Kurt Schmidt, Dr. Lerbs und Dipl.-Ing. Harres. Ihre wichtigste Aufgabe war die Herstellung eines Erfahrungsaustausches zwischen allen Dienststellen und Sachbearbeitern, die in dieser oder einer verwandten Aufgabe tätig waren. Da von Seiten der Amtsgruppe FEP des OKM genau die gleiche Absicht im Hinblick auf die akustischen Probleme der U-Boot-Entwicklung bestand, wurde am 6. und 7. Februar 1944 eine gemeinsame Veranstaltung in Gotenhafen durchgeführt, die unter dem Leitwort 'Propellergeräusche im Wasser' stand.

Nach einem einführenden Referat von Dr. Kurt Schmidt, TVA Gotenhafen, über 'die Bedeutung der Geräuschfrage für die Weiterentwicklung der Torpedowaffe' wurden auf dem Torpedogebiet folgende Vorträge gehalten:

1. MBR Gesecus, TVA Gotenhafen : Akustische Probleme der Torpedoentwicklung
2. Dipl.-Ing. Rübsam, TVA Gotenhafen : Über die Geräuschmessung am Torpedo, insbesondere am Einschraubentorpedo
3. Dr. Thienhaus, PTR : Geräuschmessung an deutschen und ausländischen Torpedos
4. Dr. Kietz, Atlas : Versuche mit dem Schraubenkäfig
5. Dr. Kuhl, VIfS : Theoretische und experimentelle Untersuchungen der Ausbreitung des Schalls in schallweich ausgekleideten Kanälen
6. Prof. Horn, TH Berlin : Strömungstechnische Fragen bei ummantelten Treibschrauben
7. Dr. Wilhelm Schmidt : Schlagruderantrieb

Das in diesem Zusammenhang interessanteste Vorhaben war zweifellos der Schlagruderantrieb. Dazu war an einen normalen T III-Torpedo statt des Woolwich-Schwanzes mit dem Doppelpropeller ein schneidenförmiges Heckteil angeordnet worden, das in ein sich auf- und abbewegendes Schlagruder auslief. Dahinter befand sich eine horizontale Platte, die mit einem großen Seitenleitwerk ein Kreuz bildete. 1944 ist dieser Schlagruder-Torpedo bei Schüssen vom TVA Schießstand in Oxhöft und bei der HSVA in Hamburg erprobt worden.

Besonders wichtig war dabei der Nachweis, daß mit dem Schlagruderantrieb ein gleich guter Wirkungsgrad wie mit dem herkömmlichen Propeller erreicht werden

G 7e Torpedo mit Schlagruder (Ursprüngliche Ausführung)

G 7e Torpedo mit Schlagruder (Ansicht von hinten)

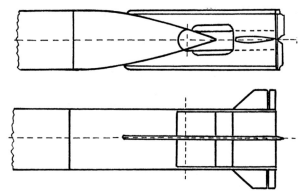

Ursprüngliche Ausführung des Schlagruders bei einem G 7e Torpedo

konnte. Das Schlagruder allein ergibt nur einen Wirkungsgrad, der etwa halb so groß wie der Propellerwirkungsgrad ist. Durch die Verwendung der festen Platte dahinter kann er aber erheblich verbessert werden. Dabei ist der Wirkungsgrad abhängig von der Schlagzahl, von der Größe des Ausschlags, von der Größe und Form des Schlagruders, von der Größe der festen Platte dahinter und vom Abstand zwischen beiden. Nur wenn alle Bedingungen optimal gewählt sind, kann der Propellerwirkungsgrad erreicht und evt. sogar übertroffen werden.

Bei den HSVA-Versuchen wurde ein G 7e-Torpedo (Widerstandsbeiwert $c_W = 0,155$ bei $v = 5$ m/s) mit einem Schlagruder von 25 cm Schlagtiefe und 41 cm Leitwerkstiefe benutzt. Gleichzeitig wurde zu Vergleichszwecken ein normaler G 7e-Torpedo vermessen. Die Wirkungsgradkurve für die Schleppgeschwindigkeit $v = 5$ m/s zeigte ein Maximum von 63% bei einer Schlagfrequenz von 4,5 Hz bzw. 270 U/M. Diesem Wert entsprach ein Schub von 10 kg. Für die Überwindung des Fahrtwiderstandes bei 5 m/s wäre aber ein Schub von 70 kg erforderlich gewesen. Dies bedeutete, daß das für die Schleppversuche dimensionierte Schlagruder zu klein bemessen war. Bei der Änderung mußte also der Schub um den Faktor 7 vergrößert werden, allerdings ohne das Heckteil (1795 mm Länge) verlängern zu müssen. Dies wurde erreicht durch:
1. Vergrößerung der Schlagrudertiefe auf 45 cm,
2. Vergrößerung des Ruderausschlagwinkels von 15° auf 20° und
3. Wegfall des großen Seitenleitwerkes, die Oberfläche und damit auch der Widerstand verringert werden konnten.

Beim normalen Treibschraubenpropeller lag das 5 m/s-Wirkungsgradmaximum bei der Drehzahl n = 535 U/Min und betrug 60%. Dabei lag der Motorwirkungsgrad bei 79% und der Getriebewirkungsgrad bei 93%. Dies ergab einen Schraubenwirkungsgrad von 82% und einen Schlagruderwirkungsgrad von 85%.

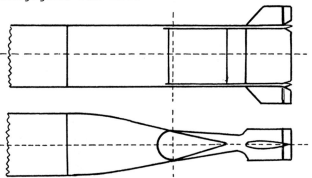

Nach den Ergebnissen der HSVA-Schleppversuche geänderte Schlagruderausführung

Mit der nach den HSVA-Ergebnissen geänderten Schlagruderausführung sollten nun Geräuschmessungen ausgeführt werden. Es wurde angenommen, daß die Geräuschabstrahlung durch eine elliptische Ausgestaltung der Hinterkante der festen Fläche und durch Anbringung einer Reihe von Borsten, 'ähnlich wie sie der Hummer an seiner Schwanzflosse führt', noch verbessert werden könnte. Leider liegen keine Angaben über den Ausfall der vorgenommenen Schallpegelmessungen vor.

Eine günstigere Form eines 'Torpedos' mit einem Schlagruderantrieb war die Rochenform. Auch dazu hatte Dr. Wilhelm Schmidt Entwürfe ausgearbeitet, die bei der TVA erprobt wurden, und zwar sowohl für ein Unterwassergeschoß als auch für einen Flugkörper, bei dem aber statt des Schlagruderantriebs ein Raketenantrieb vorgesehen war.

ROCHEN mit Schlagruderantrieb

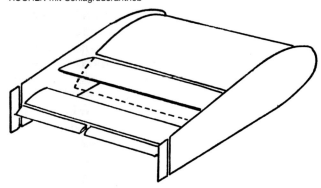

Ein 1,90 m langer 'Rochen'-Flugkörper ist noch kurz vor Kriegsende als Gleiter und mit einer Startrakete erprobt worden. Um dabei ein Überziehen durch falsche Höhenrudereinstellung zu vermeiden, war in einen 'Rochen' eine Drahtlenkung wie beim T X eingebaut worden. Nachdem er mit Hilfe einer Rakete auf einer 20 m langen schrägen Abschußbahn gestartet war, flog er 550 m im geraden Flug. Auch Dr. Wilhelm Schmidt machte noch im Februar 1945 im Vogtland Versuche mit einem 'Rochen' von 60 cm Länge, den er von einer kurzen Startbahn mit einer Rakete 30 m hoch und 100 m weit schoß. Der 'Rochen' flog anschließend 200 m antriebslos stabil weiter.

17.4 Die Ingolin-Torpedos mit dem Walter-Antrieb

1933 hatte sich der Ingenieur Hellmuth Walter mit dem Vorschlag eines luftunabhängigen Motorantriebes für Unterwasserfahrzeuge an die deutsche Marineleitung gewandt. Der für die Verbrennung erforderliche Sauerstoff sollte dabei durch Zersetzung von hochprozentigem Wasserstoffperoxid (Deckname Aurol) gewonnen werden.

Bei der Zersetzung von 1 kg 80%igem H_2O_2 entstehen 0,376 kg O_2, 0,624 kg Wasser und 2308,7 kJ/kg Wärmeenergie, die das Wasser verdampft und bei einem Druck von 29,4 b von 20°C auf 514°C erhitzt. Der entstehende Wasserdampf läßt sich als Treib- aber auch als Verdünnungsmittel bei einer anschließenden Verbrennung von Kraftstoff in dem erzeugten Sauerstoff benutzen.

Ursprünglich hatte Walter diesen Antrieb nur für ein schnelles U-Boot vorgesehen. Doch schon bald erkannte er, daß seine Erfindung auch viele andere Anwendungsmöglichkeiten bot. Es war naheliegend, daß er dabei besonders an Raketen und Torpedos dachte.

Die ersten Versuche mit Raketen führte Walter 1936/37 auf dem Gelände der Chemisch-Physikalischen Versuchsanstalt der Marine (CPVA) in Neumühlen-Dietrichsdorf bei Kiel unter recht primitiven Verhältnissen durch. Im Sommer 1936 baute er eine eigene Entwicklungs- und Versuchsstätte im alten Gaswerk von Kiel-Wik auf. Die Konstruktion von Torpedos mit einem Walter-Antriebsverfahren begann hier Anfang 1938. Walter entwarf verschiedene Projekte mit Strahl- und Maschinenantrieb. Neben unter der Wasseroberfläche laufenden Torpedos schlug er auch ferngesteuerte Sprengboote mit Wassertragflächen nach dem System Tietjen vor, die mit einem Aurol-Raketentriebwerk eine Geschwindigkeit von 55 kn (ca. 100 km/Std) erreichen sollten. Auch seine ersten Torpedoprojekte besaßen einen Aurol-Raketenantrieb mit zusätzlicher Verbrennung von Petroleum und Seewassereinspritzung. Die Förderung der Treibmittel zur Brennkammer sollte durch Turbopumpen erfolgen. Es wurde mit einem Verbrauch von 4,25 g Aurol/kg Schub·s gerechnet.

Am 18. März 1938 legte Walter zu Studienzwecken eine Projektreihe derartiger Raketen-Torpedos mit verschiedenen Abmessungen vor.

Durch-messer mm	Länge mm	Volumen l	Gewicht kg	Schub-leistung kg·s	Schub bei 45 kn kg	Laufstrecke 30 kn m	45 kn m	Ladung kg
300	2400	84	110	25900	235	2560	3850	40
350	2800	134	181	42600	319	3090	4650	70
400	3200	200	270	63500	417	3540	5310	100
450	3600	286	372	87500	530	3830	5750	150
533	4260	475	617	145000	740	4550	6830	300
750	6000	1320	1710	402000	1470	6350	9520	700

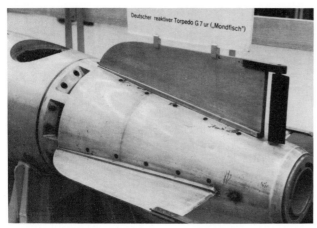

Schwanzteil eines G 7ur-Ingolintorpedos („Mondfisch')

Schwanzteil eines G 7ur-Ingolintorpedos. Links davor der Flossenteil eines G 7a. (Armeemuseum Dresden)

Bei der weiteren Bearbeitung konzentrierte man sich aber auf die üblichen Torpedoabmessungen:

1. 45 cm Durchmesser und 5 m Länge (Spätere Bezeichnung eines derartigen Torpedos mit Strahlantrieb F 5ur)
2. 53,3 cm Durchmesser und 5-6 m Länge (Spätere Bezeichnungen G 5ur, LT 1200 und LT 1500)
3. 53,3 cm Durchmesser und 7 m Länge (Spätere Bezeichnungen G 7ur, 'Mondfisch' und 'Hecht')

Die Antriebsanlage bestand im wesentlichen aus der Turbopumpe (später einer Druckluft-Förderanlage), dem Aurol-Kessel, den Brennstoffbehältern und der Brennkammer mit Düse. Der Zündvorgang wurde durch das Einspritzen eines hypergolen Brennstoffes auf Hydrazinbasis ('Floran') ausgelöst. War der anschließend benutzte Brennstoff stickstofffrei, wurde mit einer weitgehend spurfreien Torpedobahn gerechnet.

Der Wirkungsgrad eines Raketenantriebes bei Torpedos ist aber schlecht, da ihre Geschwindigkeit im Wasser im Verhältnis zur Geschwindigkeit der austretenden Abgase zu gering ist. Deshalb ist auch ihre Reichweite im Vergleich zu mit Propellern angetriebenen Torpedos klein und ihr Anwendungsbereich recht beschränkt. Aus diesem Grund wurde bereits ab Sommer 1938 versucht, den Vierzylinder-Sternmotor der deutschen Standard-Torpedos mit dem Gas-Dampf-Gemisch des zersetzten und mit Petroleum verbrannten Aurols zu betreiben. Die entsprechenden Torpedoprojekte erhielten folgende Bezeichnungen:

- F 5u (45 cm Durchmesser und 5 m Länge) für den Flugzeugeinsatz. Da es hier auf Spurfreiheit nicht besonders ankam, wurde das sogenannte Zweistoffverfahren angewandt. Bei ihm wird nur Aurol und Hydrazin-Hydrat benutzt. Beiden Stoffen wird vor der Verbrennung Wasser zugemischt, so daß die Verbrennungstemperatur bei 500-600°C liegt und für die Torpedomaschine erträglich bleibt.
- G 5u (53,3 cm Durchmesser und 5 m Länge) für kleine U- und S-Boote.
- G 7u (53,3 cm Durchmesser und 7 m Länge) als Standard-Marinetorpedo gedacht, später auch G 7u Kolb bzw. 'Klippfisch' genannt.

Als nächster Entwicklungsschritt war die Verwendung einer Turbine als Antriebsaggregat vorgesehen. Damit wollte Walter das Ziel verwirklichen, einen Hochleistungstorpedo zu schaffen, der die wehrwirtschaftlichen und taktischen Nachteile des G 7a (Verwendung von hochlegierten Stählen für den Kessel und Kupfermetall für die Kolbenmaschine sowie sichtbare Blasenspur) und des G 7e (Relativ großer Bleiverbrauch und geringere Leistung) nicht besaß und ein Einheitstorpedo sowohl für den Über- wie Unterwassereinsatz werden konnte.

Zuerst dachte man an eine Turbine mit einem Hoch- und Niederdruckteil. Jeder Teil sollte drei Stufen besitzen. Diese Konstruktion, die die Bezeichnung BO I erhielt, erwies sich aber als zu kompliziert. 1939 ging man deshalb zu einer fünfstufigen Gleichdruckturbine über, deren Achse quer zur Torpedoachse lag.

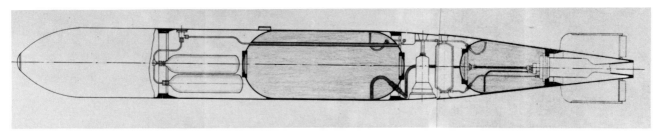

To 1200 (G 5ur) 1. Entwurf vom 7. 11. 1939 (Länge 5 m, Laufstrecke 2300 m/40 kn, Druckluftförderung)

Sie sollte 25000 U/Min (2500 U/Min am Propeller) erreichen. Die Abdichtung des Dampfraumes gegen den Ölraum war sehr schwierig. Auch diese Konstruktion mit der Bezeichnung BO II war noch zu kompliziert. Man verließ deshalb bei den folgenden Turbinentypen BO III und BO IV die Mehrstufigkeit.

Ab Frühjahr 1939 wurde ein modernes großes Entwicklungswerk für alle Anwendungen des Walter-Verfahrens in Kiel-Tannenberg an der Projensdorfer Straße errichtet. Erste Teile dieses Werkes konnten bereits im Winter 1939/40 bezogen werden. Ferner entstanden 1940 in Ahrensburg bei Hamburg eine Fabrikationsstätte für Walter-Torpedos, am Plöner See bei Bosau und auf dem Gelände der TVA in Eckernförde Erprobungsstellen für diese Torpedos.

Im Frühjahr 1940 wurde bei der Fa. Walter an folgenden Torpedoentwicklungen gearbeitet:

F 5ur (5.4.1940):
Durchmesser 450 mm, Länge 5000 mm, Gewicht 740 kg, Aurol 188 kg, Brennstoff 22 kg, Floran 10 kg, Schub 400 kg, spez. Treibstoffverbrauch bei 5,6 g/kg Schub·s 2,244 kg/s, Laufstrecke 2000 m/40 kn, Ladung 230 kg.

G 5ur (5. Entwurf der To 1200-Reihe vom 11.3.1940):
Durchmesser 533 mm, Länge 5600 mm, Gewicht 1070 kg, Aurol 375 kg, Brennstoff 45 kg, Floran 18 kg, Luft 8 kg, Schub 630 kg, Verbrauch bei 5,4 g/kg Schub·s 3,4 kg/s, Laufstrecke 2500 m/40 kn, Ladung 290 kg.

G 7ur mit Druckluftförderung und Leichtmetallhülle (6.4.1940):
Durchmesser 533 mm, Länge ca. 7 m, Gewicht 1580 kg, Aurol 561 kg, Brennstoff 66 kg, Floran 28 kg, Luft 26 kg, Schub 625 kg, Verbrauch bei 5,8 g/kg Schub·s 3,62 kg/s, Laufstrecke 3700 m/40 kn, Ladung 300 kg.

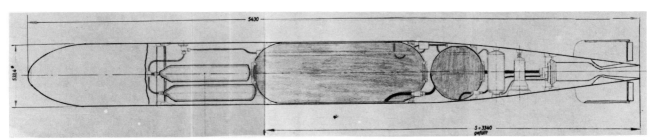

To 1200 (G 5ur) 4. Entwurf vom 11. 3. 1940 (Länge 5430 mm, Gesamtgewicht 1040 kg, Laufstrecke 2500 m/40 kn)

To 1200 (G 5ur) 8. Entwurf vom 8. 3. 1940 (Länge 5 m, Gesamtgewicht 1066 kg, Laufstrecke 500 m/58 kn)

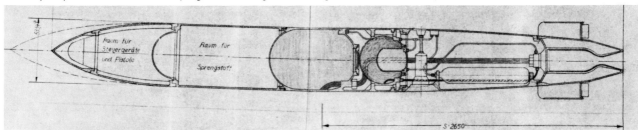

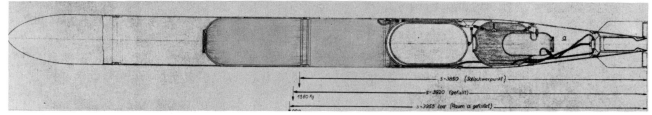

G 7ur MONDFISCH mit Luftförderung vom 6. 4. 1940

G 7ur mit Pumpenförderung und Leichtmetallhülle (6.4.1940):
Durchmesser 533 mm, Länge ca. 7 m, Gewicht 1570 kg, Aurol 570 kg, Brennstoff 67 kg, Floran 30 kg, Luft 20 kg, Schub 625 kg, Verbrauch bei 4,3 g/kg Schub·s 2,69 kg/s, Laufstrecke 5000 m/40 kn, Ladung 300 kg.

G 7u mit Druckluftförderung und Leichtmetallhülle (23.1.1940):
Durchmesser 533 mm, Länge 7186 mm, Gewicht 1520 kg, Aurol 180 kg, Brennstoff 21 kg, Wasser 199 kg, Maschinenleistung 300 PS, Dampfverbrauch 8 kg/PSh, Laufstrecke 13500 m/44 kn, Ladung 300 kg.

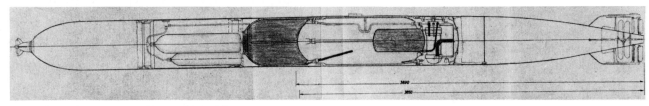

G 7u Kolb mit G 7a-Maschinenantrieb vom 23. 1. 1940

G 7u mit Druckluftförderung und Stahlhülle (21.6.1940):
Durchmesser 533 mm, Länge 7186 mm, Gewicht 1520 kg, Aurol 135 kg, Brennstoff 16 kg, Wasser 149 kg, Maschinenleistung 300 PS, Dampfverbrauch 8 kg/PSh, Laufstrecke 10000 m/44 kn, Ladung 300 kg.

G 7ut mit BO II-Turbine und Leichtmetallhülle (23.1.1940):
Durchmesser 533 mm, Länge 7186 mm, Gewicht 1570 kg, Aurol 180 kg, Brennstoff 21 kg, Wasser 199 kg, Turbinenleistung 500 PS, Dampfverbrauch 8 kg/PSh, Laufstrecke 9000 m/50 kn, Ladung 300 kg.

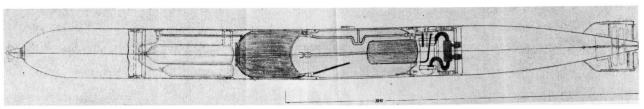

G 7ut mit BO II-Turbinenantrieb vom 23. 1. 1940

G 7ut mit BO IV-Turbine und Stahlhülle (31.5.1940):
Durchmesser 533 mm, Länge 7186 mm, Gewicht 1570 kg, Aurol 135 kg, Brennstoff 16 kg, Wasser 149 kg, Turbinenleistung 500 PS, Dampfverbrauch 8 kg/PSh, Laufstrecke 6900 m/50 kn, Ladung 300 kg.

Etwa zur gleichen Zeit wurde für das benutzte Wasserstoffperoxid bei der Torpedoanwendung ein neuer Deckname eingeführt. Nach seinem Sohn Ingo nannte es Hellmuth Walter jetzt Ingolin. Die damit betriebenen Torpedos wurden Ingolin-Torpedos genannt. Der zündfähige Brennstoff für die Einleitung der Verbrennung erhielt die neue Bezeichnung Helman. Er bestand aus 80% Hydrazin-Hydrat, 20% Äthanol und 0,6 g/l K_3CuCN_4. Seine Dichte betrug 0,98 g/cm^3, sein oberer Heizwert 4 kWh/kg.

Alle mit der Verwendung des Ingolin zusammenhängenden Fragen wurden bis 1941 allein vom Walter-Werk bearbeitet. In dieser Zeit stand bestenfalls bei einigen Vorführungen und Besprechungen ein CPVA-Vertreter beobachtend, höchst selten beratend, zur Seite.

Als im Jahre 1942 die Front den Ingolin-Torpedo immer dringlicher forderte, wurde die CPVA vom OKM beauftragt, sich in die Ingolin-Forschung und Entwicklung einzuschalten. Für dieses Gebiet wurde darauf 1943 ein CPVA-Sonderreferat unter der Leitung von Reg.Rat Dr. Machu eingerichtet.

Bei der TVA wurde die Entwicklung der Ingolin-Torpedoantriebe Schwerpunktsaufgabe der Gruppe AIb Kraftmaschinen unter der Leitung von MB Dipl.-Ing. Lawitschka.

Im Walter-Werk erfolgte die Torpedoentwicklung in den beiden Hauptabteilungen TM (Marinetorpedos) und TL (Luftwaffentorpedos). Am 8. Dezember 1943 besaßen die beiden Abteilungen folgende Gliederungen:

```
TM  Leitung Prof. Krämer,
    Stellvertreter Rensch
TM1 (Projekte)   Dr. Hausberg
TM2 (Konstruktion) Dr. Schade
TM3 (Versuche)   Dr. Oldenburg
TM4 (Nachbau)    Osse
TM5 (Außendienst) Petersen

TL  Leitung Ob.Ing. Rensch,
    Stellvertreter Neumann
TL1 (Projekte)   Rensch
TL2 (Konstruktion) Neumann
TL3 (Versuche)   Dr. Oldenburg
TL4 (Nachbau)    Fabry
TL5 (Außendienst) Petersen
```

Im Laufe des Krieges entstanden hier 21 verschiedene Ingolin-Torpedotypen für die Marine und die Luftwaffe. Die wichtsten von ihnen waren:

I. Marine

1. KLIPPFISCH (G 7u Kolb) Gerät 29:
Ingolin-Torpedo mit der G 7a-Kolbenmaschine und senkrecht stehender Brennkammer. Er bestand 1942 die TEK-Erprobung in Eckernförde.
Laufstrecke 6500 m/40 kn, Verbrauch ca. 8,5 kg Dampf/PSh.

Trotz gewisser Vorteile gegenüber dem G 7a wurde der KLIPPFISCH jedoch nicht bei der Marine eingeführt, da man erheblich größere Verbesserungen von dem Ingolin-Turbinentorpedo erwartete und eine doppelte Umstellung der Torpedofertigung auf den Ingolin-Torpedo nicht vertretbar war.

2. STEIN-Serie (G 7ut)

STEINFISCH (Gerät 30):

Torpedo mit BO IV-Turbine und querliegender Brennkammer.
Durchmesser 534,6 mm, Länge 7163 mm, Gewicht 1730 kg, Untertrieb 32%.
Leistung 430 PS, Dampfverbrauch ca. 7,5 kg/PSh, Laufstrecke 7000 m/45 kn.

STEINBUTT T VIII (Gerät 30):

Weiterentwicklung des STEINFISCH mit BO VI-Turbine und waagerecht längsliegender, unmittelbar an den Turbinendeckel angeflanschter neuer Brennkammer. Ventilarme Schaltung. Krängungsapparat im Torpedohinterteil.
Abmessungen wie STEINFISCH. Ingolin 100 l, Brennstoff 18 l, Helman 3,4 l, Wasser 179 l, Luft 95 l.
Leistungen:
109 PS: 17100 m/30 kn bei einem Verbrauch von 9,42 kg Dampf/PSh
255 PS: 11700 m/40 kn bei einem Verbrauch von 7,88 kg Dampf/PSh
370 PS: 9340 m/45 kn bei einem Verbrauch von 7,5 kg Dampf/PSh
500 PS: 8400 m/50 kn bei einem Verbrauch von 6,99 kg Dampf/PSh

Von diesen Torpedos wurden über 100 Stück gefertigt. Bei der TEK-Erprobung gab es einige Beanstandungen.

STEINBARSCH T VII (Gerät 30):

Für den Serienbau verbesserte Weiterentwicklung des STEINBUTT. Brennkammer und Turbine wie beim STEINBUTT, jedoch verbesserte Behälteranordnung (nahtloser Ingolin-Behälter innerhalb des Wasserbehälters) und verbesserter Einspritzdüsenkopf an der Brennkammer.
Abmessungen, Vor- und Hinterteil sowie Leistungen wie STEINBUTT.

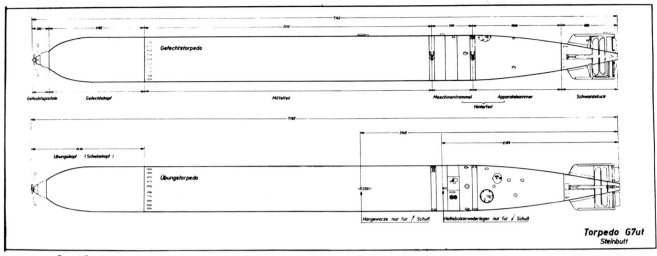

G 7ut STEINBUTT
Oben: Gefechts- und Übungstorpedo – Unten: Schaltplan der Antriebsanlage

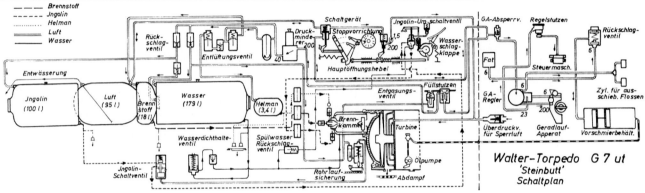

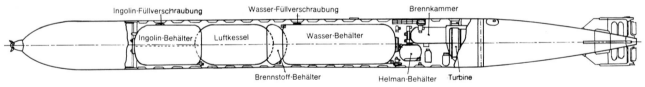

G 7ut STEINBUTT (Längsschnitt)

Für den Fronteinsatz vorgesehener Ingolin-Torpedo. Über 100 Stück davon waren im Serienanlauf. Er sollte im April 1945 endgültig auf Frontreife erprobt werden. Für die Fronterprobung hatte U 2511 (U-Boottyp XXI) einige T VII-Torpedos an Bord.

3. GOLD-Serie (G 5ut)

GOLDFISCH (Gerät 26):
Antriebsanlage wie bei STEINFISCH, jedoch nur 5,5 m lang. Mit einem 8-Flossen Whitehead-Schwanzteil ausgerüstet. Der GOLDFISCH wurde 1942 für Walter-U-Boote mit 5 m-Torpedorohren entwickelt.
Max. Leistung 395 PS, Laufstrecke 3400 m/45 kn.

GOLDBUTT T IX (Gerät 26):
Antriebsanlage wie Steinbutt, jedoch verkürzte Behälter. Länge 5460 mm, Durchmesser 534,6 mm.
Der GOLDBUTT wurde 1943 für Walter-U-Boote mit 5 m-Torpedorohren entwickelt.

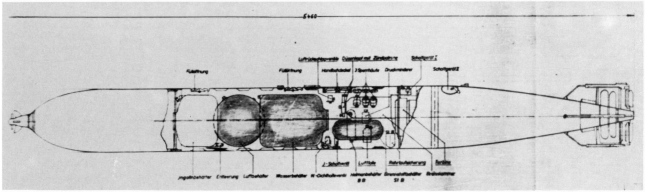

G 5ut GOLDBUTT (Längsschnitt)

Leistungen:
- 100 PS: 7620 m/30 kn bei einem Dampfverbrauch von 9,44 kg/PSh
- 204 PS: 5940 m/40 kn bei einem Dampfverbrauch von 7,94 kg/PSh
- 285 PS: 5050 m/45 kn bei einem Dampfverbrauch von 7,50 kg/PSh
- 400 PS: 4180 m/50 kn bei einem Dampfverbrauch von 7,2 kg/PSh

GOLDBARSCH (Gerät 26):
Antriebsanlage und Behälteranordnung wie bei STEINBARSCH, Abmessungen und Leistungen wie bei GOLDBUTT.

Die GOLD-Ingolin-Torpedos wurden im Herbst 1944 vom Programm abgesetzt, um durch Konzentration der Arbeiten auf den T VII diesen Ingolin-Torpedo möglichst schnell frontreif zu bekommen. Die vorhandenen GOLD-Torpedos wurden zu Gunsten des K-BUTT ausgeschlachtet.

G 5ut GOLDBARSCH (Längsschnitt)

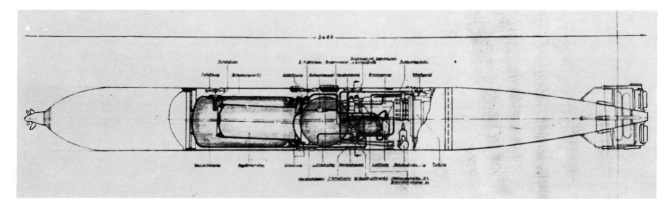

4. ZAUNBUTT:
Sonderbauart zur Erprobung der ZAUNKÖNIG-Apparatur in einem Ingolin-Torpedo. Durch Verkürzung der Treibstoffbehälter wurde Platz für die elektrische Anlage geschaffen.
Durch den Umbau von vorhandenen STEINBUTT-Torpedos entstanden zehn ZAUNBUTT-Geräte. Sie wurden bei der Bombardierung des Walter-Werkes zerstört. Die Entwicklung wurde nicht wieder aufgegriffen.

5. K-BUTT T XIII (Gerät 30):
Kleinkampf-Ingolin-Torpedo ohne Untertrieb mit einer Sinkeinrichtung. In die 7 m langen Torpedos wurden eine vereinfachte Ingolin-Antriebsanlage (ohne Stoppvorrichtung, ohne Wasserschlagklappe, ohne Rohrlaufsicherung und ohne Kupfersalzpatrone) mit 'Zündstoff-Voraus'-Schaltung und die kurzen GOLDBUTT-Behälter eingebaut.
Durchmesser 534,6 mm, Länge 7163 mm, Gewicht 1309 kg, Ingolin 43,5 l, Wasser 77 l, Brennstoff 8 l, Luft 40 l.
Max. Leistung 425 PS bei 1590 U/Min, Laufstrecke 2800 m/45 kn.
Zündung: TZ 2 mit Pi 2 und Flachbatterie.

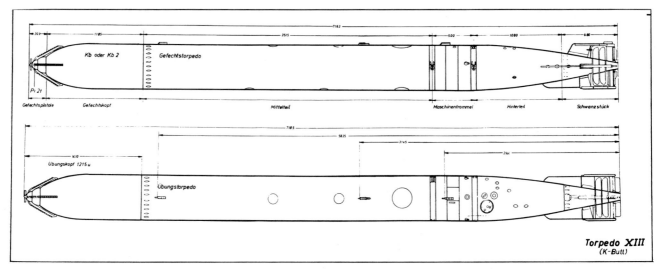

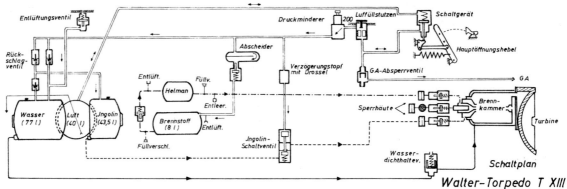

T XIII K-BUTT
Oben: Gefechts- und Übungstorpedo – Unten: Schaltplan der Antriebsanlage

6. STEINWAL (Gerät 30):

Bei der Erprobung eines G 7ut mit der BO III Turbine (einfaches Curtisrad mit 420 PS bei 13200 U/Min und Untersetzung durch ein Planetengetriebe auf 1500 U/Min am Propeller) durch die TVA wurde auch Ostseewasser als Einspritzwasser benutzt. Diese Versuche wurden 1943/44 dann mit der BO VI Turbine fortgesetzt. Dabei wurden bis zum 1.3.1944 sieben Schüsse mit den Geräten 30-28 und 30-29 abgegeben. Bei Benutzung von Seewasser trat ein Geschwindigkeitsabfall von 1,1 kn auf. Merkliche Salzablagerungen nach den Schüssen konnten nicht festgestellt werden.

Auf Grund dieser Schußversuche wurde bei der Planung eines Langstrecken-Torpedos mit Pumpenförderung bei der Firma Walter nicht mit wesentlichen Schwierigkeiten bei der Benutzung von Seewasser als Einspritzwasser gerechnet.

Die für diesen Zweck von der Firma Heller entwickelte Dreistoff-Kolbenpumpe war für eine regelbare Geschwindigkeit bis 50 kn ausgelegt. Dabei sollten die geförderten Stoffe für eine Dampftemperatur von 500°C mengenmäßig richtig dosiert werden. Die Pumpe bestand aus einem Aluminiumblock von ca. 19 cm Durchmesser, 50 cm Länge und 40 kg Gewicht. Von der Pumpen-Antriebswelle wurden mit Hilfe einer Taumelscheibenübertragung fünf Kolbenstangen bewegt. Jede Kolbenstange trug drei Kolben, die in drei gegenseitig abgedichteten Zylindern Brennstoff, Wasser (in der Mitte) und Ingolin in die entsprechenden Leitungen drückten.

Pumpenleistungen:

U/Min	Ingolin g/s	Brennstoff g/s	Wasser g/s
2500	490	67,5	608
2000	395	53,2	490
1500	294	39	366
1000	190,5	24,85	240
500	117	14,2	142

(2410 U/Min entsprachen einer Torpedogeschwindigkeit von 40 kn.)

Der Eingangsdruck betrug 4 at und der Ausgangsdruck 35 at. Beim Torpedostart wurde die Pumpe durch Druckluft, anschließend von der Maschinenwelle angetrieben.

Allerdings erfüllte sich die Hoffnung auf eine rasche Umstellung des Ingolin-Turbinenantriebes auf Seewasser-Verwendung nicht, sondern es trat bei den von der Fa. Walter mit Salzwasser (3% Kochsalz) durchgeführten Bremsversuchen ein sofortiger starker, durch Salzablagerungen verursachter Leistungsabfall ein. Zur Lösung dieses Problems wurden verschiedene Möglichkeiten in Erwägung gezogen und eine Reihe von Versuchen durchgeführt. Dabei zeigte es sich, daß es bei der Seewassereinspritzung in der Hauptsache darauf ankam, alle dampfberührenden Teile zu kühlen. Da dies vor allem beim Turbinenläufer auf Schwierigkeiten stieß, wurden Versuche mit Naßdampf durchgeführt. Diese führten dann zum Erfolg. Jedoch bedeutete die Naßdampf-Verwendung einen gegenüber Heißdampf um 10% höheren Ingolin-Verbrauch.

Der Langstrecken-Ingolintorpedo mit Seewassereinspritzung und Dreistoffpumpe erhielt die Bezeichnung STEINWAL. Von ihm wurden einige Versuchsexemplare auf dem Prüfstand eingehend erprobt. Dazu wurden auch Versuchsschüsse bei der TVA ausgeführt.

Die errechnete Laufstrecke des STEINWAL betrug 21000 m/45 kn bei einem Dampfverbrauch von ca. 15 kg/PSh. Der Druckluftvorrat von 42 l war für eine längere Laufstrecke - bei geringerer Geschwindigkeit - zu klein.

7. SCHILDBUTT (Gerät 30):

Parallel zur Entwicklung des STEINWAL wurde auch versucht, ohne die komplizierte Dreistoffpumpe auszukommen. Für das Seewasser wurde eine einfache Pumpe benutzt, die übrigen Stoffe (Ingolin und Brennstoff) wurden wie beim BUTT-Gerät mit Hilfe von Druckluft gefördert.

Auch von diesem Torpedotyp, der allerdings nicht so leistungsfähig wie der STEINWAL war, wurden einige Exemplare auf dem Prüfstand und bei der TVA erprobt. Dabei traten kleinere Störungen an den etwas zu stark beanspruchten Bauelementen der Seewasserpumpe auf.

Errechnete Laufstrecke: 14000 m/45 kn bei einem Dampfverbrauch von ca. 15 kg/PSh bzw. 18000 m/40 kn. (Luftvorrat 95 l)

Grundsätzlich waren alle diese mit der BO VI-Turbine ausgerüsteten Ingolin-Torpedos in der Lage, eine Leistung für 50 kn herzugeben. Aus Vorsicht, weil sich trotz des benutzten pneumatischen Krängungsapparates ballistische Schwierigkeiten beim Start und im Drehkreis einstellten, wurde vorerst (bis die LGW-Steuerung zur Verfügung stand) nur der 45 kn-Schuß zugelassen.

8. UGRA-Kleintorpedo:

Hierbei handelte es sich um eine Sonderentwicklung mit Walter-Strahlantrieb. Seine Abmessungen und Eigenschaften waren: Durchmesser 251,5 mm, Länge 1980 mm, Gewicht 75 kg, Leistung 190 PS, Laufstrecke 1000 m bei 30 kn.

II. Luftwaffe

1. LT II (F 5u):

Ingolin-Torpedo mit einem Vierzylinder Kolbenmotor mit einer Leistung von 160 PS bei 1240 U/Min, der nach dem Zweistoffverfahren betrieben wurde.

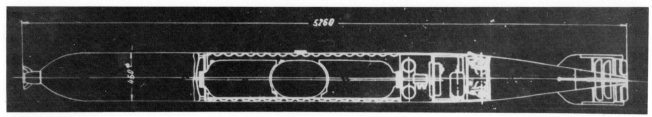

LT II F 5u (Längsschnitt)

Durchmesser 450 mm, Länge 5160 mm, Gewicht 752,5 kg, Ladung 200 kg.
Laufstrecke: 5000 m/40 kn bzw.
            12000 m/24 kn
GA IX mit Schiebersteuerung. Luftvorrat ca. 32 l.
(Weitere Angaben siehe F. Lauck 'Der Lufttorpedo')

2. LT 1200:
Ingolin-Flugzeugtorpedo mit Strahlantrieb von 800 kg Schub.
Durchmesser 533,4 mm, Länge 5567 mm, Gewicht 1295 kg, Ladung 300 kg, Laufstrecke 1500 m/45 kn.
GA IX mit Schiebersteuerung

3. LT 1500:
Ingolin-Flugzeugtorpedo mit Strahlantrieb von 800 kg Schub.
Durchmesser 533,4 mm, Länge 6430 mm, Gewicht 1502 kg, Ladung 300 kg, Laufstrecke 2000 m/45 kn.
(Weitere Angaben siehe F. Lauck 'Der Lufttorpedo')

4. LT 1000:
B&V-Flugzeugtorpedo mit einer neuartigen Fischform. Antrieb durch eine 500 PS Walter-Torpedoturbine. Laufstrecke 5000 m/40 kn. Dieser Ingolin-Torpedo wurde 1943 entwickelt.
(Weitere Angaben siehe F. Lauck 'Der Lufttorpedo')

Einzelheiten der Ingolin-Torpedoentwicklung bei der Firma Walter schilderte Prof. Kraemer in einem nach Kriegsende abgefaßten Bericht, der in seinen wesentlichen Teilen hier wiedergegeben wird:

"Der Marine-Ingolintorpedo benutzte einen im Torpedobetrieb bekannten Kohlenwasserstoff Dekalin als Brennstoff. Dieser verbrannte zwar zu H_2O und CO_2, gab also keine Blasenspur, er benötigte jedoch für die Einleitung des Verfahrens einen besonderen Zündstoff, das (stickstoffhaltige) 'Helman', welches praktisch ohne jeden meßbaren Zündverzug mit Ingolin zündet. Man nannte diese Art das 'Dreistoffverfahren' (gelegentlich sogar 'Vierstoffverfahren') nach den Stoffen 1. Ingolin, 2. Dekalin und 3. dem nachträglich zur Kühlung der heißen Verbrennungsgase eingespritzten Wasser (allenfalls mitzuzählen: 4. Helman).

Der Zwang zur Anwendung des Helmans beim Start des Torpedos brachte allerlei Anforderungen an Konstruktion und Torpedobetrieb mit sich. Beim Start muß zuerst Helman zugeführt werden und nach erfolgter Zündung gegen Dekalin ausgewechselt werden. Es gibt hierzu - abgesehen von historischen, überwundenen Schaltungen - zwei verschiedene Schaltungsarten:

a) Helman wird gleichzeitig mit Dekalin durch die gleiche Düse in die Brennkammer eingespritzt. In der Helmanzuleitung befindet sich ein stark federbelastetes Rückschlagventil, während sich in den übrigen Zuleitungen nur schwach vorgespannte Rückschlagventile befinden. Sobald das Verfahren in der Brennkammer einsetzt und Brennkammerdruck entsteht, sperrt das Helman-Rückschlagventil die weitere Zufuhr ab, während die anderen Stoffe weiterfließen.

Diese Schaltungsart ist seinerzeit gewählt worden, als man den Schaltplan so einrichtete, daß das Verfahren bei etwaigen Oberflächendurchbrechungen des Torpedos aussetzen und beim Wiedereintauchen neu einsetzen sollte.

b) Helman ist als Zündvorlage zwischen Dekalinbehälter und Brennkammer zwischengeschaltet. Bei der Lagerung bleiben die Stoffe durch ein Rückschlagventil getrennt. Beim Start kommt der 'Zündstoff voraus' und der Brennstoff unmittelbar hinterher. Auf Oberflächendurchbrecher wurde keine Rücksicht genommen.

Die wichtigste Forderung der Startschaltung war immer und überall, daß das Ingolin erst nach dem Helman in die Brennkammer eintreten darf, weil bei etwa verspätet eintretendem Helman die bereits eingespritzten Ingolinmengen auf einmal zerfallen und eine Druckspitze erzeugen können, welche die Brennkammer aufplatzen läßt.

Das bedeutet zunächst, daß nicht unbeabsichtigterweise Ingolin schon während der Lagerung oder des Transportes zur Brennkammer gelangen darf, wo es mit Schmieröl oder Dekalinresten eine schon an sich gefährliche Mischung erzeugen könnte. Erfahrungsgemäß bieten Ventile, auch mit Weichsitzen, keine unbedingte Sicherheit gegen Durchtreten von Flüssigkeit, sei es wegen Undichtigkeit, Verschmutzung oder wegen Transporterschütterungen. Daher wurde 1942 die 'Sperrhaut' eingeführt, eine auswechselbare Zinnfolie, die vor dem Start unbedingt sicher absperrt und beim Start infolge des Förderdrucks durchreißt. Die Konstruktion genügte den zu stellenden Ansprüchen erst, als ein 0,5 mm dickes Zinnblech mit eingeprägtem kreisrunden Sollbruchquerschnitt gewählt wurde.

Um beim Start die Ingolinzufuhr zurückzuhalten, damit das Helman Gelegenheit hat, als erstes in die Brennkammer zu gelangen, wurden verschiedene Wege eingeschlagen. In die Ingolinleitung wurde ein durch Druckluft fernbetätigtes Schaltventil eingeschaltet, das in Normallage geschlossen war. Dies empfing seinen Öffnungsimpuls

a) von einem durch Auffüllen eines zwischengeschalteten Verzögerungstopfes verlangsamt auf Druck kommenden Druckluftzweig, oder
b) von einem Luftsteuerschieber der Rohrlaufsicherung, deren Schlepphebel beim Überschleifen des äußeren Rohrendes ausschnappte und den Luftweg zum Ingolinschaltventil freigab.

In früheren Entwicklungsstadien wies das Gerät eine ganze Reihe solcher Schaltventile auf, mit denen keine guten Erfahrungen gemacht worden sind. Die vereinfachte Schaltung, bei der nur noch für Ingolin ein einziges selbsttätiges Schaltventil angewendet wird, heißt daher 'ventilarme Schaltung'.

Das rätselhafte 'Schnattern' der Schaltventile beim Ein- und Ausschalten wurde schließlich in seinen Ursachen erkannt, so daß die neukonstruierten Schaltventile nicht mehr 'schnattern'.

Als sich zeigte, daß die Anwendung von Manschetten die Öffnungszeit solcher Ventile verlangsamt und unzuverlässig gestaltet, wurden die Ingolin-Schaltventile und Rohrlaufsicherungen in manschettenloser Ausführung abgeändert, um reproduzierbare Startzeiten zu gewährleisten. Dabei mußte beachtet werden, daß der Leckluftspalt des Steuerkolbens nicht größer wurde als die Drossel des Verzögerungstopfes, da sonst das Schaltventil nicht zuverlässig öffnet.

Fast alle weiteren Anforderungen an den Schaltplan bezogen sich auf das Abschalten des Verfahrens nach dem Übungsschuß (nach Ablauf einer eingestellten Laufstrecke) und auf das Abschalten bei Oberflächendurchbrechern mit Rücksicht auf die dabei gefährdete Turbine. Früher waren zu diesem Zweck Schaltventile vorgesehen, welche durch die Stoppvorrichtung oder die Wasserschlagklappe betätigt wurden. Alle neueren Geräte haben jedoch seit einigen Jahren ein Ingolin-Umschaltventil, welches am Laufende durch die Stoppvorrichtung, beim Oberflächendurchbrechen durch die Wasserschlagklappe nach See umgelegt wird, so daß das Ingolin nach See entleert wird, während die übrigen Stoffe ohne Zündung durch die Brennkammer und Maschine hinaus getrieben werden. Das war sicher, machte aber die von Marineseite immer gern gewünschte Verbrauchsmessung unmöglich.

Das neueste Baumuster, der K-BUTT, ersparte sich beides. Der Übungsschuß fand sein Ende ohne Stoppvorrichtung nach Verbrauch des Ingolins. Der Oberflächendurchbrecher hatte sich als weit weniger gefährlich erwiesen, als man sich gedacht hatte. Nur bei Strandläufern flogen die Turbinenläufer auseinander.

Beim Gesamtaufbau des Torpedos kam man rasch zu der Bauart: Behälter in Hülle, nachdem man vorher, um den Raum auszunutzen, wenig glückliche Versuche mit einer Bauart gemacht hatte, wo die Behälterwände zugleich Außenwände des Torpedos darstellten. Als Muster konnte die Hülle des deutschen Torpedos G 7e dienen.

Anfangs waren die Behälter in der Hülle fest eingebaut und wurden als Ganzes beim Zusammenbau mit der Maschine zusammengeschraubt, wobei eine Reihe wichtiger Rohrleitungen erst am Schluß zu verbinden war, darunter die Heißdampfleitungen zwischen Brennkammer und Maschine. Daher verfolgte die Entwicklung bei neuen Baumustern die Grundsätze:

1) Getrennte, abziehbare Mittelteilhülle ohne Verbindungen mit dem Behältereingeweide.
2) Fest in sich mit der Maschine zusammengebauter 'Behälterturm', der bei Montage und Prüfstandbremsung ohne Hülle fertig und frei überwachbar ist.
3) Fest mit der Maschine verbundene Brennkammer ohne lösbare Verbindungen in Heißdampfrohren, ja bei den neuesten Bauarten mit waagerechter Brennkammer: Unmittelbar am Turbinendeckel angeflanschte Brennkammer ohne alle die lästigen und wärmeausstrahlenden Dampfrohre!

Andere Gründe zu einer achsenparallelen Brennkammerlage waren außerdem die Möglichkeit, unbehindert von der Torpedodicke eine richtig erscheinende Brennkammerlänge unterzubringen sowie die Schaffung von Raum für die damals schon geplante Förderpumpe.

Die Förderung der Stoffe: Helman, Ingolin, Dekalin und Wasser zur Brennkammer geschah zunächst mit Druckluft. Ein 200 atü Luftkessel, der bei manchen Baumustern die besonders gewichtssparende Kugelform aufwies, enthielt also nicht nur den Luftvorrat für die Steuerapparate im Torpedohinterteil, sondern auch den für die Förderung der Treibstoffe. Durch einen Druckregler wurde die Hochdruckluft auf etwa 45 atü heruntergeregelt und den Behältern zugeführt, wobei durch ein zwischengeschaltetes kleines Prallgefäß, die 'Luftfalle', Sorge getroffen war, daß die durch etwa undichte Rückschlagventile oder Luftschwingungen in die Luftzuleitungen gelangenden Flüssigkeitsspritzer nicht zusammenfließen konnten.

Die richtigen Mengen und Verhältnisse der einzelnen Stoffe wurden außer durch den Druck des Druckreglers durch die Größe und Form der Einspritzdüsen geregelt. Damit nicht an den empfindlichen Düsen selbst nachgearbeitet werden mußte, wurden Abstimmdrosseln in den Zuleitungen vorgesehen, für welche sich zentrale Drosselstifte besser bewährt haben als Lochblenden.

Das Abstimmen der Geräte auf richtige Durchsatzverhältnisse war von jeher eine besondere und zeitraubende Kunst. Es gab Schwierigkeiten mit den Druckminderern und den Düsen, so daß schon früh neben der Entwicklung der mit Förderluft einspritzenden Geräte die Entwicklung der Pumpenförderung verfolgt wurde. Als die zu diesem Zweck konstruierte 'Dreistoffpumpe' (Ingolin-Wasser-Dekalin von fünf durch eine Taumelscheibe betriebenen dreistufigen Kolben gepumpt) fertig und brauchbar war, war auch das früher so schwierige Problem genauer Förderung der Stoffe mittels Druckluft so weit fortgeschritten, daß man es gut beherrscht. Daher blieb als Hauptvorteil einer Pumpenförderung in erster Linie nur die erstrebte Möglichkeit bestehen, statt eines mitzuführenden Frischwasservorrats Seewasser verwenden zu können, den mitgeführten Wasservorrat also ganz zu sparen und an dessen Stelle Treibstoffe mitzunehmen, wodurch sich die Laufstrekke nahezu verdreifachen ließ.

Versuchsschüsse mit Seewasser zeigten, daß diese Möglichkeit zu verwirklichen war, und eingehende Prüfstandsversuche mit immer wieder abgewandelten Bedingungen und Brennkammerkonstruktionen zeigten schließlich, daß man mit der normalen Brennkammer und Turbine auch bei Salzwasserbetrieb auskommen konnte, wenn man
1) Naßdampf anwandte und
2) einen einfachen Kesselsteinfänger (Raschig-Ring-Paket) zwischen Brennkammer und Turbine einfügte, der allenfalls bei eingetretener Versalzung

(nach schätzungsweise 5 Schüssen) gegen ein neues sauberes Paket ausgetauscht werden mußte.

Dieser Effekt mußte sich auch mit dem normalen Torpedo (Baumuster BUTT) erreichen lassen, wenn man alle Stoffe unverändert mit Druckluft zuführte und nur für Seewasser eine 'Einstoffpumpe' einbaute. So entstand dem mit Dreistoffpumpe projektierten Baumuster WAL ein Konkurrent, der SCHILDBUTT genannt wurde. Seinen Vorteilen: einfacherer Seewasserpumpe, Beibehaltung bekannter Bauelemente und Verfahren standen bei WAL andere Vorteile gegenüber: drucklose, dünnwandige Behälter, ein wesentlich kleinerer Preßluftbedarf, die Unabhängigkeit von Druckregler, Einspritzdüsen und Verschmutzungen, stufenlose regelbare Fördermengen (durch Taumelscheibenschwenkung).

Versuchsausführungen sollten entscheiden, welcher Typ dieser sehr erwünschten spurfreien schnellen Langstreckentorpedos in den Serienbau kommen sollte. Die erschwerten Bedingungen des letzten Kriegsjahres behinderten jedoch den rechtzeitigen Abschluß der Entwicklung, die für beide Baumuster auf gute, aber wenige Einzelergebnisse blicken kann.

Einstoffpumpe und Dreistoffpumpe waren von der Turbine selbst unmittelbar angetrieben. Die Dreistoffpumpe, die im Antrieb einen Freilauf aufwies, wurde mit Preßluft gestartet, ebenso wurde Helman durch Preßluft gefördert. Der Dreistoffpumpe war eine Seewasser-Zahnradpumpe vorgelagert, damit die Saugventile der Wasserstation nicht zum Schaden eines gleichmäßigen volumetrischen Wirkungsgrades gegen Unterdruck zu saugen hatten, sondern ebenso wie Ingolin- und Dekalinstation etwa 6 atü Zulaufdruck hatten.

Beim Eintritt von Ingolin und Dekalin bzw. Helman in die Brennkammer waren die wichtigen Aufgaben zu erfüllen, mit Hilfe des Differenzdruckes (etwa 5 atü) zwischen Förderdruck und Brennkammerdruck feinste Verteilung und Mischung der Stoffe in nächster Nähe des Düsenmundes zu erzielen.
Aus einer zentralen Lochdüse und einem nahe darum liegenden ringförmigen Spalt wurde Dekalin (bzw. Helman) innen und Ingolin außen in feinzersprühenden Kegelmänteln eingespritzt, die sich kurz hinter der Düse schnitten und durchdrangen. Im Körper des Einspritzdüsenkopfes durfte nirgends eine Dichtung zwischen dem einen und dem anderen Stoff angeordnet sein, es mußte sicherheitshalber immer Trennung durch massive Wände vorliegen. Die genaueste Zentrierung der Teile des Düsenmundes und die sauberste Ausführung, insbesondere der scharfen Kanten des Düsenaustritts erwiesen sich als außerordentlich einflußreich für die gute Funktion der Einspritzung und Verbrennung. Der zur Erzeugung der Spritzkegel (90° und 120° Öffnungswinkel) nötige Drall, der in der inneren und äußeren Düse gleichsinnig erfolgen mußte, wurde durch tangentialen Zufluß der Flüssigkeit in den kleinen Düsenvorraum erreicht, und es galt als Prinzip, die tangentialen Eintrittsbohrungen zugleich als die 'dosierenden' Querschnitte auszubilden, in welchen die höchste Geschwindigkeit des ganzen Rohrstranges herrschte, so daß also die kinetische Energie dieser Höchstgeschwindigkeit der Drallerzeugung und Zerstäubung unmittelbar zugute kam.

Bei der Sonderdüse erfolgte der Zufluß zum Düsenvorraum durch eine quer zum Zustrom liegende Scheibe mit mehreren tangential am Umfang unter etwa 45° schräg gebohrten Löchern. Diese Löcher mußten beim Abstimmen aufgebohrt, oder die Lochscheibe mußte ausgetauscht werden.

Bei der BARSCHdüse geschah der Zufluß zum Düsenvorraum jeweils durch ein einziges tangential von der Seite her in diesen einmündendes Loch, in welches bei der Abstimmung zentral Drosselstifte verschiedener Dicke eingesetzt werden konnten. Diese bequeme Möglichkeit der Abstimmung war neben allerlei Erleichterung für die Fertigung der Hauptgrund zur Entwicklung der BARSCHdüse im Gegensatz zu der bis dahin angewandten und in der Funktion befriedigenden BUTTdüse, bei der die vier schrägen tangentialen Zuflußbohrungen zur Ingolindüse in vier einzeln eingesetzten auswechselbaren Einsatzstücken angeordnet waren.

Auch die Wassereinspritzung, die bei früheren Baumustern durch eine Reihe am Umfang der Brennkammer verteilter 'Junkersdüsen' (nach der vom Jumo bekannten Bauart) erzielt wurde, geschah später einheitlich durch eine zentral angeordnete, dem Verbrennungsgase entgegensprühende Sonderdüse, die im letzten Kriegsjahr durch die von Spezialfirmen gefertigte und genau beziehbare 'L'Orangedüse' abgelöst wurde (5 tangentiale Zuflußbohrungen zum Düsenvorraum quer zur Düsenachse).

Als sich beim Baumuster WAL im Seewasserbetrieb die Notwendigkeit herausstellte, das Wasser tangential in den gekühlten Strahlungsschirm ('kalte Platte' genannt) der Brennkammer einzuführen, um Salz- und Kesselsteinablagerungen innerhalb dieser Platte zu vermeiden, stellte sich heraus, daß dieser tangentiale Eintritt am Umfang der kalten Platte zur Erzeugung des Einspritzkegels an der Wasserdüse genügte, so daß diese wegfallen und durch ein einfaches zentrales Austrittsloch ersetzt werden konnte.

Die Tendenz der Konstruktion ging dahin, alle Rohrleitungselemente, deren Zugänglichkeit erwünscht war, unmittelbar am Kopf der Zerstäuberdüse zu vereinigen, also Rückschlagventil, Sperrhaut, Abstimmdrosseln usw. Es konnte hierdurch auch eine ganze Reihe von Trenn- und Dichtstellen eingespart werden. Die BARSCHdüse war in diesem Punkte besonders fortschrittlich, sie wurde daher auch beim K-BUTT usw. angewandt.

Die Brennkammer selbst ist ein rohrförmiger einfacher Ofen aus normalem Flußeisenblech geschweißt. Sie besitzt einen Kühlmantel, durch welchen das nachher als Einspritzwasser dienende Wasser geführt wird, so daß etwa aus dem inneren Prozeß durch die Wand dringende Verlustwärme dem Prozeß durch das Einspritzwasser wieder zugeleitet wird. Es hat sich herausgestellt, daß die in der Brennzone etwa 2000°C heißen Gase eine erhebliche Strahlung aussenden, die auch den Wasserschleier des Einspritzwassers durchdringt und in der Richtung der Strahlung liegende Wände zum Glühen und Abschmelzen bringen kann. Daher wurde der schon erwähnte gekühlte kreisrunde Strahlungsschirm 'kalte Platte' am hinteren Brennkammerende angeordnet, der in der Mitte die Wasserdüse trägt, und der seinen Zufluß durch vier seitliche Röhrchen vom Brennkammer-Kühlmantel her erhält. Diese Konstruktion hat sich voll bewährt, namentlich in Verbindung mit einem noch dahinter angeordneten, nach innen vorspringenden Abdeckrand am Umfange der Brennkammer, der auch noch die durch die Umfangsspalten der kalten Platte durchtretende Strahlung wirksam abschirmt.

Da jedes Einspritzen kalten Wassers in die eigentliche Verbrennungszone der Brennkammer sehr nachteilig für den Wirkungsgrad der Verbrennung ist, wurde mit Erfolg im hinteren Ende der Brennkammer eine Prallkante (unvermittelte Durchmessererweiterung) angeordnet, welche das von hinten her eingespritzte Wasser von der Brennzone zurückhält.

Eine einfache Wendel im Kühlraum (außen um den Innenteil der Brennkammer durch einfache Schweißung angeheftete Drahtwindung) führte das Kühlwasser und vermied Dampf- oder Luftnester.

In eingehenden Versuchen war ferner ermittelt worden, daß folgende Merkmale den Wirkungsgrad der Verbrennung wesentlich erhöhten:

1) Genügend Luftraum hinter den Spritzkegeln, denn die Spritzkegel scheinen eine Pumpwirkung auf die umgebende Luft auszuüben, so daß sich die Spritzkegel an allzu nahe benachbarte Wände heransaugen können.

2) Schraubenartige Einbeulungen der Brennkammerwände im vorderen Teil der Brennkammer, Drallkammer (auch 'Guglhupf') genannt. Diese schraubenförmige Ausbildung der Wand, deren Windung zum Drall der Einspritzkegel gegensinnig sein soll, hat offenbar besonders günstige Einwirkung auf die Mischung der brennenden Gase in der Kammer.

3) Scharfe Abspritzkante als Übergang vom vorderen Teil (Misch- und Drallkammer) der Brennkammer zum eigentlichen Brennraum, einfach erzielt durch unvermittelten Übergang auf einen größeren Durchmesser. Hier werden alle Flüssigkeitsteile, die nicht schon zur Reaktion gekommen sind, ehe sie an die Brennkammerwand fliegen, noch einmal zum Verlassen der Wand und zur Zerstäubung gezwungen. Alle Beobachtungen deuten darauf hin, daß der

Prozentsatz dieser an der Kante nachzerstäubenden Treibstoffe beträchtlich ist.

Als weiteres Merkmal der Brennkammer muß erwähnt werden, daß sie ohne jede Einschnürung entworfen ist, also auch in waagerechter Lage 'pfützenfrei' ist, worauf wegen der Korrosion durch etwa stehenbleibende Pfützen und wegen der Gefahr durch Reste der angewandten Stoffe großer Wert gelegt worden ist. Der erwähnte nach innen vorspringende Abdeckrand hat deshalb am untersten Punkt eine Aussparung, um die Pfützenfreiheit nicht zu behindern. Dieser Rand ist übrigens eine willkommene und nicht zu unterschätzende Verdampfungshilfe für das Einspritzwasser, welches soweit noch nicht verdampft, an seiner Innenkante zum zweiten Male zerstäubt. Durch seine Verschweißung mit der Brennkammerwand ist dieser Rand gut gekühlt, so daß er weder durch die heiße Gasstrahlung Schaden leidet, noch von Salzkrusten (beim Seewasserbetrieb) behelligt wird; denn Salzkrusten wachsen fast nie an kalten, stets nur an heißen Teilen der Wände an. Die einzige Dichtung im Heißdampfstrom, nämlich die Dichtung im Flansch der Brennkammer gegen den Düsendeckel der Turbine konnte einwandfrei durch einen eingelegten, durch scharfkantige Rillen profilierten Weicheisenring erzielt werden.

Beim Entwurf der Turbine, die unter dem Decknamen BO (Bohrlochpumpe) entwickelt wurde, war ursprünglich höchster Wirkungsgrad und beste Leistungsausbeute erstrebt. Daher waren die ersten Entwürfe BO I mit einem vielstufigen längsliegenden und BO II mit einem vielstufigen querliegenden Läufer versehen. Schon der nächste, übrigens recht erfolgreich erprobte Entwurf BO III verzichtete auf die Vielstufigkeit und benutzte ein zweikränziges Curtis-Rad. Die Erfahrung, daß das hierbei angewandte Planetengetriebe das Getriebeöl zerpantschte und erhitzte, daß die Beschleunigung der Schwungmassen der Turbine und des Getriebes eine sehr große Anfangskrängung (85°) beim Start hervorrief, und daß der Abdampf durch den üblichen Austrittweg im Innern der Propellerwellen für einen Turbinenbetrieb zuviel Drosselung und Gegendruck mit sich brachte, führte zur Entwicklung weiterer Muster:

BO IV mit zwei gegenläufigen, einkränzigen Läuferscheiben und fest gelagerten Vorgelegewellen des Untersetzungsgetriebe.

BO V mit Curtis-Rad (wie BO III), jedoch mit feststehender, zum Läuferrad gegenläufiger Stirnradvorgelegewelle, die außerhalb der Torpedoachse nach hinten führte, und mit Abdampfführung durch ein Rohr im Innern des Torpedohinterteils, derart, daß der Abdampf außerhalb der Propellerwelle aber innerhalb der kegeligen Propellernabe 'durch die Speichen' erfolgte, wo ein Vielfaches an Abdampfquerschnitt vorhanden war gegenüber früher. Auch dieses Modell lief befriedigend und hätte eingeführt werden können, wenn nicht das fast gleichzeitig fertig gewordene letzte Gerät der Entwicklungsreihe, die BO VI weitere Vorteile und Vereinfachungen gebracht hätte."

Zur Entwicklung der BO VI hat Professor Kraemer im Februar 1982 an Hand persönlicher Erinnerungsskizzen eine Reihe von interessanten Einzelheiten angeben können:

"Schon vom Eintritt in die Arbeitsgemeinschaft Cornelius an (Anfang 1940) hatte ich im Verfolg meines Auftrags, die Serienfertigung des neuen Triebwerks zu organisieren, die geradezu fixe Außenseiter-Idee, alle Leit- und Laufradkränze nicht mehr, wie allgemein üblich, durch Einfädeln und Festnieten der vielen einzelnen Schaufeln in der Umfangsnut einer Laufscheibe zusammenzubauen und auszuwuchten, sondern unsere Torpedo-Triebwerksturbinenscheiben aus einem ganzen Stück wie Zahnräder herzustellen mit aus dem vollen Kranz herausgefrästen krummen Zahnlücken als Dampfkanälen - in typischer Automatenarbeit also. (Mochte vielleicht nicht der gleiche optimale Wirkungsgrad mit diesen naiven krummen Lücken erreichbar sein, - die Herstellungszeit aber mußte sich doch ganz durchschlagend verringern!)

Durch Direktor Wünsch in der Fa. Askania, Berlin, wurde ich mit einem Spezialisten bekannt gemacht, der für automatische Arbeitsmaschinen eine überdurchschnittliche Erfahrung und Erfinderfantasie besäße, das war Obering. Pilz. Wir wurden sofort Freunde auf Lebenszeit. Zu meinem und anderer Erstaunen wandte er bei unserem Schaufelkanalproblem keine fräsenden, sondern hobelnde Verfahren an und steuerte die Wege der hobelnden Werkzeugkante mittels zweier Nocken, die nicht nur die gekurvte Bahnrichtung, sondern auch die Schnittkantenausrichtung des spanenden Stahls gewährleisteten und - wenn überhaupt, dann nur: - strömungsparallele, also nicht störende Bearbeitungsriefen in den Wänden der geschaffenen Kanäle hinterließen. Auch die wohlausgerundete Form im Grunde des Lückenspalts zwischen den festgewachsenen Schaufeln verdiente Bewunderung und Vertrauen. So schien das Wunschproblem lösbar zu sein.

Aber es gab entscheidende Schwierigkeiten: Bei einem zur Probe angefertigten ersten Modell des Pilz'schen Beschaufelungsautomaten zeigten sich sonderbare ärgerliche Profilabweichungen, unerträgliche Querfurchen und Wulststreifen ... Und zweitens war das Verfahren nur bei einkränzigen Rädern anwendbar, während doch unsere zunftüblichen Entwürfe aus wohlbekannten Wirkungsgrad-Überlegungen heraus zweikränzige Curtis-Räder waren! (Von den innenverzahnten Umkehrschaufelkränzen des Gehäuses ganz zu schweigen!)

Herr Pilz führte die Schwierigkeiten auf die unvollkommene Beschaffenheit der Nocken seines Modells zurück. Es waren Hohlprofile von fast einem Meter Durchmesser. Er schwor, wenn ihm einer einwandfreie Nocken berechnen und herstellen könne, sei sein Automat zu tadelloser Arbeit fähig.

Ich habe gelernt, daß es im Maschinenbau ja keine geometrische Fläche gibt, die so genau und sauber herstellbar ist wie eine kreiszylindrische Fläche von konstantem Radius. So teilte ich die Nocken des Herrn Pilz in mehrere aufeinanderfolgende Sektoren ein, die jeweils konstanten, genau errechneten Zylinderradius hatten und an den Trennfugen sauber tangential ineinander übergingen. Herr Pilz stellte diese Sektoren auf Lehren-Schleifmaschinen her, baute sie sauber zu Musternocken zusammen, - und der Pilz'sche Automat hobelte keine Furchen, Wellen und Hügelketten mehr, sondern glatte Wunschbilder von Schaufelwandflächen!

Jedoch da waren ja unsere mehrkränzigen Curtis-Räder, und dafür konnte Pilz noch keine Lösung bieten. Nun aber kam bei einem Besuch der Firma Kühnle, Kopp und Kausch (KKK) in Frankenthal der letzte und entscheidende Schritt zur Endgestalt der BO VI-Turbine. Ich lernte dort in dem von Dir. Dr. Fritz Kausch geführten Kreis ein seltenes Gremium höchst erfahrener Beherrscher der Kleinturbinentechnik kennen und war von dem dortigen Spezial-Prüfstand für kleine Hochleistungs-Turbinen sehr beeindruckt. Direktor Ehrhard, ein gebürtiger Österreicher, sprang, als ich unsere schwebenden Fragen vortrug, begeistert vom Stuhl auf - ich sehe ihn noch im Zimmer umher laufen und mit raumfüllender Baßstimme seine hervordrängenden Gedanken zu Sätzen formen:

'Wenn Sie einen solchen Automaten haben, der am Kranz einer Laval-Scheibe festgewachsene Schaufeln fertigt, so können Sie der Scheibe eine weit größere Drehzahl zumuten, ohne daß ihr die Schaufeln wegfliegen! Größere Geschwindigkeit gibt größeren Wirkungsgrad. Man kann sich den zweiten Kranz des Curtis-Rades glatt ersparen! Sie werden mit einem einzigen Kranz an einer einzigen Laval-Scheibe auskommen! Ich werde es Ihnen aufzeichnen!'

Ein großartiger Mensch und ein ungewöhnlicher Ingenieur! Weder unser Hellmuth Walter, der doch leidenschaftlicher Vorkämpfer der Gasturbine war, noch irgend einer der von unserer Aufgabe unterrichteten Fabrikanten, Spezialkonstrukteure und Professoren hatten Einsicht und Mut zu diesem Gedankensprung gehabt. Am nächsten Tag hatte ich seine Zeichnung und fuhr nach Berlin zu Herrn Pilz.

Dieser Pilz, dieser Ehrhard und dazu der Getriebebauer Stoeckicht haben die Voraussetzungen erbracht, und gelten daher bei mir als die wahren Schöpfer des Walter-Torpedotriebwerkes mit der Turbine BO VI.

Eine Serie von Pilz-Automaten wurde an geheimen Orten aufgestellt. Jeder Automat lieferte - ohne weitere Monteurarbeit als Scheibe ein- u. -ausspannen - in rund fünf Stunden eine einbaufertige beschaufelte Turbinenscheibe nach dem Ehrhard-Entwurf. Die Erprobungen auf dem bei Fachleuten berühmten Frankenthaler Spezial-Prüfstand liefen erfolgreich Tag und Nacht."

Nach Kriegsende zweifelten englische Spezialisten die von Prof. Kraemer genannten Drehzahlen der BO VI an und hielten sie für eine bewußte Irreführung, da nach ihrer Kenntnis der für die BO VI benutzte Werkstoff derartig hohen Extrembelastungen nicht gewachsen sei. Sie übersahen dabei, daß die Turbinenläufer bei der relativ kurzen Einsatzdauer eines Torpedos ja nur für eine Gesamtlebenszeit von höchstens einer Stunde konstruiert und gebaut waren.

Doch weiter im 'Know-how'-Bericht von Prof. Kraemer:
"Zufällig war in der deutschen Kugellagerindustrie ein für die Luftwaffe entwickeltes und für BO VI genau passendes Spezial-Kugellager zur Lagerung dieser rasch laufenden Läuferwelle verfügbar. Alle fest gelagerten Vorgelegewellen wurden zum Zwecke der Schmierölersparnis gleichfalls mit Kugellagern ausgerüstet. Nur für das wenig belastete hintere Läuferwellenlager, wo wenig Platz für ein Wälzlager gewesen wäre, wandte man eine 'schwimmende' Bronzebuchse an.
Die Hauptmerkmale der Getriebekonstruktion stammten von dem Münchener Getriebe-Spezialisten Stoeckicht, insbesondere die nach seinen Patenten durchgeführte gleichmäßige Lastverteilung auf die drei Vorgelegewellen durch einen gewissermaßen kardanisch beweglichen Zahnkranz der Antriebswelle und der auf den großen Vorgelegezahnrädern im Gegensinn zum Turbinenläufer abrollenden innenverzahnten Schwungring, der die Anfangskrängung aufhob.
Diese Krängung der Torpedolängsachse war bei Versuchsschüssen mit früheren Turbinen-Triebwerken aufgetreten und hatte zu Oberflächendurchbrechern und hierdurch bewirkten Drehzahlerhöhungen mit zerstörerischen Folgen geführt. Das unerwartete Verhalten der Turbinen-Torpedos ließ sich als Abstützreaktion des Beschleunigungsmomentes der Turbinenläufermasse während des Anfahrvorganges erklären. Dabei hob sich der tiefliegende Schwerpunkt des Torpedos. Diese Längskrängung pendelte zurück, wenn die Solldrehzahl erreicht war.
Dadurch war das Vertrauen in den Turbinenantrieb beim Torpedo grundsätzlich erschüttert. Fieberhaft wurde nach einer Lösung des Problems gesucht. Neue Turbinen mit gegenläufigen Laufscheiben wurden entworfen und in aller Eile von Spezialisten der Fa. Brückner, Kanis & Co in Dresden konstruiert und gebaut, doch dann setzte sich der Vorschlag von Stoeckicht durch, in seinem Untersetzungsgetriebe durch einen gegenläufigen Massenring das Stützmoment beim Anfahren (auch einkränziger Turbinen) zu kompensieren.

Zugleich entschloß man sich zu der Erprobung des im Torpedobau recht revolutionär wirkenden Vorschlages, den Abdampf unmittelbar von der Turbine durch die perforierte Hülle des Torpedos in See austreten zu lassen, obgleich von vielen Seiten ernste Störungen der Treibschrauben und der Steuerflossen durch den Abdampf befürchtet wurden.
Im übrigen schaffte man dem aus dem Getriebe abspritzenden Schmieröl soviel freien Raum und Kühlung, wie irgend möglich, indem man auf ein eigentliches Getriebegehäuse ganz verzichtete, das Getriebe frei in die Torpedohülle einbaute und das Öl unmittelbar an die Innenwand der Außenhülle des Torpedos spritzen ließ. Diese Bauart ersparte jede Bemühung um einen besonderen Ölkühler. Das im Sumpf zusammenlaufende Schmieröl war genügend abgekühlt. Durch eine angehängte tiefliegende Schmieröl-Zahnradpumpe wurde das Öl andauernd im Kreislauf zu den Schmierstellen zurückgeschafft.
Damit die Schmierölversorgung auch bei kaltem Start rasch genug gewährleistet war, wurden im Hinterteil des Torpedos zusätzlich zwei pneumatisch betätigte Vorschmierbehälter angeordnet, welche ihren Inhalt beim Start automatisch in die Drucköllleitungen des Getriebes preßten. Der Ölspiegel im Getriebe wurde bei Lagerung und Transport absichtlich nicht

besonders hoch gehalten, damit nicht durch die Manschettendichtung der nach vorn durchgeführten Welle (zum Antrieb der Stopp- und Rudersperrvorrichtung, später auch zum Seewasser-Pumpenantrieb) allmählich Schmieröl verloren gehen könnte.

Da man wegen der Forderung der Spurfreiheit der G 7u-Torpedos (u wurde wegen der unsichtbaren Blasenspur gewählt!) kein Öl in Dampf und wegen der Korrosionsgefahr der Lager- und Zahnräder keinen Dampf im Getriebe haben wollte, wurde im Labyrinth der einzigen derartigen Abdichtung dieses 'fliegenden' Laufrades ein Sperraum 'Laterne' vorgesehen. Bei BO V war als Sperrflüssigkeit Wasser benutzt worden, bei BO VI wurde mit Erfolg Sperrluft von etwa 1,5 atü angewandt, die einfach als Abluft des Geradlauf-Kreiselantriebes aus dem Hinterteil entnommen wurde. Die Sperrluft und der etwa in die Sperrluftlaterne eintretende Leckdampf sollten durch einen offenen Leckdampfrüssel ins Torpedomittelteil abgeführt werden. Es hat sich jedoch herausgestellt, daß man den Leckdampfrüssel auch ohne Schaden verschließen oder weglassen kann.

Zum Zurückhalten von außen eindringenden Seewassers mußte die Turbine mit einer Anzahl schwachbelasteter Abdampfventile (einfache, federnde Rückschlagventile) ausgerüstet werden. Sie waren mit einfachem ebenem Hartsitz ausgeführt, der ebenfalls durch Kitt oder Lack vor dem Schuß dichtgemacht wurde. Es waren aber noch Entwicklungen im Gange, auch an dieser Stelle Weichsitze anzuwenden, was wegen der hohen Temperatur des Abdampfes schwierig war.

Der Teil des Torpedos, in welchem die Turbine einmontiert wurde, war eine aus normalen gepreßten Blechen zusammengeschweißte Maschinentrommel, an deren Umfang absichtlich alle Armaturen verteilt waren, die vom Eingeweide des Torpedos zur Hülle heranführen mußten, damit der Grundsatz der losen Mittelteilhülle, die sich wie ein Hemd über den Behälterturm ziehen ließ, gewahrt blieb. Zwischen dem Turbinen-Abdampfraum und dem Getriebeölraum war das Gehäuse doppelwandig und wassergekühlt. Die Maschinentrommel besaß sieben längs durchgeführte rohrförmige Tunnel für Luftleitungen, Gestänge, Wellen, Kabel usw. Im oberen Teil enthielt sie eine Wanne für das Schaltgerät mit Hauptöffnungshebel und Wasserschlagklappe. Die unausweichliche Forderung, daß der Öffnungshebel gerade an dieser Stelle liegen mußte, zwang leider zu dieser etwas gedrängten und mit ungewöhnlichen Elementen behafteten Konstruktion (viereckige Dichtung, Rohranschlüsse durch Pratzen u. dergleichen).

Die Turbine, welche für 500 PS Leistung bei n = 30000/1650 U/Min für einen Dampf von 40 atü und 500-550°C bei etwa 1 atü Gegendruck entworfen war und einen Verbrauch von 7-8 kg Dampf/PSh bei Heißdampf und etwa 15 kg/PSh bei Naßdampf hatte, hat voll befriedigt und fast keinerlei Änderungen in den letzten zwei Jahren erfahren. Änderungen mußten lediglich im Zusammenhang mit gewissen Maßänderungen am Schaltgerät und der Stoppvorrichtung erfolgen, sowie bei der von der TVA durchgeführten Umkonstruktion der Rudersperrung und deren Verlegung ins Hinterteil. Gelegentlich wurde, wenn ein Modell größere oder geringere Leistung verlangte, der Querschnitt und die Anzahl der Lavaldüsen im Düsendeckel den neuen Verhältnissen angepaßt.

Da es für die Serienfertigung auf die Dauer untragbar erschien, den Düsendeckel in Stahlgußausführung beizubehalten, wurden im letzten Jahr geschweißte Düsendeckel gefertigt, die sich nach anfänglichen Dichtheitsschwierigkeiten gut einführten.

Bis zuletzt wurde über ungenügende (aber erträgliche) Dichtheit der Verbindung zwischen Maschinentrommel und Düsendeckel geklagt. Mit grafitierter Asbestschnur konnte man einigermaßen befriedigt auskommen. Für die Zukunft war eine Verstärkung der Trommelwand und des Düsendeckelflansches geplant sowie eine Vermehrung der Schraubenzahl.

Um ein gelegentlich beobachtetes Anstreifen des Läufers am äußeren Deckring des Düsendeckels auszuschließen, wurden die Toleranzen der Zentrierung enger gestaltet und der früher zum Unrundwerden neigende Deckring steifer gemacht und besser festgeschweißt.

Mehr ist über die im ganzen erfolgreiche Bewährung der Turbine BO VI nicht zu sagen.

Besondere Aufgaben stellte die Lagerung der neuen Stoffe in den Behältern des Torpedomittelteils. Das Ingolin ist ein Stoff, der von sich aus dazu neigt, laufend Sauerstoff auszuscheiden und seine Konzentration zu vermindern. Aufbewahrung in absolut geschlossenen Behältern ist daher wegen des entstehenden Gasdruckes ausgeschlossen. Der Zerfall wird beschleunigt durch höhere Temperatur und durch katalysatorische Einflüsse von Behälterwandungen, unerwünschten Fremdkörpern und Beimengungen. Da die deutschen U-Boote viele Monate lang operierten und in tropischen Gegenden (Indischer Ozean, Golf von Mexiko usw.) auftraten, wobei Temperaturen in gewissen Teilen des Maschinenraumes von etwa 40°C gemessen worden waren, sollte das Ingolin im Torpedo bei gelegentlichen Temperaturen bis zu 50°C etwa 6 Monate beständig und verwendbar sein, wobei die Brauchbarkeitsgrenze zwischen Konzentrationen von 83% und 79% festgelegt worden war. (Das Ingolin wurde mit 84-85% angeliefert. Höhere Konzentrationen galten als gefährlich. Für den Transport wurde mit einem Konzentrationsabfall auf 83% gerechnet. Bei Konzentrationen um 70% wurde die Zündung unzuverlässig. Da die Leistung von der Konzentration abhängig ist, wurde die Brauchbarkeit nach unten zu auf 79% festgelegt.)

Da gegossene und nahtlose Leichtmetallbehälter dieser Abmessungen erst entwickelt werden mußten, wurden trotz der bekannten Nachteile von Schweißnähten (interkristalline Korrosion, Flußmittelrückstände, blättriges Gefüge usw.) geschweißte Leichtmetallbehälter gebaut und auch in Serien mit befriedigendem Erfolg geliefert. Größte Sauberkeit der Ausführung war Bedingung. Als Werkstoff wurden 'Hydronalium' (Al-Mg-Legierung) und 'Pantal' angewandt. Die Böden wurden gepreßt, die Mäntel aus Walzblech gerollt und verschweißt.

Die Schweißnähte und die Einfüllöffnungen waren die schwächsten Stellen der Konstruktion, jedoch genügten sie dem Probedruck von 55 atü. Die Behälter wurden gebeizt, eloxiert und in einer Mischung von Hartparaffin und Bienenwachs (6:1) im Tauchverfahren gewachst.

Der gleiche Werkstoff wurde für alle ingolinberührenden Armaturen genommen, soweit nicht 'Remanit' (nicht rostender Stahl mit mehr als 13% Chromgehalt) angewandt wurde. Auch die Rohre waren aus 'Remanit'. Als Dichtungsstoff wurden die Kunststoffe 'Mipolam' und 'Vinidur' (Polyvinylchlorid) mit Erfolg angewandt, insbesondere in verhältnismäßig dicken Ringen, wo 'Remanit' und 'Hydronalium' zusammenstießen, als Trennung zur Verhinderung der Lokalelementbildung. Als Werkstoff für die grundsätzlich überall angewandten Weichsitze kam 'Buna S 1394' zur Anwendung. Einfüllsiebe waren aus V2A-Stahl, sollten aber in letzter Zeit noch ausgetauscht werden gegen Kunststoffsiebe aus 'Mipolam'.

Am höchsten Punkt des Ingolinbehälters war ein nach außen öffnendes Rückschlagventil angebracht, als Entgasungsventil. Die Entgasungsleitung wurde durch den Wasserbehälter zu einer Stelle der Maschinentrommel geführt, wo ein selbsttätiges Entgasungs-Umschaltventil in das Freie führte, welches gewöhnlich wie ein Rückschlagventil vom Behälter kommenden Überdruck abblasen ließ, bei der Einschaltung des hohen Förderdruckes im Startaugenblick jedoch bis zum Gegensitz angehoben wurde und dann nach See absperrte.

Die lange gesuchte Überwachungsmöglichkeit des im Torpedo eingelagerten Ingolinvorrates wurde eines Tages in der Möglichkeit gefunden, an dieses Entgasungsventil der Maschinentrommelhülle außen einen Schlauch anzuschließen und zu einem an der Wand hängenden wassergefüllten Sichtglas, dem 'Blubbertopf' zu führen, wo die mehr oder weniger heftige Gasentwicklung des Ingolins sinnfällig überwacht werden konnte. Da die Kriegsmarine auch für die in den U-Boots-Torpedorohren liegenden Torpedos diese Überwachungsmöglichkeit haben wollte, mußte an einer Stelle, wo das Torpedorohr zufällig ein Zwangsloch zum Torpedo bot (Steckeranschluß zur Heizung des G 7e), ein zusätzlicher Schlauchanschluß an der Mittelteilhülle der Ingolin-Torpedos geschaffen werden, obwohl damit zum ersten und einzigen Male das Prinzip durchbrochen wurde, Verbindungen zwischen Hülle und Eingeweide zu vermeiden. Am vollkommensten wird den Anforderungen der Ingolinlagerung die bewußt deshalb hervorgebrachte Konstruktion des Baumusters BARSCH gerecht. Hier war der Ingolinbehälter nahtlos tiefgezogen, außerdem becherförmig (ideal für innere Kontrolle) und unter 2° schräg liegend, so daß er unter allen Umständen einen ausgeprägten höchsten Punkt besaß, wo das Entgasungsventil (ganz aus Kunststoff) Platz fand.

Dieser Ingolinbehälter stak der Länge nach im Innern des Wasserbehälters, also kühl und geschützt. Die Entgasung erfolgte ohne Rohrleitung unmittelbar vom Ingolin durch das Entgasungsventil ins Wasser. Der große Wasserbehälter war vorn und hinten gleich. Er enthielt hinten den Ingolinbehälter, vorn den genauso ausgebildeten, bloß wesentlich kürzeren Dekalinbehälter. Diese Anordnung zeigte noch einen weiteren wertvollen Vorteil, nämlich den der Beschuß-Sicherheit.

Während bei dem im großen Stil vorgenommenen Beschußverfahren die Torpedos mit nebeneinander liegenden Behältern häufig brannten und explodierten, trat dies bei den vielen beschossenen BARSCH-Geräten nur in einem Fall ein, wo man zuerst nur den Wasserbehälter getroffen hatte, der dann leergelaufen war. Als man nach einigen Stunden durch eine zweite Beschießung die übrigen Behälter anschoß und die Stoffe ohne Verdünnung zusammenfließen konnten, explodierte das Gerät.

Fließt Ingolin mit Helman zusammen, so tritt natürlich Ingolinzersetzung und Helmanverbrennung ein, die bei höherem Temperaturanstieg schließlich zur spontanen Zersetzung größerer Ingolinmengen führen können. Bei den neueren Baumustern (WAL und SCHILDBUTT) war daher daran gedacht, den Helmanbehälter ins Hinterteil zu verlegen. Eine grundsätzliche Verbesserung und Beseitigung dieses Nachteils wird aber durch Ausfüllung des Torpedomantels im Innern zwischen den Spanten mit katalytischen Stoffen erreicht. Bei zukünftigen neuen Konstruktionen sollte auch überlegt werden, ob die ursprüngliche Sektionsbauweise, bei der die Behältermäntel auch die Außenhülle der Torpedos darstellen, so daß es nicht zu einer Ansammlung von Ingolin im Innern des Torpedos kommen kann, nicht doch wieder eingeführt werden sollte.

Neuere Entwicklungstendenzen verfolgten mit gutem Glück den Gedanken, ingolingefüllte Kunststoffbeutel innerhalb der Ingolinbehälter anzuwenden, die durch den Förderdruck leergepreßt werden.

Ingolin mit Dekalin bildet unter Umständen einen durch zufällige katalytische Einflüsse detonierenden Sprengstoff. In zwei Fällen, wo beim Füllen nicht die notwendige Sorgfalt angewandt worden war, so daß das Dekalin in den Druckminderer und von da durch die Förderluftleitung in den Ingolinbehälter gelangt war, sind Explosionen von solchen Behältern eingetreten, die zu besonderen Füllvorschriften und kleineren Verbesserungen der betreffenden Armaturen Anlaß gaben.

Da das Ingolin kältebeständig ist, hatte diese Frage nur für den Wasservorrat Bedeutung. Versuche mit beigemischten Kälteschutzmitteln glückten nicht, eher noch mit Salzanreicherung. Die Frage wurde als nicht dringend zurückgestellt. Bei den Zukunftsmodellen WAL und SCHILDBUTT, die mit Seewasser arbeiteten, war diese Frage ohnehin belanglos, da die kleinen Wasservorlagen (Entgasungswaschwasser, Startwasser) leicht durch ein Kälteschutzmittel geschützt werden konnten.

Auch der Wasserbehälter wurde bei allen Baumustern aus Leichtmetall hergestellt, wofür das geringe Gewicht und die gleiche Bauweise wie beim Ingolinbehälter Anlaß waren. Bei weiterer Verknappung der Rohstoffe wären für diesen Wasserbehälter, wie auch für die anderen aus Leichtmetall bestehenden Teile (Brennstoffbehälter, Helmanbehälter, Luftfalle, Verzögerungstopf usw.) Austauschwerkstoffe anzuwenden gewesen.

Für die übrigen Stoffe, auch die Preßluft wurden Kupferrohre angewandt, bei größeren Abmessungen aus Sparsamkeit kupferplattierte Rohre.

Eine gewisse Schwierigkeit bestand darin, das Helman über längere Zeit zu lagern. Wenn es nämlich soviel Kupfersalzbeimengung enthielt, wie zur spontanen

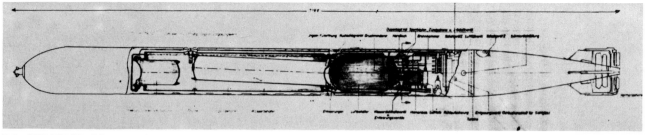

G 7ut STEINBARSCH (Längsschnitt)

Zündung ohne Zündverzug notwendig war, so war es nur über wenige Wochen haltbar. Daher mußte das Helman auf seinem Wege zur Einspritzdüse noch künstlich mit Kupfersalzen angereichert werden. Dies geschah durch Einschaltung einer vor jedem Schuß neu zu füllenden Kupfersalzpatrone, deren Ausbildung viel Entwicklungsarbeit kostete. Das sicher wirkende Kupfernitratkristall war stark feuchtigkeitsempfindlich, und die als Ersatz vorgeschlagenen Pillen aus basischem Kupfernitrat hatten die lästige Eigenschaft, unter gewissen Umständen störenden Gries und Schlamm zu bilden. Bei dem letzten Baumuster, dem für den Einsatz mit Kleinkampffahrzeugen der Kriegsmarine vorgesehenen untertriebslosen Torpedo K-BUTT war keine lange Lagerzeit gefordert, so daß die Kupfersalzpatrone fortfallen und besonders zündfreudiges, sogenanntes 'cyanarmes Helman' verwendet werden konnte.

Der 200 atü Luftkessel war ursprünglich aus zwei becherförmigen Hälften zusammengeschweißt. Erhebliche Gewichtserleichterungen brachte der Übergang zur dreiteiligen Bauart, bei der dünnwandige Kugelschalen mit einem dickeren zylindrischen Mittelteil verschweißt wurden.

Bei der Mittelteilhülle, die in ihrem Aufbau und ihrer Fertigung weitestgehend der G 7e-Hülle glich, war die Entwicklung bestrebt, die Anzahl der Durchbruchpforten möglichst zu beschränken. Der BARSCH hatte wesentlich weniger solcher Pforten als der BUTT. Vorübergehend waren bei einer Probeausführung des STEINBUTT alle Füll-, Entlüftungs- und Entleerungs-Armaturen an nur zwei Hüllenpforten zusammengefaßt. Dies behinderte jedoch die Zugänglichkeit wichtiger Teile und legte die Gefahr von Verwechselungen beim Füllen nahe. Seit die-

G 5ut GOLDBUTT
Torpedomittelteil mit Behälteranordnung und Brennkammer

 1 Ingolin-Behälter
 2 Helman-Behälter
 3 Brennstoffbehälter
 4 Wasserbehälter
 5 Luftkessel
 6 Luftfalle
 7 Brennkammer
 8 Schaltgerät I
10 Rohrlaufsicherung
11 Schaltventil für Ingolin
12 Entwässerungsverschraubung
13 Förderluft-Rückschlagventil (Helman)
14 Förderluft-Rückschlagventil (Ingolin u. Brennstoff)
15 Seewasser-Rückschlagventil (Ingolin)
16 Ingolin-Sperrhaut
17 Helman-Sperrhaut
18 Brennstoff-Sperrhaut
19 Helman-Entlüftungsventil
20 Brennstoff-Entlüftungsventil
21 Wasserdichthalteventil
22 Zerstäuberdüse
23 Siebstutzen
24 Entleerungsventil (Brennstoff und Wasser)
25 Entleerungsventil (Ingolin)
26 Wasserdrossel
27 Entgasungsventil
28 HD-Luftleitung
29 Förderluftleitung
30 Ingolin-Förderleitung
31 Wasser-Förderleitung
32 Brennstoff-Förderleitung
33 Helman-Förderleitung
34 Traggerüst Stb
35 Traggerüst Bb
36 Kleiner Montagedeckel
37 Schnellverschluß
38 Mittelteilhülle
39 Hohlwelle
40 Drehdurchführung
41 Drehdurchführung für Rudersperrung
42 Stoppvorrichtung und Rudersperrung
43 Winkelgetriebe
44 Reduziergetriebe
47 Spülwasser-Rückschlagventil
49 Trommel mit Turbine
50 Druckminderer

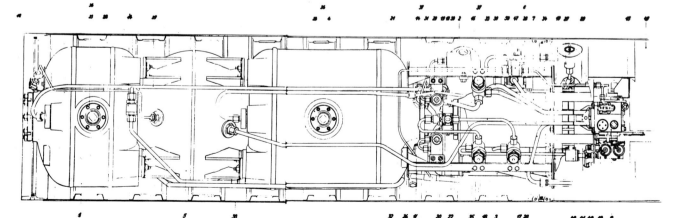

ser Zeit werden einzelne, isoliert voneinander liegende Füllöffnungen bevorzugt.

Als Verbindungselement zwischen Maschinentrommel und Mittelteilhülle, sowie zwischen Trommel und Hinterteil kam ein zweiteiliger Klemmring zur Anwendung, der bequem zu handhaben ist, aber sehr genaue Werkstattarbeit verlangt.

Im übrigen seien folgende Entwicklungsgrundsätze für die Gestaltung der Ventile und Armaturen erwähnt:

1. Die im Torpedobau der deutschen Marine übliche Dichtung von Rohrverbindungen mittels scharfer Kanten ohne Zwischenlage einer besonderen Dichtungsscheibe wurde wunschgemäß weitestgehend bevorzugt.

2. Lösbare und öfter zu betätigende Gewinde in Leichtmetall wurden weitgehend vermieden. Dies führte zur Bevorzugung von Stiftschrauben und Flanschen.

3. Es wurde danach getrachtet, eine Benetzung der Finger des Bedienungspersonals mit Ingolin oder Helman möglichst auszuschließen. Dies führte zu den Konstruktionsformen der Füll- und Entleerungsschrauben sowie der eigenartigen Sperrhautverschraubung.

4. Es bestand auf Grund gewisser Vorfälle der vielleicht übertriebene Grundsatz, lösbare Gewinde da zu vermeiden, wo Ingolinbenetzung in Frage kommt. Neuerdings konnte man unter Beiseiteschieben dieses Grundsatzes an verschiedenen Stellen einfachere Konstruktionen entwerfen (Sperrhautkappe, Ingolinentleerung).

5. Durch Preßluft oder Flüssigkeit betätigte Schaltventile wurden nach Möglichkeit vermieden. Wo es anging, wurde unmittelbare Ventilbetätigung durch zwangsläufige Mechanismen bewirkt (Öffnungshebel, Wasserschlagklappe).

Schaltplan der BARSCH-Anlage

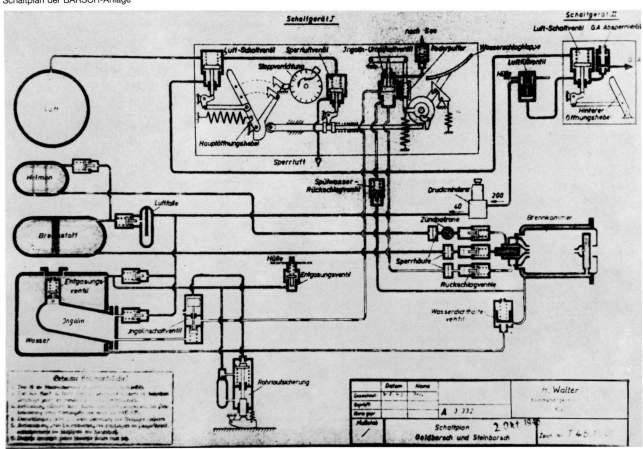

6. Bei allen Ventilen wurde die Pilzform des Ventilkegels vorgezogen, welche das beste Verhältnis zwischen Führungslänge zu Führungsdurchmesser aufweist und komplett zusammengebaute Ventilsätze (Führung + Kegel + Feder) herzustellen gestattet.

Einzelangaben zur Abbildung Ingolin-Torpedo T XIII (K-BUTT)

Torpedomittelteil
1 Entgasungsventil
2 Brennkammer
3 Luftleitung vom Luftfüllflansch
4 Ingolin-Leitung vom I-Schaltventil
5 Wasser-Leitung vom W-Dichthalteventil zur Brennkammer
6 Ingolin-Schaltventil
7 Steuerluft-Leitung
8 Ingolin-Sperrhaut
9 Brennstoff-Sperrhaut
10 Helman-Sperrhaut
11 Wasser-Dichthalteventil
12 Abscheider

13 Helman-Füllstutzen
14 Brennstoff-Füllstutzen
15 Verzögerungstopf
16 Luftleitung zum Wasser-Behälter
17 Verteilerstück
18 Druckminderer
19 Luftleitung zum Ingolin-Behälter
20 Rückschlagventil
21 Entwässerungsleitung für den Luftkessel
22 Rückschlagventil
23 Luftleitung (200 at) vom Schaltgerät zum Luftkessel
24 Brennstoff-Behälter

25 Helman-Behälter
26 Ingolin-Leitung vom I-Behälter zum I-Schaltventil
27 Ingolin-Behälter
28 Ingolin-Füllverschraubung
29 Entgasungsleitung vom Ingolin-Behälter Wasser-Behälter
30 Entwässerungsleitung für den Luftkessel
31 Luftleitung zum Wasser-Behälter
32 Luftkessel
33 Wasser-Behälter
34 Wasser-Leitung zum W-Dichthalteventil
35 Wasser-Füllverschraubung

Turbine mit Getriebe
1 Trommel mit Einbauteil
2 Düsenring
3 Hängewarze
4 Brennkammer
5 Befestigungsschraube
6 Abdeckring
7 Laufradscheibe
8 Innenrad
9 Zwischenboden
10 Tragflansch
11 Befestigungsschraube
12 Dampfdichtungsring
13 Dichtungsring
14 Öldichtungsring
15 Ölspritzring
16 Kugellager

17 Haltering
18 Halteschraube
19 Gewindering
20 Befestigungsschraube
21 Zwischenradträger
22 Zwischenraddeckel
23 Doppelzwischenrad
24 Kugellager
25 Rollenlager
26 Innenstirnrad mit Ausgleichsmasse
27 Federringe
28 Innenstirnrad
29 Kupplungsstück
30 Kugellager
31 Zwischenring
32 Wellenmutter

33 Buchse
34 Getriebescnott
35 Deckel
36 Abdampfmantel
37 Zwischenrad
38 Zwischenradwelle
39 Schnecke
40 Pumpenwelle
41
42
43 Gelenkwelle
44 Schneckenrad
45 Lagerflansch
46 Ölverteilerflansch

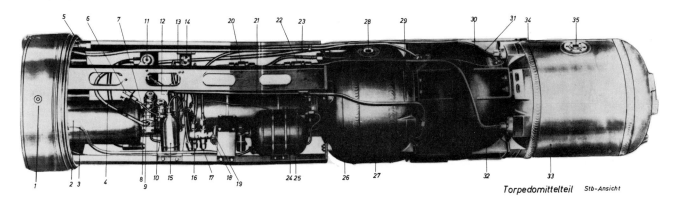

Torpedomittelteil Stb-Ansicht

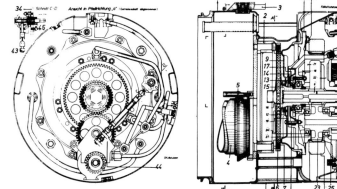
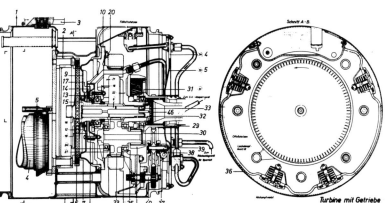

Turbine mit Getriebe

Walter-Torpedo T XIII K-Butt

7. Als Weichsitzbefestigung wurde nach mißlichen Erfahrungen mit herausquellenden und sich aus der Fassung lösenden Weichsitzringen eine Konstruktion entwickelt, bei der ein außen überfassender Ring durch Umwalzen einer Kante mit dem Ventilteller fest verbunden wurde, und zwar so, daß das Umwalzen nicht über das weiche Sitzmaterial erfolgte, sondern hart auf hart. Diese Konstruktion 'gebauter Weichsitzventile' setzte zwar genaueste Fertigung voraus, sie hat sich aber in der Praxis gut bewährt. Als die inzwischen entwickelte fortschrittlichste Konstruktion mit heißeinvulkanisierten Weichsitzen wegen Zerstörung der meisten deutschen Gummiwerke nicht anwendbar war, mußte bei der Fertigung 'gebauter' Weichsitzventile verblieben werden."

Die Erprobung der Ingolin-Torpedos erfolgte bei der TVA im Bezirk AIb3. Die Schußerprobungen begannen am 12. Januar 1942 mit dem G 7u Kolb. Im Herbst 1942 kamen dann die ersten STEIN- und GOLDFISCH-Geräte mit der BO VI-Turbine dazu.

G 5ut – Schwanzstück mit ausschiebbaren Horizontalflossen

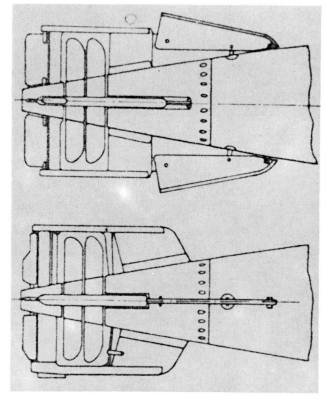

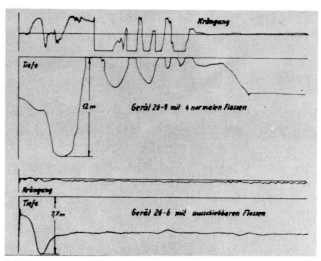

Schußdiagramme von G 5ut Torpedos mit normalen und ausschiebbaren Flossen

Mit ihnen wurden 1943 Grundsatzerprobungen durchgeführt. Etwa Mitte 1943 wurde auf die BUTT-Antriebsanlage übergegangen.
Auf Grund von Verbrauchsmessungen wurden am 6. August 1943 beim 40 kn Schuß mit der BO VI und 15% CO_2 im trockenen Abdampf folgende Laufstrecken berechnet: Gerät 30 - 11800 m, Gerät 26 - 5200 m. Die bei den Schußerprobungen erreichten Laufstrecken lagen aber insbesondere bei dem Gerät 30 darunter. Beim 45 kn Schuß wurden bis zum 8. November 1943 folgende Laufstrecken erzielt: Gerät 30 - 8300 m, Gerät 26 - 3600 m.
Der Untertrieb bei STEINFISCH-Geräten betrug 24%, bei GOLDFISCH-Geräten 39%. Wegen ihres hohen Untertriebes erhielten die G 5ut Torpedos ausschiebbare Flossen. Bei diesen Torpedos wurde bei 40 kn Geschwindigkeit eine Propellerdrehzahl von 1300 U/Min gemessen.
Der auf das verfügbare Wärmegefälle bei der BO VI-Turbine bezogene effektive Wirkungsgrad bei 500°C, 500 PS und einem Gegendruck von 0,5 atü betrug 61,2%, der mechanische Wirkungsgrad des Wendegetriebes 96%. Die Lagerdrücke im Wendegetriebe bei 500 PS und 50 kn wirkten beim Schuß mit 290 kg auf das hintere Kugellager nach hinten und mit 1750 kg auf das vordere Kugellager nach vorn. Bei der Bremsung wirkten auf das vordere und das hintere Kugellager je 1020 kg.

Ein wesentlicher Teil der Versuche galt der Betriebs-, Lager- und Transportsicherheit des Ingolin-Torpedos. Anfangs hatte es bei den Erprobungen eine Reihe von schweren Maschinenbeschädigungen gegeben, deren Ursache in Steuerschwierigkeiten und einer ungenügenden Beherrschung der Verfahrenstemperaturen lagen. Insbesondere beim Laufbeginn und beim Laufende traten Brennkammerexplosionen auf, die meist nach einem erneuten Anspringen der Maschine und dem Eintreffen von Helman in die mit Ingolin und Wasser gefüllte Brennkammer ausgelöst wurden. Aber es gab auch andere und unerwartet auftretende Ursachen. Ende 1943 wurde z.B. bei 30-40 atü Behälterdruck im Wassertank und 0,5 l/s Durchsatz festgestellt, daß bei 5 l Restinhalt plötzlich ein starker Luftstrom auftrat. Der Wasserrest war dadurch stark lufthaltig, wodurch die Maschinen bei auslaufenden Geräten sehr gefährdet wurden.

Dagegen erwiesen sich die Ingolin-Torpedos als recht robust und unempfindlich gegenüber äußeren Einflüssen. Am 22. Juli 1943 fiel der GOLDFISCH-Torpedo 26-3 im schußklar gefüllten Zustand von dem Transportwagen. Es traten dabei keine wesentlichen Beschädigungen auf, die sich auf einen nachfolgenden Schuß negativ ausgewirkt hätten. Der Ende 1942 bei einem Versuchsschuß verlorengegangene erste GOLDFISCH-Torpedo 26-1 zeigte sich nach seiner Bergung Anfang 1944 noch recht brauchbar. Der oxynbehandelte Ingolin-Behälter war nur gering angegriffen. Hüllenverschlüsse und Simmeringe hatten im allgemeinen dicht gehalten, und auch das Getriebe war infolge der Wirkung des Korrosionsschutzöles nur wenig angerostet. Auch die Abdampfventile hatten dicht gehalten, obwohl die Dichtungsmasse nicht mehr vorhanden war.
Im Januar 1944 wurden auf U 446 Ingolin-Torpedos mit 30 Wasserbomben in einer Entfernung von 60 bis 20 m angesprengt. Dabei ergab sich, daß bei etwa 15% der Torpedos die GA-Rudereinstellung gestört worden war. Bei den meisten Torpedos konnte das Ruder wieder auf Null geregelt werden. Größere mechanische Mängel traten nicht auf. Bei sämtlichen Geräten waren nach den Ansprengungen Mittelteil und Maschine schußtauglich.
Ein GOLDBUTT, der in 16 m Tauchtiefe von einem U-Boot abgeschossen worden war, erlitt nach 1,5-2 s eine Brennkammerexplosion. Die Explosion erfolgte ca. 9 m vor dem Bug des U-Bootes. Im Boot machte sich die Explosion als ein metallischer Schlag und als Erschütterung bemerkbar. Schäden traten dadurch im U-Boot nicht auf.
Zur Klärung, wie weit die zeitweilig beim G 7ut auftretenden Startschwierigkeiten auf Krängungen zurückzuführen waren, wurde im Herbst 1943 in einen Torpedo ein Krängungsapparat eingebaut, der pneumatisch arbeitete und auf das untere GA-Ruder wirkte. Dadurch konnten die Startkrängungen von ± 27° auf ± 7° reduziert werden.

Bis Ende 1943 sind im Bereich des AIb3 ca. 325 Schüsse mit Ingolin-Torpedos abgegeben worden. Das folgende Jahr 1944 sollte nun die systematische Erprobung der G 7ut Torpedos mit dem Ziel einer baldigen TEK-Freigabe bringen. Im Mittelpunkt standen Reihenversuche, mit denen die Einhaltung der TVA- bzw. TEK-Toleranzen hinsichtlich Geschwindigkeit, Lauftiefe, Geradlauf, Krängung und Niedergangstiefe nachgewiesen werden sollte. Im Juli 1944 wurden dafür 73 Schüsse mit zwanzig G 7ut Torpedos vermessen. Von 46 auswertbaren Schüssen erfüllten jedoch nur acht (17%) alle Toleranzbedingungen. Bei einer Verbesserung der Geschwindigkeitshaltung und der Krängungseigenschaft hätten zusätzlich weitere 24 Schüsse die Toleranzen eingehalten.
Im August 1944 trat eine Zwangspause im Ingolin-Schießbetrieb nach einem Unfall auf dem Schießstand Nord (Ingolin-Behälter-Explosion) und der folgenden Untersuchung der Ursache ein.

Vom 9. September bis Ende 1944 wurden dann weitere 200 Geradschüsse mit dem G 7ut ausgeführt. Davon waren 157 auswertbar. Alle Toleranzbedingungen wurden jetzt bei 41 Schüssen (26%) eingehalten. Bei einer Verbesserung der Geschwindigkeitshaltung und Krängungseigenschaft hätten insgesamt 101 Schüsse (64%) die Toleranzbedingungen erfüllt. Dies war eine spürbare Verbesserung, jedoch immer noch unbefriedigend.
Von 1001 im Jahre 1944 abgegebenen G 7ut Schüssen erreichten 313 (31%) nicht ordnungsgemäß die eingestellte Laufstrecke.

Bei den 562 in der ersten Jahreshälfte 1944 abgegebenen G 7ut Schüssen waren zweimal der Ingolintank gerissen und 22-mal eine Brennkammer- bzw. Düsenkappenexplosion eingetreten. Von 250 Schüssen waren bei 63,6% das Mittelteil dicht geblieben, bei 28,8% bis zu 60 l Wasser eingedrungen, bei 2,4% war der Torpedo halb und bei weiteren 5,2% ganz vollgelaufen. Bei diesen Angaben sind Beschädigungen durch Brennkammerexplosionen nicht berücksichtigt worden.

Mit einem erfolgreichen Bestehen der im Frühjahr 1945 vorgesehenen TEK-Erprobungen konnte also nur gerechnet werden, wenn die verschiedenen Versagerursachen durch eine sorgfältigere Bearbeitung der Geräte in den Werkstätten und auf dem Schießstand sowie durch weitere Verbesserungen einzelner Bauteile ausgeschaltet werden konnten.

Eine Ursache für immer wieder auftretende Versager lag in der Schwergängigkeit der Schaltventile. Da für eine grundlegende konstruktive Änderung des Schaltgerätes keine Möglichkeit bestand, sollten die auftretenden Schwergängigkeitserscheinungen durch sorgfältige Pflege auf ein erträgliches Maß reduziert werden. Es fehlten allerdings noch Erfahrungen mit längeren Lagerzeiten im Seewasser, wie sie im U-Bootbetrieb auftreten können.

Übersicht über die G 7ut-Schußversager bei Alb3 im Jahre 1944

		Monat 1944	Januar	Februar	März	April	Mai	Juni	Juli	Septem	Oktober	Novemb	Dezemb	I-XII.44
I. Schuß- zahlen		A.) Gesamtschußzahl	80	93	94	79	108	86	73	23	105	119	141(43)	1001(968)
		B.) davon Geradeaussch.	80	76	46	47	94	82	67	23	79	77	83(43)	754(711)
		C.) davon Drehkreissch.	0	17	48	32	14	4	6	0	26	42	58	247
II. Schußversager	A.) Geradeaus- schüsse	a) Rohrstecker "Toter Mann"	0	1	4	1	1	0	6	0	0	0	1	14
		b) vor Rohr	8	4	9	15	11	4	5	4	7	6	10(3)	83
		c) Oberfldurchbr. im Niederg.	0	0	3	2	5	2	0	0	0	0	0	12
		d) Grundgänger im Niederg.	1	1	0	1	0	0	1	0	0	0	0	4
		e) -"-"- auf Strecke	3	2	2	0	1	5	1	0	0	1	0	15
		f) OL, JL, Strandläufer	8	8	4	9	13	7	5	2	12	7	13(6)	88
		g) Anzahl d. Schußversager II A	12	11	9	12	19	14	7	2	12	8	13(6)	119
		h) % von I B) Geradeaussch.	15	14,5	19,5	25	20	17	10,5	8,7	15	10,5	15,5	16
	B.) Drehkreis- schüsse	i) Grundgänger im Niedergang	–	3	1	2	1	0	1	–	4	4	8	24
		k) -"-"- auf Strecke	–	10	11	1	0	1	0	–	2	0	6	31
		l) OL, JL, Strandläufer	–	1	1	12	2	3	5	–	1	5	12	42
		m) Anzahl d. Schußversager II B)	–	14	13	15	3	4	6	–	7	9	26	97
		n) % von IC) Drehkreissch.	–	82,5	27	47	21	100	100	–	27	21	45	39
		o) Summe d. gesamten Schußvers.	20	30	35	43	34	22	24	6	26	23	50(9)	313
		p) % von IA) Gesamtschußzahl	25	32	37	55	31	26	33	26	25	19	30	31
III. End-Abschalt- versager		A.) Auswertbare Schüsse	60	58	58	26	79	63	41	17	57	56	21	536
		B.) Nicht abgeschaltet	36	30	24	6	13	15	15	6	13	11	4	174
		C.) % von III.A.)	60	52	41	23	16,5	24	37	35	23	20	19	32
IV. Verfahrensversager (Teilweise in II u III enthalten)	A) Vor Rohr	a) Anzahl	3	0	1	1	7	3	3	0	6	1	1	26
		b) % von II b)	37	0	11	6,7	64	75	60	0	86	16,5	10	31
	B) Vor Erreichung d. eingest. Strecke	a) Anzahl	0	0	0	1	3	1	2	0	2	0	0	9
		b) % von IIf+l)	0	0	0	9	20	10	20	0	14,5	0	0	7
	C) Nach Erreichung d. eingestellt. Strecke (End-Abschalt- versager)	a) Anzahl	1	1	1	0	1	1	2	1	4	7	4(4)	23(2)
		b) % von III B)	2,8	3,3	42	0	7,7	6,7	13,4	16,5	31	64	50	12
		c) Summe der Verfahrensversager	4	1	2	2	11	5	7	1	12	8	4	57
		d) % von IIo)	33	4	9	7,5	50	28	54	50	63	47	8	18
		e) % von IA)	5	1,1	2,1	2,5	10	5,8	10	4,5	11	0	2,8	5,7

V. Kurze Zusammenstellung wichtiger Ereignisse u. Maßnahmen:
- Maßnahmen geg. Abschaltversager
- Gold- u. Steinbutt / nur Steinbutt / nur teilweise oder nicht aptierte Ger.
- im August nicht geschossen!
- 1 Barsch
- Ab 3.11. nur ig gem. Geräte H
- Ab 11.11. jedes Ger. Sperrhebel am J-Umschalter
- Versuche mit geänderten Zündpillen
- Vollapt. Geräte

Ferner waren noch folgende Erprobungen im Frühjahr 1945 vorgesehen:
1. Ansprengung des G 7ut im Lauf
2. Abschluß der Pi 2-Erprobung mit dem G 7ut
3. Abschluß des Drehkreisschießens mit Festlegung der endgültigen Schwanzstückausführung beim G 7ut
4. Entscheidung, ob für den G 7ut-Frontschuß FAT oder LUT verwandt werden soll

Nach Ansicht von AIb3 war es notwendig und möglich, etwa Mitte März 1945 einen kurzfristigen Fronteinsatz mit sechs G 7ut Torpedos in einem U-Boot durchzuführen. Dabei sollten drei Torpedos verschossen, die restlichen drei für Untersuchungszwecke wieder zurückgebracht werden. Wie schon ausgeführt, soll dies mit dem Typ XXI-Boot U 2511 geschehen sein, ohne daß dabei jedoch ein Scharfschuß abgegeben wurde.

Zur TEK-Erprobung und zur Frontreife-Erklärung ist jedoch der G 7ut nicht mehr gelangt. Nach dem Krieg ist noch bis zum 1. Februar 1946 in Eckernförde für die britische Besatzungsmacht an der 'Rekonstruktion des Ingolin-Torpedos' gearbeitet worden, dann wurden hier die Arbeiten eingestellt und die verbliebenen Torpedospezialisten entlassen. Dennoch hörte auch jetzt für einige von ihnen die Beschäftigung mit den Ingolin-Torpedos nicht auf. Im Oktober 1946 wurde der nach Berlin entlassene Leiter der Abteilung AIb, Dipl.-Ing. Kurt Lawitschka, von den Russen dienstverpflichtet. Er erhielt zusammen mit einigen anderen deutschen Spezialisten den Auftrag, in Oranienbaum bei Leningrad den letzten Stand des G 7ut neu zu erstellen und weiterzuentwickeln (Behälterturm in Stahlhülle mit einstufiger Turbine). Die Russen wollten mit Hilfe der großen Leistung des Ingolin-Torpedos eine möglichst hohe Geschwindigkeit erreichen. Dazu wurde die Turbine voll beaufschlagt und auf über 800 PS gebracht. Zur besseren Ausnutzung des im Torpedo mitgeführten Wasserstoffperoxids und Brennstoffes wurde wie bei den letzten Walter-Baumustern WAL und SCHILDBUTT mit Seewassereinspritzung gearbeitet. Bis 1951 war der Antrieb prüfstandsreif. Es wurden nun umfangreiche Erprobungen und auch Langzeitversuche durchgeführt. Im Februar 1954 wurden die deutschen Spezialisten entlassen und nach Ostdeutschland zurückgebracht.

Auch in anderen Ländern - insbesondere in den USA - ist nach dem Krieg mit dem Ingolin-Torpedoantrieb experimentiert worden. Jedoch scheint es - abgesehen vielleicht von der UdSSR - nur Schweden gelungen zu sein, einen brauchbaren Ingolin-Torpedo, den FFV TP 617, herzustellen.

Anhang:
Fa. Hellmuth Walter KG
Aufstellung der bis zum 31. März 1945 für Torpedos, Entwicklung und Durchführung einer Null-Serie angefallenen Kosten.

Auftrags-Nr.	Bezeichnung	Kosten in RM
1. Marine		
1.1 Entwicklung		
3.012	Konstruktion eines Auxilinzersetzers für Torpedo-Antrieb	230.074,31
3.080	Je 3 Mittel- und Hinterteile	315.827,01
3.081	Je 3 Mittelteile in Leichtmetall- und Stahlausführung	101.717,28
3.082	Torpedo-Strahlbremse	52.507,35
3.110	50 Mittelteile in Leichtmetall für Gerät 24	429.271,53
3.111	60 Mittelteile	2.166.658,48
3.137	12 Stück U-Gr-Geräte und Weiterentwickl.	410.790,64
3.112	Lagerversuche mit Aurolbehältern	415.561,27
3.391	Sprengversuche mit Ingolin u. Ingolin-Brennstoffgemischen	36.373,94
3.404	6 Mittelteile in Stahlhülle für Gerät 30 BO V	164.766,04
3.416	Torpedo G 5	------
3.420	35 Stück U-Gr-Geräte	359.234,63
3.439	G 5u St	122.376,42
3.601	G 7u aus der 1.Serie zum Anbau an BO VI	239.747,86

Nr.			
3.602	G 5u umgearbeitet aus G 7u	82.901,28	
3.617	Grundsätzl. Brennkammerentwicklung	151.238,79	
3.618	Grundsätzliche Versuche mit Pumpenförderung und Förderpumpen-Entwicklung	1.039.790,26	
3.622	Intermitt. U-Antrieb	110.413,19	
3.623	30 Geräte mit verschiedenen Pumpen und Behältern	567.109,44	
3.625	Umbau von 10 Stück STEIN- in ZAUNBUTT	12.680,39	
3.628	SCHILDBARSCH	333.134,24	
3.631	20 K-BUTT	871.814,18	
3.633	Grundsätzl. Brennkammerentwicklung	86.562,65	
3.634	Lagerversuche	56.555,99	
3.637	Schußerprobung in Eckernförde	143.779,58	
		8.500.886,75	

Auftrags-Nr.	Bezeichnung	Kosten in RM

1.2 Serienbetreuung für Fertigung in Ahrensburg (Konstruktion und teilweise Prüfstandserprobung)

3.332	500 Mittelteile für Gerät 30	4.806.139,96
3.633	Serienbetreuung BUTT-Geräte	122.523,84
3.636	Serienbetreuung BARSCH-Geräte	93.482,33
		5.022.146,15

1.3 Serienfertigung im Werk Ahrensburg

Kostenanfall im Jahre 1941	2.522.000,--
Kostenanfall im Jahre 1942	5.056.000,--
Kostenanfall im Jahre 1943	4.370.000,--
Kostenanfall im Jahre 1944	7.650.000,--
	19.598.000,--

2. Luftwaffe

2.1 LT 1500

4.130	12 Geräte LT 1200	1.322.084,11
4.131	12 Antriebe für LT 1200	653.422,24
4.400	100 Geräte LT 1200	997.402,33
4.401	100 Antriebe für LT 1200	717.423,64
4.402	50 Geräte LT 1200 u.	
4.403	50 Antriebe dafür	1.238.105,23
4.602	Versuche auf Prüfstand bzw. Außenstellen für LT 1500	92.183,32
4.603	Entwicklung eines neuen LT-Antriebes für LT 1000a	200.250,61
		5.220.871,40

2.2 F 5u

3.430	Torpedo F 5u Serie 1-50	1.318.557,97
4.607	300 Geräte F 5u Serie 51-350	2.680.363,79
4.610	300 Geräte F 5u Serie 351-651	519.739,03
4.613	Erprobungsstelle Gotenhafen.	491.199,81
		5.009.860,60

2.3 Erprobungseinrichtungen

1.129	Bau Laufsteg Höhe 40.8	1.519.629,71
1.381	Betrieb Versuchsstand Plön	554.693,52
		2.074.323,23

Gesamtkosten	**45.426.088,13**

18 Besondere Torpedos für spezielle Marineaufgaben (5 m- und KK-Torpedos)

Die U-Bootkonstruktionen der Fa. Walter sahen ursprünglich nur 5 m-Torpedorohre vor. Da die Fa. Walter damit rechnete, daß bis zur Fertigstellung ihrer U-Boote auch ihr Hochleistungsantrieb für Torpedos frontreif sein würde, hielt sie die für die Konstruktion schneller U-Boote vorteilhafte Verkürzung der Torpedorohre um ca. 2 m für vertretbar. Die Walter-U-Boote sollten durch ihre hohe Unterwassergeschwindigkeit wieder dichter an die gegnerischen Schiffe herankommen können, wodurch der gezielte Torpedoweitschuß, der ja stets mit verminderter Treffsicherheit verbunden war, für sie keine so große Bedeutung besaß.

Die Ingolin-Torpedos hatten auch in der verkürzten Ausführung noch eine genügend große Leistung, um bei 30 kn den G 7e erheblich zu übertreffen und bei 45 kn noch 3800 m Laufstrecke zu erreichen. Sie waren überdies so spurarm, daß sie auch bei Tage eingesetzt werden konnten.

Parallel zur Entwicklung von 7 m-Ingolin-Torpedos wurden folgende 5 m-Ingolin-Torpedos geschaffen:

1. G 5u Kolb: Dieser Ingolin-Torpedo arbeitete nach dem Ingolin-Dreistoffverfahren und wurde von einer G 7a-Kolbenmaschine angetrieben. Es wurde angenommen, daß für die Erreichung von 30 kn Geschwindigkeit ca. 80 PS und von 40 kn ca. 180 PS nötig sein würden, wobei sich Laufstrecken von 11400 m/30 kn und 6750 m/40 kn ergäben. Das Torpedogewicht betrug bei ca. 5,5 m Länge 1190 kg. Das entsprach beim Gefechtsschuß einem Untertrieb von 29,5%. Nach dem Ausblasen des Kopfes und dem Verbrauch sämtlicher Betriebsmittel betrug der Auftrieb 29 kg, was für das Aufschwimmen nach dem Übungsschuß ausreichte und einen normalen Übungsbetrieb zuließ.

   Am 22. Dezember 1942 wurde damit gerechnet, daß sich einige Versuchsgeräte des G 5u Kolb in vier bis fünf Monaten herstellen lassen würden. Dazu kam es aber vermutlich nicht, da beschlossen worden war, grundsätzlich auf den Ingolin-Turbinen-Torpedo überzugehen.

2. G 5ut GOLDFISCH: Dieser 5 m-Torpedo war aus dem G 7ut STEINFISCH abgeleitet worden. Bei 45 kn Geschwindigkeit wurde mit 3400 m Laufstrecke gerechnet. Beim Übergang zum BUTT-Triebwerk wurde dann diese Entwicklung aufgegeben.

3. G 5ut GOLDBUTT (Gerät 26 - T IX): Der Antrieb des GOLDBUTT entsprach dem des G 7ut STEINBUTT. Beim 45 kn-Schuß wurde mit 3800 m Laufstrecke gerechnet. Dieser Torpedo wurde ausführlich erprobt, kam aber nicht zum Einsatz.

4. G 5ut GOLDBARSCH: Dieser Torpedo unterschied sich vom GOLDBUTT durch die Verwendung der günstigeren BARSCH-Behälteranordnung. Auch er kam nicht zum Einsatz.

Sämtliche 5 m-Torpedos, die für den Einsatz mit Walter-U-Booten bestimmt waren, besaßen zwei Öffnungshebel, die hintereinander lagen. Der vordere war für die Benutzung normaler 7 m-Rohre, der hintere für die 5 m-Rohre der Walter-U-Boote bestimmt.

Als sich zeigte, daß die 5 m-Ingolin-Torpedos für die in Bau befindlichen Typ XVII Walter-U-Boote - übrigens die einzigen U-Boote, die die 5 m-Rohre bekamen - nicht rechtzeitig fertig werden würden, wurde im November 1942 von der AGC vorgeschlagen, für diese U-Boote auch konventionelle 5 m-Torpedos herzustellen, die aus dem G 7a und G 7e abgeleitet werden sollten:

1. G 5e: Die notwendige Verkürzung um ca. 1,50 m gegenüber dem G 7e bedeutete einen Verdrängungsverlust von etwa 340 kg, der durch den Wegfall

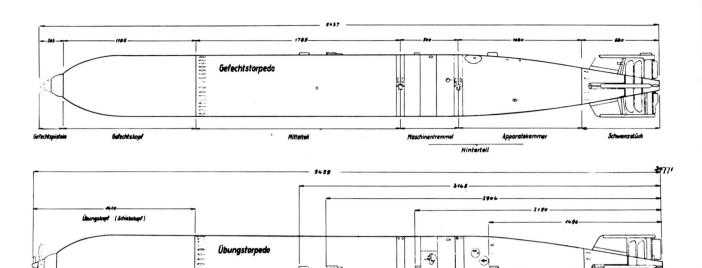

G 5ut GOLDBUTT Ansicht des Gefechts- und Übungstorpedos

einer Batterie ausgeglichen werden sollte. In der endgültigen Ausführung hatte der G 5e 5437 mm Länge. Erste Schußversuche im Dezember 1942 ergaben mit der 13 T 210 Batterie eine Laufstrecke von 6000 m/21 kn. Der Untertrieb betrug 26%. Eine Vorderlastigkeit dieses Torpedos von 178 mm wurde als ballistisch tragbar angesehen. Als Übungskopf konnte ein normaler Schiebekopf verwendet werden, wodurch der Torpedo am Ende der Laufstrecke einen Auftrieb von 76 kg erhielt.

Wegen der verringerten Batteriespannung war die Benutzung der Pi 2 bei diesem Torpedo nicht möglich. Der G 5e sollte deshalb vorerst nur mit der Pi 1-Aufschlagpistole verschossen werden. Die AFA erhielt den Auftrag, eine etwas vergrößerte Batterie zu schaffen, die noch in den G 5e paßte und die für die Pi 2 erforderliche Spannung abgeben konnte. Diese Batterie erhielt die Bezeichnung 9 T 210. Sie hatte ein Gewicht von 430 kg und enthielt je Trog (Troglänge 1620 mm) 52 Zellen. Sie besaß eine Kapazität von 50 Ah bei 930 A und 30° Heizung. Die Anfangsspannung je Zelle betrug 1,60 V. Das Mehrgewicht von 90 kg gegenüber der 13 T 210 bedeutete aber eine Erhöhung des Untertriebes auf 34%. Er wurde bei der durch die neue Batterie auf 30 kn erhöhten Geschwindigkeit (bei 3000 m Laufstrecke) jedoch noch als tragbar angesehen. Nur hätte nun auch der Schiebekopf diesen Untertrieb nicht mehr ausgleichen können.

2. T XII: Bei der weiteren Bearbeitung des G 5e wurde vom T III und der 9 T 210-Spezialbatterie mit 54 Zellen ausgegangen. Dieser Torpedo erhielt die Bezeichnung T XII. In der Zeit vom 21. März bis 25. Juni 1943 wurden 21 Schüsse mit einem T XII-Versuchstorpedo ausgeführt. Dabei wurden als Durchschnittswerte von zehn geraden Schüssen über 3000 m folgende Geschwindigkeiten gemessen:

Meßpunkt	500	1000	2000	3000 m
Geschw.	30,15	30,0	29,9	29,6 kn

Die übrigen 11 Schüsse waren Winkelschüsse. Das ballistische Verhalten dabei wurde als gut bewertet. Bei einem 90°-Winkelschuß ging der Torpedo nach dem Einsteuern verloren, ein weiterer 90°-Winkelschuß verlief dagegen einwandfrei.

Wegen des starken Spannungsabfalls bereits am Beginn der Laufstrecke erschien es jedoch sehr zweifelhaft, ob die Pi 2 dabei noch einwandfrei funktionieren würde. Als Ausweichlösung wurde deshalb der Einbau eines Motorgenerators vorgesehen. Doch man entschied sich dann für die Benutzung der mit Trockenbatterien betriebenen TZ 2 oder TZ 3.

Anfang 1945 waren für den ab März vorgesehenen Einsatz der Typ XVII B U-Boote zwanzig T XII bei der TVA in Bau bzw. bereits fertiggestellt. Weitere 135 T XII waren beim Torpedo-Arsenal Mitte in Auftrag gegeben. Ab Januar 1945 sollten davon monatlich 20 Stück geliefert werden. Einen großen Engpaß bildeten dabei die Batterien. Einige Versuchsbatterien lagen noch von den Erprobungen im Sommer 1943 vor, weitere 25 sollten im Januar 1945 von der AFA geliefert werden.

3. G 5a: Der G 5a war aus dem G 7a abgeleitet worden. Bei einer Verkürzung um rund 1,7 m ging eine Verdrängung von ca. 365 kg verloren. Wenn man im Interesse einer möglichst einfachen Änderung nur den Kessel entsprechend verkürzen würde, käme man auf einen Untertrieb von 42-43%. Bei einer zusätzlichen Reduzierung der Wasserkammer wären es noch etwa 40% Untertrieb, die der G 5a bewältigen müßte. Obwohl man bei den Erprobungen mit dem G 6a bis zu 50% Untertrieb beherrscht hatte, lagen doch insgesamt zu wenige Erfahrungen mit derartig großen Untertrieben vor, um die nötige Betriebssicherheit garantieren zu können. Man beschloß deshalb, Maßnahmen zu ergreifen, um das Torpedogewicht zu senken. Eine Möglichkeit war die Verringerung des Kesseldruckes auf 130 at, wodurch auch eine Verringerung der Wandstärke auf 6 mm erreicht werden konnte. Ein derartiger G 5a Torpedo besaß dann einen erträglichen Untertrieb von 30% und konnte noch 2400 m bei 40 kn und 4800 m bei 30 kn laufen. Es ist allerdings nicht bekannt, ob G 5a Torpedos gebaut und erprobt worden sind.

Die für den Einsatz vorgesehenen Typ XVII B U-Boote U 1405, 1406 und 1407 sind vermutlich nur mit dem T XII ausgerüstet gewesen.

Eine zweite Gruppe von Spezialtorpedos entstand Anfang 1944, als für Kleinst-U-Boote untertriebsfreie bzw. -arme Torpedos benötigt wurden. Auch bei ihnen wurde die erforderliche Gewichtsverminderung durch den Wegfall eines Batterietroges oder durch Druckverminderung erkauft.

Aus dem T III entstanden durch Verzicht auf einen Batterietrog der T III b (für NEGER und MARDER) und der T III c (für HECHT, BIBER, MOLCH und SEEHUND). Als Zündung wurde bei ihnen die TZ 2 mit Pi 2f benutzt. Diese Torpedos besaßen eine Geschwindigkeit von 18,5 kn bei einer Laufstrecke von 4000 m.

MARDER (ohne Kuppel) mit G 7e-KK-Torpedo

Neben diesen in Eckernförde geschaffenen Kleinkampfmittel-Torpedos wurde für MOLCH und SEEHUND auch von der TVA Gotenhafen ein Torpedo ohne Untertrieb entwickelt, der T III e KREUZOTTER. Als Grundlage diente der ZAUNKÖNIG mit TZ 5, jedoch ohne Eigenlenkungseinrichtungen. Er wurde erstellt, um die am Ende des Krieges nicht mehr benötigten T V-Bestände sinnvoll nutzen zu können. Statt der Spezialbatterie 13 T 210 spez besaß der T III e einen normalen 13 T 210 Batterietrog, mit dem eine Laufstrecke von 7500 m bei 20 kn möglich war.

Da für die vielen MOLCH- und SEEHUND-Kleinst-U-Boote gegen Ende des Krieges nicht mehr genügend T III c mit den dazugehörigen Batterien zur Verfügung standen, wurde im Februar 1945 die Aufgabe gestellt, auch den in großer Zahl vorhandenen G 7a für diese Fahrzeuge brauchbar zu machen. Wie beim G 5a erreichte man dies durch eine geringere Kesselfüllung von 100 at und das Abdrehen der Kesselwand. Außerdem wurde auf die Wasserfüllung verzichtet und der Torpedo nur noch mit Heißluft betrieben (AV-Prinzip). Dieser Torpedo erhielt die Bezeichnung T XIV und besaß bei 34 kn eine Laufstrecke von 2500 m. Zum Fronteinsatz des T XIV ist es aber nicht mehr gekommen.

Auch die Fa. Walter beteiligte sich am Ende des Krieges daran, aus den vorhandenen Torpedos und Torpedoteilen einen vereinfachten Torpedo ohne Untertrieb für den Kleinst-U-Boot-Einsatz zu schaffen. Dazu wurden vorhandene G 7ut-Hüllen benutzt, in die die kurzen Behälter der nicht mehr für den Einsatz vorgesehenen G 5ut-Geräte eingebaut wurden. Gleichzeitig wurde die Schaltung sehr vereinfacht: keine Stoppvorrichtung, keine Wasserschlagklappe, keine Rohrlaufsicherung, keine Kupfersalzpatrone, dafür 'Zündstoff-Voraus-Schaltung' mit cyanarmen Helman. Dieser fast spurfreie Torpedo erhielt die Bezeichnung K-BUTT bzw. T XIII. Er erreichte 45 kn bei 3000 m Laufstrecke und war in seiner Leistung den anderen Kleinkampfmittel-Torpedos - zumindestens auf dem Papier - weit überlegen.

Er wurde im Herbst 1944 geplant und bereits Ende Januar 1945 bei der Außenstelle des Walter-Werkes in Eckernförde zum Schuß gebracht. Anschließend wurde er im Werk Ahrensburg und im Walter-Hauptwerk serienmäßig gebaut. Bis zum Kriegsende wurden etwa 60 T XIII fertiggestellt und eingeschossen. Außerdem war ein motorisierter Klarmachzug für den Fronteinsatz der ersten K-BUTT-Torpedos bei einer SEEHUND-Flottille klar zum Einsatz.

Eine Sonderkonstruktion für die Invasionsabwehr war der T III d DACKEL. Dieser Torpedo war aus dem T III a durch eine Verlängerung der Mittelteilhülle entstanden, wobei die Gesamtlänge auf ca. 10 m wuchs. In dem gewonnenen Volumen wurden eine zusätzliche 17 T 210 Batterie und zusätzliche Luftgefäße für eine Langstrecken-Steueranlage untergebracht. Darüberhinaus wurde durch die Verlängerung der Untertrieb auf 1,5% verringert. Der T III d sollte bei einer Geschwindigkeit von 9 kn eine Laufstrecke von 57000 m besitzen, was einer Laufzeit von 3,5 Stunden entsprach. Er war mit einer LUT-Einrichtung mit 27000 m Vorlauf ausgerüstet. Der Einsatz sollte von S-Booten oder Flößen erfolgen. Wenn mehrere DACKEL-Schüsse zur gleichen Zeit abgegeben wurden, hatten die T III d Torpedos die Wirkung eines auf das Ziel zuwandernden Minenfeldes.

Am 2. Juli 1944 meldete die SKL der Mar. Gruppe West, daß die Entwicklung des T III d mit LUT-Einrichtung bei der TVA abgeschlossen sei und ab Mitte Juli wöchentlich 30 Exemplare ausgeliefert werden würden. Insgesamt sollten im Juli 100 DACKEL zur Ablieferung kommen.

Nach Angaben des ehemaligen Leiters des DACKEL-Einsatzes in Le Havre, Kptl. Seeger, wurden die T III d Torpedos von Eckernförde über Paris nach Le Havre transportiert und dort in einer Regelstelle (Fabrikhalle) klargemacht. Der Einsatz erfolgte von S-Booten aus, bei denen die überlangen Torpedos aus den Rohren ragten. Wenn der taktische Einsatz der S-Boote, die bei dieser Torpedoladung nur mit gedrosselter Geschwindigkeit fahren konnten, nicht möglich war, wurden die DACKEL-Torpedos von der Ansteuerungstonne Le Havre aus mit ablaufendem Wasser in den alliierten Landungsraum Seinebucht westlich der Ornemündung geschossen.

Die Laufzeit betrug mehrere Stunden. Zielbeobachter waren je ein Obersteuermann mit Stativ-Doppelglas auf dem Cap de la Héve und beim Heeresartillerie-Beobachter ostwärts der Ornemündung. Bei ca. 90 unter der Leitung von Kptl. Seeger geschossenen T III d wurden 30 Detonationen wahrgenommen. Treffer konnten wegen der Dunkelheit oder starken Frühnebels nicht beobachtet werden. Unter der Leitung von Oblt. Neugebauer sollen weitere 70-80 DACKEL geschossen worden sein. Bestätigte Erfolge sind nicht bekannt.

Als ein Kleinkampfmittel-Torpedo für die sogenannten Leicht-Schnellboote (LS-Boote) war der LT I m vorgesehen. Dieser Torpedo war weitgehend identisch mit dem entsprechenden Luftwaffen-Torpedo LT I (Vgl. F. Lauck 'Der Lufttorpedo'). Änderungen bestanden nur im Einbau einer Tiefenrudersperrung und der Verlegung des Öffnungshebels, da die Torpedos bei den LS-Booten achtern ausgestoßen wurden (mit dem Torpedoheck zuerst). Zu einem Fronteinsatz ist auch der LT I m nicht mehr gekommen.

19 Stand der deutschen Torpedoentwicklung und -produktion 1944/45

Nach der Mitte 1943 erfolgten Übernahme der Marinerüstung durch das Ministerium Speer (Reichsminister für Rüstung und Kriegsproduktion RuK) war auch die Torpedorüstung in ähnlicher Weise wie die U-Bootrüstung neu organisiert worden. Die Torpedofertigung wurde in der Gruppe Torpedowaffe dem Hauptausschuß Waffen unterstellt. Für die Festlegung der Entwicklungs- und Produktionsvorhaben wurde eine Torpedokommission gebildet, die mit Fachleuten der Marine, Luftwaffe und Industrie besetzt war und vom Chef des Amtes Torpedowaffe, Konteradmiral Gutjahr, geleitet wurde. Im einzelnen war die Torpedorüstung 1944 folgendermaßen gegliedert:

```
                        Reichsministerium RuK
                              Speer
                                |
                         Technisches Amt
                       Hauptamtsleiter Saur
                          /             \
              Amtsgruppe Fertigung    Amtsgruppe Entwicklung
               (Oberst Schaede)          (Oberst Geist)
                       |                        |
              Hauptausschuß Waffen              |
              (Direktor Weissenborn)            |
                       |                        |
              Gruppe Torpedowaffe (WT)     Torpedokommission
              (Direktor Schamberger)       (Konteradmiral Gutjahr)

  Sonderausschuß WT 1    Sonderausschuß WT 4   Arbeitsbüro der Kommission
  (Direktor Schubert)    (Dr. Lingemann)       (Korv.Kpt. Giessler,
                                                MOB Scheller und MB Noah)

  Sonderausschuß WT 2    Sonderausschuß WT 5   Unterkommission I Antrieb
  (Direktor Zerbst)      (Direktor Henze)        (Prof. Cornelius)

  Sonderausschuß WT 3    Sonderausschuß WT 6   Unterkommission II Zündungen
  (Direktor Kynast)      (Direktor Quade)        (Prof. Gerlach)

              Hauptausschuß Elektrotechnik    Unterkommission III Steuerungen
                  (Direktor Lüschen)            (Direktor Wünsch)

  Sonderausschuß         Arbeitsausschuß       Unterkommission IV Lenkung
  Sammler                Elektrotechnische       (Prof. Küpfmüller)
  (Pfalzgraf)            Torpedoausrüstung
                         (Dipl.-Ing. Zapf)     Unterkommission V Torpedorohre
  Sonderausschuß                                 (MOB Petersen)
  Feuerleit-,            Sonderausschuß
  Kreisel- und Ab-       Feinmechanik          Unterkommission VI Feuerleit-
  feuergeräte            und Optik             anlagen
  (Dir. Dr. Möller)      (Dr. Küppenbender)      (Korv.Kpt. Giessler)

              Arbeitsstab T Torpedogeräte
                  (Dipl.-Ing. Off)

              Arbeitsstab R Rohrbau
                  (Dipl.-Ing. Bellermann)
```

Die Ausführung der Entwicklungsvorhaben, der Erprobungen im Entwicklungsstadium und das Einschießen der Torpedos unterstand wie bisher der TVA mit ihren drei Standorten Eckernförde (Torpedoantriebe, Zündungen und Programmsteuerungen), Gotenhafen (Lenktorpedos) und Neubrandenburg (Industrieentwicklungen, soweit sie nicht in Eckernförde oder Gotenhafen bearbeitet wurden).

Gliederung der TVA in Eckernförde
Stand November 1944

Kommandör
Kpt.z.S. Scherf

M Militärische Abteilung Kpt.z.S. Schnackenburg	**T Technischer Berater** MBD Dr. Bartram	**O Gruppe Anlage Ost** Korv.Kpt. Barop
M1 Adjudant und Schriftoffizier Kptl. Loemann	TE Erfinder-Betreuung MTV-Berater Dipl.-Ing. Peckmann	OIa Technische Leitung Ob.Ing. Hammer
M2 Referat für Mob., Luftschutz und Feuerlöschwesen Freg.Kpt. Dressel		OIa1 Schießstand Ost M.Ing. Kirchhoff
M3 Korv.Kpt. Giessler		OIa2 Werkstatt Ost Ing. Wohlhaupt
TVA-Schützenbattallion		OIa3/4 Torpedobremse Ing. Schikorr
		OIa5 Rohrlagerung Ost Ob.Ing. Schlüter

A Torpedo-Abteilung
Korv.Kpt. Prölß
AmI Milit. Referent Korv.Kpt. Fray
AmII Milit. Referent Kptl. v.d.Knesebeck

AI Gruppe Torpedoentwicklung
MOB Dr. Mayer

AIa Allg. Torpedo-Entw. MB Pfeiffer	AIb Kraftmaschinen MB Lawitschka	AIc Torpedo-Konstruktion MB Hausdorfer
AIa1 Torpedovorentwicklung Dipl.-Ing. Aßmann	AIb1 Konstruktion Ob.Ing. Margraff	AIc1 Antrieb, Steuerung, Pistolen Ob.Ing. Blank
AIa2 Versuch u. Konstruktion Ob.Ing. Thomas	AIb2 Erprobung Ing. Müller	AIc2 Konstruktion Ing. Ehlert
AIa3 Versuchswerkstätten M.St.Ing. Claus	AIb3 Entwicklung, Forschung Dipl.-Ing. Straß	AIc3 Erprobung erste Torpedos Ob.Ing. Dammann
AIa4 Termingestaltung und Bestellung Ob.Ing. Wittmaack	AIb4 Werkstätten Ing. Philipp	
AIa5 Meßtechnisches Laboratorium Ing. Raabe	AIb5 Bestellung, Terminüberwachung Ob.Ing. Wittmaack	

AII Gruppe Pistolenentwicklung
   Dr. Fritz Bath
   Assistenten: Dipl.-Ing. Rudorfer
                Dr. Lues
                Dipl.-Ing. Vehstedt

AIIa Techn. Pistolenentwicklung
   MB Holz
AIIa1 Konstruktion
   Ob.Ing. Hinkelmann
AIIa2 Werkstatt
   Ing. Rabenau
AIIa3 Regelbetrieb
   Ob.Werkm. Grewe
AIIa4 Schießbetrieb
   Ing. Hoffmann

AIIb Physik. Pistolenentwicklung
   Dr. Otting
AIIb1 Versuchsbezirk TZ 3
   Physiker Hansen
AIIb2 Versuchsbezirk TZ 6
   Dipl.-Ing. Taudt
AIIb3 Versuchsbezirk Sonderaufgaben
   Dr. Schwieher
AIIb4 Schießbetrieb
   Ing. Möller

B   Bewaffnungs-Abteilung
   Kpt.z.S. Rechel
BmI   Milit. Referent Freg.Kpt. Kattentidt
BmII Milit. Referent Korv.Kpt. Korth

BIa Rohrbau
   MB Almers
BIa1 Überwasserbewaffnung
   Ob.Ing. Böttcher
BIa2 Unterwasser-
   bewaffnung
   Ob.Ing. Hansen
BIa3 Beschaffung,
   Versuchswerkstätten
   Dipl.-Ing. Fischer

BIb Feuerleitanlagen,
   Zielmittel
   MOB Schmaltekann
BIb1 Entwicklung und Ein-
   bau Überwasserschiffe
   Ob.Ing. Dietrich
BIb4 Entwicklung und Einbau
   U-Boote
   Ob.Ing. Wegner
BIb5 Personenüberwachung
   Ob.Ing. Wiechmann

BIc Dienstvorschriften
   Dipl.-Ing. Arkmann
BIc1 Ing. Scheller
BIc2 Ing. Lalowski
BIc3 Ob.Ing. Wedelich
BIc4 Ing. Raasch

C   Planungs-Abteilung
   MBD Dr. Bartram
CE   Energie-Ingenieur
   Ob.Ing. Heine
CB   Berufsausbildung
   Ob.Ing. Beck

CI Gruppe Planung
   MB Bartels
   Dipl.-Ing.
   Schlüter

CII Gruppe Betriebe
   MOB d.R. Schröter

CIII Gruppe Ferti-
   gung
   MB Fischer
   Dipl.-Ing.
   Neundorf

CIV Gruppe Schieß-
   betrieb Nord
   und Süd
   Dipl.-Ing.
   Karlau

V   Verwaltungs-Abteilung
   Kpt.z.S. Dr. Arlett

VI Gruppe Waffen-Verwaltung
   Korv.Kpt. Willers

VII Gruppe Betriebsverwaltung
   Korv.Kpt.d.R. Goy

Gliederung der TVA-Abteilung
Gotenhafen im Herbst 1944

Kommandör eur
Kpt.z.S. Prall

A   Technische Abteilung
     Dr. Volker Aschoff

AI Torpedotechnik   AII Akustik   AIII Elektrotechnik   AIV Klarmachgruppen
   Dr. Schmidt   Dr. Kösters   Dr. Eichler   Dipl.-Ing.
   (gleichzeitig   Dr. Grewe   Barkhorn
   Vertreter von
   Dr. Aschoff)

Verwaltungsmäßig unterstand die TVA der Torpedo-Inspektion, die als Dienstaufsicht für alle Torpedoinstitutionen der Kriegsmarine fungierte. Ende 1944 gehörten zur TI:

Torpedo-Inspektion (Gettorf)
K.Adm. Junker (Rudolf)

Gruppe Ausbildung A (Korv.Kpt. Zahn)
Gruppe Technik T (Korv.Kpt. Kohlbach)
Gruppe Frontversorgung F
(Kpt.z.S. Deters)
Gruppe Waffenbaubeamte P
(MOB Dipl.-Ing. Westermann)
Gruppe G (Arzt)
Verwaltungsoffizier (Kptl. Berninghaus)

Torpedoarsenal Ost in Gotenhafen
(Kpt.z.S. Druschki, MOB Dipl.-Ing. Wissurek)
Torpedokommandos in Danzig und Königsberg. Torpedobetriebe in Pillau, Memel und Libau.

Torpedoarsenal West in Tostedt
(Kpt.z.S. Frerichs, MBDir Zschorsch)
Torpedokommandos in Wilhelmshaven und Hamburg. Torpedobetrieb Hülsen.

Torpedoarsenal Mitte in Rudolfstadt
(Kpt.z.S. Klingner, MBDir Dipl.-Ing. Gieseke)
Torpedokommandos in Kiel und Stettin. Torpedobetrieb Swinemünde.

Torpedoarsenal Norwegen
(Kpt.z.S. Dehio, MB Koch, Helmuth)

Torpedo-Erprobungskommando TEK in Kiel
(Korv.Kpt. Flachsenberg)

Torpedo-Versuchsanstalt TVA in Eckernförde (Kpt.z.S. Scherf)
TVA-Abteilung Gotenhafen
(Kpt.z.S. Prall)
TVA-Abteilung Neubrandenburg
(Kpt.z.S. Remmler)

Höheres Kommando der Torpedoschulen HKT in Flensburg-Mürwik (Kpt.z.S. Ibbeken)
Torpedoschule I in Mürwik
(Freg.Kpt. Cohausz)
Torpedoschule II in Regenwalde
(Korv.Kpt. Heinicke)
Torpedoschule III in Kolberg
(Kpt.z.S. Delius)
Schulverband des HKT in Travemünde
(Verbandschef Kpt.z.S. Thilo)
Torpedoschulschiff HUGO ZEYE
Torpedo-Schulflottille in Mürwik:
T 107, T 108, T 110, T 111 und TS 1 - 11

Das entscheidende Gremium für alle Entwicklungsfragen auf dem Torpedogebiet war das Amt Torpedowaffe im OKM. 1944 besaß es folgende Gliederung:

Amt Torpedowaffe TWa (Berlin)
Amtschef K.Adm. Gutjahr

TWa I   Militärische Abteilung
         (Kpt.z.S. Teichmann)
TWa II   Entwicklungsabteilung
         (Kpt.z.S. Frerichs)

TWa IIa Feuerleitanlagen
    (Korv.Kpt. Druschki)
TWa IIb Allg. Torpedos
    (MOB Dipl.-Ing. Fritz Scheller)
TWa IIc Sondertorpedos
    (Dipl.-Ing. Thomsen,
    Dipl.-Ing. Unkelbach)

TWa IId Zündeinrichtungen
    (Dipl.-Ing. Scholte-Rohde)
TWa III Armierungsfragen
    (Min.Rat Dipl.-Ing. Stoltz)
TWa IV Verwaltungsabteilung

Übersicht über den von der TI am 30.9.1944 verwalteten Torpedobestand

	G 7a					G 7e							
	T I	T I FAT	T I FAT SS	LUT	Sa.	T II	T III FAT	T IIIa FAT	LUT	Sa.	T V	KK-Torp.	T X	T IIId
Frontbereich Stützpunkte														
Ausland	687	420	11	14	1132	43	237	68	206	66	620	350	-	-	68
Heimat	290	690	-	89	1069	311	206	62	302	205	1086	492	-	38	86
Torpedo-Arsenale	93	500	6	47	646	77	11	1	595	424	1108	36	188	-	-
Metz	-	-	-	-	-	167	-	-	-	-	167	-	-	-	-
Bordbestände														
U-Boote	495	2079	54	109	2737	-	329	376	116	728	1549	1225	-	-	-
KK-Torpedos	-	-	-	-	-	-	-	-	-	-	-	-	934	104	125
	1565	3689	71	259	5584	598	783	507	1219	1423	4530	1313	1122	142	279
Dazu in Frankreich verblieben	548	893	70	38	1549	1471	1694	138	212	264	3779	529	-	-	-
Ausbildungsbestand	1187	176	-	6	1369	120	25	6	-	2	153	3	194	-	-
Erprobung														
TVA Eckernf.	145	21	-	10	176	49	20	3	-	-	73	-	-	-	-
TVA Gotenh.	49	-	-	-	49	78[1]	161	-	-	-	238	345	-	-	-
TVA Neubran.	97	-	-	-	97	72	14	-	-	-	86	44[3]	-	-	-
TEK	114	-	-	-	114	5	-	-	-	-	5	-	-	-	-
	405	21	-	10	436	204	195	3	-	-	402	389	-	-	-
In Bau (Industrie)	146	421	-	218	785	149	44	191	-	883	1267	783	-	-	-
Vorbereitung	91	482	-	100	673	138[2]	496	247	15	420	1316	3	197	31	32
Reparatur	764	25	-	6	795	23	85	123	41	84	356	312[4]	-	27	-
Einschießbereit	28	1	-	-	29	-	-	-	-	-	-	-	-	-	-
	1029	929	-	324	2282	310	625	561	56	1387	2939	1098	197	58	32

1) davon 1 T II FAT   2) davon 22 T II FAT   3) davon 44 T IV   4) davon 34 T IV

Torpedozugänge im November 1944

	G 7a	G 7e	T V	T XI	T IIIb,c,e KK-Torpedos	T IIId DACKEL	Sa.
Firmenausstoß	624	500	8	52	-	-	1184
TVA-Fertigung	-	-	211	-	-	-	211
KK-Torpedos	-	-	-	-	423	-	423
	624	500	219	52	423	-	1818

Torpedoabgänge im November 1944

	G 7a	G 7e	T V	T XI	T IIIb,c,e KK-Torpedos	T IIId DACKEL	Sa.
Frontverschuß	41	10	8	-	111	-	170 [5]
Kriegsverluste	29	123	5	-	37	-	194
Verluste beim Ein- und Übungsschießen	4	1	-	-	-	-	5
Umbau zum MARDER	-	58	-	-	-	-	58
Zerlegen und Verschrotten	6	14	-	-	-	-	20
	80	206	13	-	148	-	447

[5] Im November 1944 wurden insgesamt 18 alliierte Schiffe von Torpedos deutscher Kriegsschiffe getroffen!

Gesamtzahl der Torpedoabgänge vom 1.9.1939 bis zum 30.11.1944

	G 7a	G 7e	T V	T IIIb,c,e KK-Torpedos	T X SPINNE	T IIId DACKEL	Sa.
Frontverschuß	3367	9208	365	161	-	-	13101
Kriegsverluste	3797	7966	400	37	-	-	12200
Verluste beim Ein- und Übungsschießen	2269	301	3	-	-	-	2573
Umbau zum NEGER und MARDER	-	1105	-	-	-	-	1105
Umbau zu KK-Torpedos	-	2259	-	-	-	-	2259
Abgabe ans Ausland	184	1494	2	-	-	-	1680
Zerlegen und Verschrotten	18	29	7	-	-	-	54
Sonstige Abgänge (Frankreich u.a.)	2188	1459	813	-	38	106	4604
	11823	23821	1590	198	38	106	37576

Wie bei der U-Bootwaffe stand im Jahre 1944 auch bei der Torpedowaffe der Aufwand an Menschen und Material in keinem Verhältnis zur erzielten Wirkung. Der weitaus größte Teil der 1944 eingesetzten Torpedos, den nach den V-Waffen wohl kompliziertesten und teuersten Geschossen, ging durch Fehlschüsse, Versager und Feindeinwirkung verloren.

Es ist kennzeichnend für dieses Jahr größter Rückschläge an allen Fronten, daß man in den leitenden Stellen eine Investitionsbereitschaft für kommende Zeiten zeigte, von der man in den ersten Kriegsjahren, wo diese noch sinnvoll gewesen wäre, nicht zu träumen gewagt hätte. Damals glaubte man, daß neue Entwicklungsvorhaben nur auf Kosten der laufenden Produktion möglich seien und deshalb zurückgestellt werden müßten. Dies führte dazu, daß der waffentechnische Vorsprung, den Deutschland zu Beginn des Krieges besaß, auf vielen Gebieten relativ schnell verlorenging. Erst in der zweiten Hälfte des Krieges wurde durch die verstärkte Berücksichtigung der außermilitärischen technisch-wissenschaftlichen Intelligenz mit Erfolg versucht, wieder einen Vorsprung zu erreichen. Doch konnte sich dieser nicht mehr militärisch auswirken. So war sein wissenschaftlicher Nutzen erheblich größer als der militärische.

Eine Vielzahl von Forschungs- und Industrielabors war neben der TVA mit Entwicklungsaufträgen an dem Torpedoprogramm beteiligt. Die folgende Übersicht gibt die Ende 1944 mit Torpedoaufgaben beschäftigten Institutionen und ihre wichtigsten Repräsentanten wieder:

Staatliche Behörden

Physikalisch-technische Reichsanstalt, Berlin (PTR)	Dr. Grützmacher	Akustische Messungen, insbesondere der Schallfelder von Schiffen. Entwicklung IBIS
	Dr. Rieckmann	Entwicklung der aktiv magnetischen Streufeldpistole
	Prof. v. Steinwehr	Entwicklung von Primärelementen für den E-Torpedo
	Dr. Meister	Torpedomessungen im Seegang
	Dr. Mollwo	Entwicklung der Abstandspistole TZ 6 (Pi Mollwo)
Chemisch-Physikalische Versuchsanstalt, Kiel (CPVA)	Dr. Obermüller	Beratung in Fragen der Sprengstoff-Physik. Vernichtung von Geheimgeräten. Gefrierfeste Flüssigkeiten für den Schwingerraum bei Lenktorpedos. Entwicklung von Torpedoschmierölen
	Dr. Beckmann	
	Dr. Meyer	
	Dr. Machu	Chemische Beratung auf dem Ingolingebiet
	Dr. Fahrenkamp	
	Dr. Eckart	
	Dr. Brössart	Feuerschein- und rauchschwache Pulversorten für den Torpedoausstoß
Vierjahresplan-Institut für Schwingungsforschung, Berlin	Prof. Erwin Meyer	Beratung bei der Erstellung von akustischen Meßtanks. Mitarbeit bei der Entwicklung eines akustisch abgeschirmten Schwanzstückes
Industrie-Versuchsstelle Neubrandenburg (IVN)	Prof. Trendelenburg	Mitarbeit an Problemen der Torpedomeßtechnik auf dem gesamten Torpedogebiet
Technische Akademie der Luftwaffe, Gatow b. Berlin	Prof. Holfelder	Mitarbeit an der Kreislaufmotorentwicklung
Deutsche Seewarte, Hamburg	Prof. Schütt	Untersuchung über die Beleuchtungsverhältnisse auf der Wasseroberfläche

Kaiser-Wilhelm-Institut, Stuttgart	Prof. Förster	Entwicklung der KWI-Pistole
Entmagnetisierungsgruppe, Kiel (E.M.G.)	Prof. Vogt	Schiffsschutz-Abwehr-Entmagnetisierung
Marine-Observatorium, Greifswald	Dr. Krey	Optik im Seewasser
Sperrversuchs-Kommando, Kiel (SVK)	Dr. Mrowka	Abwehrfragen bei Abstandspistolen
Luftfahrtforschungsanstalt Hermann Göring, Braunschweig	Prof. Schmidt Dr. Nüggerath	Windkanaluntersuchungen von Torpedos
Deutsche Versuchsanstalt für Segelflug, Braunschweig	Dipl.-Ing. Mönch	Aerodynamische Beratung bei Torpedoentwürfen
Deutsche Versuchsanstalt für Luftfahrtforschung, Berlin-Adlershof (DVL)		Strömungsuntersuchungen Meßversuche bei Ingolintorpedos

Hochschulen

Technische Hochschule Danzig	Prof. Schwenkhagen	Grundlagenmessungen für eine magnetische Eigenlenkung Zusammenfassende Bearbeitung aller Abwehrfragen bei eigengelenkten Torpedos
	Prof. Ackermann	Entwicklung einer hydraulischen Torpedolenkung
	Prof. Flügel	Mitarbeit bei der Entwicklung geräuscharmer Propeller
	Prof. Martyrer	Entwicklung eines Hebezeuges für gesunkene Torpedos
	Prof. Graf	Mitarbeit auf dem Gebiet der Theorie der Bahnkurven eigengelenkter Torpedos
Technische Hochschule Berlin	Prof. Horn	Entwicklung eines akustisch abgeschirmten Torpedoschwanzstückes
	Prof. Cornelius Dr. Urbach	Mitarbeit an der Konstruktion sparstoffarmer Torpedomaschinen
	Prof. Kucharski	Theorie des Torpedotiefenlaufes
	Prof. H.Schmidt	Torpedoregelungstechnik
	Prof. Geiger	Entwicklung von Abstandspistolen
	Prof. Föttinger	Strömungstechnische Beratung
	Prof. Tölke	Bestimmung der kinematischen Verhältnisse an Torpedorohren
	Ob.Ing. Pfalz	Schmierfragen bei Gleitlagern
Technische Hochschule Darmstadt	Prof. Buchholz	Mitarbeit bei der Entwicklung eines Torpedobordnetzes

	Prof. Viehweg	Entwicklung von Schwingmodellen für die Untersuchung der Stabilitätseigenschaften von Torpedos
	Prof. Walter	Mitarbeit auf dem Gebiet der Theorie der Bahnkurven eigengelenkter Torpedos
Technische Hochschule Karlsruhe	Prof. Backhaus	Theoretische Untersuchungen über Schallfeldverzerrungen eines mit einer gefrierfesten Flüssigkeit gefüllten Schwingerraumes
Technische Hochschule Hannover	Prof. Osenberg Dipl.-Ing. Kruse	Entwicklung einer Tiefen- und Krängungsmeßpistole
	Prof. Pröll Dr. Albring	Aerodynamische Untersuchung an Torpedomodellen
	Prof. Becker	Thermodynamische Untersuchung von Ingolin-Brennkammern
Technische Hochschule Stuttgart	Prof. Bauder	Entwicklung eines Meßgerätes für Drehmoment, Drehzahl und Leistung
	Prof. Feldtkeller Dr. R. Schulze	Mitarbeit an der Pi KWI
	Prof. Leonhard	Untersuchung der Torpedosteuergeräte
	Prof. Ulbrich	Heißdampfverbindungen
Technische Hochschule Wien	Prof. Schmidt	Entwicklung eines schwallosen Ausstoßverfahrens für U-Boote ohne Preßluft
Technische Hochschule München	Prof. Schnauffer Dr. Weber	Entwicklung von Meßinstrumenten und Untersuchungen an Torpedobrennkammern
Technische Hochschule Dresden	Prof. Heidebroek	Torpedo-Austauschwerkstoffe
	Prof. Pauer	Düsenuntersuchungen bei Ingolin-Brennkammern
	Prof. Mehlig	Thermodynamische Untersuchungen an Ingolin-Brennkammern
Technische Hochschule Brünn	Prof. Jehlicke	Entwicklung von Torpedoschmierölen
Universität München	Prof. Gerlach	Allgemeine Pistolenentwicklung
Institut für Stabilität und Schwingungen der Technischen Staatslehranstalten, Hamburg	Dr. v.d. Steinen	Untersuchungen über die Druckverhältnisse beim Ausstoß von Torpedos in größeren Wassertiefen

Industrie

Siemens & Halske, Berlin Zentrallaboratorium	Dr. Wolf	Entwicklung von Prüfgeräten für die Verstärker des ZAUNKÖNIG Entwicklung einer drahtlosen Fernlenkung für Torpedos
	Dr. Spandök	Messung von Infra-Schallfeldern im Wasser
	Dr. Janowski	Mitarbeit bei der Entwicklung geeigneter Verfahren zur Absoluteichung eines Wasserschallmikrophons
Siemens-Schuckert-Elmo-Werk, Berlin	Ob.Ing. Zycha Dr. Becker	Entwicklung der Stromversorgung für die ZAUNKÖNIG-Lenkapparatur
Siemens-Schuckert-Elektrochemie, Berlin	Dir. Buff Ob.Ing. Jordan	Entwicklung von Primärelementen für den Torpedoantrieb
Siemens-Schuckert-Werke (SSW), Berlin	Dr. Steenbeck Dipl.-Ing. Neff Dipl.-Ing. Wüstling Prof. Hertz Dr. Barwich Dr. Wolff	Entwicklung von Torpedopistolen
	Prof. Lübke	Messung von Torpedogeräuschen
Siemens-Schuckert-Werke (SSW), Wien		Entwicklung eines Gegenläufermotors
AEG-Apparatefabrik Oberspree, Berlin und Litzmannstadt	Dipl.-Ing. Ziegler	Entwicklung des Verstärkers für die Lenkapparatur des ZAUNKÖNIG (Einheits-AMSEL)
AEG-Zentrallaboratorium für Fernmeldetechnik, Berlin-Oberschöneweide	Dr. Kluge	Entwicklung von Meßgeräten für das RM-Gerät
AEG-Fabrik Drontheimer Straße, Berlin	Dir. Hämmerling	Entwicklung des RM-Gerätes (gemeinsam mit PTR) Entwicklung des PFAU Entwicklung LERCHE (gemeinsam mit Atlas, Bremen)
AEG-Apparatefabrik Berlin-Treptow	Dir. Buch Dr. Boeckels Dr. Johannsen	Entwicklung von TZ 6 (Pi Mollwo)
Forschungsinstitut der AEG, Berlin	Prof. Ramsauer Dr. Schaffernicht Dr. Orthuber Dr. Panzer	Entwicklung der optischen Pistole Pi O
Atlaswerke, Bremen	Dr. Kietz Dr. Maaß	Entwicklung von Empfängern für ZAUNKÖNIG, PFAU und LERCHE Entwicklung GEIER

Atlaswerke, München	Dir. Kunze Dr. Wellenstein	Entwicklung der Pi Otto
Electroacustic, Kiel (Elac)	Dr. John	Entwicklung von Empfängern für den ZAUNKÖNIG
	Ing. Otten	Entwicklung von Verstärkern und Kommandowandlern für den ZAUNKÖNIG
	Dipl.-Ing. Dieckmann	Entwicklung von Registrierwerken
	Dr. Farenholz	Entwicklung der Pi Kiel
Auto-Union, Zwickau	Dir. Zerbst Ing. Schwenk	Entwicklung neuer Mittelteilhüllen für den ZAUNKÖNIG
Zahnradfabrik Friedrichshafen	Ob.Ing. Wiedmann	Entwicklung eines geräuscharmen Getriebes
Dipl.-Ing. Kort, Hannover	Dipl.-Ing. Kort	Mitarbeit bei der Entwicklung geräuscharmer Treibschrauben Versuche mit Raketenantrieb
Hamburger Schiffbauversuchsanstalt (HSVA)	Prof. Kempf	Mitarbeit bei der Entwicklung geräuscharmer Treibschrauben
	Dr. Lerbs	Untersuchungen des Torpedoverhaltens beim Ausstoß aus schrägen Rohren
Siemens Apparate- und Maschinenfabrik (SAM)	Dipl.-Ing. Helwig	Entwicklung eines elektromagnetischen Verstellwerkes am GA (SPECHT) Entwicklung eines GA für kursgesteuerte Eigen- und Fernlenktorpedos
	Dir. Dorner Ob.Ing. Achterkirchen	Entwicklung von Kommandofeuerleitanlagen
Luftfahrtgerätewerk (LGW), Berlin-Hakenfelde	Dr. Fieber	Entwicklung einer elektrischen Dreiachsenstabilisierung für Torpedos
Ankerwerke, Bielefeld	Dipl.-Ing. Aurbach	Entwicklung von Registrierwerken
Uhrenfabrik Junghans, Schramberg	Dir. Junghans	Entwicklung eines Selbstzerstöruhrwerkes für die Pi 4c
GEMA, Berlin-Köpenick	Dr. Hennrichs	Entwicklung von Meßverstärkern für Störpegelmessung
Triumpf-Werke, Nürnberg	Ob.Ing. Wunderlich	Entwicklung eines Tangential-Kurs-GA
Minerva Radio, Wien	Dr. Karobath	Mitarbeit an der Pi Mollwo Entwicklung GEIER II

Pala, Prag	Dir. Pala	Entwicklung von Trockenbatterien
Pertrix, Berlin	Dipl.-Ing. Walter	Entwicklung von Trockenbatterien
Sachsenwerke, Dresden	Dipl.-Ing. Rutkowski	Entwicklung von Generatoren für Torpedopistolen
Deutsche Werke Kiel, (DWK) Friedrichsort		Entwicklung eines Untersetzungsgetriebes
		Entwicklung einer Heckteilkonstruktion für Torpedos mit LGW-Steuerung
	Dr. Bernard	Theoretische Untersuchung der Torpedosteuerung
	Ob.Ing. Wilmanns	Untersuchungen am GA
		Entwicklung einer Modellversuchsanlage für den Torpedoausstoß vom U-Boot
		Entwicklung neuartiger Torpedoausstoßverfahren vom U-Boot
Askania-Werke, Berlin-Friedenau	Dir. Wünsch Ob.Ing. Tuschka Prof. Bestelmeyer Prof. Bittel Ob.Ing. Pilz	Entwicklung von Torpedosteuergeräten und Meßinstrumenten Entwicklung von Torpedopistolen, insbesondere der Pi 2 Entwicklung von Spezialmaschinen zur Turbinenschaufelbearbeitung
AFA, Hagen	Dir. Clostermann Dir. Drost Prof. Baars Dr. Beste Ob.Ing. Pöhler Ob.Ing. Bischof Ob.Ing. Bronstert	Entwicklung von Sekundär- und Primärelement-Batterien für Torpedos
Carl Zeiss, Jena	Ob.Ing. Steinle Dr. Werner	Entwicklung von optischen Geräten und Rechengeräten für die T-Waffe
Steinheil, München	Ob.Ing. Brauss	Entwicklung von optischen Geräten und Rechengeräten für die T-Waffe
Hagenuk, Kiel	Dipl.-Ing. Kerstenfischer	Entwicklung von Torpedorechen- und -steuergeräten für U- und S-Boote
Julius Pintsch KG, Fürstenwalde	Dir. Zachen	Entwicklung einer Großversuchsanlage für den Torpedoausstoß vom U-Boot
AEG, Werk Hamburg	Ing. Gregor	Entwicklung eines neuen Reglers für die G7e-Nachladeeinrichtung
Hansa-Motorenfabrik, Hamburg		Entwicklung eines neuen Reglers für die G7e-Nachladeeinrichtung
Junkers, Dessau	Dipl.-Ing. Strohl Dipl.-Ing. Lenck	Entwicklung des Torpedokreislaufmotors

IG-Farben, Bitterfeld	Dr. Müller Dr. Heider Dipl.-Ing. Dittgen Ing. de Ridder	Entwicklung von Primärelementbatterien für den Torpedoantrieb Ingolin-Behälterauskleidungen
Geräteentwicklung Danzig	Dr. Frängel Ing. Zwacka	Entwicklung der 'Leuchtfisch'-Pistole
Werkstatt für Schwingungsmeßtechnik Dr. Heymann, Darmstadt	Dr. Heymann	Untersuchungen zur Torpedostabilität
Simmerwerke, Freudenburg	Dir. Simmer	Manschetten und Simmerringe
Rhenania-Ossag	Dipl.-Ing. Bäuerlein	Schmiermittelentwicklung
Borgward, Bremen	Dir. Kynast	Torpedohüllenfertigungsentwicklung Propellerentwicklung
Deutsche Röhrenwerke, Düsseldorf	Dipl.-Ing. Remmert	Luftbehälterentwicklung
H. Walter KG, Kiel	Prof. Walter Prof. Kraemer Dr. Hausberg Dr. Diederichsen	Entwicklung von Ingolin-Torpedos
Rheinmetall, Düsseldorf	Dir. Kyna	Entwicklung von Ziehverfahren für Ingolin-Behälter
Fa. Schmidding, Bodenbach	Dir. Rhiemer Prof. Hanuschke Dipl.-Ing. Gröbner	Entwicklung von geschweißten Ingolin-Leichtmetallbehältern und Prüfverfahren
Wahodag, Hamburg	Dir. Jebens Ob.Ing. Köpke Ing. Britsch	Turbinenentwicklung (BO II und BO III)
Rheinmetall-Borsig, Berlin-Tegel		Turbinenentwicklung (BO IV) Seewassergeschmierte Lager
Brückner, Kanis & Co, Dresden	Dir. Kanis Dipl.-Ing. Jäkle Ob.Ing. Martin	Turbinenentwicklung (BO IV)

Ferner waren noch folgende Firmen an der Entwicklung von Ingolin-Torpedos beteiligt: Kühnle, Kopp & Kausch, Frankenthal (Pfalz); Voith, St. Pölten; Konstruktionsbüro Stöckicht, München; Arado, Brandenburg; V.K.F., Schweinfurt; Pulvermetallurgische Gesellschaft; L'Orange, Stuttgart-Feuerbach; IG-Farben, Leverkusen; Hessenwerk, Kassel; Fa. Wetzel, Hildesheim; Fa. Rost, Hamburg-Harburg; Defruga, Berlin; Fa. Huhn, Berlin-Tempelhof; Fa. Götze, Burscheid; Leichtmetallwerke Rackwitz; Noleiko, Hamburg; Ruhrstahl, Annen; Fa. Volk, Schwarzenberg; Versuchsstation und Labor Bernhard Berghaus, Berlin; Fa. D.M.W., Heddesheim; Fa. Bopp & Reuther und Fa. Heller, Nürtingen.

Schwerpunktsaufgaben der TVA im Jahre 1944 waren LUT, ZAUNKÖNIG, Kleinkampfmittel- und Ingolin-Torpedos. Daneben wurde an einer Vielzahl von Projekten gearbeitet. Dabei handelte es sich oftmals um Parallelentwicklungen. Es war unumgänglich, daß für die weitere Entwicklung auf dem Torpedogebiet klare Prioritäten gesetzt werden mußten.

In einer Dringlichkeitsliste des TWa wurden am 18. Dezember 1944 die wichtigsten Torpedoentwicklungen zusammengestellt, die bevorzugt angepackt werden sollten. Eine Reihe von Projekten sollte eingestellt werden, da sie nicht mehr kriegswichtig erschienen oder zu lange Entwicklungszeiten benötigten.

Entwicklungssektor	Schwerpunktsentwicklung	Entwicklung 1. Dringlichkeit	Entwicklung 2. Dringlichkeit
Torpedo	Ingolintorpedo	Sekundärbatterie Schlagflügelantrieb Geräuscharmer Torpedo	-
Torpedozündung	Weiterentwicklung der Frontpistolen Pi Mollwo (TZ 6)	Pi KWI EZT	Optische Pistolen Akustische Pistolen
Torpedosteuerung	LGW-Steuerung Pneumatischer GA der TVA Verbesserung der Front-TA und -GA	-	-
Torpedolenkung	ZAUNKÖNIG II ZAUNKÖNIG-Weiterentwicklung GEIER NYK	LERCHE	TAUBE IBIS FASAN
Torpedorohre	OT I -Schuß Kriegswichtige Verbesserungen Vorbereitung zur Einführung der LGW-Steuerung am Torpedorohr	OT II -Schuß Maschineller Mündungsklappenantrieb Schwalloser Minenausstoß für kolbenlose Rohre Luftloser Ausstoß	-
Torpedo-Feuerleitanlagen	Eigenstabilisierung Torpedosehrohr I U-Boot-Vorhaltrechner U-Boot-Koppler Vorbereitung zur Einführung der LGW-Steuerung	Einheitsoptik S-Bootzielsäule 2 Einheitszielapparat	Torpedozielsäule 4

Folgende Entwicklungen sollten eingestellt werden:
der Kreislaufmotor,
die MgC-Primärbatterie,
die PbO_2-Zn-Primärbatterie,
der 40 kn-G 7e,
der Rückstoßantrieb,
die UZT,
die GA-Verbesserungen Askania und DWK,
verschiedene Arbeiten bei Osenberg,
die PAVIAN-Steuerung und
der NY-Torpedo.

Eine besondere Priorität besaß danach die elektrische Dreiachs-Torpedo-Steuerung des Luftfahrtgerätewerkes (LGW) in Berlin-Hakenfelde. Sie war bereits 1940 vom Laborleiter für Selbststeuerungen, Dr. Fieber, vorgeschlagen worden. Ihre Besonderheit lag in der zusätzlichen Stabilisierung der Torpedoquerlage durch ein Überwachungspendel mit elektrischem Integrationsgerät für die Rollgeschwindigkeit zur Bestimmung der Querlage, der Tiefensteuerung ohne Längslagenpendel, Dämpfungskreiseln und grundsätzlich elektrischen Abgriffen. Wegen der großen Fertigungsumstellung, die die Einführung dieser Steuerung erfordert hätte, wurde sie erst einmal abgelehnt, 1944 dann aber mit Unterstützung der Luftwaffe wieder aufgegriffen und bis zur Jahreswende 1944/45 mit hoher Dringlichkeit entwickelt.

Diese LGW-Steuerung wurde Ende 1944 bei der IVN in allen drei Achsen zuerst einzeln und dann zusammen in einem G 7e-Torpedo erprobt, wobei etwa 200-300 Schüsse mit ihr abgegeben wurden.

Mitte Januar 1945 sollte dann unter Leitung des Rüstungsministeriums in einer großen Besprechung aller an diesen Entwicklungsvorhaben beteiligten Stellen in Gotenhafen die weitere Arbeit koordiniert und vorbereitet werden. Die Liste der eingeladenen Persönlichkeiten war stattlich und faßte wohl zum letzten Male einen großen Teil der auf diesem Gebiet tätigen deutschen Experten zusammen:

Januar-Tagung in Gotenhafen
am 13./14.1.1945

Ruk, TA Oberst Geist, Kpt.z.S. Bathe
Ruk   Prof. Wolf, Dr. Schulze,
    Ob.Ing. Dickes, Dipl.Ing. Därr
Ruk, SKZM Dr. Runge
Ruk, Torp.-Kommission Korv.Kpt. Gießler,
    General Heidenreich, Prof. Petersen, Dir. Dr. Lüschen, Prof. Schmidt

Prinzipskizze der elektrischen LGW-Torpedosteuerung (nach Dr. Fieber)

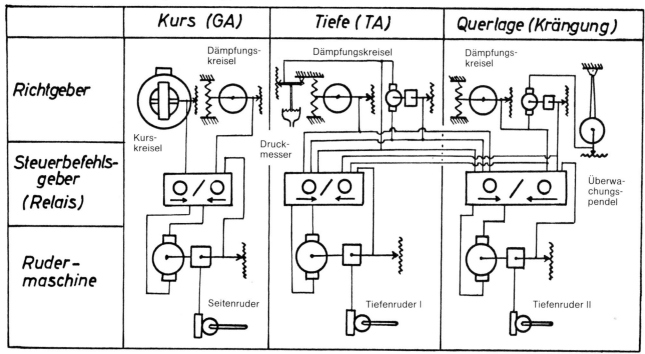

Ruk, Sonderausschuß Torpedos und Torpedoausstoßrohre Dr. Schamberger, Dipl.-Ing. Willmann, Dipl.-Ing. Schenk, Voges
WFM Dr. Buchmann, Dr. Howey, Dr. Barth
Mar.Rüst/Stab Min.Rat Köhler
Mar.Rüst/TA Korv.Kpt. Eckoldt (Abwehr)
Mar.Rüst/AWa Min.Dirig. Cordes, Dr. Schade
Mar.Rüst/TWa Kpt.z.S. Frerichs, Korv. Kpt. Hardegen, Dipl.-Ing. Thomsen, Dr. Unkelbach, Dipl.-Ing. Zapf
Mar.Rüst/FEP K.Adm. Rhein, Min. Rat Dr. Buchmann, Ob.Reg.Rat Dr. Bauer, Korv.Kpt. Prof. Hasse, Reg.Rat Dr. Ruprecht, Reg.Rat Dr. Walter, Oblt. Langner
TVA Eckernförde Korv.Kpt. Korth, Dipl.-Ing. Nowotny
TVA Gotenhafen (keine Teilnehmerliste)
IVN Neubrandenburg Prof. Trendelenburg, Ob.Ing. Schaaf
CPVA Dr. Obermüller
SVK Ob.Ing. Scheffler
KMAG VIII Dr.v.Oetting, Dipl.-Ing. Gerwig
KMAG IX Korv.Kpt. Prof. Wigge, Ing. Kuipers
OKL Oberst Ing. Dr. Lorenz, St.Ing. Dr. Spengler, Ob.St.Ing. Bree, St.Ing. Woehrle, St.Ing. Wahl, St.Ing. Dr. Knausenberger, St.Ing. Lenneper, Oberstlt. Halder, Hptm. Jank, Dr. Wäsch
OKH Reg.BR Dr. Stanke, Prof. Klose, Hptm. Dr. Schaack, OBR Johannsen (WaPrüf), Dipl.-Ing. Grafenhorst
Elektromech. Werkstätten Karlshagen Prof.v.Braun, Dir. Storch, Dr. Weiß, Dr. Steinhoff
Erprobungsstelle der Luftwaffe, Karlshagen Ob.St.Ing. Dr. Dantscher, Hptm.Ing. Mayer, Dipl.-Ing. Erb, Oberstlt. Stams, Ing. Kröger
TWP Hexengrund Ob.St.Ing. Hillermann, Hptm. Vater, St.Ing. Lauck, St.Ing.v.Riegen, St.Ing. Krumme, Oblt. Dr. Matusche, Dr. Magnus, Oblt. Dr. Klein, Lt. Dr. Goehlich, Dipl.-Ing. Erb
DFS Prof. Fischl, Dipl.-Ing. Stinshoff
SS-Führungshauptamt SS-Hauptsturmführer Lattermann

Versuchsstelle Großendorf Dr. Kahlscheuer
Reichsforschungsrat Prof. Gerlach, Prof. Gladenbeck, Min.Dir. Prof. Mentzel, Staatsrat Prof. Esau
RPF Dr. Zunino, Dr. Kleinwächter
PTR Prof. Möller, Dr. Kaltenbach, Dr. Thienhaus, Dr. Fuhrbach, Dipl.-Phys. Bierle
FFO Dr. Ahrens, Dr. Gerbes, Ob.Ing. Nefzger
DVL Dr. Runge
VSF Dr. Kuhl, Prof. Osenberg
LFA Hermann Göring Dr. Stappenbeck
Reichsphysik Dr. Grützmacher
TH Danzig Prof. Ackermann, Prof. Grohe, Prof. Schwenkhagen, Dipl.-Ing. Roewer, Dipl.-Ing. Rossie
TH Darmstadt Prof. Walther, Prof. Viehweg, Prof. Rauh
TH Karlsruhe Prof. Sauer
TH Dresden Prof. Wolmann
LGW Hakenfelde Ob.Ing. Thiery, Dr. Oppelt, Dir. Klein, Dr. Fieber
SAM Dir. Dorner, Dr. Oettker
GEMA Dir. Erbslöh, Dr. Heinrich, Dr. Berger
Atlas, Bremen Dr. Kietz, Dr. John
Atlas, München Dr. Holle
Minerva, Wien Dr. Karobath, Dipl.-Ing. Huebel, Dipl.-Ing. Reisinger
Hentschel Prof. Wegener, Dr. Keller
Zeiss G. Lange
Elso Dr. John
Borsig Dr. Väters
Elac, Kiel Dr. Hecht, Dr. Fischer, Dipl.-Ing. Holdt
AEG Dir. Dr. Buch, Dir. Hämmerling, Dipl.-Ing. Petz
Holzbau AG Prof. Messerschmidt
Erpr.Stelle der Luftwaffe Rechlin Dr.v.Burger

(Der große Anteil von Angehörigen der Luftwaffe erklärt sich aus der Einbeziehung der Flugzeugtorpedoentwicklung und der dafür entwickelten sehr fortschrittlichen Geräte, die z.T. von der Marine erprobt und auch übernommen wurden. Vgl. F. Lauck 'Der Lufttorpedo', München 1981.)

Die rapide Verschlechterung der Kriegs- und Rüstungslage nach der gescheiterten Ardennenoffensive führte jedoch zu vielen Absagen, so daß in Gotenhafen nur ein reduzierter Kreis zusammenkam. Während hier über die nächsten Aufgaben diskutiert wurde, brach an der Weichsel und in Ostpreußen die deutsche Front unter dem Ansturm der russischen Panzerverbände zusammen. In wenigen Tagen stieß die Rote Armee bis in den Danziger Raum vor und schnitt Ostpreußen ab. Die Torpedoversuchseinrichtungen um Gotenhafen wurden Kampfgebiet, ihr Personal nach Eckernförde zurückverlegt oder in den Volkssturm eingereiht.

Inzwischen war vom Ministerium Speer das sogenannte Notprogramm verkündet worden, das nur noch die Entwicklung und Produktion von solchen Waffen und Geräten gestattete, deren Einsatz besonders kriegswichtig und sofort möglich war. Das bedeutete die Einstellung fast aller Entwicklungsvorhaben auf dem Torpedogebiet. Einzig der K-BUTT kam als Neuentwicklung in das Notprogramm, jedoch nicht mehr zum Einsatz.

Die Reste der Gotenhafener TVA-Abteilung versuchten noch ihre Erprobungen auf dem Schießstand Ost in Surendorf bei Eckernförde wieder anlaufen zu lassen, doch das Kriegsende setzte einen endgültigen Schlußstrich unter alle diese Bemühungen.

Anhang

Übersicht über die von deutschen U-Booten im Zweiten Weltkrieg gemeldeten und beim TWa ausgewerteten Torpedoschüsse (ohne T V-Schüsse)

Zeitraum	Schußzahl		gemeldete Treffer	gemeldete Fehlschüsse	Materialversager
3. Quartal 1939	4				
4. Quartal 1939	189	193	47 %	47 %	16 %
1. Quartal 1940	197				
2. Quartal 1940	248				
3. Quartal 1940	317				
4. Quartal 1940	319	1081	50,5%	33 %	16.5%
1. Quartal 1941	218				
2. Quartal 1941	406				
3. Quartal 1941	224				
4. Quartal 1941	249	1097	51 %	37,5%	11,5%
1. Quartal 1942	563				
2. Quartal 1942	619				
3. Quartal 1942	590				
4. Quartal 1942	627	2399	51,1%	40,2%	8,7%
1. Quartal 1943	554				
2. Quartal 1943	288				
3. Quartal 1943	244				
4. Quartal 1943	161	1247	55,5%	39,5%	5 %
1. Quartal 1944	92				
2. Quartal 1944	81				
3. Quartal 1944	69				
4. Quartal 1944	*	*	52,9%	41,6%	5,5%

Gesamtzahl der ausgewerteten Schüsse 6257
Gesamtzahl der dabei geschossenen Torpedos 8259, d.h. 1,32 Torpedos pro Schuß

20 Die neuen deutschen Torpedos (NIXE, SEESCHLANGE, SEAL, SST 4 und SUT)

Die Schiffe der neuen Bundesmarine mußten sich längere Zeit mit Torpedos aus alliierten Beständen begnügen. Dazu gehörten anfangs neben alten G 7a- und G 7e-Torpedos aus der Kriegsbeute in erster Linie der britische Standardtorpedo Mk 8. Hierbei handelte es sich um einen 21"-Torpedo von 6572 mm Länge und einem Gewicht von 1573 kg. Er wurde von einem Vierzylinder-Sternmotor mit max. 320 PS bei 1200 U/Min angetrieben, der ohne Wasserzuführung nur mit angewärmter Luft und zusätzlicher F 44-Brennstoff-Einspritzung und -Verbrennung arbeitete. Dabei betrug die Betriebstemperatur ca. 850°C. Beim 41 kn-Schuß (228 PS) besaß er 6400 m Reichweite. In seinen Leistungen war er etwa dem G 7a vergleichbar, bei jedoch etwas geringerer Laufstrecke wegen des fehlenden Dampfzusatzes.

Bei der Deutschen Bundesmarine eingesetzter britischer Mk 8 Torpedo

Am 1. Juni 1957 wurden die Reste der ehemaligen TVA in Eckernförde, die Zerstörung und Sprengung überlebt und dann kommunalen und industriellen Zwecken gedient hatten, zur Erprobungsstelle für Marinewaffen, der späteren Erprobungsstelle 71 der Bundeswehr, zusammengefaßt. Der Dienstbetrieb begann am 12. August 1957 in fünf Büroräumen mit insgesamt drei Personen unter der Leitung von Dr. Bartram.

Im Rahmen der Dienstleistungsaufgaben dieser dem Bundesamt für Wehrtechnik und Beschaffung unterstehenden Behörde werden hier Torpedowaffen, Torpedoabwehranlagen, Feuerleitanlagen, Sperrwaffen, U-Jagdwaffen und Sonaranlagen erprobt. Für die Torpedoversuche wurden an historischer Stätte im Werk Süd ein neuer Schießstand und eine Bahnvermessungsanlage errichtet.

Eine wichtige Rolle bei den Versuchen auf See spielte das gehobene ehemalige Typ XXI-U-Boot U 2540, das nach Wiederherstellung und einen für seine neue Aufgabe erforderlichen Umbau im August 1960 unter dem Namen WILHELM BAUER wieder in Dienst gestellt worden war. Es fuhr anfangs mit einer Marinebesatzung, ab 1970 - nach der Übernahme durch die Erprobungsstelle - mit einer reinen Zivilbesatzung. Die WILHELM BAUER war in Eckernförde-Nord beheimatet und leistete bis zu ihrer Außerbetriebnahme im November 1980 u.a. auch als Zielschiff für Lenktorpedos gute Dienste.

Da die alliierten Torpedos für den Einsatz in den flachen Gewässern der Ost- und Nordsee weniger geeignet waren, be-

Der Verfasser auf WILHELM BAUER in Eckernförde Nord

gann Ende der 50er Jahre in der Bundesrepublik Deutschland eine eigene Torpedoentwicklung, wobei an die Entwicklungen und Erfahrungen der deutschen Marine vor 1945 angeknüpft wurde. Diese Kontinuität spiegelt sich auch in den Namen der ersten Direktoren der Erprobungsstelle wider:

1957 - 1967 Dr.-Ing. Werner Bartram
1967 - 1971 Dipl.-Ing. Werner Thomsen
1971 - 1972 Dr.-Ing. Erwin Mayer

Das Ziel war die Entwicklung eines spurfreien Drahtlenktorpedos mit einem aktiv-passiv akustischen Sensorsystem im Torpedokopf. Um eine möglichst große Laufstrecke und damit eine möglichst geringe Gefährdung des Torpedoträgers zu erhalten, kamen nach dem damaligen Stand der Technik nur ein Ingolin-Antrieb mit Seewassereinspritzung, ein Kreislauf-Ottomotor-Antrieb und ein elektrischer Antrieb mit Benutzung von Primärelement-Batterien in Frage. Obwohl die Entwicklung des Ingolin-Torpedos von den drei Möglichkeiten bei Kriegsende am weitesten fortgeschritten war und auch zur damaligen Zeit in den USA und der UdSSR noch eine hohe Priorität besaß, wurde sie in der Bundesrepublik nicht wieder aufgegriffen.

Da die Deutsche Bundesmarine zunächst einen für den Flachwassereinsatz in der Ostsee geeigneten U-Jagd-Torpedo benötigte, begann man mit der Entwicklung eines elektrisch angetriebenen, drahtgelenkten und mit einem akustischen Zielsuchkopf ausgerüsteten Torpedo (Standard-Durchmesser 534 mm), der die Bezeichnung DM 1 SEESCHLANGE erhielt.

Die Technologie der Drahtlenkung für Torpedos unterscheidet sich in vielem von der für die Raketenlenkung eingesetzten Technologie. Umfangreiche Unter-

Werk Süd der Erprobungsstelle 71 der Bundeswehr in Eckernförde mit den neuen Torpedowerkstätten und dem neuen Schießstand

suchungen waren daher erforderlich, bis die Torpedo-Drahtlenkung die gewünschte Betriebssicherheit und Zuverlässigkeit erreicht hatte. Probleme ergaben sich auch für die Trägerschiffe. Da diese nach dem Abschuß eines Torpedos weiterfahren, mußte dafür gesorgt werden, daß der vom Trägerschiff ausspulende Draht nicht in den bzw. die Propeller kommt. Bei den S-Booten wurde dieses Problem dadurch gelöst, daß man die Torpedorohre auf das Achterdeck stellte und die Torpedos mit Preßluft nach achtern ausstößt.

Für die neuen U-Boote wurde eine ähnliche Lösung angestrebt. Dazu wurde das wegen der Korrosionsgefahren an der amagnetischen Hülle außer Dienst gestellte U 1 umgebaut. Es erhielt einen voluminösen Aufbau hinter dem Turm mit zwei Heckrohren für drahtgelenkte Torpedos. Dieser Aufbau erwies sich aber für den vorgesehenen Einsatz der Boote als ungeeignet. Man ging daher zum Bugrohrschuß drahtgelenkter Torpedos über, mußte aber besondere Maßnahmen treffen, um zu verhindern, daß der ausspulende Draht durch das U-Boot bzw. seinen Propeller beschädigt wird.

U 1 der Bundesmarie nach dem Umbau für Versuche mit drahtgelenkten Torpedos. Der auf das Achterschiff aufgesetzte Container enthält zwei Torpedorohre. Das Bild zeigt das Boot nach dem Aufschwimmen im Trockendock der Kieler Howaldtswerke Anfang 1965

Als Antrieb des DM 1 war zunächst ein Asynchron-Motor vorgesehen, der über ein vom Torpedo ausgespultes 3-adriges Kabel vom Trägerschiff gespeist wurde. Obwohl Voruntersuchungen gezeigt hatten, daß ein solcher Antrieb technisch möglich und für einen U-Jagd-Torpedo brauchbar ist, ging man zu einem batteriegespeisten Antrieb über, als leistungsfähigere Primärbatterien (Elektrodenmaterial Silber und Zink, Elektrolyt Kalilauge) zur Verfügung standen, da ein batteriegespeister Antrieb autark, d.h. vom Trägerschiff unabhängig ist, und da bei ihm das Entwicklungsrisiko erheblich geringer war.

Diese Primärbatterien waren von der Firma Yardney/USA entwickelt worden und wurden von der Firma Silberkraft in Duisburg, die eine Lizenz erhalten hatte, auf die deutschen Anforderungen umgestellt. Weil Primärbatterien nur einmal eingesetzt werden können, wurden für den Übungsbetrieb zunächst wiederaufladbare Nickel-Cadmium-Batterien (positive Elektrode NiO, negative Elektrode Cd, Elektrolyt KOH, mittlere Entladungsspannung 1,1 V, praktische Energiedichte 25-33 Wh/kg) eingesetzt. Diese 'Übungs'-Batterien hatten jedoch im Vergleich zu den 'Gefechts'-Batterien eine zu geringe Kapazität und wurden durch die erheblich leistungsfähigeren Silber-Zink-Sekundärbatterien ersetzt; damit konnten auch im Übungsbetrieb ausreichende Torpedo-Laufstrecken erreicht werden. Die Silber-Zink-Sekundärbatterien bestehen aus einzelnen Zellen, die nach ihrer Aktivierung entladen und dann wieder mehrmals geladen und entladen werden können.

Der Propellermotor in Form eines Gegenläufermotors wurde von der Firma LDW (Lloyd Dynamowerke GmbH, Bremen), die zu AEG-TELEFUNKEN gehört, entwickelt. Dieser Motor treibt die beiden gegenläufigen Propeller des Motors direkt an; dadurch entfällt das Umkehrgetriebe, und der Antrieb ist sehr leise.

Bei der Entwicklung der neuen Torpedos für die Deutsche Bundesmarine wurden selbstverständlich alle Möglichkeiten genutzt, die die Elektronik, die elektronische Datenverarbeitung, die moderne Nachrichtenübertragungs- und Regelungstechnik und die Fortschritte in der Werkstofftechnik (Glasfaser-verstärkte Kunststoffe, spezielle Aluminiumlegierungen) boten. Auch bei der Entwicklung des Gegenläufermotors wurden die neuesten Erkenntnisse im Elektromaschinenbau voll berücksichtigt.

Folgende Firmen wurden vom BWB (Bundesamt für Wehrtechnik und Beschaffung) mit den Entwicklungsarbeiten betraut:

AEG-TELEFUNKEN	Generalunternehmer für den Torpedo
KAE (Fried. Krupp GmbH, Krupp Atlas-Elektronik, Bremen)	Entwicklung und Lieferung des akustischen Zielsuchkopfes und des Bord-Gerätes zur Auswertung der vom Torpedo zurückgemeldeten Sonar-Informationen
HSA (Hollandse Signaalapparaten B.V. Hengelo NL)	Lieferung des Feuerleitrechners für das Trägerschiff
Faun-Werke Neunkirchen	Torpedorohre für S-Boote
MaK (Krupp MaK Maschinenbau GmbH Kiel)	Torpedorohre für U-Boote

Die SEESCHLANGE besitzt einen akustischen Zielsuchkopf für Passiv- und Aktiv-Betrieb und wird vom Trägerschiff solange über Draht gelenkt, bis der Torpedo das Ziel mit seinem akustischen Zielsuchkopf aufgefaßt hat; eine Automatik lenkt dann den Torpedo selbsttätig ins Ziel. Die SEESCHLANGE wird auf den U-Booten der Klasse 206 der Deutschen Bundesmarine gefahren.

Für die Bekämpfung von Seezielen forderte die Deutsche Bundesmarine außerdem einen drahtgelenkten, mit einem akustischen Zielsuchkopf ausgerüsteten Seeziel-Torpedo mit einem Antrieb, der eine hohe Geschwindigkeit und eine große Laufstrecke ermöglicht und der spurfrei ist. Man entschied sich für einen thermodynamischen Antrieb mit einem teilgeschlossenen Kreislauf, obwohl ein solcher Antrieb nicht völlig spurfrei ist. Dieser Seeziel-Torpedo, der die Bezeichnung NIXE erhielt und der von S- und U-Booten eingesetzt werden sollte, wurde ab 1961 bei der MaK in Kiel-Friedrichsort, also auf dem historischem Boden der ehemaligen Torpedo-Werkstatt, entwickelt.

Zwei Motor-Varianten wurden untersucht, nämlich ein Ottomotor in V-Anordnung, den die MaK selbst entwickelte und baute, und ein Zweischeiben-Wankelmotor von der Firma Mercedes-Benz. Bis 1974 wurden acht Torpedoprototypen mit dem V-Motor gebaut und erprobt; der Antrieb mit dem Zweischeiben-Wankelmotor kam nicht zum Einsatz. Die komplette Elektronik einschließlich der Nachrichtenübertragung, die Kreiselsysteme usw. lieferte AEG-TELEFUNKEN, den akustischen Zielsuchkopf KAE, wobei weitgehend auf Komponenten zurückgegriffen wurde, die für die neuen elektrisch angetriebenen Torpedos inzwischen entwickelt worden waren.

Wegen erheblicher Schwierigkeiten beim thermodynamischen Antrieb und als erkennbar wurde, daß der öffentliche Auftraggeber die notwendigen weiteren Entwicklungsarbeiten nicht mehr finanzieren würde, wurde die Entwicklung der NIXE Mitte der 70er Jahre abgebrochen; inzwischen war nämlich ein elektrisch angetriebener Seeziel-Torpedo mit der Bezeichnung DM 2 SEAL von AEG-TELEFUNKEN entwickelt worden, der hinsichtlich seines Antriebes (Höchstgeschwindigkeit und Laufstrecke) zwar nicht die NIXE-Forderungen erfüllte, aber doch die taktischen Forderungen der damaligen Zeit abdeckte und außerdem völlig spurfrei war.

Da dieser Torpedo eine größere Reichweite als die SEESCHLANGE haben mußte, wurde ein leistungsfähigerer Antrieb entwickelt, das Antriebskonzept - Silber-Zink-Primär- bzw. -Sekundärbatterie und Gegenläufermotor - aber beibehalten. Viele Komponenten konnten von der SEESCHLANGE übernommen werden; daher wurden beide Torpedos etwa gleichzeitig fertig und bei der Deutschen Bundesmarine eingeführt. Auf die Vorteile von gleichen Komponenten für SEESCHLANGE und SEAL für Fertigung und Logistik braucht wohl nicht besonders hingewiesen zu werden.

Für den SEAL gibt es z.Zt. zwei Typen von Gefechtsbatterien, die sich hinsichtlich ihrer Leistungsdaten nicht voneinander unterscheiden und daher wahlweise eingesetzt werden können. Auf

Wunsch des BWB begann nämlich etwa ab 1970 die Firma VARTA mit der Entwicklung einer neuen Silber-Zink-Primärbatterie, die sich in ihrer 'Chemie' (Herstellung der geladenen Silberelektrode) und vor allem in ihrem mechanischen Aufbau von der Primärbatterie der Firma Silberkraft unterscheidet; diese Entwicklung wurde inzwischen erfolgreich abgeschlossen.

Ende 1978 begann die Firma VARTA mit der Serienproduktion ihrer AgO-Zn-Primärbatterien, die nach eigenen Angaben für den DM 2 folgende Energieinhalte besitzen sollen:

Einzelzelle	130 Wh/kg und	247 Wh/l
Batterieblock	92 Wh/kg und	185 Wh/l
Gesamtsystem	55 Wh/kg und	96 Wh/l

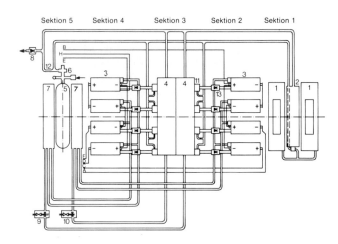

Schematische Darstellung der aktivierbaren VARTA-AgO-Zn-Batterie für den DM 2-Torpedo
1 Batterieblöcke der Bordnetzbatterie
2 Elektrolytbehälter der Bordnetzbatterie
3 Je vier Batterieblöcke der beiden Antriebsbatterien (jeder Batterieblock enthält 19 Zellen, jede Zelle besitzt 6 positive Elektroden (aktive Masse AgO) und 7 negative Elektroden (aktive Masse Zn).)
4 Zwei Elektrolyttanks mit Kalilauge
5 Druckgasflasche
6 Öffnungsmechanismus
7 Zwei Laugeabscheider
8–10 Ventile zur Steuerung von Gas- und Flüssigkeitsströmen
11 Öffnungsmechanismus für die Laugebeutel
12 Drossel
13 Rückschlagventile

Die durch Formierung hergestellten geladenen Silberelektroden altern. Deshalb müssen derartige Zellen im Frischzustand eine gewisse Überkapazität von etwa 40% besitzen, wenn sie in 5 Jahren die Sollkapazität haben sollen. Man rechnet bei der Firma VARTA mit einer maximalen Lagerfähigkeit ihrer AgO-Zn-Primärbatterien von 8 Jahren. Somit müßten jährlich etwa 15% des Gesamtbestandes erneuert werden. Die ausgesonderten Batterien können dann für eine zweite Lagerperiode regeneriert werden.

Da diese neuen Torpedos über Draht vom Feuerleitrechner des Trägerschiffes gelenkt werden, kann der Torpedo nicht mehr für sich allein betrachtet werden; er ist Bestandteil eines Regelkreises, also eines Systems geworden, das als Torpedowaffensystem bezeichnet wird. Hat der Torpedo dann das Ziel mit seinem akustischen Zielsuchkopf aufgefaßt, so wird er selbsttätig durch eine Lenkeinrichtung in das Ziel gelenkt; auch dies ist ein regelungstechnischer Vorgang, der wegen der Eigendynamik des Torpedos besondere Probleme mit sich bringt.

Der Mensch greift nur dann ein, wenn er bei der Überwachung des Torpedos an Hand der zurückgemeldeten Daten Fehler feststellt oder bemerkt, daß der Torpedo

Batteriesektion des Torpedos DM 2 mit aktivierbarer AgO-Zn-Batterie der Fa. VARTA-Batterie AG

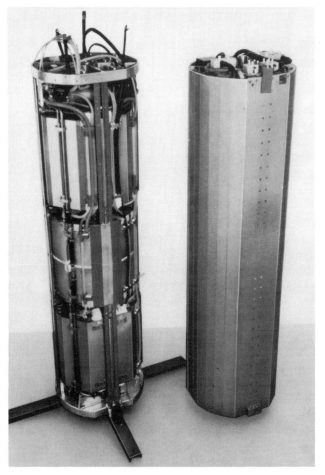

bei mehreren Zielen nicht das 'richtige' Ziel angreift.

Um solche Waffensysteme optimal auslegen zu können, waren umfangreiche Simulationen erforderlich, da man nicht alle Betriebszustände im Schuß erproben bzw. untersuchen kann.

Inzwischen gibt es besonders beim SEAL mehrere Bauausführungen, da die Torpedos laufend den neuesten Erkenntnissen angepaßt wurden.

Zur weiteren Torpedoentwicklung für die Deutsche Bundesmarine schrieb der 'Wehrdienst' im Februar 1983, daß für die 'zweite Torpedogeneration' der fortschrittliche Torpedo DM 2 A3 vorgesehen sei, mit dessen Erprobung bis 1988 und dessen Serienauslieferung ab 1991 gerechnet werde. Dann müßten die noch vorhandenen U-Boote der Klasse 206 dieser neuen Waffe angepaßt werden, wofür ca. 130 Mio DM benötigt würden. Auch die 6 neuen von Norwegen in der Bundesrepublik Deutschland bestellten U-Boote der Klasse 211 sollen die neuen DM 2 A3-Torpedos erhalten.

Neben den 21"-Torpedos DM 1 und DM 2 werden z.Zt. in der Deutschen Bundesmarine noch der U-Jagdtorpedo Mk 37 aus USA (Durchmesser 483 mm, Länge 3429 mm, Gewicht 650 kg, elektrischer Antrieb mit einem 36 PS-Motor und einer AgO-Zn-Batterie, Reichweite 8000 m/24 kn, deutsche Bezeichnung DM 3) und die im nächsten Kapitel näher beschriebenen Leichttorpedos Mk 44 und Mk 46 (ebenfalls aus USA) benutzt. Bis zur Einführung des DM 1 war der Mk 37 der Standard-Torpedo der neuen deutschen U-Boote.

Für den Export wurde von AEG-TELEFUNKEN ein weltweit einsetzbarer Seeziel-Torpedo mit der Bezeichnung SST 4 (Special Surfacetarget Torpedo Version 4) entwickelt. Ein Teil der Komponenten des SEAL konnte für den SST 4 direkt übernommen werden, einige mußten völlig neu konstruiert werden.

SST 4-Torpedos sind erstmals während des Falkland-Konfliktes 1982 zum Einsatz gekommen. Sie wurden von dem argentinischen U-Boot SAN LUIS, einem von HDW gebauten Export-U-Boot der Klasse 209, bei zwei Angriffen auf Schiffe der briti-

Torpedoübernahme eines SST 4 Torpedos bei einem U-Boot (Klasse 209) der ekuadorianischen Marine

schen Landungsflotte abgeschossen. Der erste Angriff mit einem SST 4 erfolgte am 1. Mai aus ca. 1300 m Entfernung auf ein Kriegsschiff, der zweite Angriff mit einem SST 4 am 10. Mai aus 5000 m Entfernung auf U-Jagdeinheiten. Erfolge wurden dabei nicht erzielt. Die Ursache dafür soll in einem Bedienungsfehler - Vertauschung von Steckkontakten - gelegen haben. Dies wurde aber vom Kommandanten der SAN LUIS, Kpt.z.S. Fernando Maria Azcueta, in einem Zeitungsinterview bestritten. Das U-Boot wurde geortet und bekämpft, konnte aber unbeschädigt seinen erfolglosen Einsatz beenden. Sein Schwesterschiff SALTA war in dieser Zeit nicht klar und kam deshalb nicht zum Einsatz. Dieser Ausgang war für die deutschen Hersteller der U-Boote und der Torpedos sicher ein besonders glücklicher Umstand.

Ab Mitte der 70er Jahre zeigte es sich immer deutlicher, daß die Trennung zwischen Seeziel- und U-Jagd-Torpedo aus taktischen und logistischen Gründen un-

Übungsteil II   Elektronikteil (ohne Hülle)

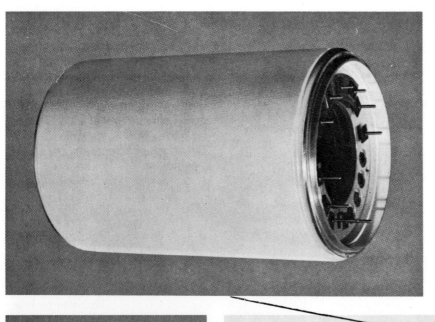
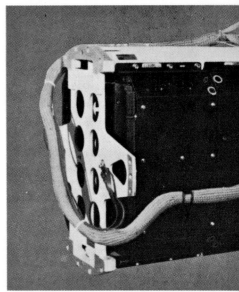
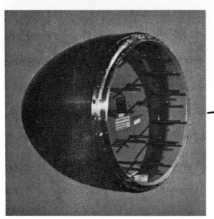

Kopfteil

Batterieteil (Schaltereinheit)

Kassette

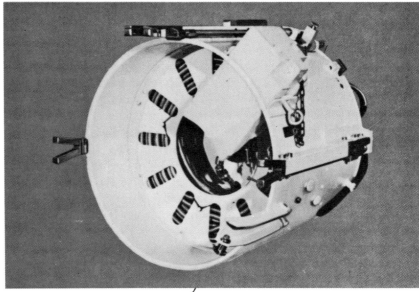

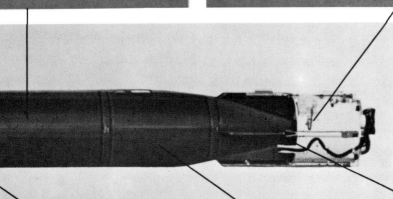

Die Darstellung zeigt die Übungsversion des SUT-Torpedos. Durch Austausch der Übungsteile I und II gegen Sprengstoffteil mit Zünder und Elektronikteil II entsteht der Gefechtstorpedo.

Übungsteil I

Motorteil

Heckteil

AEG-Torpedo SUT – Gesamttorpedo und Einzelsektionen

AEG Drahtlenktorpedo (SST 4) auf dem Torpedo-Teststand

zweckmäßig ist und ein Torpedo, der beide Aufgaben erfüllen kann, der Torpedo der Zukunft sein würde.

Ein solcher Torpedo ist der von AEG-TELEFUNKEN entwickelte SUT (<u>S</u>urface and <u>U</u>nderwatertarget <u>T</u>orpedo). Auch beim SUT werden viele Komponenten eingesetzt, die direkt bzw. in abgewandelter Form vom SEAL übernommen wurden. Neu ist vor allem die 3-dimensionale Lenkeinrichtung für den U-Jagd-Einsatz.

Der Einsatz eines modernen, drahtgelenkten Torpedos wird von Dipl.-Ing. Ramsauer (a.a.O.) folgendermaßen beschrieben: "Nach Aufnahme der Zieldaten durch die Schiffssensoren werden sie zusammen mit den Angaben über den eigenen Kurs und die eigene Geschwindigkeit dem Feuerleitrechner zugeführt, der seinerseits den Torpedokurs und die geeignete Torpedogeschwindigkeit berechnet. Liegt der voraussichtliche Treffpunkt innerhalb der Torpedo-Reichweite, so wird der Torpedo durch den Feuerleitrechner automatisch auf seine Funktionsfähigkeit überprüft, und wenn diese gegeben ist, gestartet. Erst in diesem Augenblick wird die Torpedobatterie aktiviert, wobei die Kalilauge mittels eines Druckgases in die Zellen gepreßt wird, und der Torpedo verläßt das Rohr – beim U-Boot mit eigener Kraft, beim S-Boot durch Preßluft.

Während der Ansteuerungsphase wird – sofern erforderlich – der Torpedo ständig über den zweiadrigen Lenkdraht nach den aktuellen Daten der Schiffssensoren nachgelenkt. Während des Laufes sucht der Zielsuchkopf den akustischen Horizont ab und meldet das Ergebnis über den Lenkdraht an den Feuerleitrechner. Ist das Ziel nun vom Torpedo aufgefaßt, wird auf Eigenlenkung umgeschaltet. Der Torpedo greift jetzt selbständig das Ziel an, wobei seine Position weiter an den Feuerleitrechner übermittelt wird. Da-

Torpedo-Trimmeinrichtung mit AEG-Drahtlenktorpedo (SST 4)

durch ist es möglich, auch noch in dieser Phase vom schießenden Schiff in den Torpedolauf einzugreifen und z.B. bei mehreren Zielen den Torpedo auf ein bestimmtes Ziel anzusetzen.

Handelt es sich um ein sehr leises oder langsames Schiff, kann auf Aktivortung umgeschaltet werden. Ferner kann von Bord des schießenden Schiffes aus ein bestimmter Programmlauf des Torpedos ausgelöst werden, der sich auch selbständig bei einer Unterbrechung der Nachrichtenübertragung (z.B. durch Riß des Lenkdrahtes) einschaltet und den Torpedo zum Absuchen des Zielgebietes durch einen bestimmten Kurvenlauf veranlaßt. Ein eingebautes Zielverlustprogramm wird bei einem Zielverlust automatisch eingeschaltet und läßt den Torpedo Kurven (z.B. Suchkreise) laufen, die zu einem Wiederauffinden des Zieles führen sollen."

Damit ist die deutsche Torpedo-Entwicklung jedoch keineswegs abgeschlossen. Neue taktische Forderungen - hier besonders die Abwehrsicherheit gegen akustische Täuschkörper, die das Zielobjekt nach sich schleppt, um den Torpedo 'abzulenken' - bedingen eine stetige Weiterentwicklung. Moderne Torpedos besitzen heute durch den Einsatz von Mikrocomputern eine 'Intelligenz', die noch vor wenigen Jahren undenkbar war.

Anhang:

Hauptangaben des NIXE-Torpedos (MaK/V8-SK)

Durchmesser	534 mm
Länge	7200 mm
Gewicht	1545/1800 kg
Gefechtsladung	300 kg
(Übungstorpedo mit Schiebekopf)	
Laufstrecke	20000 m/50 kn
Max. Einsatztiefe	100 m

Antrieb: Achtzylinder V-Motor nach dem Otto-Verfahren mit 4,4 l Hubvolumen und einem Verdichtungsverhältnis von 6.9:1.

Max. Leistung: 500 PS bei 5000 U/Min
Kraftstoffverbrauch ca. 350 g/PSh (Superbenzin)
O_2-Verbrauch 920 g/PSh
Thermodynamisches Kreislaufverfahren mit kompr. CO_2-Sauerstoff (30%)-Gemisch und Benzinzuführung
Starten mit 30 atü Preßluft

Steuerung: Drahtsteuerung mit Zielsucheinrichtungen im Torpedokopf
400 Hz-Umformer für die Versorgung der elektronischen Baugruppen

Schnittbild des NIXE-Torpedos der Krupp MaK Maschinenbau GmbH

Angaben zu den AEG-Torpedos
(nach ausländ. Quellen zusammengestellt)

	DM 1	DM 2	SST 4	SUT
Durchm.	534 mm	534 mm	534 mm	534 mm
Länge	4,15 m	6,08 m	6,08 m	6,15 m
Gewicht	*	*	*	*
Ladung	100 kg	260 kg	250 kg	250 kg
Laufstrecke	12000 m	>20000 m/35 kn		

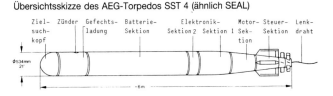

Übersichtsskizze des AEG-Torpedos SST 4 (ähnlich SEAL)

21 Perspektiven für die weitere Torpedoentwicklung

Nach dem Zweiten Weltkrieg wurden die deutschen Entwicklungen auf dem Torpedogebiet von den alliierten Kriegsgegnern sorgfältig studiert und mit Hilfe deutscher Experten rekonstruiert. Ein nachhaltiger Einfluß auf den alliierten Torpedobau war vorerst aber nicht festzustellen. In der Umorientierung der westlichen Rüstung fehlte die Motivation für eine forcierte Torpedoentwicklung, da der Ostblock als zusammenhängendes kontinentales und weitgehend autarkes Gebiet nicht auf eine bedeutende Seeversorgung angewiesen ist. Die Bekämpfung der alliierten Seeversorgung mit Hilfe von Torpedos war aber die wesentliche Triebfeder für die sehr intensiven deutschen Forschungs- und Entwicklungsarbeiten gewesen.

Dazu kam, daß die Bekämpfung von Überwasserschiffen immer stärker Flugkörpern übertragen wurden, die sowohl die Artillerie als auch die Torpedos ersetzen konnten. Wegen der gegenüber dem Torpedo unvergleichlich höheren Geschwindigkeit sind die Flugkörper bei großer Reichweite den Torpedos überlegen. Allerdings besitzen sie nicht das Tarnkleid eines Unterwasserlaufes und sind deshalb auch leichter zu entdecken und abzuwehren.

Mit der Ausweitung der sowjetischen U-Bootflotte und der von ihr ausgehenden Gefahr entstand aber eine neue Aufgabe für die westlichen Torpedokonstrukteure insbesondere in den USA, nämlich die Entwicklung von kleinen Anti-U-Boot-Torpedos. Hierbei konnte man an den Mk 24 Zielsuchtorpedo anknüpfen, mit dem in der Endphase des Zweiten Weltkrieges mit Erfolg deutsche U-Boote bekämpft worden sind. Das Ziel war, einen elektrisch angetriebenen Torpedo mit einer akustisch wirkenden Lenkeinrichtung und evt. zusätzlicher Drahtlenkung zu entwickeln, der in der Lage ist, U-Boote in allen Operationstiefen tödlich zu verletzen. Für den Flugzeug-, Hubschrauber- oder Raketentransport zum Einsatzort wurde überdies ein möglichst leichter Torpedo angestrebt.

Aus der großen Palette inzwischen geschaffener Leichttorpedos soll als typisches Beispiel dafür der Mk 44 der US-Navy näher betrachtet werden. Er besitzt einen Durchmesser von 324 mm, eine Länge von 257,3 mm und ein Gewicht von ca. 196 kg. Seine Ladung beträgt etwa 44 kg hochbrisanten Sprengstoff, was bei einem direkten Treffer wohl ausreichen dürfte, um ein konventionelles U-Boot oder ein nicht zu großes Atom-U-Boot zu vernichten oder einsatzunfähig zu machen.

Für die Antriebsbatterie stehen bei einem derartigen Torpedo etwa 30-35 kg Gewicht zur Verfügung. Es ist klar, daß nur eine Batterie mit einem hohen spezifischen Energiegehalt ausreichende Geschwindigkeiten und Reichweiten gewährleisten kann. Das ist bei einer Primärelementbatterie der Fall. Jedoch knüpfte man dabei nicht an die deutschen Konstruktionen während des Zweiten Weltkrieges an, sondern konzentrierte sich auf die Entwicklung der zwar kostspieligeren aber dafür unkomplizierteren Elemente mit Silber-Kathoden. Besonders verbreitet ist die Silber-Zink-Batterie ($AgO - Zn$) mit dem Elektrolyt Kalilauge, die auch als wiederaufladbarer Akku ausausgeführt werden kann. Eine derartige Primärbatterie besitzt eine Energiedichte von ca. 55 Wh/kg.

Eine größere Energiedichte hat die vom Naval Ocean Center (NOSC) in San Diego, Kalifornien, entwickelte Seewasserbatterie. Seewasserbatterien haben den Vorteil einer relativ einfachen Konstruktion, da sie als Elektrolyt Meerwasser benutzen, das ja bei Torpedos unbegrenzt zur Verfügung steht, und weder Kühler, Umwälzpumpen noch Gasabscheider benötigen. Als Elektroden werden in der NOSC-Ausführung Magnesium (Anode) und Silberchlorid (Kathode) verwandt. Zwar ist bei ihr die theoretische Energiedichte je Zelle mit 269 Wh/kg erheblich niedriger als bei der Silber-Zink-Zelle mit Kalilauge (460 Wh/kg), dafür ist aber der Energieinhalt des Gesamtsystems größer.

Bereits seit vielen Jahren werden derartige Batterien für Seewassernotaggregate benutzt.

Für die Torpedoanwendung wurde von NOSC eine Stapelkonstruktion mit 200 Zellen entwickelt. Kleine Glaskügelchen trennen in ihnen die aus einer Mg-Legierung hergestellte Anode von der AgCl-Kathode. Das Seewasser kann dabei frei durch die Zellen fließen, die Reaktionsprodukte (in erster Linie $MgCl_2$ und H_2) abführen und außerdem auch noch die Batterie kühlen. Durch eine geeignetere Magnesium-Legierung und andere Verbesserungen konnte in den letzten Jahren die Energiedichte dieser Seewasserbatterie auf ca. 100 Wh/kg gesteigert werden. Beim Torpedostart muß jedoch schon Meerwasser in der Batterie vorhanden sein, damit sie sofort volle Leistung abgeben kann.

Mit einer derartigen Seewasserbatterie stände dem betrachteten Leichttorpedo eine Energie von 3-3,5 kWh zur Verfügung. Damit könnte dieser Torpedo bei einer Eigengeschwindigkeit von ca. 30 kn etwa 6-7 Minuten lang laufen, also eine Laufstrecke von ca. 5,5 km erzielen. Das ist nicht gerade viel, sollte aber ausreichen, wenn es durch geeignete Verfahren gelingt, den Torpedo in unmittelbare Nähe des Zieles zu bringen. Dies kann durch Hubschrauber, Raketen oder große Behälter-Torpedos (z.B. den G 6 E KANGAROO der italienischen Marine) geschehen.

Wie die Batterieentwicklung für den Torpedo weitergehen wird, ist noch ungewiß. Es gibt Primärelementsysteme, die theoretisch weit höhere Energiedichten als das Mg-AgCl-System besitzen. Hierzu gehören insbesondere Batterien mit Lithium-Kathoden, von denen die Lithium-Tionylchlorid-Batterie bereits für bestimmte Zwecke verwandt wird und 146 Wh/kg liefert. Mit einer Lithium-Fluorid-Batterie könnte theoretisch noch erheblich mehr erreicht werden, doch sind die technologischen Schwierigkeiten, die sich ihrer Verwirklichung entgegenstemmen, recht groß. Insbesondere dürfte die Realisierung derartiger Primärbatterien für Hochleistungsantriebe nach den Erfahrungen mit der langwierigen AgO-Zn-Entwicklung noch viele Jahre auf sich warten lassen.

Übersicht über Batteriesysteme mit augenblicklichen und erwarteten Energiewerten (nach Roy Corlett in MARITIME DEFENCE 2/79):

	Energiedichte Wh/l		spez. Energie Wh/kg	
	1979	zukünftig	1979	zukünftig
Mg-AgCl	160	160	93	93
Al-AgO	-	480	-	200
Li-Thionylchlorid	320	530	146	550

(Diese Werte beziehen sich auf das Gesamtsystem.)

Ein anderes Problem ist die relative Langsamkeit bisheriger Elektro-Torpedos. Sie ist neben der beschränkten Batteriekapazität auch eine Folge der relativ geringen Leistungsdichte von Elektromotoren (1,1 kW/kg bei konventioneller Ausführung gegenüber bis zu 3,5 kW/kg bei Verbrennungsmotoren).

Insbesondere für den Leichttorpedo wurden deshalb große Anstrengungen unternommen, Hochleistungs-E-Motoren mit höherer Leistungsdichte zu schaffen. NOSC und NUSC (Naval Underwater Systems Center in Newport) entwickelten gemeinsam einen bürstenlosen E-Motor mit einem elektronischen Kommutator, dessen Leistungsdichte 1,4-1,7 kW/kg beträgt. Der Motor ist als Gegenläufer mit einer hohen Drehzahl (9000 U/Min), die durch ein angeflanschtes Planetengetriebe auf 1825 U/Min untersetzt wird, konstruiert. Der Motor hat recht geringe Abmessungen: Durchmesser 18 cm und Länge 30 cm. Sein Wirkungsgrad liegt zwischen 85% und 90%.

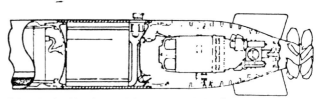

Skizze des Antriebsteils eines Leichttorpedos mit einer Seewasserbatterie und einem derartigen Hochleistungs-E-Motor (nach Gottfredson a.a.O.)

Eine weitere Möglichkeit für die Erhöhung der Torpedogeschwindigkeit besteht in der Herabsetzung des Reibungswiderstandes durch chemische Mittel.

Der fortschrittliche britische Leichttorpedo STING RAY von Marconi-SDS, der eine Mg-AgCl-Seewasserbatterie und einen ähnlich verbesserten E-Motor besitzt, soll eine sehr hohe Geschwindigkeit (über 50 kn) erreichen können.

Dennoch dürfte der leichte Elektro-Torpedo gegenüber den modernen Atom-U-Booten einen schweren Stand haben. Seine Reichweite bleibt unbefriedigend, und seine Gefechtsladung ist für die Zweihüllenpanzerung der sowjetischen U-Kreuzer zu schwach.

Erhebliche Verbesserungen dieser Eigenschaften lassen sich bei einem Elektro-Torpedo wohl nur durch eine wesentliche Vergrößerung erreichen. Ein Torpedo mit den klassischen Abmessungen 533 mm Ø und 6-7 m Länge könnte eine Seewasserbatterie von ca. 400 kg mit einem Energieinhalt von 40 kWh tragen und damit eine Laufstrecke von etwa 18000 m bei einer Geschwindigkeit von über 40 kn erzielen. Allerdings sind derartig schwere Torpedos für den Lufttransport zum Zielgebiet nicht sehr geeignet. Außerdem sind die Kosten einer so großen Seewasserbatterie enorm. Z.Zt. werden bei einer solchen Batterie 250 $/kg genannt. Das bedeutet für jeden Einsatz eines schweren Torpedos allein 100000 $ Batteriekosten.

Ein Vertreter der großen Elektrotorpedos mit einer Seewasserbatterie, allerdings mit Silber-Zink-Elektroden, ist der britische TIGERFISH, ein Torpedo gegen Überwasserschiffe mit einer Länge von 6,46 m und einem Gewicht von 1550 kg. Er soll eine maximale Geschwindigkeit von 40 kn und eine maximale Reichweite von 32000 m sowie ähnlich umfassende Ortungs- und Lenkeinrichtungen wie der deutsche SEAL besitzen. Es war überraschend, daß bei der Versenkung des argentinischen Kreuzers ADMIRAL BELGRANO durch das britische Atom-U-Boot CONQUEROR während des Falkland-Krieges nicht dieser fortschrittliche Torpedo, sondern zwei eigentlich völlig veraltete Mk 8s Torpedos benutzt wurden. Möglicherweise waren dem Kommandanten TIGERFISH-Torpedos zu kostbar im wahrsten Sinne des Wortes.

Dieser Erfolg eines alten thermischen Torpedos lenkte die Aufmerksamkeit auf die Eigenschaften und Möglichkeiten momoderner thermischer Antriebe.

So besitzt der auch bei der Deutschen Bundesmarine eingeführte US-Leichttorpe-Mk 46,1 (Durchmesser 324 mm, Länge 2,6 m und Gewicht 257 kg) eine Kolben-Expansionsmaschine, die von den in einer Brennkammer (Inhalt 220 cm^3) erzeugten Abgasen eines Einheitstreibstoffes angetrieben wird. Dieser Treibstoff trägt die Bezeichnung OTTO II nach dem Vornamen seines Erfinders, Dr. Otto Reitlinger. Er besteht aus einem mit stabilisierenden Zusätzen versehenen Nitrat-Ester, der bei höherer Temperatur ohne Sauerstoffzuführung selbständig verbrennt und auf das Gesamtsystem bezogen eine Energiedichte von etwa 310 Wh/kg besitzt (nach Roy Corlett a.a.O.).

OTTO II ist eine leuchtendrote, ölige Flüssigkeit mit einer Dichte bei 25°C von 1,232 g/cm^3 und einer Erstarrungstemperatur von -28°C. Bis etwa 70°C ist sein thermischer Zerfall vernachlässigbar klein. Erst bei Temperaturen über 100°C setzt spontaner Zerfall in stärkerem Maße ein. Die Zündtemperatur liegt bei etwa 130 °C. OTTO II hat einen niedrigen Dampfdruck, wodurch seine Explosionsgefährlichkeit sehr gering ist. Auch seine Korrosionswirkung ist äußerst schwach. Als Kosten dieses Treibstoffes wurden 1979 2,65 $/l genannt.

Der erste erfolgreiche Testschuß eines Torpedos mit dem OTTO-Treibstoff fand am 30. Juni 1960 statt. Ab 1966 wurde er dann mit dem Torpedo Mk 46,1 bei der US-Marine eingeführt.

Die Antriebsmaschine des Mk 46,1 ist ein Kurvenscheiben-Motor mit fünf Zylindern. Die fünf Kolben arbeiten dabei direkt (ohne Kurbelwellen) auf ein Doppelnokkensystem an der Antriebswelle, wobei zehn Arbeitstakte auf eine Umdrehung kommen. Das Gewicht dieses sehr kompakten Motors, der ca. 80 PS leisten kann, beträgt nur ca. 11 kg, sein Gesamtvolumen 90 l. Er hat einen spezifischen Treibstoffverbrauch von etwa 6 g/Wh bei einem Arbeitsdruck von 2,41·10^7 Pa (bzw. 245 at). Als Gegenläufer-Motor wirkt er direkt auf die beiden Propeller, die dabei mit 2200 U/Min laufen. Der Mk 46,1 soll eine Laufstrecke von 11000 m bei 40 kn Geschwindigkeit besitzen.

Der OTTO-Treibstoff hinterläßt allerdings eine ziemlich große Abgasspur, von der sich weniger als 25% kondensieren lassen. Für den Einsatz als U-Jagd-Torpedo (ASW-Einsatz) ist dies jedoch von geringerer Bedeutung. Ein weiterer Nachteil dieses offenen thermischen Systems ist der Gegendruckbetrieb, der bei einem Einsatz in größeren Tiefen zu einem Leistungsabfall führt.

Ein anderer von den USA speziell für den OTTO-Treibstoff entwickelter Kolbenmotor ohne Kurbelwelle ist der H 4 bzw. H 5 von Gould Inc. Ocean Systems Division, der ursprünglich für den Einsatz in größeren Tiefen konzipiert worden ist. Bei ihm wirken sechs Kolben auf eine Taumelscheibe, die die Kolbenstöße in eine Drehbewegung überführt und dabei eine Leistung von 100 PS (bei 2250 U/Min) auf die Propeller abgibt. Der Arbeitsdruck ist mit $4,14 \cdot 10^7$ Pa (bzw. 418 at) wesentlich höher als beim Mk 46,1-Motor, wodurch der spezifische Treibstoffverbrauch auf ca. 4,8 g/Wh gesenkt werden konnte. Auch dieser Motor führt eine gegenläufige Bewegung aus. Seine Abmessungen betragen 171 mm x 254 mm bei einem Gewicht von etwa 15 kg. Dazu kommen aber noch die Gewichte folgender Hilfseinrichtungen: Maschinenschott mit Brennkammer (5 kg), Treibstoffpumpe (1,8 kg), Kühlpumpe (1 kg) und Generator (4,5 kg). Insgesamt sind dies also 27,3 kg bei einem Gesamtvolumen dieser Antriebsanlage von 90 l.

Zusammen mit dieser neuen Maschine wurde auch eine verbesserte Brennkammer geschaffen, die direkt am Maschinenzylinder sitzt und nur noch ein Volumen von 63 cm³ hat.

Auch für größere Torpedos wurden OTTO-Antriebsaggregate entwickelt. Für den Mk 37-Torpedo schuf Northrop ein Austauschsystem mit einem Kurvenscheiben-Antriebsmotor von 12,7 kg Gewicht und 90 PS Leistung, also 0,14 kg/PS. Er arbeitet nach dem gleichen Prinzip wie der Mk 46,1-Motor. Der OTTO II-Vorrat von 98,4 l wird in einem vulkanisierten Nylon-Beutel aufbewahrt. Dieser Beutel befindet sich unter einem Wasserdruck, der etwas über dem Außendruck liegt. Dadurch wird der Treibstoff zur Pumpe und durch sie in die Brennkammer gefördert. Der Start dieses Motors erfolgt mit Zündpatronen. Erst danach setzt der Zufluß des OTTO II-Treibstoffes zur Brennkammer ein.

Für das Gesamtsystem wurde ein Energieinhalt von 11,2 kW Min/l (gegenüber von nur 5,9 kW Min/l beim Elektrosystem des Mk 37) genannt. Ein vollständiges Austauschteil für den Mk 37 mit diesem OT-

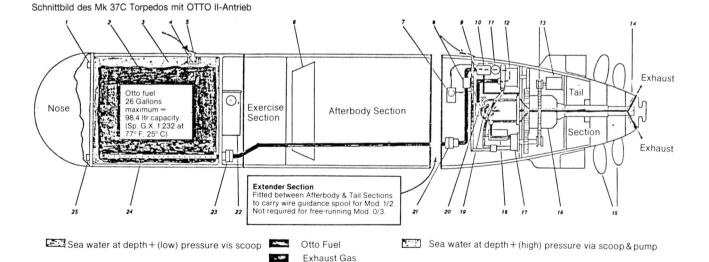

Schnittbild des Mk 37C Torpedos mit OTTO II-Antrieb

1 Tank-Öffnung	6 Akustische Dämmplatte	11 Magnetventil	16 Antriebsmaschine	21 Schnellschluß-Kupplung
2 Treibstoff-Beutel	7 Maschinenregler	12 Treibstoffpumpe	17 Wasserpumpe	22 Batterie
3 Seewasser	8 Treibstoffventil	13 Kontrollsystem	18 Seewasserventil	23 Schnellschluß-Kupplung
4 Druckregler	9 Seewasser-Eintritt	14 Auspuffventil	19 Brennkammer	24 Treibstoff-Aufnahmerohr
5 Seewasser-Eintritt	10 Treibstoffventil	15 Treibschrauben	20 Zünder	25 Entwässerungs-Öffnung

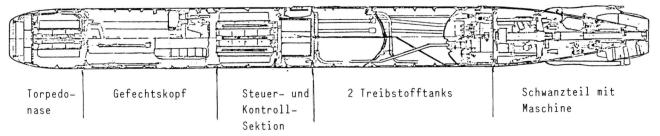

Schnittbild des Mk 48 Standard Torpedos

TO-Antriebsaggregat soll 100000 $ kosten und wird Mk 37c bezeichnet. Mit ihm soll dieser Torpedo mit einer Gefechtsladung von 150 kg eine Reichweite von 12000 m bei 42 kn Geschwindigkeit erzielen können.

Die US-Marine hatte sich jedoch inzwischen auf einen völlig neuen großen Torpedo mit einem OTTO-Antrieb, den Mk 48 von Gould, festgelegt. Mit diesem Torpedo sollte eine Superwaffe sowohl gegen U-Boote als auch gegen Überwasserziele geschaffen werden.

Der Mk 48 ist ein 21"-Torpedo von 19 ft (5,791 m) Länge und 1638 kg Gewicht. Sein 500 PS Taumelscheiben-Antriebsmotor in Verbindung mit einem Wasserstrahlantrieb soll ihm eine Geschwindigkeit von 55 kn verleihen, sein OTTO II-Vorrat dabei eine Reichweite von ca. 46000 m ermöglichen. Seine Gefechtsladung beträgt ca. 300 kg. Eine wichtige Eigenschaft für seinen ASW-Einsatz ist die große Einsatztiefe bis 1000 m. Als Preis für einen Mk 48-Torpedo werden 500000 $ genannt.

Für den Flachwassereinsatz ist der Mk 48 dagegen nicht geeignet. Auch seine Abgasspur weist ihn nicht als idealen Torpedo gegen Überwasserziele aus. Ein verbessertes Torpedowaffensystem mit der Bezeichnung ADCAP, das diese Schwächen beseitigen und noch größere Tiefen ermöglichen soll, befindet sich aber bereits in der Entwicklung.

Die weitere Entwicklung scheint vom Hubkolbenantrieb zu Rotationsmaschinen zu gehen. Hierbei besitzt eine Expansionsmaschine nach dem Wankelmotorprinzip sicher eine große Bedeutung, wenn es auch noch erhebliche Dichtungsprobleme bei den relativ hohen Drücken und Temperaturen gibt.

Eine einfachere und deshalb günstigere Rotationsmaschine wäre eine Flügelrad-Expansionsmaschine, die einen ähnlichen Aufbau wie eine Kapselluftpumpe besitzt. Für geringe Leistungen sind derartige Kapselwerke als Druckluftmaschinen schon seit längerer Zeit in Gebrauch, doch liegen noch keine Erfahrungen mit hohen Temperaturen und Leistungen vor. General Electric, Applied Research Lab. und Gould Inc. bemühen sich z.Zt. darum, eine für den Torpedoantrieb geeignete derartige Flügelrad-Maschine zu entwickeln. Eine normale Gasturbine eignet sich für den Leichttorpedo wohl weniger wegen ihres relativ hohen Gewichtes, insbesondere für das Getriebe. Auch ist ihr spezifischer Kraftstoffverbrauch höher und damit ihr Wirkungsgrad geringer als bei Hub- oder Rotationsmaschinen. Für einen großen Torpedo ist sie aber nach wie vor der beste Garant für eine hohe Geschwindigkeit, wie gerade das neueste britische Torpedoprojekt NSR 7525 SPEARFISH von Marconi demonstriert. Es wurde ab 1976 in Konkurrenz zum Mk 48 ADCAP entwickelt und besitzt eine Sundstrand HAP-OTTO-Turbine. Sein Elektronik- und Steuerteil baut auf dem bereits erprobten superschnellen britischen Leichttorpedo STING RAY auf. Wie beim Mk 48 wurde ein Wasserstrahlantrieb gewählt. Der SPEARFISH soll bei der Geschwindigkeit (bis 70 kn in geringen und bis 55 kn in größeren Wassertiefen), der Geräuscharmut, der Flachwassereignung, der Abgaslöslichkeit seines neuen OTTO-Kraftstoffes und den Ortungseigenschaften dem bisherigen Mk 48 wesentlich überlegen sein. Als maximale Einsatztiefe werden 1000 m genannt. 1981 wurde ein 500 Millionen £ Vertrag zwischen dem britischen Verteidigungsministerium und Marconi SDS über die Herstellung dieses Torpedos, der etwa 1987 einsatzbereit sein und dann den TIGERFISH ablösen soll, abgeschlossen.

Bei Leichttorpedos werden Sonderformen des Turbinenantriebes, wie der Zwei-Phasen-Turbine (Bi-Phase Engines, Santa Monica, Kalifornien) oder der Scheibenturbine (Dr. Charles Basset, NOSC), gewisse Chancen eingeräumt.

Bei der Zwei-Phasen-Turbine werden die Turbinenschaufeln von flüssigem Metall beaufschlagt. Die Metallschmelze wird in einem Mischer in die heißen Abgase des in einer Brennkammer verbrannten Einheitskraftstoffes eingeführt und dort erhitzt. Beide 'Phasen' werden dann der Turbine zugeführt und hier durch die Rotation wieder getrennt. Das flüssige Metall (z.B. Natrium) fließt nun wieder zum Mischer zurück, während die Abgase nach außen geleitet werden. Von der Herstellungsfirma wird mit einer Leistungsdichte dieser Maschine von $1,3 \cdot 10^7$ W/m^3 (entsprechend 17663 PS/m^3) gerechnet. Ferner soll der Wirkungsgrad bei relativ geringer Drehzahl (1000-5000 U/Min) gut sein. Jedoch scheint die Entwicklung z. Zt. noch nicht ausgereift zu sein.

Die Scheibenturbine ohne Schaufeln enthält auf einer Achse eine größere Anzahl dünner Scheiben, die von den heißen Abgasen der Brennkammer in Drehung versetzt werden. Die Scheibenturbine kann mit höheren Temperaturen als eine normale Turbine betrieben werden, wodurch ein höherer Wirkungsgrad erzielt wird. Wegen der hohen Drehzahl benötigt sie aber wie diese ein Untersetzungsgetriebe.

Der nächste Entwicklungsschritt bei einem thermischen Antrieb wäre dann der Übergang zu einem geschlossenen thermischen Kreislauf. Die Trennung der Brennkammer vom Antriebskreislauf bedingt jedoch einen größeren Aufwand an Gewicht und Apparaturen, was bei den kleinen U-Jagd-Torpedos große Schwierigkeiten bereiten würde. Ein derartiger Torpedo wäre noch schwerer als ein entsprechend großer E-Torpedo mit einer Seewasserbatterie, also im Übungseinsatz kaum noch aufschwimmbar zu machen, besonders, wenn auch noch die Reaktionsprodukte der Verbrennung im Torpedo verbleiben sollen. Dazu kämen die hohen Kosten für eine derartige Anlage. Doch sind die Vorteile eines vollständigen Kreislaufbetriebes: Tiefenunabhängigkeit, weitgehende Spurfreiheit und größere Laufweite bei hoher Geschwindigkeit, so bedeutend, daß dieser Weg wohl beschritten werden muß, wenn man den Torpedo der Zukunft konstruieren will.

Möglicherweise wird dann auch das indirekte Walter-Antriebsverfahren nochmals in Erwägung gezogen werden müssen. Um den Ingolin-Torpedo ist es nach den ausführlichen Erprobungen vor 1945 in Deutschland und danach in USA, der UdSSR und Schweden recht still geworden. Einzig von Schweden ist bekannt, daß dort ein Torpedo mit einem Wasserstoffperoxid-Antrieb in Serie gebaut wird. Es handelt sich um den TP 61 von Forenade Fabriksverken (FFV) mit 533 mm Durchmesser, 6980 mm Länge und 1860 kg Gefechtsgewicht. Er trägt eine Sprengladung von 240 kg. In einer Brennkammer wird Äthylalkohol mit zersetztem Wasserstoffperoxid verbrannt, wobei zusätzlich noch Wasser eingespritzt wird. Die Abgase werden dann einer Zwölfzylinder-Kolben-Expansionsmaschine mit 350 kW (entsprechend 476 PS) Ausgangsleistung zugeführt. Etwa 1000 Torpedos mit einem derartigen FFV-Antrieb wurden bisher gebaut und sollen sich in den Marinen dreier Länder bewährt haben. In der Version TP 617 ist dieser Torpedo mit einem akustischen Ortungskopf und einer Drahtlenkeinrichtung ausgerüstet.

Ein besonders vielversprechendes Antriebssystem mit geschlossenem Kreislauf ist SCEPS (Stored Chemical Energy Propulsion System). Es nutzt den hohen Energiegehalt eines Lithium-Fluorid-Systems für einen thermischen Antrieb aus.

Schnittbild des TP 617 Torpedos der Fa. FFV

| Gefechtskopf | Elektronischer Teil | Treibstoffe | Brennkammer und Motor | Umformer Spule für Drahtlenkung |

Hierbei wird gasförmiges Schwefelhexafluorid (SF_6) in einen Tank mit geschmolzenem Lithium geleitet. Folgende Reaktion tritt dabei ein:

$$8\ Li + SF_6 \rightarrow Li_2S + 6\ LiF + 12{,}9\ kWh/kgLi$$

Durch die entstehende große Hitze wird Wasser unter hohem Druck ($6{,}9 \cdot 10^6$ Pa) verdampft und mit einer Temperatur von 538°C einer Dampfturbine zugeführt. Anschließend wird der Abdampf in einem Kühler an der Torpedowand kondensiert und dann zum Kessel zurückgepumpt. Der Gesamt-Wirkungsgrad dieses Kreislauf-Antriebverfahrens wird mit 21% angegeben.

SCEPS wurde bereits Anfang der 60er Jahre von TRW konzipiert und untersucht. Die weitere Bearbeitung erfolgte dann von Applied Research Laboratory und Pennsylvania State University (ARL/PSU). Die Anwendbarkeit dieses Verfahrens wurde durch Testschüsse unter Beweis gestellt.

Der SCEPS-Torpedoantrieb ist für einen neuartigen US-Leichttorpedo mit der Bezeichnung EX-50 oder ALWT (Advanced Lightweight Torpedo) vorgesehen, über den aber noch keine weiteren Einzelheiten bekannt geworden sind.

Große Entwicklungsmöglichkeiten bestehen beim Torpedo noch auf dem Gebiet der Elektronik. Hier wird der Einsatz von Mikroprozessoren bei relativ niedrigen Kosten einmal zu einer Verkleinerung des Steuerteils mit allen seinen Vorteilen für die Torpedoleistung, zum anderen zu einer höheren 'Intelligenz' dieser Waffe führen, die in Verbindung mit einer großen Reichweite selbsttätige Zielansprachen und Entscheidungen für das erfolgversprechendste Angriffsverfahren ermöglichen. Für den Kommandodraht dürfte der Übergang zur Glasfasertechnik eine wesentlich erweiterte Übertragungskapazität und größere Lenkreichweite bringen. Auch Torpedos, die wie Grundminen an bestimmten Stellen abgelegt und auf besonderen Befehl hin aktiviert werden können, um dann ihren tödlichen Auftrag zu erfüllen, sind bereits vorhanden. In den USA wurde unter der Bezeichnung CAPTOR (Capsulated Torpedo) ein System entwickelt, das aus einem Behälter mit einem Mk 46 Torpedo besteht. Dieser Behälter kann wie eine Mine gelegt werden und gibt den Torpedo frei, wenn akustische Signale oder Ortungen von gegnerischen Schiffen dies erforderlich machen.

Literatur- und Quellenverzeichnis

A. Unveröffentlichte Berichte:

BA/MA Freiburg i.Br.

TS 20/22844 Ortungstiefenschuß mit T V und T XI (Aschoff, 1945)

TS 20/43100 Kurzer Überblick über die Entwicklungsgeschichte des akustisch eigengelenkten Marinetorpedos (Aschoff, 28.5.45)

TS 255/18488 Untersuchungen zum Annäherungs- und Schußproblem für U-Boote vom Typ XXI und XXIII (Unkelbach)

TS 326/21723 Berichtsübersicht über die Erprobungsarbeit am Ingolin-Turbinen-Torpedo April 1941 - Juli 1944 (TVA-Bericht 60 vom 15.8.44)

TS 326/21748 Statistische Erfassung der Schußversager bei AIb3 Nord im Jahre 1944 (TVA-Bericht 69 vom 15.1.45)

TS 329/22966 Versuche mit dem G 7e mit nach unten verlegten Ruderausschlägen (TVA-Bericht vom 15.8.41)

TS 330/22970 Erprobung LUT 6.11.1943 - 8.1.1944 (TVA-Bericht)

TS 333/22243 Torpedo-Bewaffnung der U-Boote Typ XXI

TS 334/22780 Stand der Entwicklung fern- und eigengelenkter Torpedos (Berichte vor der UK IV vom 21.10.43 bis 26.10.44 gehaltener Vorträge)

TS 342/12006 Kurze Darstellung des Ursprungs des Torpedos (Trippel-Werke Molsheim)

TS 344/21500 Kurzer Bericht über die Entwicklung von Lenktorpedos in Deutschland (Aschoff, 1945)

TS 344/21504 Vergleich der Lenkeigenschaften des T V und T XI (V.Aulock/Weidenhammer, 1945)

TS 344/21507 Bericht über die akustische Abstandspistole Pi-Kiel (12.6.45)

TS 344/21508 Die Trägheitspistole des akustisch eigengelenkten Marinetorpedos (Aschoff, 23.5.45)

TS 344/21803 Kurzbericht über den Weg der Entwicklung der Torpedotypen, die bei der TVA Eckernförde bearbeitet wurden (TVA, 1945)

TS 346/21592 Der 'Rochen' nach dem Vorschlag von Dr. W.Schmidt (TVA Gotenhafen, 1945)

TS 346/21600 Bericht über den Schlagruderantrieb für Torpedos und Versuche der TVA Gotenhafen (TVA, 1945)

TS 355/18491 Sitzungsbericht vom 26.10.1944 über GEIER-Entwicklung (UK IV)

TS 355/18496 Vorschläge zur Entwicklungsplanung der Lenktorpedos für den Bereich der Kriegsmarine (Unkelbach, 20.11.44)

TS 376/22856 Umorganisation der TVA bei Kriegsbeginn und ihre Gründe (Prölß, 1945)

TS 457/22963 Niederschrift über die Besprechung am 5.2.1943 bei der AFA, Hagen, betreffend Batterien für Gerät 20

TS 580/43345 Stand der Entwicklung der Primärelemente der CPVA, Kiel (27.10.41 - 22.1.45)

TS 587/21888 Bericht über die 1. Arbeitstagung der Arbeitsgruppe 'Geräuscharmer Torpedo' am 7.2.1944 in Gotenhafen

TS 590/26002 Bericht über die Entwicklungsarbeiten der letzten Jahre zur Geschwindigkeitssteigerung der 53,34 cm Gas-Dampf-Torpedos (TVA, 1939)

TS 590/26393 Stand der Vorarbeiten für die Entwicklung einer Induktionspistole (Cornelius, 12.12.40)

TS 590/26423 Zusammenfassender Überblick über das Arbeitsgebiet 'Torpedo-Lenkverfahren' und verwandte Gebiete (Unkelbach, 18.8.45)

TS 591/26002 Allgemeine Torpedoentwicklung bei der TVA Eckernförde (Mayer, Sommer 1945)
Erfahrungen und Erkenntnisse mit Torpedos im Kurvenlauf (Mayer, Sommer 1944)
Bisherige Erfahrungen mit Schwanzstücken (Mayer, 24.1.44)
Entwicklung FAT I bis FAT III (LUT) (Mayer, Ende 1944)

TS 591/26006 Stand und Aussichten des elektrischen Torpedo-Antriebes (Mayer, 20.12.43)

TR 21/ 61 Walter-Torpedobericht T 101

TR 24/ 2371 Walter-Torpedoberichte T 102 - T 106, T 108, TL 121

TR 26/ 74 Walter-Torpedobericht T 112

TR 31/ 2 Torpedoberichte der Fa. Walter T 4, T 7 - 22, T 24 - 27, T 62, T 68, T 71, T 85, TV 12
(Sämtliche Walter-Torpedoberichte besitzen die PG-Nr. 56405)

TR 47/44307 Seewasser als Einspritzwasser beim Ingolin-Turbinen-Torpedo (Hausberg, 15.10.45)

TR 68/53218 Die Anwendung von Ingolin in der deutschen Kriegsmarine und die damit verbundenen Probleme (Fahrenberg, 20.4.46)

TR 84/43163 Tagungsbericht Nr.9 der T-Stoff-Tagung 6./7.6.1944 in Kiel (Machu)

TR 603/24670 Bericht über den Entwicklungsstand der akustischen Abstandspistolen Pi-Kiel und Pi-Berlin (IVN, 24.12.43)

TR 603/24672 Bericht über die auf dem U-Boot UD 3 in der Zeit vom 6. bis 10.9.1943 gemachten Unterwasserschallversuche (mit der Pi-Otto) (Darré)

RM 2/v. 1565 Organisation des Torpedowesens
RM 3/v.   101 Torpedo- und Minenwesen 1889
RM 3/v. 2383 Torpedo-Versuchs-Kommando 1904 - 1910
RM 3/v. 4850 Torpedo-Versuchs-Kommando 1905 - 1914
RM 3/v. 5013 Inspektion des Torpedowesens
RM 3/v. 6535 G/7-Torpedos für UF-Boote (26.8.1918)
RM 3/v.11957 Über die Entwicklung des Torpedobootswesens (Tirpitz, April 1889)
RM 8/v.   136 Festschrift zur Gündungsfeier der Torpedodivision mit einem Aufsatz von Admiral v.Lans 'Aus der Jugendzeit der Torpedowaffe'
RM27III/v.16 Entwicklung des Torpedowesens (Berichte der Inspektion des Torpedowesens vom 1.4.1886 bis April 1890)
RM27III/v.29 Torpedo-Inspektion 1.8.1914 - 1.9.1918

Sammlung Großadmiral Dönitz: KTB des BdU

MGFA - DzIII Ausarbeitung ORBR Mohr zur sogenannten Torpedokrise bei der deutschen U-Bootwaffe im 2. Weltkrieg (1959)
M(A) 47

BfZ Stuttgart

Rohwer   Auswertung der ZAUNKÖNIG-Frontschüsse September 1943 - Mai 1945, (Stuttgart 1964)

Deutsches Museum München - Bibliothek

v.Aulock   Technik der Lenkverfahren zielsuchender Torpedos (Bericht Nr.25/1944 der TVA Gotenhafen)

Fieber   Bericht über eine elektrische Dreiachs-Torpedo-Steuerung (17.7.45)

Erpr 71 Eckernförde

              Auszüge aus einer Vortragsreihe der TVA Eckernförde vom 4. bis 8.5.1942:
Zumpe   Einsatzmöglichkeiten der Torpedowaffe, Schießverfahren und militärische Forderungen
Lawitschka   Torpedoantriebe
Mayer   Torpedosteuerungen
Holz   Aufschlagtorpedozündungen
Tschentke   Abstandtorpedozündungen
Cornelius   Technische Probleme im Torpedobau
Buchmann   Sprengstoffe und Torpedomunition
Stoltz   Torpedofertigung

AEG-Erprobungsbericht Nr. 1203 über LERCHE vom 23.11.1944

W.v.Siemens Institut München

Deetjen   Entstehung und Entwicklung des elektrischen Torpedos (Juni 1939)

Hellmuth Walter GmbH Kiel

Krämer   Denkschrift über alle Marine-Torpedo-Entwicklungen bei der Fa. Walter KG (Kiel, Juli 1946)

Weitere Angaben über zugängliche unveröffentlichte Berichte zur deutschen Torpedoentwicklung bis 1945 - insbesondere in englischen Archiven - finden sich in

F. Lauck   Der Lufttorpedo, München 1981, S. 199-216

B. Veröffentlichungen (Bücher und Zeitschriftenartikel):

Aschoff, V.   Physikalische Probleme des Unterwasserkrieges erläutert am Beispiel eines zielsuchenden Torpedos, Wehrtechnische Monatshefte 6/61, S.253-266

Babbel, W.D. Der Torpedo. Seine historische Entwicklung und Bedeutung, Soldat und Technik 8/59

Bethell, P.   The Development of the Torpedo I-VII, Engineering Bd. 159-161, London Mai 1945 - März 1946

Braun, Th.   Die Kindheit des 75-jährigen Torpedos, Marine-Rundschau 11/1935, S. 503-512

Corlett, R.	Modern Torpedo Technology Part 1: Propulsion, Maritime Defence 1/1977, S. 17-21 Part 2: Weapon Design Constraints, Maritime Defence 2/1979, S. 51-54
Eliot, Ch.	Nato's Navies Torpedoes, Nato's fifteens Nations Special 2/1982
Dönitz, K.	12 Jahre und 20 Tage, Bonn 1958
Gercke, H.	Die Torpedowaffe, ihre Geschichte, Eigenart, Verwendung und Abwehr, Berlin 1898
Gottfredson, R.K.	Advanced Concepts for Lightweight Torpedo Propulsion, NOSC Technical Report 453, August 1979 Torpedo Propulsion Systems, Journal of Engineering for Industry (Trans. ASME) Vol. 102, Februar 1980, S.85-90
Gray, E.	Die teufliche Waffe. Geschichte und Entwicklung des Torpedos, Oldenburg 1975
Haaben, K.	Silber-Zink Torpedobatterien, VARTA spezial report 1/1978
Hannemann, L.	Drahtgelenkte Torpedos - historisch betrachtet, Marine-Rundschau 7/1973, S. 385-397
Herzog, B.	Der Torpedoverbrauch von U 48, dem erfolgreichsten Unterseeboot des Zweiten Weltkrieges in der Zeit vom September 1939 bis Juni 1941, Deutsches Schiffahrtsarchiv 4/1981, S. 121-146
Hildebrand/Röhr/Steinmetz	Die deutschen Kriegsschiffe, Biographien, Bd. 7, Herford 1983
Holfelder, O.	Erfahrungen mit Abgas-Sauerstoff-Betrieb im Ottomotor, MTZ 1/1952, S.4-9
Kruska, E.	Das Walter-Verfahren, ein Verfahren zur Gewinnung von Antriebsenergie, VDI-Zeitschrift Bd. 97 (1955), Nr. 3, 9, 21 und 24
Kruska/Rössler	Walter-U-Boote, München 1969
Kurzak/Rössler	Unterseeboote und Torpedos mit Kreislaufantrieb, Kiel 1969
Küster, J.	Das U-Boot als Kriegs- und Handelsschiff, Berlin 1917
Lohmann/Hildebrand	Die deutsche Kriegsmarine 1939 - 1945, Bad Nauheim 1956-1964
Lauck, F.	Der Lufttorpedo. Entwicklung und Technik in Deutschland 1915 - 1945, München 1981
Ledebur, G. Fr.v.	Die Seemine, München 1977
Mayer, K.	Die Erfindung des Torpedos. Eine Revolution in der modernen Waffentechnik, Damals 12/1977, S. 1089-1098
Michelsen, A.	Die Entwicklung der Torpedowaffe, STG-Sommerversammlung Kiel 4.-8.6.1912
Muchi, G.	Underwater Weaponry. Present and Future, Aviation & Marine international, Dez. 1979, Jan. 1980 und Febr. 1980, jeweils S. 65-68
Ramsauer, U.	Torpedo-Entwicklung in Deutschland. Heutiger Stand und Ausblick, Internationale Wehrrevue 1/1976, S. 96-100
Röhr, A.	Vorgeschichte und Chronik des Torpedowesens der deutschen Marine bis zum Ende des 19. Jahrhunderts, Schiff und Zeit 7/1978, S. 47-51
Rohwer, J.	Die U-Boot-Erfolge der Achsenmächte 1939 - 1945, München 1968
Rössler, E.	Geschichte des deutschen U-Bootbaus, München 1975 Erweiterte Neuauflage in englischer Übersetzung unter dem Titel: The U-Boat, London 1981 U-Boottyp XXI, München 3. Aufl. 1980 Die Entwicklung von Primärelementbatterien für Torpedos und Kleinst-U-Boote in Deutschland, Marine-Rundschau 6/1982, S. 317-321
Ruhe, W.J.	Torpedoes of the Western World, Naval Forces 1/1983, S. 66-70
Scheller, F.	Die Torpedowaffe, Jahrbuch der Wehrtechnik Bd. 1 1966, S. 175-180
Schneider, K.G.	Aufbau und Herstellung von Torpedos, VDI-Zeitschrift Bd. 84, Nr. 50 vom 14.12.1940 (Auswertung und Wiedergabe des Whitehead-Weymouth-Artikels: The Manufacture of Torpedoes, Machinery Vol. 53, Nr. 1380 vom 23.3.1939)
Sprengel, D.	Aktivierbare Silberoxid/Zink-Batterie für Torpedo DM 2, VARTA spezial report 1/1978
Tirpitz, A.v.	Erinnerungen, Leipzig 1919
Thomsen, W.	Aus der Kleinarbeit einer Erprobungsstelle. Jahrbuch der Wehrtechnik Bd. 2 1967, S. 158-162
Witthöft, H.J.	Lexikon zur deutschen Marine-Geschichte, Herford, Bd. 1 1977, Bd. 2 1978
Wittmer, R.	Die Torpedowaffe, Smlg. Volkstümlicher Vorträge 3. Jahrg. 4. Heft, Berlin 1909

(Jubiläums- und Werbeschriften):

AEG-TELEFUNKEN	Reflections on the Employment of Modern Wire-Guided Homing Torpedoes from Submarines and Surface Vessels (September 1975)
	Der Torpedo SUT (1983)
Erpr 71	Erprobungsstelle 71 Eckernförde im Dienste der Wehrtechnik See (1981)
Krupp MaK	Lenktorpedo Waffensystem NIXE - schneller - weiter - wirkungsvoller - zuverlässig
BMAG	75 Jahre Schwartzkopff, Herausgegeben von der Berliner Maschinenbau-Actien-Gesellschaft vormals L. Schwartzkopff, Berlin 30.10.1927
Schwedische Marine	Swedish Torpedo 100 Years 1876 - 1976 (Editor J. Ellsén)

(Marine-Dienstvorschriften und -Druckschriften):

Beschreibung des Torpedos G/250
Zeichnungen des Batterietorpedos C/07
Zeichnungen des Torpedos G/7
Beschreibung und Wirkungsweise der G/7 Torpedomaschine
Beschreibung und Zeichnungen des Torpedos G 7v
Atlas, Beschreibung, Bedienungs- und Wartungsvorschrift des DWK-Torpedos Ceto 2
Beschreibung und Zeichnungen des Torpedos G 7a
Beschreibung und Zeichnungen des Torpedos G 7e
Beschreibung und Zeichnungen des Torpedos F 5b
Zeichnungen des Torpedos T V
Zeichnungen der Ingolin-Torpedos STEINBUTT, GOLDBUTT und K-BUTT
Beschreibung FAT I für G 7a
LUT-Schießanleitung für U-Boote Typ VII und IX
Torpedo-Feuerleitanlage für Typ IX
Torpedo-Vorhaltrechner 6a für Typ XXVI
Handbuch des Torpedowesens Teil 1: Beschreibung der Torpedos und der dazugehörigen Einrichtungen, Berlin 1900
Handbuch des Torpedowesens Teil 5: Torpedoballistik, Berlin 1897

Abkürzungsverzeichnis

A	Marinekommandoamt
ADCAP	Advanced Capability
AEG	Allgemeine Elektricitäts-Gesellschaft
AFA	Accumulatoren-Fabrik Aktiengesellschaft
AGC	Arbeitsgemeinschaft Cornelius
Ag	Silber
AKO	Allerhöchste Kabinets-Ordre
Al, Alu	Aluminium
ALWT	Advanced Lightweight Torpedo
AO	Allerhöchste Ordre
ASEA	Allgemen Svenska Elektrizitets Aktiebolaget
ASTOR	Anti-Submarine Torpedo Ordnance Rocket
A-To	Bezeichnung für 4-Zyl. Gas-Dampf-Torpedo (G 7a)
AV	Anwärmvorrichtung
AWa	Artilleriewaffenamt
AZ	Aufschlagzündung
B	Allgemeines Marineamt
BA/MA	Bundesarchiv/Militärarchiv, Freiburg i.Br.
Bb	Backbord
BD, BDir	Baudirektor
BdU	Befehlshaber der Unterseeboote
BKC	Brückner, Kanis & Co, Dresden
BMAG	Berliner Maschinenbau-Actien-Gesellschaft vormals Schwartzkopff
BO	'Bohrlochpumpe' (Deckname für Walter-Turbine)
Br	Bronze
BR	Baurat
B-To	Bezeichnung für 8-Zyl. Gas-Dampf-Torpedo (Meycke)
B&V	Blohm und Voss, Hamburg
BW	Marinewaffenabteilung des Allgemeinen Marineamtes
BWB	Bundesamt für Wehrtechnik und Beschaffung, Koblenz
C	Kohlenstoff
CAPTOR	Capsulated Torpedo
CCR	Contact or Control and Rod
Cd	Cadmium
Cl	Chlor
CO_2	Kohlendioxid
CPVA	Chemisch-Physikalische Versuchsanstalt der Kriegsmarine, Kiel
C-To bzw. Ceto	Bezeichnung eines Exporttorpedos der DWK (ähnlich G 7a)
D	Dampf
DFS	Deutsches Forschungsinstitut für Segelflug, Braunschweig
DKW	Kraftfahrzeugmarke der Auto-Union AG ('Das kleine Wunder')
DVL	Deutsche Versuchsanstalt für Luftfahrt e.V., Berlin-Adlershorst
DWK	Deutsche Werke Kiel AG
E-	Elektro-
EDS	Enddetonierersicherung
Elac	Electroacoustic Kommanditgesellschaft, Kiel
EMG	Entmagnetisierungsgruppe, Kiel
E-To	Elektro-Torpedo
EZT	Elektrische Zündung mit Totsch-Pendel
F	Fluor
Fa.	Firma
FAT	Federapparat (für Schleifenlauf)
FdU	Führer der Unterseeboote
FEP	Amtsgruppe Forschung, Erfindungs- und Patentwesen (im OKM)
FFV	Forenade Fabriksverken, Eskilstuna (Schweden)
FuMG	Funkmeßgerät (Luftwaffenbezeichnung)
FuMO	Funkmeß-Ortungsgerät (Marinebezeichnung)
GA	Geradlaufapparat
GEMA	Gesellschaft für elektro-akustische und mechanische Apparate, Berlin-Köpenick
H_2	Wasserstoff
Hagenuk	Hanseatische Apparatebau-Gesellschaft Neufeldt & Kuhnke GmbH, Kiel

H_2O_2	Wasserstoffperoxid (Ingolin)	NI	Marinenachrichteninspektion
HSA	Hollandse Signaalapparaten B.V., Hengelo	NOSC	Naval Ocean Center, San Diego
HSVA	Hamburgische Schiffbau-Versuchsanstalt GmbH	NUSC	Naval Underwater Systems Center, Newport
I	Ingolin (H_2O_2)	NVA	Nachrichtenmittelversuchsanstalt der Marine (bis 1939)
Ing.	Ingenieur	NVK	Nachrichtenmittelversuchskommando (ab 1939)
IVN	Industrie-Versuchsanstalt des OKM in Neubrandenburg	NWa	Amtsgruppe Technisches Nachrichtenwesen (im OKM)
JPK	Julius Pintsch KG, Fürstenwalde bei Berlin	NY	Decknamen für Torpedolenkung mit elektromagnetischen Wellen (drahtlos)
K, KK	Kleinkampfmittel	NYK	NY-Kabel : Torpedolenkung über Kabel
KA	Krängungsapparat		
KAE	Friedr. Krupp GmbH, Krupp Atlas-Elektronik, Bremen	O_2	Sauerstoff
KKK	Kühnle, Kopp und Kausch, Frankenthal	OB	Oberbaurat
KM	Kreislaufmotor	ObdM	Oberbefehlshaber der Kriegsmarine
KM	Kriegsmarine	Ob.Ing.	Oberingenieur
KMAG	Kriegsmarinearsenal Gotenhafen	OKH	Oberkommando des Heeres
Kolb	Kolbenmaschine	OKL	Oberkommando der Luftwaffe
KTB	Kriegstagebuch	OKM	Oberkommando der Kriegsmarine
K.u.K.	'Kaiserlich und königlich' (amtl. Bezeichnung vor Titeln usw. im ehem. Österreich-Ungarn)	Pb	Blei
		Pi	Pistole (Torpedozündgerät)
		PTR	Physikalisch-Technische-Reichsanstalt, Berlin
KWI	Kaiser-Wilhelm-Institut	RFR	Reichsforschungsrat
LDW	Lloyd Dynamowerke GmbH	RMA	Reichs-Marine-Amt
LFA	Luftfahrtforschungsanstalt 'Hermann Göring', Braunschweig	RM-Gerät	Rieckmann-Gerät
		RLM	Reichsluftfahrtministerium
LGW	Luftfahrtgerätewerk, Berlin-Hakenfelde	RLS	Rohrlaufsicherung
Li	Lithium	RPF	Forschungsanstalt der Deutschen Reichspost
LS-Boot	Leichtschnellboot	RuK	(Ministerium für) Rüstung und Kriegsproduktion
LT	Luftwaffentorpedo		
LUT	Lagenunabhängiger Torpedo	S	'Sondergerät' für aktive Schallortung
M	Marine	S	Schwefel
MaK	Maschinenbau GmbH, Kiel	SAM	Siemens Apparate und Maschinen GmbH, Berlin
Marconi-SDS	Marconi Space and Defence Systems Ltd	S-Boot	Schnellboot
Mar.Rüst.	Kriegsmarine Rüstung (im OKM)	SCEPS	Stored Chemical Energy Propulsion System
MES	Magnetischer Eigenschutz	SIC	Silurificio-Italiano-Carlosi
Mg	Magnesium	SKL	Seekriegsleitung
Mob-	Mobilmachungs-	SKZM	Sonderkommission für Zielmittel (im RuK)
MWa	Marinewaffenamt		
MZ	Magnetzündung	SMS	'Seiner Majestät Schiff' (Bezeichnung für Schiffe der ehem. Kaiserlichen Marine)
NATO	North Atlantic Treaty Organization		
Ni	Nickel	SS	Schnellschuß

SST	Special Surfacetarget Torpedo	U bzw. U-Boot	Unterseeboot
SSW	Siemens-Schuckert-Werke AG, Berlin	UZO	U-Boot-Zieloptik (Überwasser-Zielapparat)
Stb	Steuerbord		
St.Ing.	Stabsingenieur		
SU	S-Gerät für U-Boote (Typ XXI)	VDM	Vereinigte Deutsche Metallwerke AG, Heddesheim
S&H	Siemens und Halske AG, Berlin	VIfS	Vierjahresplaninstitut für Schwingungsforschung
SUT	Surface and Underwatertarget Torpedo		
SVK	Sperrversuchskommando, Kiel	VKF	Vereinigte Kugellagerfabriken, Schweinfurt
SZE	Selbstzerstörungseinrichtung		
T	Torpedo	Wasag	Westfälisch-Anhaltische Sprengstoff AG
TA	Tiefenapparat		
TA	Technisches Amt (RuK) bzw. Technische Abteilung (OKM)	WFM	Wissenschaftlicher Führungsstab der Kriegsmarine
TEK	Torpedoerprobungskommando	WS	Wassersäule
TH	Technische Hochschule	WT	Gruppe Torpedowaffe im Hauptausschuß Waffen
TI	Inspektion des Torpedowesens bzw. Torpedoinspektion		
TL	Torpedolaboratorium	Zl	Zentrallaboratorium
TMI	Inspektion des Torpedo- und Minenwesens	Zn	Zink
TR	Torpedorohr		
Tu	Turbine		
TVA	Torpedoversuchsanstalt		
TVhRe	Torpedovorhaltrechner		
TVK	Torpedoversuchskommando		
TW	Torpedowerkstatt		
TWP	Torpedowaffenplatz der Luftwaffe in Gotenhafen-Hexengrund		
TZ	Torpedozündeinrichtung		

Personenregister

A

Achterkirchen	235
Ackermann	158, 232, 240
Ahlefeld, v.	24
Ahrens	240
Albrecht	158
Albring	233
Almers	227
Arlett	227
Arkmann	227
Arnim, v.	44
Aschoff	139, 157, 164, 171, 228
Assmann	125, 226
Azcueta	247

B

Baars	121, 236
Backenköhler	97
Backhaus	233
Baradon	44
Barkhorn	228
Barop	226
Bartels	227
Barth	240
Bartram	65, 66, 97, 226, 227, 242, 243
Barwich	105, 234
Bassett	257
Bath	227
Bathe	239
Bauder	233
Bauer	240
Bäuerlein	237
Beck	227
Becker, G.	181, 182
Becker (Elmo)	234
Becker (TH-Hannover)	233
Beckmann	231
Behrend	133
Bellermann	225
Bendemann	44
Benzinger	183
Berger	240
Bergmann	154
Bernard	236
Berninghaus	228
Bestelmeyer	51, 56, 85, 236
Beste	121, 236
Bischof	121, 236
Bierle	240
Bismarck, v.	29
Bittel	100, 236
Blank	226
Bliss	37
Blümke	133
Bodenhausen, Frh.v.	44
Böttcher	227
Braun, v.	240
Brauss	236
Bree	240
Britsch	237
Bronstert	121, 236
Brössart	231
Brotherhood	15
Buch	234, 240
Buchholz	232
Buchmann	240
Buff	234
Burger, v.	240
Burgoyne	24

C

Canaris	69, 70, 78
Capelle, v.	53
Caprivi, v.	22, 29
Carlosi	102
Ciliax	98
Claus	226
Clostermann	121, 236
Cohausz	228
Conn	50
Cordes	126, 240
Cornelius	56, 57, 62, 64, 71, 72, 73, 91, 121, 207, 225, 232

D

Dahme	131
Dammann	226
Dantscher	240
Därr	239
Darré	108
Deetjen	49, 51, 71, 128
Dehio	97, 228
Delius	228
Determann	121
Deters	228
Dickes	239

Dieckmann	235
Diederichsen	237
Dieterichs	119
Dietrich	227
Dingelstädt	53
Dittgen	237
Dönitz	90. 91, 92, 94, 96, 98, 143
Döring	50
Dorner	133, 235, 240
Dressel	226
Drost	121, 236
Druschki	228, 229

E

Echevarrieta	57, 59, 69, 70, 72, 78, 79
Eckart	231
Eckermann	44
Eckoldt	240
Eberius	56
Ehlert	226
Ehrhard	208, 209
Ehwers	49, 50, 69
Eichler	228
Erb	240
Erbslöh	240
Esau	91, 139, 240
Eschenburg	56

F

Faber	64
Fabry	197
Fahrenkamp	231
Farenholz	106, 235
Fecker	155
Feldtkeller	104, 233
Fieber	235, 239, 240
Fischel	24
Fischer (TVA B)	227
Fischer (TVA C)	227
Fischer (Elac)	240
Fischl	240
Flachsenberg	228
Fleischer	34
Fleischmann	66, 69, 70, 78
Flügel	232
Förster, H.J.	127
Förster (KWI)	104, 232
Föttinger	232
Franke	49
Frängel	104, 237
Franz	90

Fray	226
Frerichs	97, 228, 240
Fritze	44
Fuhrbach	240

G

Gallisch	51
Geiger	102, 232
Geist	225, 239
Gerbes	240
Gerlach	91, 225, 233, 240
Gerwig	240
Gesecus	191
Gesztesy	37
Giesler	53
Giessen	50
Giessler	225, 226, 239
Gladenbeck	240
Glattes	90
Goehlich	12, 240
Goldschmidt	53
Götting	64, 65, 90, 91, 96
Goy	227
Graf	232
Grafenhorst	240
Gregor	236
Grewe, T.	228
Grewe (TVA Eckernförde)	227
Gröbner	237
Grocci	133
Grohe	240
Grützmacher	166, 231, 240
Gscheidlen	49
Gutjahr	97, 225, 228

H

Hachtmann	97
Haesner	181, 182
Halder	240
Hammer	226
Hämmerling	103, 234, 240
Hansen (TVA A)	227
Hansen (TVA B)	227
Hardegen	240
Harms	24, 29
Harres	191
Hasse	240
Hausberg	197, 237
Hausdorfer	226
Hecht	240
Heidebroek	233
Heidenreich	239

Heider	237
Heine	227
Heinicke	228
Heinrich	240
Heinz	133
Hell	108
Helwig	132, 133, 235
Hennrichs	235
Henze	225
Hering	49, 51, 52
Hertz, G.	105, 234
Hertz, H.	16
Heusner	16
Heymann	237
Hilgart	137
Hillermann	240
Hinkelmann	84, 227
Hintze	49, 55, 59, 69, 78, 121
Hirth	56, 64, 69, 70, 71
Hoffmann (SAM)	133
Hoffmann (TVA)	227
Hofmeier	24
Holdt	240
Holfelder	182, 183, 231
Holle	162, 240
Holz	227
Holzapfel	49
Hopf	173
Hoppe	133
Horn	191, 232
Hosemann	159, 165
Howey	240
Hoyos	35
Huebel	240
Hünnebeck	160

I

Ibbeken	228

J

Jäkle	237
Jank	240
Janowski	234
Jebens	237
Jehlicke	233
Jentzen	97
Johannsen (AEG)	234
Johannsen (OKH)	240
John (Elac)	235, 240
John (Elso)	240
Jordan	234
Juli	141
Junghans	235
Junker	98, 228

K

Kahlscheuer	240
Kaltenbach	240
Kanis	237
Karlau	227
Karobath	162, 235, 240
Kaselowsky	20, 21, 35
Kattentidt	227
Kauffmann	181, 182
Kaulhausen	56
Kausch	208
Keller	240
Kempf	235
Kerstenfischer	236
Kietz	160, 162, 163, 166, 191, 234, 240
Kirchhoff	226
Klein (LGW)	240
Klein (TWP)	240
Kleinwächter	240
Klemperer, v.	53
Klingner	228
Klose	240
Kluge	234
Knausenberger	178, 240
Knesebeck, v.d.	226
Koch (TI)	44
Koch (TVA)	130
Koch, H.	228
Kohlbach	228
Köhler (CPVA)	187
Köhler (Mar.Rü.)	240
Köpke	237
Kort	235
Korth	227, 240
Kösters	228
Kraemer	91, 197, 202, 207, 209, 237
Kretschmar	133
Krey	232
Kröger	240
Krüger	133
Krumme	240
Kruse	233
Kucharski	232
Kuipers	240
Kuhl	191, 240
Kühnhold	130
Kummetz	93, 97
Kunze, C.	65, 97
Kunze (Atlas)	108, 235
Küpfmüller	132, 165, 225
Küppenbender	225
Küster	136
Kyna	237
Kynast	225, 237

L

Lalowski	227
Lange	240
Langner	240
Lans	44
Lattermann	240
Lauck	202, 224, 240
Lawitschka	197, 219, 226
Leavitt	37
Lehnhoff	34, 53
Lenck	183, 236
Lenneper	240
Leon	136
Leonhard	233
Lerbs	191, 235
Loof	56
Levin	133
Leyerer	49
Lindberg	71
Lingemann	225
Loemann	226
Lorenz	240
Lübke	234
Lues	227
Luppis	13, 14, 128
Lüschen	225, 239

M

Maas	185
Maaß	234
Machu	197, 231
Magnus	240
Mann, v.	51, 52
Marbach	126
Margraff	236
Marholz	126
Marschall	71
Martin	237
Martyrer	232
Matusche	240
Mayer, E.	92, 97, 121, 226, 243
Mayer (Karlshagen)	240
Mehlig	233
Meister	158, 231
Mentzel	240
Messerschmidt	240
Meycke	50, 59, 66, 69, 70, 78, 79
Meyer	231
Michatsch	130
Mohr	130
Möller (RuK)	225
Möller (RPF)	240
Mollwo	103, 231
Mommsen	69
Mönch	232
Monts, v.	15, 29
Mrowka	232
Müller, A.	49, 50, 70, 71
Müller, H.	97
Müller (TVA A)	226

N

Neff	105, 234
Nefzger	240
Neugebauer (AGC)	121
Neugebauer	224
Neumann	197
Neundorf	227
Noah	225
Nolte	167
Nordenfelt	24
Nowotny	240
Nüggerath	232

O

Obermüller	231, 240
Obry	34
Oelrich	119
Oetting, v.	240
Oettker	240
Off	225
Oldenburg	197
Oppelt	240
Orthuber	234
Osenberg	139, 233, 240
Osse	197
Otten	235
Otting	227
Otto	121

P

Pala	236
Panzer	234
Pauer	233
Paulus	91
Peckmann	226
Petersen (RuK)	225, 239
Petersen (Fa. Walter)	197
Petz	240
Pfalz	232
Pfalzgraf	225
Pfeiffer	226
Philipp	226
Pilz	208, 236
Pöhler	121

Prall	97, 228
Prien	90
Pröll	233
Prölß	226
Puls	133
Purkhold	101

Q

Quade	225

R

Raabe	226
Raasch	227
Rabenau	227
Raeder	96
Ralfs	121
Ramsauer, C.	104, 234
Ramsauer, U.	250
Rauh	240
Reichel	49
Reisinger	240
Reitlinger	254
Remmert	237
Remmler	97, 228
Rensch	197
Rhein	240
Rhiemer	237
Ridder, de	237
Rieckmann	103, 231
Riegen, v.	240
Rindfleisch	131
Rixmann	181, 182
Roewer	240
Roggenkamp	121
Rohwer	126, 145, 149, 153
Rossee	53
Rossie	240
Rothemund	64, 65, 85, 96, 97, 130, 131
Rottke	133
Rübsam	191
Rudorfer	227
Runge (DVL)	240
Runge (RuK)	239
Ruprecht	240
Rutkowski	236

S

Saalwächter	64
Sauer	240
Saur	225
Schaack	240
Schack (BMAG)	21
Schack-Wittenau-Danckelmann, v.	44
Schaaf	240
Schaede	225
Schade	197, 240
Schaffernicht	234
Schamberger	225, 240
Schaper	130, 132, 154, 156
Scheer	51
Scheffler	183, 240
Scheller (RuK)	121, 132, 225, 229
Scheller (TVA)	227
Schenk	240
Scherf	64, 65, 226, 228
Schikorr	226
Schlüter (TVA O)	226
Schlüter (TVA C)	227
Schmaltekann	227
Schmidt, H.	232
Schmidt, K.	174, 191, 228
Schmidt, W.	191, 192, 193, 232
Schmidt (RuK)	239
Schmidt (TH Wien)	233
Schnackenburg	226
Schnauffer	183, 233
Scholte-Rohde	229
Schreiber (BMAG)	34, 53
Schreiber, P.	56, 65, 73, 85, 96
Schröter	227
Schuchmann	131
Schubert (RuK)	225
Schubert (TVA)	84
Schuhart	90
Schulze, R.	233
Schulze (RuK)	239
Schur	51
Schütt	231
Schwartzkopff	19, 20, 21
Schwedler	49, 128
Schwenk	235
Schwenkhagen	159, 173, 240
Schwieher	227
Seeger	224
Seybold	51
Sieder	126
Siemens, W.v.	49, 128
Simmer	237
Simonson	71
Skobelef	22
Spandök	158, 159, 234
Speer	225
Spengler	240
Spörel	134
Stams	240
Stanke	240
Stappenbeck	240
Steenbeck	105, 234
Steidle	139

Steinen, v.d.	233
Steinhoff	240
Steinkamp	164
Steinwehr, v.	121, 188, 231
Stenzel	130
Stinshoff	240
Stoeckicht	208, 209
Stoltz	65, 97, 229
Storch	240
Stosch, v.	16, 17, 18, 22
Straß	226
Strehlow	119
Strohl	183, 236
Stuckmann	126
Sundblad	72
Sylvester	133

T

Taudt	227
Teichmann	228
Tellmann	50
Thienhaus	191, 240
Thierry	240
Thilo	228
Thomas	226
Thomsen	130, 131, 132, 133, 137, 167, 229, 240, 243
Tietjen	193
Tirpitz, v.	17, 18, 19, 22, 23, 24, 29, 44, 53
Togo	32
Tölke	232
Totschläger	112
Trendelenburg	91, 105, 110, 231, 240
Trojer	141
Tschentke	132

U

Ulbrich	233
Unkelbach	164, 165, 170, 175, 180, 229, 240
Urbach	232
Uthemann	51
Utke	92, 97, 98

V

Vater	240
Väters	240
Vehstedt	227
Viehweg	233, 240
Voges	240
Vogt	232

W

Wahl	240
Walter, H.	193, 194, 208, 237
Walter (Mar.Rü.)	240
Walter (Pertrix)	236
Walther	233, 240
Wäsch	240
Weber	233
Wedelich	227
Wegener	240
Wegner	227
Wehr	64, 71, 91, 96, 97
Wehrlin	49, 51, 70, 71, 121
Weinberger	121
Weiß	240
Weissenborn	225
Wellenstein	108, 235
Werner	236
Whitehead, J.	35
Whitehead, R.	13, 14, 15, 16, 18, 19, 20
Westermann	228
Wichmann	49, 128
Wiechmann	227
Wiedmann	235
Wigge	240
Wilmanns	236
Winckler	121
Willers	227
Willmann	240
Wissurek	228
Wittmaack	226
Woehrle	240
Wohlhaupt	226
Wolf (S&H)	234
Wolf (RuK)	239
Wolff	105, 131, 132, 234
Wolmann	240
Wunderlich	235
Wünsch	181, 207
Wüstling	105, 234

Z

Zachen	236
Zahn	228
Zapf	225, 240
Zenker	78
Zerbst	225, 235
Zessler	160
Zeye	44
Ziegler	234
Zoller	127
Zschorsch	228
Zwacka	237
Zycha	234

*Dieses Buch
behandelt auch die militärische Anwendung
der deutschen U-Boot-Torpedos
und die Folgen,
die die große Zahl der Versager
auf die U-Boot-Strategie und -Taktik hatte.*

Jochen Brennecke

Die Wende im U-Boot-Krieg

Ca. 320 Seiten, 16 × 24 cm. Mit ca. 50 Fotos. Efalinleinen

Beschrieb das Brennecke-Buch »Jäger – Gejagte« den U-Boot-Krieg aus deutscher Sicht, so zeigt diese Neuerscheinung das Wechselspiel zwischen den gewaltigen alliierten Anstrengungen, die U-Boote von den Meeren zu fegen, und den Einsätzen der kleinen deutschen Marine, die ihr zugewiesenen Aufgaben zu erfüllen. Der Blutzoll, den die Deutschen mit einem Höchstmaß an soldatischem Einsatz dafür entrichten mußten, war ungeheuerlich: 28728 U-Boot-Fahrer blieben vor dem Feind – über 80 %.

Dieses Buch konnte erst geschrieben werden, nachdem die Geheimakten der alliierten Archive nach Ablauf der Sperrfrist geöffnet und die Geheimnisträger über ihre damalige Tätigkeit in der Öffentlichkeit berichten durften. Brennecke hat ein schier unübersehbares Material gesichtet, aufgearbeitet und in diesem Werk verwertet.

Er berichtet z.B., wie es den Briten gelang, in den deutschen Marinecode einzudringen, über die Radarentwicklung der Alliierten, die Luftüberwachung der Seewege sowie über die so lange geheimgehaltene Arbeit des britischen »Operation Intelligence Center«. Die deutschen Gegenmaßnahmen werden ebenfalls behandelt.

So entstand ein grundlegendes, wirklich Neues bietendes Buch über den U-Boot-Krieg und seine technisch-wissenschaftlichen Hintergründe – ein Werk, das außerdem wie alle Brennecke-Bücher den Vorzug hat, sich trotz mancher technischer Auseinandersetzungen gut und spannend zu lesen. Dieses Buch arbeitet aber auch die Tragik um Großadmiral Dönitz heraus, warum und wieso er in der so entscheidenden Hochfrequenztechnik (FuMO und FuMB . . .) falsch oder nur halbherzig bürokratisch beraten wurde – und auch, warum er sich nach der Wende im Mai 1943 »zum Opfergang der U-Boote« entschloß bzw. zur Vermeidung noch größerer Opfer entschließen mußte, nicht ohne berechtigte Hoffnung auf eine »Wende nach der Wende«.

 Koehlers Verlagsgesellschaft mbH · 4900 Herford

Heinrich Peter
Bergstr. 42
63456 Hanau

Heinrich Peter
Bergstr. 42
63456 Hanau

Überholungsarbeiten an G 7a Torpedos
in der Torpedowerkstatt des Marinearsenals in Wilhelmshaven am 20. September 1962